产业经济学教程

INDUSTRIAL ECONOMICS

■ 主编 王军
■ 副主编 杨坚 杨磊

中国石油大学出版社
CHINA UNIVERSITY OF PETROLEUM PRESS

山东·青岛

图书在版编目(CIP)数据

产业经济学教程/王军主编. -- 青岛：中国石油大学出版社,2024.11. -- ISBN 978-7-5636-8382-6

I. F062.9

中国国家版本馆 CIP 数据核字第 2024U57D64 号

中国石油大学(华东)规划教材

书　　名：产业经济学教程
　　　　　CHANYE JINGJIXUE JIAOCHENG

主　　编：王　军

责任编辑：安　静(电话　0532-86981535)
责任校对：杨海连(电话　0532-86981535)
封面设计：赵志勇

出 版 者：中国石油大学出版社
　　　　　(地址：山东省青岛市黄岛区长江西路 66 号　邮编：266580)
网　　址：http://cbs.upc.edu.cn
电子邮箱：anjing8408@163.com
排 版 者：青岛友一广告传媒有限公司
印 刷 者：泰安市成辉印刷有限公司
发 行 者：中国石油大学出版社(电话　0532-86983437)
开　　本：787 mm × 1 092 mm　1/16
印　　张：18.25
字　　数：446 千字
版 印 次：2024 年 11 月第 1 版　2024 年 11 月第 1 次印刷
书　　号：ISBN 978-7-5636-8382-6
定　　价：46.00 元

前言 PREFACE

  产业经济学以产业组织、产业结构和产业政策为主要研究对象,是研究产业运行一般规律和特征的经济学重要分支,是当前经济学领域中发展较为迅速、理论创新较为活跃、与现实经济紧密结合的学科之一。时代在进步,实践在创新,理论在发展,"产业经济学"课程必须根据实践创新和理论发展,及时更新教材。虽然目前国内外产业经济学教材版本很多,相关教材也都做到了理论体系完整、知识点全面,但是由于大多数教材内容更新迟缓,反映时代特色和经济发展趋势的前沿知识不足,因此迫切需要一本反映时代发展,体现时代特色的产业经济学教材。

  本书采用从微观(产业组织)到宏观(产业结构)、从理论到应用(产业政策)的逻辑顺序,构建产业经济学的理论体系框架。全书共分十四章。第一章为导论,主要阐述产业经济学的形成与发展、对象与内容、意义与方法;第二章至第七章为产业经济学微观层次的产业组织理论,主要阐述产业组织理论各流派的基本观点、市场结构及其与市场绩效的互动关系、市场行为等与现代产业发展趋势相伴而生的中间型产业组织;第八章至第十二章为产业经济学宏观层次的产业结构理论,主要阐述产业结构的演变规律及其影响因素、产业结构优化、产业布局与产业集群、产业关联、主导产业发展及其对经济增长和产业结构升级的贡献;第十三章和第十四章为产业经济学理论应用的产业政策研究,主要阐述产业组织政策和产业结构政策。为便于讨论和自学,每章后都配有复习思考题和延伸阅读。

  本书注重培养学生在本学科所涉及的领域内运用所掌握的理论和方法分析具体和现实的经济问题的逻辑思维能力,并为进一步学习应用经济学领域内的宏观国民经济管理、微观企业经济管理及产业经济管理等打下良好的基础。

  本书在编写过程中,注重系统梳理时代发展和创新,添加新兴产业的特点和发展规律,更多关注产业发展中出现的新业态、新模式和国家经济发展的新动态,如互联网产业、物流产业等新兴产业的发展特点及其与传统产业的关系,互联网技术、区块链技术、数字经济带来的新企业模式等,将企业的创新理论、博弈论、企业策略性行为理论和产业集群理论纳入研究范围;全面贯彻落实党的二十大精神,注重产业经济学知识体系的完整性、综合性、开放性、发展性和创新性,力求内容新颖,凸显学科前沿知识。

  本书按照产业经济学自身的内在逻辑框架,首先保证整个知识体系的逻辑性和完整性,同时又注意与其他课程的衔接,明确相关课程之间的"序贯承递"关系,合理设计教材内容,尽量减少与相关课程内容的叠加重复,增强相关课程内容之间的相互支撑。

  本书由王军任主编,杨坚、杨磊任副主编,其中王军负责编写第一章、第四章、第七章、第十章及辅文,合计约13.4万字;杨坚负责编写第二章、第五章、第八章、第十一章、第十三章、第十四章,合计约18.7万字;杨磊负责编写第三章、第六章、第九章、第十二章,合计约12.5万字。全书由王军统稿。

  本书是中国石油大学(华东)"十四五"规划教材。在编写过程中借鉴、吸收了已经出版的多种现行教材和学术著作,有些作为参考文献附于书后,有些未能一一列出,在此一并表示感谢。

  由于编者水平有限,书中不足或疏漏之处在所难免,恳请同行和读者批评指正。

王 军

2024 年 7 月

目 录 CONTENTS

第一章
导 论

本章导读

　　本章主要介绍产业经济学产生与发展的背景，产业经济学的研究对象和范围，产业经济学的研究方法和意义。廓清产业经济学的基本轮廓，为后面深入讨论产业组织理论、产业结构理论和产业政策理论打下基础。

第一节　产业经济学的形成与发展

　　产业经济学是人们将经济分析深入产业层次，在进行产业分析和产业政策实践的探索过程中逐步产生、发展起来的。

一、产业经济学形成和发展的经济理论背景

　　产业经济学是微观经济分析向宏观层次延伸，宏观经济分析向微观层次深入，在二者的交叉点上应运而生的。经济学研究的根本问题是如何有效、合理地配置资源，实现既定的经济目标。围绕这一问题，经济学家对社会经济现象、经济过程展开了多层次、多视角、多领域的研究，从而形成了不同的经济学科。这种对社会经济现象、社会经济过程所做的分析被称为经济分析。经济分析大体经历了从个量分析到总量分析再到产业分析的漫长过程。与此相适应，经济理论也经历了从微观经济学的成熟到宏观经济学的形成，再到产业经济学的产生这一演进过程。

（一）微观经济分析的特点及局限性

　　微观经济分析以完全竞争为假设条件，其经济分析侧重个量分析。个量分析继亚当·斯密（Adam Smith）之后，经马歇尔（A. Marshall）、瓦尔拉斯（L. Walras）和帕累托（V. Pareto）的研究，对"看不见的手"如何自动调节市场均衡、优化资源配置的过程进行了理论抽象，形成了以价格理论为核心的微观经济学（microeconomics）。

微观经济分析的特点如下：

（1）以单个经济主体为分析对象，即以消费者单个家庭、单个厂商、单个产品市场的经济行为作为分析对象。

（2）以谋求单个经济主体的效用或利润最大化为目标，即考察消费者如何把有限的收入适当地分配于各种商品或劳务的消费上，以取得最大效用的满足；厂商如何将其拥有的有限资源恰当地分配于各种商品或劳务的生产上，以谋求利润的最大化。

（3）采用局部均衡的分析方法，即分析商品的需求与供给怎样影响该商品的价格与产销量，分析均衡价格、均衡产销量形成的条件，以及单个经济主体取得最大经济效益与均衡状态的关系。

自由主义经济理论的重要结论是：市场机制（看不见的手）能自行调节资源以实现最佳配置，不需要任何外来干预。应该承认，个量分析对说明单个产品市场的局部均衡以及单个经济主体在一定条件下的经济行为及其效果有相当大的作用，而且对"看不见的手"作用的理论描绘无疑是一种有价值的见解。时至今日，我们仍要尊重价值规律的作用。但以完全竞争为前提的微观经济分析是理想化的。在现实市场中并不存在完全竞争，资本主义生产方式的自由竞争必然使生产走向集中和垄断。1929 年爆发的世界性大危机、大失业，使自由主义价格理论发生了严重危机，市场失效了，"看不见的手"不灵了。正是在这种情况下，英国经济学家凯恩斯（J. M. Keynes）的经典著作《就业、利息和货币通论》于 1936 年问世，在经济学领域产生了深远的影响，创立了现代宏观经济学（modern macroeconomics），企图为解决危机和实现充分就业开出一剂药方，疏通"资源分配"的阻碍，弥补市场机制的不足。

（二）宏观经济分析的特点及局限性

宏观经济分析是国民经济总量分析，其特点如下：

（1）以国民经济有关总量的变化及其规律为分析对象，考察国民生产总值、国民收入、总投资、总消费支出、就业率、银行信贷总额、货币发行量、物价水平、外汇收支等总量的变动及相互关系。

（2）从国民收入循环着手，分析其形成与分配。

（3）分析国民收入来源与支出间的均衡，以及由不均衡所带来的种种问题，如失业、通货膨胀等。

宏观经济理论的重要结论是：由于边际消费倾向、资本边际效率、流动性偏好等心理因素的作用，通常情况下有效需求不足、"非自愿失业"总会存在，市场机制本身没有力量使总需求与总供给相等，这样就不可避免地会出现萧条和失业。因此，国家有必要而且有可能采取调节总需求与总供给以达到均衡的手段来弥补市场缺陷，这个均衡手段就是财政政策和货币政策。凯恩斯理论指出的市场缺陷和政府干预经济、调节总量间均衡的必要性，无疑使人们对市场经济运行规律有了更深刻的认识。凯恩斯的主张曾一度获得成功，并在一定程度上刺激了危机中的经济复苏，但同时也孕育着更大的失衡，其结果是国家财政赤字不断膨胀。

（三）产业经济学是在微观经济分析和宏观经济分析面临困境的情况下应运而生的

凯恩斯主义的失效,使西方经济学家面临两难境地:回到亚当·斯密那里去搞完全竞争,实践证明行不通;实行凯恩斯的主张,又使财政赤字、通货膨胀居高不下。于是,经济学家们在"个量分析"和"总量分析"两个端点的连线上找出路,把手伸进社会再生产过程的中观层次——产业层次,进行产业分析,去寻找活跃市场机制和弥补缺陷的具体条件和途径,这就推动了产业分析理论的相继问世:出现了以产业部门之间关系结构为研究对象,以各产业部门之间一定的技术经济关联所发生的投入与产出量化关系为研究领域的"产业联系理论";出现了以产业分类为基础,以寻求产业结构的演变规律为主线的"产业结构理论";出现了以研究产业内企业间垄断与竞争关系为重点,以谋求产业组织形成有效竞争态势为目标的"产业组织理论";出现了旨在推动产业结构高度化和产业组织合理化的"产业政策理论"。

由此可见,产业分析的产生是经济分析向纵深发展的必然,是经济发展条件下人们认识经济规律的需要程度不断提高的必然,这一切又必然推动产业分析的进一步发展,推动上述产业分析理论的相继出现,从而导致产业经济学的形成与发展。

二、产业经济学形成与发展的产业政策实践背景

产业经济学的兴起也是产业政策实践推动的必然结果。所谓产业政策,简单地说,就是指政府制定的关于产业保护、扶植、调整和完善等方面的公共政策的总和,包括产业结构政策和产业组织政策。产业结构政策主要规定产业结构的调整和产业发展方向,以促进产业结构均衡、合理和高度化发展;产业组织政策主要协调竞争与经济规模的矛盾,维护市场竞争秩序,以促进有效竞争的实现。产业政策的概念首先出现在第二次世界大战后的日本。

（一）日本的产业政策实践

第二次世界大战后的日本经济濒临崩溃,如何医治战争创伤、加快重建和振兴经济、迅速赶超欧美发达国家的经济水平,是日本面临的严峻问题。日本政府官僚和经济界人士都认为,单靠市场机制的自发作用或企业管理的改善是解决不了这个问题的,必须规划产业结构高度化发展的目标,设计产业结构高度化的途径,确定带动整个国民经济起飞的"主导产业";通过政府一系列的相应政策、措施来确保"主导产业"的崛起,从而诱导经济按既定目标发展。这就是当时日本出现产业政策概念并得以流行的背景。日本的产业政策大致可分为两大块:一块是触及社会再生产过程的产业部门之间均衡发展的产业结构政策,即国家通过规划、调整产业结构,推动产业结构高度化发展的政策;另一块是协调规模经济与竞争矛盾的产业组织政策,即既通过制定"产业合理化"政策,促进生产集中和专业化,充分利用"规模效益",又通过制定《反垄断法》来抑制垄断因素,维护市场竞争秩序。

围绕赶超目标,日本不同时期的产业政策各有侧重。在产业结构政策方面,从20世纪40年代到20世纪50年代中期,日本将传统的基础产业,如钢铁、煤炭、电力、化肥、运输列为重点整合和发展的产业,政府制订相应的合理化计划,颁布了《钢铁和煤炭合理化施政纲要》《企业合理化促进法》等法规,对这些产业实行倾斜发展政策,促进了国民经济的恢复,

为以后的经济起飞奠定了基础。20 世纪 50 年代中期到 20 世纪 60 年代中期,日本将石油化工、汽车、家电和电子工业确定为重点发展的主导产业,先后颁布了《机械工业振兴临时措施法》《电子工业振兴临时措施法》等法规,对重化工业、电子工业的快速发展起到了极大的促进作用,使日本经济进入高速增长期。20 世纪 60 年代中期以后,日本将高级机械、电子产品和电子计算机等附加价值高的高技术产业作为重点发展产业加以重点扶植,促进了日本产业结构的高度化。在产业组织政策方面,20 世纪 40 年代末到 20 世纪 50 年代初,为铲除旧财阀家族的垄断统治,日本制定了《反垄断法》,通过采取解散财阀、分割公司、解体统制式经济团体等严厉的反垄断措施,来加速日本社会政治、经济、生活的民主化、市场化进程。《反垄断法》为建立市场秩序和发展市场竞争确立了基本规则。20 世纪 50 年代中期尤其是 20 世纪 60 年代,为改变同类企业间盲目竞争、过度竞争的态势,推动规模经济的形成和专业化生产的发展,增强自由贸易新体制下本国企业的竞争力,日本政府放松了反垄断措施,重点推行产业组织合理化的政策,鼓励企业合并与重组。

日本在上述不同时期实行的各有侧重的产业政策,在振兴日本经济,实现赶超欧美发达国家的经济水平的目标中发挥了重要作用。在短短的 20 年中,日本经济居然走完了西方发达国家一二百年才走完的道路,这不能不令世人瞩目。经济学家和世界组织纷纷研究日本经济的发展过程,探讨其成功的奥秘,他们大都认为日本经济发展的成功奥秘是产业政策的实施。由此,产业政策的概念便在世界范围内流行起来。

(二)各国产业政策实践的总结

第二次世界大战后,有些国家尽管没有使用产业政策的概念,实际上却实施了产业政策。如韩国在 1950 年 3 月公布的《稳定经济的十五项原则》中就明确规定日用消费品为重点发展产业;法国从 1947 年开始实行指导性计划,并采用一系列政策措施作为计划实施的保障等。

制定和实施产业政策的实践活动促进了人们对产业经济理论的研究,从而推动了产业经济学的形成与发展,因为行之有效的产业政策必然是建立在对产业发展、产业结构演变等客观规律的正确认识基础之上的。

当然,任何一种经济理论,都是在对前人经济理论批判继承和对同类研究成果科学归纳、综合的基础上形成和发展的,产业经济学也不例外。

三、产业经济学形成和发展的历史阶段

(一)产业经济学的萌芽

产业经济学的萌芽可追溯到马歇尔对工业组织的论述。1890 年,英国剑桥大学的著名经济学家马歇尔的著作《经济学原理》问世。在这部著作的第 4 篇,即生产要素——土地、劳动、资本和组织中,他研究了产业组织。马歇尔指出:组织可以提高效率,增加经济效益;分工能提高效率;专门工业集中于特定的地方,能提高效率;大规模生产也能提高效率。由于产业组织可以提高产业的经济效益,因此在英文中,产业组织(industrial organization)与产业经济(industrial economy)是同义语。从而在西方,产业经济学(industrial economics)也称

产业组织理论（theory of industrial organization），二者是一回事。

（二）产业经济学的形成

对产业经济学的系统研究，是在 20 世纪 30 年代随着现代制造业的兴起而开始的。1932 年，美国经济学家伯利（A. Berle）和米恩斯（G. Means）的著作《现代公司与私有财产》一书中详细分析了 20 世纪 20—30 年代美国的垄断产业和寡头垄断产业的实际情况。1933 年，美国经济学家张伯伦（E. H. Chamberlin）的著作《垄断竞争理论》一书中对在现代产业中居重要地位的寡头垄断给予了高度重视，并从理论上进行了分析。1939 年，美国哈佛大学教授梅森（E. Mason）撰写了《大企业的生产及价格政策》一书，并成立了专门研究产业组织的小组，培养了一批研究产业组织的人才。1959 年，美国哈佛大学教授贝恩（J. Bain）撰写了《产业组织理论》一书，系统阐述了"结构-行为-绩效"模式，创立了产业经济学研究的哈佛学派。贝恩的《产业组织理论》在出版后的 20 多年中几乎成为所有大学经济学专业的教科书或教学参考书。20 世纪 30 年代，德国经济学家霍夫曼（W. G. Hoffmann）对工业化过程中工业部门的结构演变规律进行了探讨。20 世纪 40 年代初，英国经济学家克拉克（C. G. Clark）用三次产业分类法对经济发展条件进行了研究，这些研究成为产业结构理论的先导。20 世纪 30 年代，美国经济学家列昂惕夫（W. Leontief）创立了投入产出产业经济学。20 世纪 50 年代，美国经济学家库兹涅茨（S. Kuznets）等人分析了经济增长过程中产业结构的变动，这些构成了现代产业经济学的重要组成部分。日本经济学家篠原三代平提出的规划日本产业结构的基准，赤松要提出的"雁行产业发展形态说"，都对产业经济学的形成与发展作出了重要贡献。

（三）产业经济学的发展

20 世纪 70 年代之后，产业经济学的各个方面都取得了较大进展。1988 年，法国经济学家梯若尔（J. Tirole）的著作《产业组织理论》一书中对企业理论、市场理论、企业间关系等产业经济理论问题给予了更多的关注。20 世纪 90 年代中期以来，国外产业经济学的研究主要集中在三个方面：企业内部组织的分析、公共政策和产业政策问题、研究方法问题。以往的产业经济学将企业作为"黑箱"，研究企业之间的投入产出关系。20 世纪 90 年代中期后，产业经济学开始深入企业内部，试图通过研究企业内部的产权关系和治理机制，从根本上分析企业行为的特点，出现了"管家理论"（stewardship theory）、委托-代理理论（principal-agent theory）、交易成本理论（transaction cost theory）、公司治理理论（corporate governance theory）等现代企业理论或企业经济学。

由于博弈论和激励理论被引入产业经济学，有关公共政策的传统思想发生了革命性的变化。在市场经济条件下，对于各级政府来说，工作量大、涉及面广的政策并非通常所说的"宏观调控"，而是"微观规制"（micro-regulation）。"微观规制"政策一般包括两大类：一类是反垄断政策（包括反不正当竞争政策），另一类是规制政策。规制政策又可分为"经济性规制"（主要指对企业定价、进入和退出某些产业的限制）政策和"社会性规制"（主要指保护消费者利益和自然环境等）政策。反垄断政策侧重于保护竞争，防止垄断；规制政策则允许存在垄断，同时侧重约束垄断企业的行为。

第二节　产业经济学的研究对象及研究领域

与其他经济学科一样,产业经济学作为一门独立的经济学科,有其独特的研究对象和研究领域。产业经济学以产业为研究对象,研究同一产业内部企业的运行以及不同产业之间的联系。

一、产业经济学的研究对象

产业经济学的研究对象是产业。那么,什么是产业呢?简单地说,产业是指具有某种同类属性的企业集合。具体地说,产业是指"生产同类或有密切替代关系的产品或服务的企业集合",这是从产业组织的角度来讲的,这种同类属性是指"生产同类或有密切替代关系的产品或服务"。从产业结构的角度来讲,产业是指"具有使用相同原材料、相同工艺技术的企业集合",这种同类属性是指"使用相同原材料、相同工艺技术"。这两个基本的同类属性,便构成了产业经济学研究对象的基本方面。一是研究作为"生产同类或有密切替代关系的产品或服务的企业集合"的产业的产业组织,即产业内各企业之间的相互关系结构,这种结构决定了该产业内企业规模经济效益的实现与企业竞争活力的发挥之间的平衡;二是研究作为"具有使用相同原材料、相同工艺技术的企业集合"的产业的产业结构,即产业与产业之间的数量关系结构及技术经济联系方式,产业结构的变化主要由需求结构、生产结构、就业结构、贸易结构及其关联机制的变化体现出来。与产业结构紧密联系的还有产业关联和产业布局。产业关联是指最终产业与生产这些最终产品所投入的中间产品产业之间以及这些中间产品产业相互之间的技术经济和数量结构关系,是产业结构主要的表现特征之一,是判断产业结构与宏观经济结构均衡与否的主要观察对象。产业布局是产业在空间上的结构,是指一国或一地区的产业生产力在一定范围内的空间分布和组合。产业布局合理与否,将影响到该国或该地区经济优势的发挥及经济的发展速度。产业组织和产业结构的研究将为产业政策的制定提供重要依据。产业政策是指国家或地区政府为实现一定时期的经济和社会发展目标,以全产业为对象所实施的能够影响产业发展进程的一整套政策的总称。产业政策是产业经济研究的落脚点。因此,产业经济学的研究对象从根本上来讲可以归结为两个基本方面,即产业组织与产业结构。

(一)产业经济学研究产业内部各企业之间相互作用关系的规律

产业作为"生产同类或有密切替代关系的产品或服务的企业集合",其内部企业彼此之间会发生竞争或垄断关系。为了便于分析同一产业市场上企业间的垄断与竞争态势,将不同的企业划分为不同的产业类别。出于分析这种企业市场行为的需要,必然选择"生产同类或有密切替代关系的产品或服务"这一特性,作为划分不同企业的产业归属的基准。之所以选择企业的这一特征作为划分产业的基准,是因为只有生产同一、同类或有密切替代关系的产品或服务的企业群,才有可能对其进行竞争、垄断态势的分析,进而达到维护市场秩序的目的。否则,对企业市场关系的分析就难以进行。产业经济学就是要研究生产同类或有密切替代关系的产品或服务的企业之间的竞争与垄断态势,研究产业内部各企业之间相互作用关系的规律,研究同一产业内企业之间的交易关系、资源占有关系、利益关系和行为关系等。

(二)产业经济学研究产业与产业之间互动联系的规律

产业作为"使用相同原材料、相同工艺技术的企业集合",在社会再生产过程中,在大类部门之间、制造业各工业行业之间,以及行业内各中间产品之间存在复杂的交换关系。由于同一产业内的企业或有相同原材料、相同工艺技术的需求,或有相同用途的产品产出,因而用产业来切割社会再生产的复杂过程,使得社会再生产过程中众多企业间错综复杂的中间产品或最终产品的供给与需求关系简化为各产业部门间的供给与需求关系,这种产业部门间的相互关系即可称为产业结构。因此,一方面,可通过对产业间均衡状态的分析,揭示出社会经济总量失衡的具体原因,以便采取相应的政策措施,促进社会再生产各环节、各部门的均衡发展,从而使国民经济总量保持持续、稳定和均衡增长;另一方面,能通过对产业结构的发展变化分析,掌握其演变规律,进而采取相应的政策措施,推动产业结构的高度化,加快整个国民经济的现代化进程。产业经济学就是要研究社会再生产过程中,大类部门之间、制造业各工业行业之间,以及行业内各中间产品之间的均衡状态,研究产业与产业之间互动联系的规律以及产业在空间区域中的分布规律,研究产业之间的资源占有关系、产业结构的层次演变规律等。

(三)产业经济学的研究对象是介于宏观经济领域与微观经济领域之间的中观经济领域的产业

产业经济学是在微观经济理论和宏观经济理论存在某种程度的"失灵",面对市场经济中无法回避的现实问题不能作出解释的情况下应运而生的。微观经济学对单个经济主体行为及其效果,以及单个产品市场的局部均衡进行分析,信奉无须政府任何干预,"看不见的手"能自发调节资源优化配置的自由主义理论,这一理论在垄断产生与经济危机的爆发面前黯然失色。宏观经济学立足国民收入的总量分析,即总需求与总供给的分析。总量分析考察了总需求与总供给不均衡带来的失业、通货膨胀等问题,分析了避免和克服总量失衡的原因,尤其提出对国家政策进行干预来弥补市场缺陷进而保持总量均衡的理论主张。这种理论有一个致命的缺陷,就是没有提出与分析如何实现社会再生产过程中具体需求和具体供给之间的均衡问题,这就难以推测社会经济总量失衡的具体原因。因而该理论主张的国家对经济的干预,只能局限于总需求与总供给的调节,仅限于国民收入的分配、再分配调节,仍不能摆脱生产过剩危机的威胁,解决不了资源的有效配置问题。

产业经济理论将经济分析深入社会生产、再生产过程内部,分析各种具体生产和具体需求之间、中间需求和中间供给之间、最终需求与最终供给之间,以及各部门之间的"结构"均衡状态,以寻找总量失衡的具体原因。因此,产业经济学所研究的是介于宏观经济领域与微观经济领域之间的中观经济领域,即产业。它既不属于宏观经济研究领域的国民经济总量,也不属于微观经济研究领域的单个经济个体,如企业、家庭或个人。产业经济的发展规律既不同于宏观经济学揭示的宏观经济总量的行为规律,也不同于微观经济学单个经济主体的行为规律,而是必定有其自身所特有的运动规律。

从社会再生产过程看,产业经济学研究产业,主要是研究中间产品的再生产过程。社会再生产的生产、分配、流通和消费的循环过程,实际上可分解为中间产品和最终产品的生产、分配、流通和消费这两个循环过程。宏观经济学研究的社会总需求与总供给,实际上是最终产品的总需求与总供给,它涉及最终产品的生产、分配、流通和消费,并不涉及中间产品的循环过程。微观经济学主要研究单个经济主体在单个商品市场上的经济行为,这种行为当然也包括生产、分配、交换和消费等方面的内容,但与作为企业集合的产业间的生产、分配、交换和消费行为有重大差别,根本差别在于产业的中间产品是同类企业的产品,是一个相对总量,而个别企业的产品只是其中的一份。因此,两者的再生产循环过程必然有许多不同之处。可见,微观经济学也不研究中间产品再生产的循环过程。产业经济学以"产业"为研究对象,研究产业与产业间的关系,即产业结构或产业关联的关系,主要研究产业间互相提供产品的均衡关系,这一关系包括中间产品的生产、分配、流通和消费的全过程。因而,中间产品的循环过程是产业经济学的研究任务。

以产业为研究对象的产业经济学的诞生,使经济学领域拓宽到一个新的层次。因为现实的经济运动所遇到的问题已要求经济学不仅要回答单个经济主体在单个产品市场上怎样运作,国民收入的总需求与总供给如何均衡,而且要求回答社会再生产过程中产业间中间产品的生产、分配、流通和消费状况,从而使人们对社会经济运动有一个从个别到中间,从中间到总体的完整的了解过程。由于各种经济现象本身是相互联系、相互交织在一起的,作为研究某一特定经济现象的某一经济理论,自然也不是完全孤立的,它必然与相关经济理论有联系。产业经济学也是如此,尽管它的研究对象不同于微观经济学,也不同于宏观经济学,但与这两门学科密切相关。

二、产业经济学的研究领域

产业经济学从产生至今已经得到了巨大的发展,其学科体系已经比较完善。从国内外学者对产业经济的研究来看,与产业经济学研究的各个具体对象相对应,产业经济学的学科领域一般包括以下六个方面:

(一)产业组织理论

产业组织理论的研究对象就是产业组织,这个概念大约在 20 世纪六七十年代逐渐得到公认,作为专指产业内部企业之间关系的范畴。这里的企业关系包括企业之间的交易关系、资源占有关系、利益关系和行为关系等。这些关系的变化与发展不仅影响企业本身的生存与发展,而且影响产业的生存与发展,当然也影响该产业对国民经济发展的贡献。产业组织理论主要是为了解决所谓的"马歇尔冲突"的难题,即产业内企业的规模经济效应与企业之间的竞争活力的冲突。传统的产业组织理论体系主要是由张伯伦、梅森、贝恩、谢勒(F. M. Scherer)等建立的,即著名的市场结构(structure)、市场行为(conduct)和市场绩效

（performance）分析框架（又称 SCP 范式）。该理论认为市场结构是决定市场行为和市场绩效的基础；市场行为取决于市场结构，而市场行为又决定了市场绩效；市场绩效受市场结构和市场行为的共同制约，是反映产业资源配置优劣的最终评估标志；市场行为和市场绩效又会反作用于市场结构，影响未来的市场结构。SCP 范式奠定了产业组织理论体系的基础，之后各派产业组织理论的发展都是建立在对 SCP 范式的继承或批判基础之上的。

（二）产业结构理论

产业结构理论主要研究产业结构的演变及其对经济发展的影响。它主要从经济发展的角度研究产业间的资源占有关系、产业结构的层次演变，从而为制定产业结构的规划与优化政策提供理论依据。由于产业结构的研究一般不涉及过于细致的产业分类及产业之间的中间产品的交换、消费、占有问题，因此可以被看作产业经济学的"宏观"部分。产业结构理论一般包括对影响和决定产业结构的因素的研究、对产业结构的演变规律的研究、对产业结构优化的研究、对战略产业的选择和产业结构政策的研究等。产业结构理论除讨论上述各国产业结构演变的一般规律外，还涉及产业结构规划和产业结构调整等应用性的研究。

（三）产业关联理论

产业关联理论又称产业联系理论，较之产业结构理论，它更广泛、细致地用精确的量化方法来研究产业之间质的联系和量的关系，属于产业经济学的"中观"部分。产业关联理论侧重于研究产业之间的中间投入和中间产出之间的关系，这些主要由列昂惕夫的投入产出法解决。投入产出法主要运用投入产出表和投入产出数学模型，将一个国家或地区在一定时期内从事社会再生产过程的各个产业部门间，通过一定的经济技术关系所发生的投入产出关系加以量化，以此分析该国或该地区在这一时期内社会再生产过程中的各种比例关系及其特性。它的特点是能很好地反映各产业的中间投入和中间需求，这是产业关联理论区别于产业结构和产业组织的一个主要特征。产业关联理论还可以分析各相关产业的关联关系（包括前向关联和后向关联等）、产业的波及效应（包括产业感应度和影响力、生产的最终依赖度以及就业和资本需求量）等。

（四）产业布局理论

产业布局理论主要研究一国或地区的产业布局对整个国民经济的影响。一国或地区的产业发展最终要落实到一定的经济区域来进行，这样就形成了产业在不同地区的布局结构。产业布局是一国或地区经济发展规划的基础，也是其经济发展战略的重要组成部分，更是其实现国民经济持续稳定发展的前提条件。所以，产业布局也是产业经济学研究的重要领域。产业布局理论主要研究影响产业布局的因素、产业布局与经济发展的关系、产业布局的基本原则、产业布局的基本原理、产业布局的一般规律、产业布局的指向性以及产业布局政策等。

（五）产业发展理论

产业发展理论主要研究产业发展过程中的发展规律、发展周期、影响因素、产业转移、资源配置、发展政策等问题。产业发展规律主要是指一个产业的诞生、成长、扩张、衰退、淘汰的各个发展阶段需要具备一些怎样的条件和环境，从而应该采取怎样的政策措施。对产业发展规律的研究有利于决策部门根据产业发展各个不同阶段的发展规律采取不同的产业政策,也有利于企业根据这些规律采取相应的发展战略。例如,一个新兴产业的诞生往往是由某项新发明、新创造开始的,而新的发明、创造又有赖于政府及企业对研究和开发支持的政策与战略。一个产业在各个不同发展阶段会有不同的发展规律,同时,处于同一发展阶段的不同产业也会有不同的发展规律。所以,只有深入研究产业发展规律才能增强产业发展的竞争能力,才能更好地促进产业的发展,进而促进整个国民经济的发展。

(六)产业政策理论

产业政策理论的研究领域从纵的方向来看,包括产业政策调查(事前经济分析)、产业政策制定、产业政策实施方法、产业政策效果评估、产业政策效果反馈和产业政策修正等内容;从横的方向来看,包括产业发展政策、产业组织政策、产业结构政策、产业布局政策和产业技术政策等几个方面的内容。产业政策从作用特征来看,包括秩序型(或称制度型)产业政策和过程型(或称行为型)产业政策。秩序型产业政策是指与产业经济行为有关的规则性产业政策,它一般通过制定规章制度、法律或者通过诱导、说服和规劝等方式对产业活动进行干预;过程型产业政策是指对产业活动的具体过程进行定量的变更或调整,以改变具体的经济变量,从而保证产业政策目标的实现。产业政策的适用范围无论是从纵的方向还是横的方向来看都是相当广泛的。例如,产业发展政策可以包括新技术和新发明的鼓励政策和扶持政策、产业进入政策、产业退出政策、产业转移政策、产业资源配置政策、产业保护政策、产业竞争政策、产业环境政策等。

产业经济学在上述领域的研究中所形成的"产业结构理论""产业关联理论""产业组织理论"和"产业政策理论"便构成了产业经济学的主体。

第三节 产业经济学的学科理论体系

在国际上,学术界对产业经济学的理论体系存在一定的分歧。在国内,一般认为产业经济学主要包括产业组织理论与产业结构理论,以及对产业组织政策、政府管制政策和产业结构政策等的研究。

一、产业组织理论、产业组织政策及政府管制政策

(一)产业组织理论

产业组织主要研究市场运行。按照《新帕尔格雷夫经济学大辞典》的定义,产业组织理论被认为是研究与市场联系着的不易以标准教科书上的竞争模型分析的经济学领域。另一本工具书《产业组织理论手册》则更明确地将产业组织理论定义为微观经济学中主要关注于市场行为及其与市场结构和市场演进过程的密切关系以及相关公共政策的广泛领域。阿宁德亚·森(Anindya Sen)在《产业组织学论文集》一书的导言中认为,产业组织学的定义可

以较宽,包括企业理论、管制、反垄断政策、合同理论以及组织理论的某些内容。

可见,产业组织理论是微观经济学的纵深发展,以帮助人们分析现实中的市场。微观经济学主要关注一些极端的情况,如完全垄断与完全竞争。而产业组织主要关注研究一些处于中间状态的情形,如寡头竞争、垄断竞争等不完全竞争性市场的研究;通过对市场运行的研究得出对特定市场绩效、社会福利与竞争秩序的判断,为政府实施相应的公共政策以维持基本的市场秩序和经济效率提供实证依据和理论指导。

简单地说,产业组织理论即以"市场与企业"为研究对象,从市场的角度研究企业行为,或者说从企业的角度研究市场结构。其研究内容包括企业间的竞争行为及其与市场结构、市场绩效的密切关系,特别强调针对产业中的具有相互依赖或市场互动特点的企业市场行为的研究,包括价格竞争、产品定位、广告和研发等。

产业组织理论的主线比较清晰,主要存在三个重要的理论学派,分别是哈佛学派、芝加哥学派以及新产业组织理论派,他们主导着产业组织的发展,并对公共政策产生了重要的影响。

(二)产业组织政策

产业组织理论对公共政策的直接作用体现为政府的竞争政策和政府管制政策。新古典经济学家认为市场是实现资源配置的最优方式,自由放任的市场理念曾经占据了主流位置。随着现代经济学的发展,人们逐渐认识到市场机制并不总是有效率的。当市场失灵时,可能需要对市场实施一定程度的干预。研究产业组织的兴趣就起源于人们希望了解、认识大型企业或企业联盟行为对产品性能、价格等市场元素的影响,其发展贡献直接表现在各国反垄断法和竞争政策的不断发展之中,并为政府与公众提供了甄别企业不当行为、鼓励创新、促进经济发展的理论和工具。

在竞争政策领域,以结构-行为-绩效为主线的哈佛学派认为,市场结构决定企业的市场行为,市场行为又是既定市场结构下市场绩效的决定因素。在哈佛学派看来,垄断的市场结构及其带来的垄断行为是许多市场中的持续性特征。哈佛学派的观点一度对政府的公共政策造成很大影响,使得反垄断政策主要着重于对市场结构的高度关注,并将判断市场结构是否垄断作为竞争政策的主要依据。

芝加哥学派则秉承自由主义的传统,强调价格体系对企业的作用,认为企业自身的效率才是决定市场结构和市场绩效的基本因素。正是由于一些企业效率的提高,才导致了企业利润的增加和规模的扩大。表现在公共政策上,他们认为对市场结构较为垄断和集中的产业的反垄断政策和干预是对大企业的惩罚,其结果往往是与效率原则相悖的。

新产业组织理论派则将研究重点放在企业的市场行为上。现实世界中寡头竞争市场表现出的有趣现象及普遍性,使得新产业组织理论最为关注寡占市场中企业间的策略性行为。新产业组织理论派认为,在许多市场特别是寡占市场,企业间的行为是相互依赖的,每个企业都会考虑其竞争对手的反应。企业间的市场行为并不仅仅单纯由市场结构决定,在更多的情况下,企业的市场行为与其竞争对手的行为密切相关。博弈论方法的迅速发展为产业经济学家提供了研究企业间策略性行为的有力工具。因此,从新产业组织的角度来看,公共政策不应将焦点集中在垄断性的市场结构上,而应关注企业是否采取了策略性的市场行为,对公平竞争是否造成了负面影响。相应地,当前各国政府的反垄断政策已经从单纯重视市场结构转向对企业不当竞争行为的监管和控制。

目前在美国、欧盟等发达国家和地区,以及亚洲新兴国家,政府在反垄断和公共政策领域进行了不懈的努力,这些努力与成效直接来自产业经济学家的不断积累和丰富的研究成果。在中国,政府为保护自由竞争、促进经济繁荣发展正在进行积极探索,其中,公共政策最明显的突破在于《中华人民共和国反垄断法》(以下简称《反垄断法》)的起草和立法通过。2006年夏天召开的第十届全国人民代表大会常务委员会第二十二次会议通过了对《反垄断法》草案的第一次审议。2007年8月30日,该法案最终由第十届全国人民代表大会常务委员会第二十九次会议正式审议通过,于2008年8月1日起实施,成为中国最全面的一部竞争法。该法案的起草过程吸收了产业组织的研究理念和先进国家及亚洲各国反垄断的经验,着重针对当前我国现行的反垄断行为、国有企业兼并、行政垄断等内容,体现了产业组织研究对于我国当前的公共政策的重大意义。

(三)政府管制政策

产业组织对政府公共政策的另一个贡献体现在政府管制的研究中。长期以来,人们都认为政府对电力、煤气、城市供水等公用事业领域实行政府管制是理所当然的,出于社会福利最大化的考虑,政府必须对具有自然垄断性质的公用事业进行经济管制,包括价格管制和进入管制。此外,某些产业存在外部性、公共物品等市场机制无法解决的问题和领域,从这种市场失灵的角度看,政府管制也是必需的。

芝加哥学派的代表人物斯蒂格勒(G. Stigler)通过实证研究,指出政府管制在很多产业中并未收到预期效果,发生了管制失败。究其原因,在于管制者被被管制者所"俘获"。此后,德姆塞茨(H. Demsetz)、佩尔兹曼(S. Peltzman)和贝克尔(G. S. Becker)进一步完善和发展了政府俘获理论。芝加哥学派在政府管制方面的研究成果,不仅开创了经济学一个新的研究领域——管制经济学,同时其否定政府管制的观点也对美国20世纪70年代末的放松管制政策产生了直接影响。从世界各国的管制经验看,政府管制政策已经经历了从管制到放松管制再到再管制(激励性管制)的发展过程。

二、产业结构理论及产业结构政策

依照中国的学术研究传统,产业经济学并不仅指产业组织理论。自20世纪50年代以来,产业的概念主要是指计划经济中的"行业""部门",如农业、工业、商业等,学科专业也相应设立了农业经济学、工业经济学、商业经济学等门类,没有明确的"产业经济学"名称。由于长期封闭式发展,这种模式一直延续了许多年。这种学科体系无论在学术上还是实践上,都已被证明是极不科学的。改革开放后,中国的产业经济学最初受日本学者的影响较深,强调产业结构以及产业政策。随着欧美的主流产业组织理论被引入中国,中国的产业经济学开始逐渐转型,将以产业组织理论和公共政策为主要研究内容的欧美产业经济学体系与以产业关联、产业结构与规则政策等为研究重点的日本产业经济学体系整合在一起,这也是本书所采纳的产业经济学框架。产业结构理论的研究对于后发国家利用产业结构转换来加快经济发展提供了可能性,也为后发国家带来了因强制性结构转换不恰当而造成资源使用更大浪费的危险性。因此,产业结构理论对于中国这样的后发国家具有非常重要的借鉴意义,成为我们将产业结构研究纳入产业经济学整体体系中的一个主要理由。

(一)产业结构理论

传统意义上,产业结构指产业间的相互联系与联系方式,着重于从经济发展和产业发展的角度研究产业间的资源占有关系,揭示产业间技术联系和联系方式不断发展变化的趋势,揭示占主导或支柱地位的产业部门不断替代的规律及其相应的"结构"效益。因此,产业结构理论的研究内容主要为产业间的结构组成及其变化(即产业结构演变规律)、产业结构变动的高度化、重点产业发展、产业结构发展的合理性研究等,从而为政府制定产业结构政策,实现本国产业升级,实现后发国家对先进国家的赶超,获得本国产业的动态竞争优势提供理论依据。总之,产业结构不仅涉及产业发展的一般规律,还涉及产业发展、产业结构规划和产业结构调整等应用方面的研究。从宽泛的视角来看,广义的产业结构理论还包括产业关联、产业布局和产业竞争力等内容的研究。

产业集群是以某一特定产业(通常为主导产业或优势产业)中的大量企业及相关企业高度集群为标志,企业、行业协会、金融机构、职业培训和科研机构、地方政府之间相互作用的空间集合。产业集群与其他企业组织一样,是伴随着分工与专业化的发展而诞生的。20世纪70年代以后,一些经济集群现象,特别是同类产业的空间集群引起了人们的广泛关注。美国、法国、英国、德国以及意大利等许多国家和地区出现了一批飞速发展的产业集群区,产业领域涵盖了电子信息、机械制造、鞋和针织品等在内的多个领域。这些被称为新产业区的产业集群区的主要特点都是以大量中小型企业为主体、具有分工协作关系的产业活动的集群体。这些空间上集中的企业之间既展开激烈的市场竞争,又进行多种形式的合作,由此形成一种既有竞争又有合作的合作竞争机制。可以看出,产业集群中的"产业"概念符合产业经济学的定义,是产业经济学的一个研究分支,但它又有别于产业组织与产业结构的研究内容,相关研究主要集中在产业集群的方式、形成机理、产业集群的特点、产业集群如何提高企业的生产率、刺激企业创新机理,以及对产业集群的区域效应进行归纳总结。

产业布局则是指产业在一国或一地区范围内的空间分布和组合。随着产业的发展和认识的深化,人们对于产业布局理论的研究得到不断的丰富和完善,其观察的视角也发生了很大的变化。现代产业布局理论已经从为了具体企业取得最大利润而作出的区位决策,发展为考虑区域整体效益的最优化研究。研究产业布局,可以为如何合理、协调不同区域间的产业发展提供相关的公共政策。

(二)产业结构政策

产业结构政策是产业政策的一个主要分支和组成部分。早期的产业结构政策主要是通过国家力量调配资源,驱使国民经济朝着既定的经济结构转变。产业结构政策在现实中的大规模运用发生在二战后的日本、韩国等东亚国家。这些国家都面临着战后重建和复兴的艰巨任务。一些战后获得独立地位的国家,迫切希望尽快缩短同发达国家之间的差距;而社会主义国家,则更想通过有效的经济建设,向世界显示其强大的生命力。所有这一切都对产业政策,特别是产业结构政策提出了特别的要求。在中国,比较明确、自觉地提出和执行产业政策是在 20 世纪 80 年代后半期。在此之前,中国实行高度集权、包罗万象的计划经济,产业政策包含在经济计划中。1978年,中国开始进行经济体制改革,实行社会主义市场经济,提出产业政策是国家进行国民经济管理和调节的不可或缺的重要方面。产业结构转换理论与后发优势理论是产业结构政策的核心理论基础,产业结构政策的实施以广义的产业结构理论作为指导。

第四节 产业经济学的研究意义

一、研究产业经济学的理论意义

长期以来,经济学一直被人为地分为宏观经济学与微观经济学两大部分。宏观经济学与微观经济学的研究领域泾渭分明,似乎各司其职,配合得很好。但是经济学家并不满意这种状况,其原因大致有以下几个方面:

一是在现实经济活动中还存在着"产业"这种由某种相似特征的经济活动所组成的经济集合,这种经济集合的行为变量既不是宏观经济学研究的经济总量,也不是微观经济学研究的经济个量,其行为规律既不能为宏观经济学所解释,也不能被微观经济学所解释。

二是经济总量的变动规律似乎与微观经济个量的变化规律无关,但事实上经济总量肯定是由相应的经济个量整合而成的,那么其整合过程是怎样的呢?更严重的是某些经济总量并没有相应的经济个量,那么这些经济总量是如何从经济个量的相互作用中产生的呢?宏观经济学与微观经济学都不能对这些问题作出解释。

三是宏观经济学与微观经济学的分割造成了经济学学科体系的破碎,使得经济学本身是由宏观经济学与微观经济学这样两个互相独立的部分拼凑而成的,而不是一个内在逻辑结构一致的、完整的学科体系。

因为这种情况在理论上很难令人满意,所以,对产业经济学的研究便应运而生。产业经济学通过分析经济个体相互之间的作用关系来研究整个产业的整体变化规律,可以较好地解决上述第一方面的问题;产业经济学通过分析研究经济个体的相互作用是怎样通过整合最后形成经济总量及其相互联系、变动的规律,有望回答上述第二方面的问题;产业经济学通过研究各个层次产业本身的经济行为及其相互之间的作用规律,将微观经济个量与宏观经济总量通过产业的各个层次联系起来,有望填补宏观经济学与微观经济学之间的逻辑空白,为建立完整的经济学体系奠定基础。

产业经济学是一门应用经济学科。应用经济学包含宏观的国民经济管理、微观的企业经济管理以及中观的产业经济管理。宏观经济的管理理论在宏观经济学中已有较为成熟的理论,主要有财政政策、货币政策等;企业经济的管理方法也已有成型的体系,主要有财务管理、会计理论等;对产业经济的管理则属于产业经济学的研究领域,主要是对产业政策的研究。虽然对产业经济的管理现在已有大量的研究,但还未能像宏观经济管理理论或企业经济管理方法那样达到公认的成熟程度,所以,对产业经济学的进一步研究将有助于应用经济学学科体系的完善。

二、研究产业经济学的实践意义

研究产业经济学还源于产业政策实践的需要。研究产业经济学的最直接目的在于通过对产业发展规律的正确认识来指导产业政策的制定,以促进经济的有效发展。其实践意义主要体现在以下三个方面:

(一)研究产业经济学,有利于建立有效的产业组织结构

产业组织的内部结构不仅影响到产业内企业规模经济优势的发挥和竞争的活力,还会影响到整个产业整体的发展。比如我国的产业组织历来都存在着许多弊端,企业规模整体偏小,"小而全""大而全"现象普遍存在等,严重影响了我国某些产业整体的发展,导致国际竞争力偏弱。消除这些弊端的实践需要强烈要求到产业经济学中去寻找答案。通过对产业经济学的研究,可以比较不同市场结构、不同企业规模的优劣,探求过度竞争或有效竞争不足的形成途径及消除方式,发现规模经济的形成原因及优点等,从而设法从中找出最有利于生产要素合理配置的市场秩序、产业组织结构,然后根据不同的产业,实现企业组织机构的合理化,扶持中小企业的发展,维护市场竞争秩序,规范市场行为,反对不正当竞争,反对抑制竞争的垄断行为等。所以,研究产业经济学有利于有效的产业组织结构的形成。

(二)研究产业经济学,有利于产业结构的优化

产业结构的合理均衡是国民经济健康发展的前提,而产业结构的升级更是国民经济迅速发展的必由之路。探索合理的产业结构的实践需要也促进了产业经济学研究的深入。寻找产业结构不合理的成因,并以此制定有效的产业结构政策、调整产业结构,也是研究产业经济学的意义所在。进一步而言,研究产业经济学,探寻产业升级的规律和带动经济起飞的主导产业,利用合理的产业政策加以保护和扶持,便可以实现产业结构向更高的水平演进,即产业结构高度化,以增强整体产业的国际竞争力,促进经济的发展。

(三)研究产业经济学,有利于产业的合理布局

产业的合理布局有利于各地区充分发挥各自的经济比较优势及地域优势,从而可以最大限度地发挥整个国家的经济建设能力,实现经济的快速发展。所以,寻找产业合理布局的基本原则也是促使产业经济学研究进一步深入的动力之一。通过对产业经济学的研究可以探求产业布局的影响因素、产业布局的一般规律,并据此制定正确的产业布局政策,将产业布局与各地区的资源优势相结合、与区域分工相结合,将产业布置在最有利于发挥优势、提高经济效益的地区,实现产业布局的合理化。所以,研究产业经济学也是产业政策的实践需要。对产业经济学的研究还有利于加强产业间的联系、发挥产业的协同效应,以及有利于确定合理的产业发展战略。

第五节 产业经济学的研究方法

产业经济学涉及产业组织、产业结构、产业关联等多项内容,学者们也使用了多种研究方法以满足产业经济学各部分研究的需要。然而,产业经济学作为经济学的一个分支,始终无法离开经济学的总体分析框架。因而经济学的研究方法也是产业经济学必须遵循的基本研究方法。此外,随着新的研究工具不断出现,产业经济学的具体分析方法也随之多样化。总体而言,产业经济学的研究方法是多种方法的集合。

一、系统方法

产业是由一些具有某些相同特征,彼此之间相互联系、相互作用的经济组织和活动所组成的集合或系统。它既不同于微观经济学的研究对象——某个单独的经济主体,只需着眼于个量分析即可;又不同于宏观经济学的研究对象——经济总量,只需着眼于不同经济总量之间的关系即可。产业经济学的研究对象是一个系统,因而产业经济的研究方法首先必须着眼于系统分析的角度,既要研究组成系统的各个单元即各个单个经济主体间的相互作用关系,又要研究这些相互作用的关系结构是怎样通过各个层次的整合最后达到一个总体的结果的。我们可以做一个比较:微观经济学的分析方法是利用经济个体在一定约束条件下的利润最大化或效用最大化来研究其经济行为,产业经济学则是通过研究分析这些经济个体相互之间的作用关系来研究整个产业的整体特征;宏观经济学研究的是整个经济总量的变动规律,而产业经济学研究的是经济个体的相互作用怎样通过层次整合最后形成这些经济总量,以及其相互联系的变化规律,所以,系统论的观点是产业经济学研究方法论的基本观点之一。

系统方法是以一般系统论为理论基础的。一般系统论有两个重要的原理:系统整体性原理和系统结构功能原理。系统整体性原理有两个要点:系统是整体与部分的统一,系统整体具有单个构成部分所没有的新的性质和功能。所以,研究产业经济要注意以产业整体最优为导向,而不是以组成整个产业中的某个部门、某个行业的最优为目的;研究产业经济也不能局限于产业内部或某一国本身,而应将产业放在整个国际经济大环境中加以分析、研究。系统结构功能原理包括三个要点:结构决定功能,功能反作用于结构,结构与功能在一定条件下相互转化。所以,研究产业经济要强调各个产业之间以及组成产业的各个部门之间的平衡发展,而不能是某个产业或某个部门单兵突进,造成整个产业的不平衡,导致系统崩溃;研究产业经济要着眼于整个产业系统的动态过程,不能局限于某时某刻的整体产业结构最优,而应着眼于整个产业变动过程中的最优。

二、自组织理论方法

自组织理论方法是以自组织理论为理论基础的。自组织理论是探索系统通过自组织实现从无序到有序演化的规律的理论。自组织理论揭示出,一个系统要实现从无序到有序的演化,必须不断与外界进行物质和能量的交换,从外界引进负熵流;必须处于远离平衡状态,存在着演化的多种可能性;存在着微小涨落和使微小涨落放大的非线性相互作用机制。产业恰恰可以看成一个开放的远离平衡系统,技术创新就是产业系统中的涨落现象,这种涨落通过产业系统中的相干作用、反馈作用、协同作用等非线性相互作用而放大成巨型涨落,形成新产业,改变原有产业结构的格局。因此,运用自组织理论方法研究产业发展、产业结构演变规律和产业组织行为等问题,必然是一种有效的方法。

三、实证分析与规范分析相结合的方法

实证分析是经济学研究的基本方法,也是经济学的基本分析方法。实证分析主要研究经济现象"是什么",即考察人类社会中的经济活动实际是怎样运作的,而不回答这样的运作效果是好还是坏。实证研究又分为理论研究和经验研究。理论研究是通过考察实际经济运作状况,从中归纳出可能的经济运行规律,然后从一定的先验假设出发,以严密的逻辑推理演绎证明这些经济规律并推演可能有的规律。经验分析则往往是用理论分析得到的经济规律考察经济运作中的实际例子,来进一步实际验证理论分析得到的经济规律并指导实际的经济管理。如产业经济研究中往往要将调查统计所得的各种经济变量的实际数值与理论规律作比较,用理论规律加以解释,以加深对实际产业运作规律的认识。实证分析往往要用到较多的数学工具,如现代产业经济研究往往要用到博弈论、矩阵代数等工具来研究产业组织、产业关联中的规律。规范分析是研究经济活动"应该是怎样的"。也就是说,在有关理论的研究分析中,其有关判断或结论的得出是以一定的经济价值标准为前提的。例如,市场充分公平的竞争、经济发展、社会福利和经济效率等都常常被作为判定市场结构与市场行为"好""坏"的标准和依据。产业经济研究的目的是更好地管理产业的发展,以带动经济发展,所以,不可避免要涉及什么是"好"的标准,以及以此标准决定怎样运用经济规律来管理经济。显然,对于各种标准主次选择的不同会形成不同的价值判断,并形成不同的学说或流派。

四、定性分析与定量分析相结合的方法

产业是一个系统,往往涉及众多的因素、纷繁的联系和多个变量等各方面的问题。面对如此庞大而复杂的问题,要想从总体上获得最优化结果,只有尽力将系统各方面的关系数学化,用抽象的数学关系表述真实的系统关系,然后建立模型,进行计算或试验,探讨系统的规律性。所以,定量分析方法是研究产业经济要尽量采用的方法。然而,虽然定量分析是要尽量采用的,但也离不开定性分析。原因如下:第一,定性分析是定量分析的前提,第二,许多定量分析就是定性分析所得到的对于某个产业的认识的定量化;第三,定性分析往往能减少定量分析的复杂性;第四,越是复杂的系统,定量的研究越有困难,尤其是产业经济中的许多经济因素或指标还不能定量或精确定量化,这时,定性分析往往能更有效地简化分析和得到

有益的思想。如产业经济研究中广泛应用的案例分析方法等就是一种定性与定量相结合的方法。

五、静态分析与动态分析相结合的方法

静态分析考察研究对象在某一时间点上的现象和规律。在计量分析中,常常将这种用于分析比较处于不同发展阶段的研究对象在同一时间点上或研究某一对象在同一时刻内部结构的数量指标的方法称为横截面分析法。虽然在许多场合静态分析是动态分析的起点和基础,但是,产业经济学研究更要着眼于动态的、发展的观点,所以,动态分析是产业经济学研究的主要方法。动态分析研究产业随着时间的推移所显示出的各种发展、深化规律,特别是产业间的关系在经济发展中此长彼消的规律。在计量分析中,称之为时间序列分析。产业经济学中的经验性规律大多是通过综合运用动态分析与静态分析相结合的研究方法研究得到的。

六、统计分析与比较分析相结合的方法

产业经济学研究的是产业与产业之间的关系结构以及产业内企业之间相互作用的发展规律,而这些关系除遵循普遍的经济规律外,其表现形式都是寓于特定国家或地区的特定的发展阶段之中的,必然包含自身特有的特征。我们不能将某一国家、某一时期的产业及产业间联系的发展演化过程当作所有国家产业及产业间联系的必然过程。从统计学角度来看,这仅仅是某一个体系的特殊特征,所以,必须选取较多地区、较多时间点上的多样本,即分析较多国家或地区的同一过程。在此基础上,利用统计方法消除单个样本本身的特征,总结出具有代表性的一般产业与产业间联系的发展规律,从而使结论建立在科学的基础之上。在产业经济学的研究中,大量的研究成果就是通过艰苦的统计分析总结出来的,统计分析工具也是实证分析的基本工具。此外,在具体研究某一国家、某一时段的产业问题时又必须考虑到各国自身的特点,故又要运用比较分析的方法。分析一个国家的产业及产业之间的关系并将之与该国的资源、人口、经济状况、文化传统等一系列特有的决定因素及特点相联系,比较分析各个国家之间的这种联系从而得出相关的结论和经验教训,这对发展本国的产业经济是非常有益的。

七、博弈论方法

博弈论是研究经济主体的决策行为及其相互作用所能达到的均衡的理论。一些相互依赖、相互影响的决策行为及其结果的组合称为博弈。产业组织理论主要研究产业内企业的相互作用及其规律。由于企业的行为是互为因果而强相关的,必须使用博弈论来加以研究,因此,产业组织就成为应用博弈论来研究的最早领域。现在博弈论已成为产业组织研究中占据主导地位的研究工具,常用于研究寡头垄断、不完全竞争市场的定价、企业兼并、反垄断规制等问题。

八、投入产出分析法

投入产出分析法常用于研究产业与产业之间量化的质的联系和量的关系,即产业关联。投入产出分析法是由列昂惕夫首先提出的,它运用投入产出表和投入产出数学模型,把一国在一定时间内所从事的社会再生产过程中各产业部门间通过一定的经济技术联系所发生的投入产出关系加以量化,以此分析该国在这一时期内社会再生产过程中的各种比例关系及其特性。投入产出分析法要用到较多的矩阵分析。

九、系统动力学方法

系统动力学是通过分析社会经济系统内部各变量之间的反馈结构关系来研究整个系统整体行为的理论。系统动力学方法是在分析系统内各部分因果关系的基础上,画出各部分的因果反馈回路,再进一步画出系统动态流图,建立系统动态模型,并运用一套专用的计算机语言(DYNAMO 语言)进行计算机仿真模拟。系统动力学认为系统的行为是由系统的结构决定的,与产业经济学的结构主义分析方法是一致的;系统动力学更进一步指出系统的结构是动态反馈结构,从而可以用控制论的方法来研究,这又与产业经济学中各产业之间的联系和产业内各企业之间的相互作用是一致的。所以,用系统动力学方法来研究产业经济是十分有效的。系统动力学尤其注重各经济变量之间的动态反馈结构,而对变量的精确数值要求不高,故特别适合像产业经济这种许多方面难以定量的复杂系统的研究。现在国内外已有许多学者用系统动力学来研究产业结构、产业布局、产业组织等诸多产业经济对象,取得了令人满意的结果。

◖ 本章小结

"产业"通常被定义为具有某类共同特性的企业的集合。具体来说,产业或者是指生产同类或有密切替代关系产品、服务的企业集合,或者是指具有使用相同原材料、相同工艺技术或生产产品用途相同的企业的集合。

产业经济学是以产业为研究对象的应用型经济学科。产业经济学的理论框架主要包括产业组织理论、产业结构理论,以及具有针对性的应用政策如产业组织政策、产业结构政策和政府管制政策等。

产业经济学的不同研究领域都有其独特的理论渊源和发展历程,这些理论的发展为完善和丰富产业经济学的学科体系和研究内容,以及指导现实中的产业经济问题提供了重要的理论依据。

作为一门学科,产业经济学诞生于20世纪中叶的美国哈佛大学。迄今为止,产业组织理论领域存在着哈佛学派、芝加哥学派、新产业组织理论派等多个学派。

产业经济学的研究方法是多种方法的集合,可以使用多种研究方法以满足产业经济学各部分研究的需要。这些研究方法包括理论分析和经验分析方法,而具体的研究方法主要有系统方法、自组织理论方法、实证分析与规范分析相结合的方法、定性分析与定量分析相结合的方法、静态分析与动态分析相结合的方法、统计分析与比较分析相结合的方法、博弈论方法、投入产出分析法以及系统动力学方法等。

➤ 复习思考题 ◄

1. 产业经济学的研究对象是什么？产业是如何界定的？
2. 简述产业经济学的研究范畴。
3. 产业经济学的基本理论体系包含哪些内容？
4. 简述产业组织学的理论渊源及其发展。
5. 产业经济学有哪些主要研究方法？

延伸阅读

加强新发展阶段的产业经济学研究①

党的二十大报告从全面建设社会主义现代化强国的高度，对建设现代化产业体系进行了战略部署。2023年5月5日，习近平总书记主持召开二十届中央财经委员会第一次会议，强调现代化产业体系是现代化国家的物质技术基础，必须把发展经济的着力点放在实体经济上，为实现第二个百年奋斗目标提供坚强物质支撑。近年来，全球产业格局加速演变，世界主要大国产业政策加速"回归"，成为世界百年未有之大变局的重要驱动因素。我国拥有完整的产业体系和超大规模市场双重优势，经济长期向好的基本面没有改变。同时，我国产业发展战略调整与全球产业发展环境变化，对产业经济学研究提出了一系列重要问题，为建构中国自主的产业经济学知识体系带来了契机。笔者愿就其中的若干重要问题与同行交流。

一、建设现代化产业体系研究

世界主要大国的历史性崛起并保持全球领先，无不建立在强大的产业实力之上，为各国提供了"无工不富""无工不现代化"的发展经验。我国到2035年实现综合国力、经济实力、科技实力跃上新的台阶，必须加快建设以实体经济为支撑的现代化产业体系。近年来，我国学界围绕"现代化产业体系"这一政策概念，发表了不少成果，但在学理化上还有待深化。

一是关于现代化产业体系本身的研究，存在一些基本概念和基础理论问题。具体包括：什么是"产业体系"，与分析产业之间关联的"产业结构""产业生态"等概念有何异同之处？如何将当代产业边界日益模糊、要素"跨界"配置、产业与基础设施同步升级等新趋势纳入理论分析？产业体系现代化的评价标准和指标体系是什么？现代化产业体系与新型工业化之间是什么关系？二是关于实体经济与制造业的研究。关于实体经济的定义和范围，还需在深入研究的基础上形成共识，为学术研究和科学决策提供学理支持。制造业是实体经济最为核心的构成部分，是建设现代化产业体系的重中之重。我国仍将保持全世界唯一拥有全部工业门类国家的优势，产业升级厚积薄发，但过去一段时间以来，我国制造业占比下降引发了各界讨论。就学理而言，目前关于"去工业化"的基本事实和理论尚不完善，特

---

① 资料来源：黄阳华. 加强新发展阶段的产业经济学研究[EB/OL]. （2023-08-08）[2024-06-20].
https://www.cssn.cn/skgz/bwyc/202308/t20230808_5677692.shtml.

别是对我国制造业占比下降的原因和机制分析有待深入。以此为基础,在构建新发展格局的过程中,还应加强研究我国特别是中西部地区制造业发展具有由要素成本、生产效率及高等级基础设施等潜力构成的综合优势,全面开展国际竞争力比较分析,从而为有竞争力地保持制造业比重稳定,夯实我国产业体系完备和配套能力强的优势提供学理支撑。

二、提升产业创新能力研究

创新在我国现代化建设全局中具有核心地位。我国已在高铁、通信、大型客机等产业创新方面取得重大突破,要更大力度解决产业基础能力较弱和关键核心技术"卡脖子"难题。在新一轮科技革命和产业变革深入发展的背景下,世界主要大国把产业创新作为国际战略博弈的主战场,产业创新能力对大国竞争力的支撑作用日益凸显。

创新是产业经济研究的热点,相关实证研究主要采用两种路径:一是采用多种创新度量指标开展计量经济分析,二是针对特定产业的技术创新进行案例分析。从全面提升产业创新能力的要求看,还有一些重要问题需要加强研究。例如,针对不同产业创新分析所取得的经验启示,如何从中提炼具有中国特色、符合新发展阶段的产业创新体系理论?健全社会主义市场经济条件下的新型举国体制,是我国核心技术攻关的重要制度优势,但有些研究强调"举国体制",而对"新型"的现实背景和理论研究不足,尚未明确阐明新型举国体制与传统举国体制之间的继承和发展,可能导致难以构建有效市场和有为政府之间的分工与合作。又如,我国具有超大规模经济体的优势,国内需求对新发展格局的支撑作用将不断增强,消费需求结构朝着品质化、个性化、绿色化方向升级。这是维持我国企业研发投资和牵引产业创新方向的重要优势,那么,应该如何构建起由国内需求升级为主牵引产业创新的新理论和新机制?还需要明确的是,成功实现商业化是创新的根本要求,不仅要重视技术突破阶段的研究,还要加强技术扩散阶段产业组织与行为经济学的研究,设计有效的"助推"工具,完善产业创新链条,等等。

三、产业智能化、绿色化、融合化研究

产业经济的微观基础,是企业选择技术并配置各类生产要素,以应对市场与政策环境的变动。随着数字技术和数据要素向产业领域加速应用渗透,叠加绿色发展目标,产业智能化、绿色化、融合化给微观企业决策带来多层影响,也为产业经济研究带来了诸多前沿问题。

第一,数字经济促进实体经济发展研究。在近年来研究数据要素和数字经济取得新进展的基础上,有必要深入研究数据要素影响企业生产决策和竞争行为的微观机制,纳入数字平台组织的研究成果,构建数字产业组织新知识、新理论。在理论指导下,进一步开展实体经济特别是对传统产业、中小微企业数字化转型的经济决策和成本收益分析,构建促进产业智能化的长效激励机制。第二,实现碳达峰碳中和背景下加快产业清洁低碳转型,将从企业的投入和产出两个方面带来新的研究问题。例如,企业之间在能源消耗和碳排放方面存在异质性,能耗双控逐步转向碳排放双控将对产业产生何种结构效应?在碳能分离的情境下,企业如何根据国内区域的能源结构优化生产布局?又如,党的二十大报告提出协同推进降碳、减污、扩绿、增长,将对企业的成本结构产生什么影响?如何转移和分摊相应的成本?对我国相关产业的国际竞争力带来什么影响?第三,"制造+服务""制造+农业""生产+消费""产品+数据"等产业融合发展的趋势日益明显,产业形态演变对产业关联和统计带来哪些新挑战,又进一步对基于产业分类的经典产业经济理论提出什么挑战? 如何测定产业融合发展带来的"融合红利"? 产业融合趋势对市场结构和竞争行为带来什么影响? 对相关市场界定和反垄断提出了哪些挑战? 这些新问题都超出了传统产业经济研究的范围,需要立足现实开启新的研究议程。

四、基于国内外新动向的研究

产业政策是现实中政府调控经济的重要手段,也是产业经济学研究的经典问题。虽然存在一些争议,但是产业政策无疑是推进国家治理体系和治理能力现代化的重要组成部分,还将在加快构建新发展格局中继续发挥积极作用。近年来,在一些产业政策讨论中,存在将一国经济体制、政府与市场关系等制度性议题纳入其中,引发产业政策存废之争。而在产业政策部门看来,产业政策是政府为实现特定目标或解决产业领域的市场失灵问题而引导要素配置的技术性手段,问题在于如何评估产业政策实施的收益与成本,以选择有效的政策工具。这一反差引发出一个重要的理论问题:如何界定产业政策,以及如何开展产业政策研究。这一理论问题的回答,直接关系到更好发挥产业政策在构建新发展格局中的定位与效果。

在实践应用层面,当前产业政策研究的一个重要任务,是面向新发展阶段推动产业政策转型。我国在经济高速增长阶段,为推动产业增长和产业结构升级,形成了极为复杂的产业政策组合,在我国成长为工业大国中发挥了积极作用。进入新发展阶段,在产业领域贯彻新发展理念,势必要求产业政策的目标转向推动产业高质量发展,涉及的问题包括但不限于:如何处理推动产业高质量发展与维护产业安全之间的关系,增强产业政策的顶层设计;如何按照产业智能化、绿色化、融合化发展趋势拓展产业政策的研究范围,加强产业政策部门之间的协同性、中央与地方之间产业政策的协同性以及产业政策与宏观政策的协同性。

应对世界主要国家的产业政策"重启""回归",还需加强研究国家之间的产业政策博弈。国际金融危机后,世界主要大国纷纷实施了积极的产业政策,特别是一些大国的产业政策制定主体、产业政策目标、重点领域和政策工具等出现明显变化,正以新的政策传导机制对我国和全球产生影响。相比而言,我国产业政策研究长期关注国内产业问题,在应对世界大国产业政策方面的研究基础较为薄弱。以全球视野研究国家之间产业政策的互动,也是新发展阶段产业经济学的研究方向之一。

第二章
产业组织理论演化与研究范式

本章导读

产业组织理论是一门新兴的应用经济理论,它以微观经济学理论为基础,具体分析企业结构与行为、市场结构与组织以及市场中厂商之间的相互作用和影响,进而研究经济发展过程中产业内部企业之间竞争与垄断以及规模经济与效率的关系和矛盾,研究和探讨产业组织状况及其对产业内资源配置效率的影响,从而为维持合理的市场秩序和经济效率提供理论依据和对策途径。

第一节 产业组织理论的起源与形成

产业组织理论作为一种完整而系统的理论体系形成于20世纪二三十年代。20世纪80年代末,产业组织理论开始传入我国,如今产业组织理论在我国得到了一定的发展。

与产业结构理论、产业关联理论等领域已经有较长研究历史不同,产业组织理论是产业经济学各领域中定型较晚的部分。现代产业组织理论的形成以1959年贝恩的著作《产业组织》一书的出版为标志。然而,从产生和形成的渊源来看,产业组织理论最早萌芽于马歇尔的"生产要素理论",奠基于张伯伦等人的"垄断竞争理论",最终体系形成于贝恩等人的系统研究。

一、产业组织理论的理论渊源

(一)产业组织理论的萌芽

英国著名经济学家马歇尔在其1890年问世的《经济学原理》一书中,论及生产要素时,在萨伊的劳动、资本和土地"生产三要素"学说的基础上,首次提出了第四生产要素,即"组织"。马歇尔的经济理论隐含了产业组织理论的萌芽,这不仅体现在他最先提出了包括"组织"在内的生产四要素论和十分接近于"产业组织"的"工业组织"概念,而且还体现在其经济理论第一次触及了现代产业组织理论所关注的一些基本问题。首先,马歇尔的经济理论触及了垄断问题,并发现了被后人称为"马歇尔冲突"的规模经济和垄断的弊病之间的矛盾,即企业追求规模经济的结果是垄断的发展,垄断反过来又会阻碍价格机制,扼杀自由竞争,使经济活动失去活力,破坏资源的合理分配。"马歇尔冲突"提出的竞争的活力和规模经济之间的关系,正是现代产业组织理论所关注的核心问题。其次,马歇尔的经济理论触及了产品差别、生产条件差异和广告费用不同等造成不完全竞争市场的垄断因素问题。尽管马歇尔所触及的产业组织的基本问题,只是散见于其庞大的经济学体系中,而且均未做专题研究或明确的分析,但他的这些工作对后来者从事产业组织的研究具有极富价值的启迪,因而他被西方学者称为产业组织理论的先驱。

(二)产业组织理论的奠基

20世纪初,垄断资本主义取代了自由资本主义,垄断资本对资本主义国家经济运行的影响体现得十分深刻,尤其是20世纪30年代的经济大危机,使以马歇尔为代表的正统经济理论与现实的矛盾日益显现。1933年,英国经济学家琼·罗宾逊的《不完全竞争经济学》和美国哈佛大学教授张伯伦的《垄断竞争理论》几乎同时问世。琼·罗宾逊探讨了垄断市场需求特征、垄断企业的成本、垄断企业的短期和长期均衡以及多厂垄断和双边垄断等。张伯伦在书中提出了垄断竞争的概念,分析了特定产业内的市场结构、价格、利润、广告和效率等的相互关系,提出了生产同类产品的企业集团及与之相关的厂商企业的关系问题,界定了"产品差别"的内涵及其对市场竞争的影响。琼·罗宾逊和张伯伦为分析产业组织提供了实践模拟基础,从不完全竞争出发研究市场结构和厂商行为的变异及绩效,在市场结构研究方面具有开创性,并直接推动产业组织理论向市场结构方向发展。

(三)产业组织理论体系的形成

1940年,克拉克发表了《论有效竞争的概念》一文。他认为,不完全竞争存在的事实表明,长期均衡和短期均衡的实现条件是不协调的,这反映了市场竞争与实现规模经济的矛盾。而为了研究现实条件下缩小这种背离程度的方法和手段,就有必要明确有效竞争的概念。克拉克提出的"有效竞争理论",对产业组织理论的深入发展和延伸以及理论体系的建立产生了重大影响。

二、产业组织理论的发展

产业组织理论可以分为两大派别:主流产业组织理论和非主流产业组织理论。主流产业组织理论的发展经历了两个阶段——传统产业组织理论和新产业组织理论;非主流产业组织理论学派可分为芝加哥学派、新制度学派和新奥地利学派。

(一)主流产业组织理论

1.传统产业组织理论——哈佛学派的SCP范式

贝恩在《产业组织》一书中系统地提出了产业组织理论的基本框架,标志着现代产业组织理论的基本形成。其两个主要标志是:

（1）明确阐述了产业组织研究的目的和方法。

（2）提出了现代产业组织理论的三个基本范畴——市场结构、市场行为、市场绩效，并把这三个范畴和国家在这个问题上的公共政策（即产业组织政策）联系起来，规范了产业组织理论的理论体系。

科斯（R. H. Coase）、威廉姆森（J. Williamson）、谢勒等人在此基础上作了进一步的补充和完善，认为市场结构（S）决定企业的市场行为（C），企业的市场行为决定市场绩效（P）。某一市场结构又取决于特定情况下市场供求的基本环境，从而形成了SCP框架的产业组织理论体系。

哈佛学派对于创建产业组织理论作出了很大贡献，并以其SCP分析框架成为产业组织理论的正统学派。但必须看到，这种正统产业组织理论从理论基础到研究方式都还存在很多缺陷。

（1）哈佛学派的微观理论基础仍是新古典主义，它假设所有企业都是以利润最大化为行为目标，而不管它是垄断企业还是完全竞争企业，也不管它是经理控制的企业还是股东控制的企业。这种单一的目标假设忽视了因企业类型差异带来的企业目标，进而企业行为的差异，从而把由企业目标差异带来的多样化的企业行为均视为仅受市场结构（主要是集中度）决定的相对单一的企业行为。

（2）SCP分析范式的静态与单向分析看不到本期的市场结构乃是上期企业行为的后果。

（3）对市场结构的过分强调使得正统产业组织理论无法将决定企业行为的其他因素（如企业内部产权、交易费用和信息成本的存在）纳入分析框架，限制了产业组织理论的发展。

2. 新产业组织学派

自20世纪70年代开始，许多著名经济学家加入研究产业组织理论的行列，为产业组织理论研究队伍注入了新的活力，产业组织理论进入了"理论期"：理论模型取代统计分析来研究企业行为；强调市场行为而非强调市场结构，将市场结构视为内生变量，将市场的初始条件和市场行为视为外生变量，彼此之间不存在反馈线路；对社会福利问题的分析比较透彻、有所创新。由于他们对产业组织理论的研究较之传统的产业组织理论有许多新颖、独到之处，因此被称为新产业组织理论，其代表人物有考林（Cowling）、沃特森（J. Watson）、鲍莫尔（W. J. Baumol）等。一般认为，新产业组织理论仍是沿着SCP范式前进的，是对SCP范式的修订和补充。

（二）非主流产业组织理论学派

1. 芝加哥学派

20世纪50年代末，针对哈佛学派SCP范式的形成，美国其他大学对产业组织理论也展开研究，其中以芝加哥大学教授斯蒂格勒、德姆塞茨、布罗曾（Y. Brozen）、波斯纳（R. Posener）等为代表的学者，在与哈佛学派的争论中崛起，并逐步取得主流派地位，被称为芝加哥学派。芝加哥学派在研究方法上，注重用严格的经济理论（价格理论）进行分析，强调对理论的经验证明。针对SCP范式的单向因果关系，提出结构、行为、绩效三者之间应为双向因果关系，信奉市场经济中竞争机制的作用,主张政府应该尽量减少对产业组织实施干预。芝加哥学派认为,市场绩效起着决定性作用,企业效率的不同导致不同的市场结构,高集中度的市场是高效率、低成本的结果,一个持续高利润率的产业完全可能是该产业中企业高效经营所致,否则会招致其他企业大量进入而使利润率降低。只要市场绩效良好,即使市场是垄断或是寡占的,政府也没有必要进行干预。斯蒂格勒重新对进入壁垒加以定义,即新进入企业必须负担、而老企业无须负担的成本,因而现实中几乎不存在真正的进入壁垒。斯蒂格勒等人还通过对电力、通信、交通运输等产业的实证研究,检验了政府规制的实际效果——不仅没有达到预期效果,反而产生了不良影响(政府管制失败)。因此,芝加哥学派提倡政府应放松规制、少干预市场,以利于市场自由竞争,通过促进资源的合理配置来提高生产活动的效率,满足消费者的需求,实现消费者福利最大化。

20世纪70年代后期,随着美国经济出现衰退,以及传统产业国际竞争减弱,芝加哥学派的反垄断在于实现经济效率性的观点对美国政府的反垄断政策的转变产生了直接影响,芝加哥学派成了美国反垄断政策的主流。尤其20世纪80年代以后,生产要素在世界范围内加速流动,企业不得不在全球范围内配置资源,扩大生产规模,展开竞争。此时美国政府基本采纳"放任自由、放松规制"的芝加哥学派的主张,采取缓和的反垄断政策。其着眼点是基于国家战略利益,让本国企业获得世界市场利润的更大份额。

2. 新制度学派

近年来崛起的以科斯的交易费用理论为基础,从制度角度研究经济问题的"新制度产业经济学",也被称为"后SCP流派",其代表人物有科斯、诺斯、威廉姆森、阿尔钦等。该学派组织理论的主要特点在于引入了交易费用理论,对交易费用经济学的理论体系、基本假说、研究方法和研究范围作了系统阐述,彻底改变了只从技术角度考察企业和只从垄断竞争角度考察市场的传统观念,为企业行为研究提供了全新的理论视角,对产业组织的深化起到了直接的推动作用。

新制度学派将制度视为经济活动的内生变量,运用传统的微观经济学来分析、研究制度对市场绩效的影响。一方面,经济主体在交易过程中对经济组织的选择将直接影响交易成本和交易效率;另一方面,交易双方产权的状况也会影响到市场绩效,清晰的产权有助于交易双方形成稳定合理的预期,减少交易中的不确定性,降低交易成本,有利于交易的顺利进行。因此,不同的制度下,市场结构各不相同,产权制度不同,交易成本也有差别,从而导致市场绩效也不同。新制度学派的核心思想就是通过建立合理、有效的制度来降低交易费用,激励经济主体从事生产性活动,从而保障分工和合作的顺利进行,实现良好的市场绩效,促使资源的优化配置和社会福利达到最优。新制度学派通过对企业行为的研究来考察市场和政府干预的作用,用另一种理论视角推动了产业组织理论的发展。

3. 新奥地利学派

新奥地利学派在理论上的成就是建立在门格尔、庞巴维克始创的奥地利经济学派的传统思想和方法之上的,其代表人物有米塞斯、哈耶克、里奇、阿门塔诺、罗斯巴德等。此外,还有一些对新奥地利学派产业组织理论作出贡献的经济学家,尽管他们并不认为自己属于新奥地利学派，却赞同和发展了新奥地利学派的一些重要观点，如熊彼特、博克、布罗曾、德姆塞茨等。

新奥地利学派无论在理论基础还是在政策指向上均与哈佛学派、芝加哥学派有较大差别。在政策指向上，他们认为当今的市场基本是竞争性的，利润是这些大企业创新程度和规模经济的报酬。由此看出，他们对哈佛学派的反垄断政策基本持批评态度。就这一点而言，新奥地利学派与芝加哥学派有共通之处，但在理论基础上，他们否定作为新古典经济学核心的价格理论。对新奥地利学派来说，"研究目的"是从个人效用和行为到价格的非线性因果传递，而不是为人所熟知的新古典主义数学函数的相互决定，在经济领域采用与自然科学相同的工具进行分析是不合适的。从这一观点出发，这一学派在拒不采用和否定作为经济分析工具的现代数学方法的同时，主张任何经济现象都应该运用人类行为科学的方法，按照"人类行为是实现预期的合理行动"这一公理通过语言的演绎来予以说明。20世纪80年代，这一学派的代表人物是瑞克耶和理查德。

第二节　哈佛学派及其研究范式

哈佛学派指以哈佛大学的经济学教授为主要角色的学派，它与有效竞争理论一脉相承，研究重点是市场结构。哈佛学派的理论主张被美国的竞争政策采纳，对美国的反垄断政策实施发挥着重要影响。

一、概述

哈佛学派基本遵从了梅森等提出的"市场结构-市场行为-市场绩效"分析框架，即SCP范式。他们研究的市场结构主要包括集中度、产品差异、规模经济、进入障碍和政府管制，企业行为主要涉及合谋和策略性行为、广告和研究开发等方面，市场绩效包括资源配置效率、利润率、生产率等。哈佛学派认为三者之间存在递进制约的因果关系，市场结构决定企业的市场行为，而市场行为决定市场资源配置的绩效。因此，为了获得良好的市场绩效，必须采取积极的反托拉斯政策和政府管制，以改善市场结构，进而规范企业的市场行为。

20世纪70年代后出现的新产业组织理论在研究上有如下特征：研究方法也采取SCP范式，但是不再强调市场结构而是突出市场行为。因为从短期来看，市场结构不会有大的变化，但是从长期来看，市场结构、市场行为和市场绩效都可能发生变化，市场行为和市场绩效会对市场结构产生反作用，引起市场结构的变化。他们主要采用数学方法和博弈论建立一系列的理论模型，以此来研究企业行为，对经济福利问题分析得较为深入。

二、相关背景

哈佛学派在某种程度上可以说是产业经济学的主流学派。美国哈佛大学教授梅森和其弟子贝恩是哈佛学派的代表人物。早在第一次世界大战后到第二次世界大战前的一段时间，梅森发展了传统的市场结构-企业行为-经济成果模式,使之成为产业经济学内容的框架。他认为,产业经济学或称产业组织理论,既要靠实践经验的研究和经济制度的研究,又需要有一个理论上的分析框架,即结构-行为-绩效这个框架。他特别强调市场结构和其他客观的市场条件的重要性,把它作为认识市场上的企业行为的关键。因此,他着重研究市场结构,以此作为产业经济分析的统一基础。

后来,贝恩继续强调市场结构的重要性。特别是他研究了市场经济中新企业进入一个产业时遇到的障碍,取得了重要成果。这个"进入障碍"和市场集中性、产品差别性三者,是市场结构的关键要素。

哈佛学派的特点是重视产业经济的实践经验,着重研究市场结构;此外,还强调垄断力量与一定的市场结构相联结的重要性,把它作为产业经济分析中的普遍性问题。

三、哈佛学派的方法论

哈佛学派以实证的截面分析方法推导出企业的市场结构、市场行为和市场绩效之间存在着一种单向的因果联系:集中度的高低决定了企业的市场行为方式,而后者又决定了企业市场绩效的好坏。这便是产业组织理论特有的 SCP 分析范式。按照这一范式,行业集中度高的企业总是倾向于提高价格、设置障碍,以便谋取垄断利润,阻碍技术进步,造成资源的非效率配置;要想获得理想的市场绩效,最重要的是要通过公共政策来调整和改善不合理的市场结构,限制垄断力量的发展,保持市场适度竞争。

哈佛学派建立的 SCP 分析范式,为早期的产业组织理论研究提供了一套基本的分析框架,使该理论得以沿着一条大体规范的途径发展。然而贝恩最终并没有就 SCP 范式作出进一步的更为一般化的完整说明,谢勒通过完善 SCP 范式中各环节的反馈效应,才使得传统产业组织理论的 SCP 分析范式得到了系统完整的阐述。正如马丁(Martin)教授所指出的,结构-行为-绩效的分析范式并不是一种单一的因果关系,它需要同时考虑其他因素对结构、行为和绩效的影响。贝恩的研究成功地开创了持续 20 年的以跨部门研究为主的经验型产业组织分析时代。

虽然结构-行为-绩效统治了主流产业组织学界近半个世纪,但其本身也有着许多难以克服的缺陷。SCP 范式以静态的实证分析方法为主要手段,以给定的产业结构为前提,将现实企业之间既存的各种差异看成是决定产业竞争状态的外生变量,对特定企业和产业的实际行为进行静态截面观察,然后再将分析结果与企业的市场绩效相联系。首先,SCP 范式缺乏坚实的理论基础,不具有严格的理论演绎逻辑的必然性,它是基于大量观察的经验性描述;其次,SCP 范式过于强调市场结构对市场行为的决定作用,并且不能对策略性行为的逻辑作出清楚的解释,因素选择并没有穷举,新的重要因素未被纳入框架之中,如信息、交易费用等;再次,SCP 范式存在着来自数据采集和模型设计方面的天生缺陷;最后,该范式顶多只能反映出某一时期既有行业结构下的行为和绩效间的特定关系,并不能说明该结构的形成原因及未来发展趋势。

第三节 芝加哥学派及其研究范式

芝加哥学派产生了众多诺贝尔经济学奖得主,成员主要是芝加哥大学的经济学家,包括弗里德曼(M. Friedman)、斯蒂格勒、科斯、贝克尔(G. S. Becker)等。

一、概述

芝加哥学派继承了富兰克·奈特(Frank Knight)以来芝加哥传统的经济自由主义思想和社会达尔文主义,信奉自由市场经济中竞争机制的作用,相信市场力量的自我调节能力,认为市场竞争是市场力量自由发挥作用的过程。他们还认为企业自身的效率才是决定市场结构和市场绩效的基本因素。另外,芝加哥学派对政府产业规制的分析开创了经济学一个新的研究领域——规制经济学。

芝加哥学派的成员坚定地支持新古典经济学价值理论的经济分析,在其政策建议中频现以“自由市场”为基础的自由主义思想,同时采取一贯反对滥用数学形式主义并乐意放弃精密严谨的一般均衡理论的逻辑推理而倾向于更具有结果导向(result-oriented)的部分均衡分析的方法论。芝加哥学派与“经济学帝国主义(economic imperialism)”联系在一起。所谓“经济学帝国主义”,是指将经济推理的应用方法推向传统上认为是其他领域的特区,如政治科学、法学、历史学和社会学等。

二、经济观点

芝加哥学派极端强调个人自由,反对个人专断和“权威”;在国家必须干预经济的情况下,强调“法治”,反对“人治”。例如,西蒙斯在20世纪30年代关于改革美国货币金融体制的主张,其中包括商业银行必须对其吸收的存款保持100%的现金准备这一建议;哈耶克始终主张金本位制是现实可行的理想的货币制度,反对任何人为地扩大货币流通量的政策措施;弗里德曼的“单一规则”的货币政策等。尽管这些主张所处的历史条件各不相同,理论根据差别很大,但其共同的实质是主张建立一种货币体制。在该体制下,一国的货币信用流通量取决于某种以法律形式规定的“规则”,而不是取决于货币当局相机抉择所采取的政策措施(如根据实际经济情况随时和及时调整贴现率,改变商业银行的法定存款准备率,以及中央银行买卖政府债券的公开市场活动等)。

芝加哥学派特别强调完全竞争的市场机制在调节资本主义经济运行中的重要功能,强烈主张国家对经济生活的干预应减少到必不可少的最低限度。例如,奈特和西蒙斯都十分强调私人企业的自由竞争在经济生活中应起的作用。哈耶克认为,资本主义自由竞争不仅能够实现生产资源的最优配置,即取得最大经济效率,而且能够保护个人自由和选择权,防止政府过度干预导致的权力集中和专制。他不仅把经济计划与个人的自由选择完全对立起来,甚至声称任何形式的经济计划是"通向奴役的道路"。但由于历史条件的变化,也因为个人特有的价值判断,芝加哥学派的主要代表人物在第二次世界大战前后在政策主张方面表现出很大差别。例如,20 世纪 30 年代,西蒙斯不仅反对国家干预经济,也强烈反对垄断,包括所谓工会的"垄断";而在战后,弗里德曼则着重反对凯恩斯主义的国家干预经济。又如,20 世纪 30 年代初,为了应对当时严重的失业问题,瓦伊纳、奈特和西蒙斯等都曾主张借助赤字财政举办公共工程,但在理论上依然认为,尽可能减少政府开支,保持预算平衡是健全财政的基本原则。战后,为了对付长期推行凯恩斯主义赤字财政造成的通货膨胀,弗里德曼不仅反对凯恩斯主义的财政政策,也对资本主义国家长期采用的传统的相机抉择的货币政策持否定态度。

三、政策观点

在发达资本主义国家,经济自由、经济效率与分配均等这三个政策目标经常是此长彼消,顾此失彼,不可得兼的。例如,为了减缓失业,必须承受一定的通货膨胀,而要稳定物价,又必须让更多工人在相当长的时期内处于失业状态。又如,增加政府转移支付和保障社会福利支出,有助于减缓资本主义自由竞争带来的收入分配的不均和阶级矛盾,但为此必须征收高额累进所得税,在一定条件下会妨碍资本积累和劳动生产率的提高。面对这类进退维谷的难题,芝加哥学派更多地关注自由与效率,相对较少地关注收入分配的问题。

四、理论特点

芝加哥学派据以得出其政策主张的理论观点,一般具有如下一些特点或者暗含如下一些假定或前提:

(1)强调经济学应是一门实证科学,所以芝加哥学派的许多成员被称为经济学的实证主义者。

(2)理论分析着眼于资本主义经济的长期均衡,忽视经济政策的短期效果。芝加哥学派的成员一般认为,在市场机制充分发挥作用的前提下,资本主义有充分就业的必然趋势。

(3)在理论分析中往往忽视自由竞争条件下的社会福利与私人利益、私人成本与社会成本之间出现的差别,或者认为这种差别与经济效率或经济自由相比是微不足道的,这使得他们不重视国家在调节资本主义的资源配置和收入分配方面的重要作用。

芝加哥学派成员一般都特别强调 19 世纪资产阶级微观经济学在经济分析中的有效性和实际应用中的有用性,所谓"芝加哥传统"的这一特点,比较突出地表现在斯蒂格勒的科学工作中。斯蒂格勒毕生从事价格理论和动态市场结构的研究,他吸取和运用自亚当·斯密到马歇尔的传统微观经济学的基本理论框架(在纯粹竞争或纯粹垄断前提下,分别考察消费者为获得最大效用和生产者为赚得最大利润的最优化行为在生产和分配方面的规律性),结合对不同产业部门的统计资料的调查分析考察现实的非纯粹竞争市场的经济问题(被称为应用微观经济学),从而在肯定传统的基本理论的基础上,又对传统理论作出必不可少的有效的补充和发展。斯蒂格勒通过引入"不完全信息"这个因素,对资本主义市场中的一些现象,如价格刚性、排队与资源未能充分利用,同种商品除运输费用外在不同地区有不同的销售价格,以及一个产业部门为什么同时并存着规模差别很大的许多企业等,作出了通过严密逻辑推理,并可用经验材料加以检验的理论解释,为20世纪70年代以来有关失业和通货膨胀等宏观经济理论提供了微观的理论基础。斯蒂格勒认为,"不完全信息"和"非完全竞争市场"导致资源配置缺乏效率,是内在于市场经济的本质特征,因而不是通过国家干预所能解决的。

斯蒂格勒通过对美国政府管制市场运行的立法(如最低工资立法、租金管制、证券管理法等)的研究,得出结论:这类立法事实上并未达到原来旨在达到的保护大多数人利益的效果,制定实施这类立法乃是适应特殊利益集团(公司、工会和专业人员)的要求的政治上的产物,因而斯蒂格勒被认为是"管制经济学"的开创者。

五、芝加哥学派与哈佛学派产业组织理论的比较

第一,两者坚持的理论观点不同。哈佛学派依据的是微观经济理论中的新古典学派的价格理论,是将完全竞争和垄断作为两极,将现实的市场置于中间进行分析的,因而这一分析将市场中企业数量的多寡作为相对效率的改善程度的判定基础,认为随着企业数的增加和完全竞争状态的接近,经济基本就能实现较为理想的资源配置效率。但是芝加哥学派在理论上继承了奈特以来芝加哥传统的经济自由主义思想和社会达尔文主义,信奉自由市场经济中竞争机制的作用,相信市场力量的自我调节能力,认为市场竞争过程是市场力量自由发挥作用的过程,是一个适者生存,劣者淘汰,即所谓"生存检验"的过程。

第二,两者的分析工具不同。哈佛学派的产业组织理论直接受到克拉克有效竞争理论的影响,他们的主要分析工具是SCP范式。哈佛学派认为在市场竞争过程中,一定的市场结构决定一定的市场行为,而一定的市场行为又决定一定的市场绩效,它们之间是一种单向决定关系。在这三者中,市场结构是居于支配地位的,有什么样的市场结构就会有什么样的市场行为,有什么样的市场行为就会有什么样的市场绩效。因此,政府的反垄断政策应该关注市场的基本结构,防止出现过于集中的寡占市场或垄断市场。而芝加哥学派认为市场绩效起着决定性的作用,不同的企业效率形成不同的市场结构。正是由于一些企业在激烈的市场竞争中能取得更高的生产效率,因此它们才能获得高额利润,并进而促进企业规模的扩大和市场集中度的提高,形成以大企业和高集中度为特征的市场结构。他们断言,高集中度市场中的大企业必然具有高效率,而产生这种高效率主要在于大规模生产的规模经济性、先进的技术和生产设备、优越的产品质量、完善的企业组织和管理等因素。从这一立场出发,芝加哥学派对哈佛学派的SCP分析框架进行了猛烈抨击,认为与其说存在市场结构决定市场行为,进而决定市场绩效这样的因果关系,倒不如说是市场绩效或市场行为决定了市场结构。

第三,两者对"市场集中度-利润"假说的看法不同。贝恩调查了美国制造业42个产业,并将它们分为两组:一组是CR_8(8家最大企业的市场集中度)大于70%的21个产业;另一组是CR_8小于70%的另外21个产业。调查结果显示,这两个不同集中度的产业群之间存在着明显的利润率差异,前者利润率平均为11.8%,而后者利润率平均只有7.5%。据

此，贝恩认为如果存在集中的市场结构，厂商就有可能成功地限制产出，把价格提高到正常收益以上的水平。在哈佛学派看来，在具有寡占或垄断市场结构的产业中，由于存在着少数企业间的共谋、协调行为以及通过高进入壁垒限制竞争的行为，削弱了市场的竞争性，其结果往往是产生超额利润，破坏资源配置效率。这就是"集中度—利润率"假说。如果具有市场支配力的企业增加的话，整体经济就会受到垄断弊病的侵害，因此，该假说主张必须采取企业分割、禁止兼并等直接作用于市场结构的公共政策，以恢复和维护有效竞争的市场秩序。

但是，芝加哥学派认为统计上的正相关关系并不能代表现实中的经济因果关系，不同的市场效率可能会出现不同的市场结构。对于市场竞争状况的分析，并不能仅仅停留在市场结构上，不能只注重市场结构，芝加哥学派更注重市场行为和市场绩效。芝加哥学派认为寡占或者垄断的市场结构并不能代表无效率，只有厂商采取共谋行为或者垄断行为独占市场、损害消费者利益时，反垄断法才能予以干预。德姆塞茨认为，集中度与利润率的正相关很可能并不反映高集中产业内主要企业在高集中度的市场结构中通常具有的高额利润究竟是来自垄断势力还是来自大企业的高效率，这也是芝加哥学派与哈佛学派争论的一个焦点。芝加哥学派认为，即使市场中存在某些垄断势力或不完全竞争，只要不存在政府的进入规则，这种不均衡状态在现实中就只是暂时的。例如，在高集中度的市场中，如果企业之间采取秘密卡特尔等共谋或协调行为的话，也许就可以获得高利润率。但是，即便这种由于高集中度形成的市场势力导致垄断弊端的发生，也只能是短期的现象或者说是一时的不均衡。只要没有政府的进入规制，这种高集中度产生的高利润率就会因为新企业的大量进入或卡特尔协定的破裂而难以长期为继。因此，按布罗曾的话说，在高集中度的市场上企业获得高利润是市场处于非均衡状态时的暂时现象，它会随着市场趋向均衡而消失。既然高集中产业获得高利润不是长期的稳定现象，也就不存在高额垄断利润和作为其基础的垄断势力。因此在芝加哥学派看来，如果高集中度的市场上长期出现高利润率，只能说明是该市场大企业高效率经营的结果。因为不是建立在高效率经营基础上的高利润水平，所以会招致其他企业的大量进入而使利润率很快降至平均水平。在适者生存的法则下，效率高的企业的市场占有率不断扩大，导致高集中度市场的出现。

第四，芝加哥学派所考虑的反垄断政策的目的，在于实现经济的效率性。用芝加哥学派学者、耶鲁大学法学教授罗伯特·博克的话来说，反托拉斯的目标就在于促进资源的利用，而促进资源利用的目的是尽可能地提高生产活动的效率，同时尽可能地满足消费者对财贸和服务的需求，即实现消费者福利最大化。

除了个别例外部门，芝加哥学派在原则上反对政府以各种形式对市场结构进行干预，反对哈佛学派所主张的对长期存在的过度集中的大企业采取分割政策和实行严格的兼并控制的做法。他们认为，大企业的形成和生产的集中是通过企业内部或外部增长来实现的。企业内部增长无非表明这些企业具有超越竞争对手的生产效率，如果对这样一种通过内部增长形成的大企业进行分割，就等于破坏了效率增长的源泉。同样，兼并是企业实现外部增长的基本途径，兼并的结果会使社会资源从经营不善、效率低下的企业向具有生存能力、效率高的企业转移，从而提高资源的配置效率。只要不存在人为的市场进入规制，潜在的竞争压力会迫使兼并后的大企业仍然置于竞争压力之下,所以除个别情况(如高度寡占市场上的横向兼并)外,政府没有必要对企业兼并采取严格的控制政策。芝加哥学派认为,反托拉斯政策的重点应放在对企业的市场行为进行干预上,其中主要是对卡特尔等企业间价格的协调行为和分配市场的协调行为实行禁止和控制。

第四节 新产业组织理论及其研究范式

新产业组织理论(NIO)是指 20 世纪 80 年代以后出现的,以分析企业策略性行为为主旨的,与以往有着根本不同的产业组织学。新产业组织理论区别于传统产业组织理论的首要标志,也是其对产业组织理论的最大贡献在于理论研究方法的统一。

一、新产业组织理论兴起

新产业组织理论的出现运用了大量的新分析工具,1970 年以后,由于可竞争市场理论、交易成本理论、博弈论及合约理论等新理论的引入,产业组织理论在研究基础、方法工具及研究方向上都产生了突破性的变化,大大推动了产业组织理论的发展。在研究基础上,新产业组织理论更加注重市场环境与厂商行为的互动关系,这种互动关系体现了在逻辑上的循环和反馈链。在方法工具上,新产业组织理论运用了大量的现代数学的分析工具,特别是多变量的分析工具。在研究方向上,新产业组织理论更强调了在不完全市场结构条件下厂商的组织、行为和绩效的研究,特别是寡占、垄断和垄断竞争的市场,在理论假定上增加了交易成本和信息的维度。新产业组织理论的主要代表人物有考林、沃特森、鲍莫尔等。

二、主要理论

(一)可竞争市场理论

可竞争市场理论对产业组织理论中的进入壁垒问题进行了更加严格的分析,通过对企业规模经济和范围经济的重新定义,证明了在存在进入竞争或者潜在进入的条件下,即使是自然垄断条件下的现有厂商也只能制定可维持价格,保持接近于完全竞争的价格水平,因为潜在进入者会通过"打了就跑"的策略消除高价格带来的超额利润。这就推翻了垄断市场结构会决定垄断市场行为,进而导致垄断利润的单向关联的理论假定。

(二)博弈论

博弈论对产业组织的重要贡献在于它为解释和分析不完全竞争市场提供了很好的行为分析工具。传统的边际分析工具由于受到假定条件的限制不能为不完全竞争条件下的厂商行为作出很好的解释,如现有企业会阻止进入者进入的动机;在寡占模型中寡占双方产品的价格和数量的决定条件及均衡存在,价格歧视的福利含义,合谋的行为分析,非价格策略(质量、广告和技术进步)对市场结构和市场绩效的影响等。由于博弈论在有限局中人行为分析上的优势(包括 Nash 价格模型、Betrand 数量模型和 Stackelberg 领导者模型),通过各种反应函数的分析,厂商的策略性行为对市场绩效和市场结构的影响的解释更加符合逻辑和合理化,因此传统的结构、行为和绩效的单向关联也演绎成复杂的双向或多重关联机制。

(三)新制度经济学:交易费用和产权理论

关于企业是什么,传统的产业组织理论只讨论了企业的"厂商"理论,该理论无法解释企业的规模问题和市场的边界问题。新制度经济学打开了这个"黑箱",它撇开了企业的技术决定因素,通过"交易费用"的概念广泛讨论了企业的规模边界问题。在威廉姆森的交易成本经济学中,由于市场不完全和有限理性,交易双方需要通过一体化来最小化交易成本,防止机会主义导致的欺诈问题。决定一体化的主要因素是交易次数、不确定性和资产专用性的交易维度。产权理论则深入讨论了企业内部的权威机制和治理结构的所有权配置问题,同时对市场和企业之间的关系进行了分析。总之,新制度经济学从另一个角度打开了产业组织理论的理论视角。

(四)合约理论

从经济学角度看,马斯腾(Masten)提出了合约主要包括合约的设计和执行两个不可或缺的方面。在短期和瞬时合约中,合约的设计和执行相对简单,因为交易双方在进行交易时能够很快地得到结果,并对结果进行恒定。与合约相关的信息,特别是交易中的成本和收益信息,对于交易双方及外部人(如法院)而言都是可以观察和证实的。因此,合约中的激励承诺是可信的,也能通过设计达到帕累托最优。在短期和瞬时交易中,合约的信息并不影响合约是否达成和实现。但对于长期合约来说,合约达成的关键性因素是如何使交易双方提供一个可信的承诺,这个承诺可以使交易双方以足够的激励约束达成合意性交易。承诺是一种长期的信号,体现了对信息的确定性描述。如果长期交易中存在足够的承诺,就存在适宜的激励相容条件,合约的边界就存在最优充分条件(注意:不是必要条件),如果激励失效,并由此导致了合约的低效率(包括生产效率、交易效率和配置效率),则合约边界失效。合约引入激励机制体现了对合约达成完整的描述。

合约理论对产业组织理论的贡献主要体现在厂商的决策过程及目标讨论上。长期以来,产业组织理论的厂商假定都是以追求利润最大化为假定条件的,但事实上,大量的经验性分析表明,厂商的目标是多元的,厂商可能在价格制定中追求成本加成,或者强调常规、经验性做法,试验以及实际经营行为中的学习过程。合约理论则通过委托代理关系进行了解释,认为由于各厂商的组织结构、所有权配置的不同,在目标决策机制上也出现了广泛的差异化。由于作为所有者和委托人的股东或代理人,拥有实际决策权经理人员的目标差异,在委托人不能有效地监督或者缺乏足够的激励条件下,代理人在企业决策中就会出现很大的偏离企业利润最大化目标的行为。该假定已经广泛运用到产业组织理论的目标决策过程的分析中。

三、新产业组织理论的特点

传统的产业组织理论在没有构筑稳固的理论的基础上,就急于从经济分析转移到经验

分析上，并且力图为政府提供政策建议。而新产业组织理论研究力图使用微观经济学的分析工具，在不完全竞争模型和博弈论工具的基础上，构筑对现实经济解释的理论逻辑基础。新产业组织理论同时也超越了效率学派利用单纯的价格理论分析市场竞争性均衡问题的理论框架。该理论的学者们认为，寡占竞争是目前市场结构的主要均衡模式，并不像效率学派认为的在不存在政府干预的情况下市场的最终均衡是竞争性均衡。他们利用非合作博弈模型分析了在寡占厂商相互依赖的条件下市场竞争均衡的必要条件，同时利用动态的分析方法替代了传统的静态、比较静态的分析方法。他们认为，如果假定经济主体的行为是进行的序贯决策，那么这种决策行为就已经考虑到了现在的行为对以后市场竞争的持续性影响。

　　新产业组织理论最主要的特点是认为市场结构不再是单纯决定厂商行为和市场绩效的外生变量，而是与市场行为和市场绩效相互作用的、需要在市场分析框架内进行解释的内生变量。在寡占的市场结构条件下，主导厂商可以通过其行为影响整个市场环境，如市场中现在的和潜在的对手数量，行业的生产技术和竞争对手进入该行业的成本、速度，以及市场的需求偏好，等等。也就是说，市场环境不再是外生给定的，厂商可以通过战略性行为改变市场环境，而市场环境是竞争对手决策时必须考虑的重要因素，从而主导厂商可以通过操纵市场环境来影响竞争对手进入市场时对市场的预期，为创造对自己有利的市场竞争环境和获取超额利润创造前提条件。

　　新产业组织理论的另一个特点是利用博弈论中的非合作博弈理论和不完全信息理论对市场竞争问题进行了深刻的分析。在这些模型中，厂商之间的信息是不对称的，但是对于某些特定的私人信息的分布函数，它们则是共同知识。在这种假定下，具有信息优势的厂商可以利用战略性行为影响竞争对手事前对未来事件估计的信念，从而可以影响竞争者未来的收入预期。因为在信息不对称的情况下，信息不灵通的厂商作出决策时只能先从信息灵通的厂商的行为中对决策信息作出推断，然后在所推断的信息的基础上作出决策。这样，对于信息灵通的厂商来说，就有采取战略性的行动向信息不灵通的竞争对手传递不真实信息的激励作用，或者会使这类厂商凭借自己的信息优势操纵其他竞争对手对该信息的推断，从而使竞争对手的决策结果对自己有利。在此基础上，新产业组织理论家又引进了与完全信息条件下不同的均衡概念，如不完全信息下的贝叶斯–纳什均衡和精练贝叶斯–纳什均衡以及分离均衡和混同均衡等。

四、新产业组织理论评述

　　新产业组织理论已经不再局限于结构、行为和绩效之间的相关性问题，尽管它们分析的对象没有改变，但解释问题的范围大大扩展了，企业内部组织问题和政治市场的讨论使得现在的产业组织理论更加具体化、复杂化、微观化和更加贴近于现实。这就表明了新产业组织理论区分政府干预和市场竞争的政策含义是微妙的，在不同的假定和条件下，同样的分析对象可能导致两种不同的政策含义，有时在互为交叉的领域和范围中需要两种政策工具混合使用。因此，新产业组织理论已经不再强调整体的一致性，但其理论的出发点还是遵循新古典理论的一般假定前提,并大大扩展了理论的解释维度。在福利评价上,新产业组织理论仍然采用了新古典理论的效率标准及成本收益的基本分析思路。新产业组织理论紧密地依赖于新古典理论,也大大扩展了新古典理论的解释空间。

本章小结

哈佛学派产业组织理论研究的基本脉络是运用案例研究和计量分析来建立和验证SCP范式,这三个要素之间存在着密切的单向因果关系:市场结构决定企业市场行为,企业市场行为产生市场绩效。其基本分析程序是按照市场结构—市场行为—市场绩效—公共政策展开的。

芝加哥学派的主要理论特点是:在研究方法上,更注重用严格的经济理论进行分析,并强调对各种理论的经验证明;在理论上皈依新古典主义的经济理论,坚信瓦尔拉斯均衡以及标准的竞争理论仍是有效的,强调"结构-行为-绩效"三者之间的双向因果关系。该学派特别注重市场结构和效率的关系,而不像结构主义者那样只关心竞争的程度,故被理论界称为效率主义者。

新制度学派通过对企业行为的研究来考察市场和政府干预的作用,为企业行为的研究提供了全新的理论视角,用另一种理论视角推动了产业组织理论的发展。

新奥地利学派把企业合并看作是促进市场调整的一个手段,是淘汰低效率企业的过程,这种分析有一定的理论价值;但其主张以完全自由的市场来获得充分的竞争,全面否定反垄断、管制政策的必要性,则是一种不切实际的极端自由主义表现,这也是新奥地利学派的局限性。

自20世纪70年代以来,博弈论和产业经济学是相得益彰的。如今,博弈论已成为产业组织理论的标准分析工具和统一的方法论,基本成为新产业组织理论中占主导地位的研究方法。现代产业组织理论运用博弈论的最新成果,借助古诺均衡、纳什均衡、伯川德均衡等,通过潜在竞争者进入与不进入的比较分析,在研究企业竞争战略制度与行为方面取得了重大进展,为政府制定反垄断政策、保护竞争政策以及政策效果分析提出了新的见解。

复习思考题

1. 简述哈佛学派的理论观点及政策主张。
2. 简述芝加哥学派的理论观点及政策主张。
3. 试比较哈佛学派与芝加哥学派产业组织理论的区别。
4. 简述可竞争市场理论的主要内容及政策主张。
5. 试比较新产业组织理论与传统产业组织理论的区别。
6. 试论述奥地利学派与哈佛学派在对待反垄断和规制政策上的分歧。

延伸阅读

奥地利学派经济周期理论对经济危机的认识①

1929 年，哈耶克出版了他的第一部著作《货币理论与商业周期》。在这部著作中，哈耶克的分析主要集中在信贷扩张与资本结构的影响上，从这一视角研究商业周期产生的机理。

按照哈耶克的货币、利息、投资和整个经济的生产结构理论，如果一个社会的消费者时际偏好发生了变化，即人们更偏向于未来消费，则储蓄会增加，利率会下降，这样会刺激企业家增加投资，社会资本会投向"资本化程度更高的生产"（more capitalistic-methods of production），即对接近于生产最终消费品和耗时较短的"资本化程度较低的生产"阶段的投入减少了。结果，整个社会的生产结构链条更长了，因而也更加"迂回"。相反，如果人们的时际消费偏好率上升了，即对当下的消费看得更重，则储蓄会减少，利率会上升，企业家的反应是减少生产的"迂回"程度，资本会投向用于直接消费品的生产和"资本化程度较低的生产"，生产的链条会减短，从而生产的"迂回"程度自然也会降低。由此，哈耶克认为，在一个不为政府和央行的货币政策人为扰动的市场经济中，人们对当下消费和未来消费的时际偏好率的变动会自发地引致利率的变动，这种利率的变动，会引致"迂回"生产阶段的自然调整，像一把扇子一样不断地打开或折叠，但并不会造成"工业波动"和"商业周期"。

根据上述认识，哈耶克还特别强调指出，要把一个社会的消费者时际偏好所引起的利率的变化，与政府所主导的信用扩张所引起的利率变化严格区别开来。如果通过央行扩大货币供给而干预市场过程，会人为地降低利息率，把实际利息率人为地压低在自然利率之下，这样会给投资者一些虚假信号，激励他们增加资本投入，并把资金投向远离最终消费的"资本化程度较高的生产"，使整个社会的生产过程更加"迂回"，从而导致资源的错配，创造一个人为的经济繁荣。

哈耶克还认为，尽管通过央行扩大货币供给而人为地压低利率的做法短期内会降低失业率，增加产出，但是这个过程是不可持续的，从而这种繁荣也是不可持续的。因为，当利率被人为地压低到自然利率之下时，原来不可行的项目变得可行了，这会导致投资过度扩张，资源被过多地错配在生产高阶资本品的项目上。这样短期会造成生产资料价格的上涨（现在世界各国则用 PPI 来衡量），这些行业的工人工资也会上涨。但是，在这个过程中，人们对消费的时际偏好并没有改变，等人们获得这些新增货币时，发现利率已被人为地压低，会增加社会对直接消费品的需求，减少而不是增加储蓄。人们消费需求的增加又会导致消费品物价（现在为 CPI）的上涨，从而造成全面的物价上涨。但是，这种人为低利率下的"虚假信号"所造成的资源错配，迟早会翻转过来：即期消费品不足，而"迂回"生产阶段则过长，资本品的投资不是"过度投资"，而是"不当投资"。这种不当投资的结果，是因为投到"高阶资本品"生产阶段的资本过多，导致产品过剩。最后，当这些不当投资企业的产品滞销，经营亏损时，就不能偿付银行的贷款了。这样一来，待到银行贷款需要进行"清算"的时候，整个金融系统和生产过程就会突然断裂，大萧条随即就会到来。

---

① 节选自：秋风. 漫说哈耶克[M]. 北京：中信出版社，2013. 有改动。

依照哈耶克和新奥地利学派的商业周期理论的这种逻辑,也可以反过来认为,任何一次经济衰退,对人类社会实际上也是一剂良药:在政府信用扩张和央行人为压低利率所导致的短期虚假繁荣中,资源被错配,生产结构被扭曲。这样,每次经济衰退,实际上都是对政府信用扩张和央行"超发货币"所导致的资源错配和生产结构扭曲的一种"逆转",从而萧条后的经济复苏也必定通过清理"不良投资"来完成,因而是向消费者时际偏好与资源可获性相一致的资源配置的一种回归。

哈耶克对这一经济理论逻辑终生坚持不变,以至到1976年出版的《货币非国家化》一书中,哈耶克还坚持认为:"货币政策更可能是经济衰退的原因,而不是解药。因为,货币当局很容易屈从于廉价发钞的诉求,从而将生产引向错误的方向,这必然产生一些不良后果,而不是有助于经济从某些方向的过度发展中解脱出来。"

第三章
市场集中

本章导读

　　市场集中是衡量市场结构的重要指标之一。本章在区分一般集中与市场集中两种现象的基础上,主要讨论测量市场集中度的方法、分析影响市场集中的主要因素以及市场集中与利润率的关系等问题。

第一节　一般集中与市场集中

　　在经济领域,集中是指国民经济和部分产业中少数大企业占有较大部分资源的现象,通常可分为一般集中和市场集中。

一、一般集中

　　在整个国民经济,或者在制造业等大产业部门中,若干家最大企业(如 50 家或 100 家)所具有的经济支配能力就称为一般集中,它通过若干家最大企业的销售额等指标在经济总量中所占的比重(即一般集中度)反映出来。一般集中是测定少数巨型企业在一国或大产业部门中经济支配力的大小,并考察这些企业对社会政治、经济影响力的重要概念。由于现代许多大企业都是从事跨产业经营的综合性企业,因此一般集中具有不断提高的重要性。

　　一般集中意味着少数大企业的部分高级管理者对整个社会经济事务拥有较高的影响力。这种影响力可能引起两方面的忧虑。一是经济上对市场结构的影响,引发社会对市场有效性的忧虑。需要指出的是,一般集中度并不必然与市场集中度相关,也就是说较高的一般集中度并不意味着市场竞争性的缺失。二是这种状况可能与民主政治的理念相冲突。在民主国家,名义上实行一人一票的普选制度,实际上通过资助竞选、游说立法、俘获管制,每个人的政治影响力可能与个人财富以及个人控制的财富有关。因此,即使没有经济上的理由,政治上可能也需要降低一般集中度,减少寡头政治的危险。

二、市场集中

市场集中可分为买方市场集中和卖方市场集中。市场集中通常是指卖方市场集中。市场集中又称产业集中，是指在特定产业中，若干家最大企业所具有的经济支配能力。它通过若干家最大企业的销售额等指标在整个产业经济总量中所占的比重（即市场集中度）来反映。

经典理论往往使用企业数量来刻画市场结构。行业中只有一家企业可能意味着垄断，少数企业可能意味着寡头，许多企业则接近于完全竞争。实际上，企业数量并不是一个令人满意的、度量竞争状态的指标。包含几百个企业的产业可能被少数几个企业所主导，相对于只有几个势均力敌企业的产业，这个产业可能具有更强的垄断性。假设企业规模分布信息较好地反映了企业在市场中的地位或者势力，那么综合反映企业数量及其规模分布信息的集中度数据就能够描述市场竞争的激烈程度或者操纵程度。

就一般集中和市场集中的关系而言，两者的区别在于它们的作用范围不同，前者是整个国民经济或大产业部门，后者是具体的特定产业。市场集中度直接对市场的竞争状态产生作用，而一般集中度则以市场集中度为媒介间接地对市场的竞争状态产生作用。早期的产业组织理论只研究市场集中问题，现代产业组织理论虽然着重研究市场集中，但也重视考察一般集中，特别是在分析宏观经济时，一般集中就具有较高的研究价值。后来者发现，即使市场集中度不变，企业多角化、系列化经营提高一般集中度时，往往也会对市场竞争状态产生影响。

三、测量市场集中度的程序

测量市场集中度还有一些技术性障碍，具体体现在测量操作程序中。

（一）限定市场（或产业）的范围

首先是产品的定义。在理论上，一般将需求交叉弹性高的商品群定义为同一市场或产业。从需求方的视角看，生产相近产品（并不必然要求相同，只要交叉弹性足够大）的一群企业就是一个市场。困难在于构建基于交叉弹性的集中指标。即使我们知道了交叉弹性，还是没有简单的标准去划分产品替代链条上的一个市场。国民统计一般按照供给特性来进行产业归属：采用相同技术流程或者相同原材料的一群企业为同一产业。由于采用相同技术流程和相同原材料的企业可以很容易地生产其他企业的产品，进而影响其他企业的行为和绩效，因此这种方法具有一定的合理性。按供给方法划分的产业与按需求方法划分的产业可能存在很大的差异。例如，在消费者眼中，一些金属制品和塑料制品都是相近的替代品，然而它们的技术流程和原材料显著不同。这些困难使得布朗拉（Brunner）等建议采用其他办法去界定市场和产业。布朗拉主张保留产业和市场的区别：供给方法应用于前者，需求方法应用于后者。尽管这样并没有解决原有的问题，不过避免了使用产业数据得出有关市场势力的结论。总之，如果市场和产业的差异较大，使用未经调整的、国民统计提供的集中指标可能严重误导市场关系。具体操作过程中可能需要根据研究目的对国民经济统计数据进行调整。

其次考虑市场的地理范围,即市场是全国的,还是区域性的或者地方性的市场;是否要考虑进出口因素,即考虑包括进入本国市场的外国企业的产品等。区域市场很重要时国内销售数据可能高估企业规模,进口很多时可能低估企业规模。开放经济体中基于国内的集中度指标可能夸大了实际的集中程度。例如,假设在 A 国,某个企业占据了国内总产量的90%,其他 $n-1$ 个企业分享剩余 10% 的产量。前述任何集中度指标都显示该国该产业的高集中度,例如 4 厂商集中度可能接近于 1。然而,如果我们考虑国际贸易,假设该国这 n 个企业主要从事出口生产,国内消费主要来自进口,那么该国该市场实际的集中度将急剧下降。主导企业的国内市场份额可能远低于 90%,外国企业可能是该国市场上的实际支配者。为了充分考虑开放市场,可以使用经过贸易修正的集中度。例如 $C_n=(Q_n-X_n)/[Q+(X-M)]$,其中 C_n 是最大 n 个企业经过贸易修正的集中度,Q_n 是最大 n 个企业的营业收入,X_n 是这 n 个企业的出口额,Q、X、M 分别是该产业国内总营业收入、国内总出口、国内总进口。

此外,还要考虑产品与企业的关系。市场集中度指标通常隐含着这样的假设:企业与市场之间存在着清晰的对应关系,并且企业在其各自的国家边界内营运。实际上,这两个条件都不满足。例如,多工厂和多产品企业就难以准确地归属到某个市场。产业与市场并不必然是一致的。公开的资料没有详细地报告企业各个部门的生产情况,各个部门可能生产不同的产品。这样,市场集中度指标就难以揭示企业在整个市场行为中的支配地位。

(二)确定具体的资源变量

企业和市场的规模是衡量集中度的基础。企业规模有多种不同计量基础,例如销售收入、总资产、员工数量等。尽管不同的计量基础测量出来的市场集中度指标可能高度相关,不同的计量基础仍然可能测量出不同的产业集中序列。因此选择良好的计量基础仍然是值得注意的问题。

(1)销售收入。计算集中度时常提到销售收入。销售收入的缺点是忽略了企业内部的交易活动。在某些情况下,尤其对于纵向一体化企业来说,单纯的销售收入数据可能低估企业对市场的真实影响,降低了集中度的可靠性。目前还没有合适的办法根据纵向一体化修正销售收入。不过可以肯定,在纵向一体化差异很大的产业,销售收入不能准确地反映企业在市场中的地位。

(2)员工数量。员工数量也比较常用。企业规模可能与劳动密集程度有关,大企业倾向于资本密集,小企业倾向于劳动密集,因此员工数量可能引起更大的偏差:低估大企业,高估小企业,从而系统性地低估了集中程度。不同产业大小企业间劳动密集程度的变化并不相同,不存在各产业通用的办法修正这种偏差。

(3)总资产也是常用的计量基础。除与员工数量类似的缺点以外,资产衡量依赖于会计规则。

(4)增加值。一些学者建议使用增加值。增加值等于销售收入与外购成本之差。企业的利润率以及原材料价值可能会影响增加值。

(三)确定具体的测定集中度的统计方法

市场集中度的数学性质及其理想指标的选择是一个复杂且持续的研究领域,至今尚未找到理想的市场集中度指标。从经济角度看,这没什么好奇怪的。只有当影响到企业行为时市场集中才是重要的,因此最好的市场集中度指标要与企业行为息息相关。而商业活动如此复杂,不可能有一个市场集中度指标在任何情况下都优于其他指标。例如,产业行为被5个最大企业所主导,它们忽略其他小型竞争者,密切关注彼此之间的相互作用。在这个产业,相比 H 指数(HHI 指数的简称,也称赫芬达尔-赫希曼指数)考虑所有企业,5 厂商集中度更贴近真实的商业行为。如果小企业对产业行为发挥重要影响,n 厂商集中度就不能准确描绘产业结构。

具体采用哪种测定集中度的统计方法,应根据实际研究的需要来确定。由于各种衡量市场集中度指标的性质特点各不相同,因此应尽可能综合地采用绝对集中度指标、相对集中度指标和 H 指数等进行测定,以正确反映产业集中的状况。

第二节　影响市场集中的主要因素

不同产业的市场集中差异较大,影响产业市场集中的因素也各有不同,本部分归纳总结了影响市场集中的主要因素。

一、影响产业市场集中的主要因素

一个产业市场集中程度的高低,是由该产业的市场容量和企业规模的相对关系决定的。因此,市场容量和企业规模扩大的动因是决定市场集中度动向的主要因素。

企业规模扩大的最基本的动因是企业对规模经济性的追求。任何卖方(企业)在竞争的强制作用下,都力求把自己的企业规模扩展到单位产品的生产成本和销售费用达到最小的水平,即最优规模的水平。这样,每个追求利润最大化的企业都在追求规模经济,然而每个产业的市场容量又不是无限的。有限的市场容量和各企业追求规模经济的动向结合在一起,就会造成生产的集中和企业数目的减少。在不同的产业中,由于利用规模经济的可能性存在差异,因此各自产业能充分发挥规模经济性所必需的最低限度的企业规模,即所谓的最小最优规模也是不同的。如果一个产业的市场容量较小,而产业的最小最优规模水平比较大,那么在这个产业中就容易形成垄断或寡占。

但是,贝恩对美国 20 个产业所做的调查研究表明,半数以上的产业前 4 位最大规模的企业的平均规模并不在最小最优规模上。日本学者植草益的研究也表明,日本多数寡占产业的企业规模大大超出最小最优规模的水平。这表明,影响企业规模的因素不是规模经济性,还有其他因素。

这些影响市场集中的因素中,既有促进集中的因素,也有限制集中的因素,主要有:

(一)垄断动机的影响

由于企业有力争垄断地位以获取垄断利润的动机,因此,企业总是力图采取减少竞争对手,扩大和巩固本企业在市场上的占有份额,限制产业内的竞争的行为。其做法包括掠夺性的降价行动、限制性的交易协议和默契的共谋之类的强制性行为以及水平合并、控股等手段。同时,企业为形成产品差别化和设置进入壁垒而采取的一系列手段,也对企业规模的扩大和卖方集中具有很大影响。前者如企业的广告、宣传活动以及对流通过程的控制等,后者则包括企业的专利和技术垄断、资源垄断、进入阻止价格的设定以及与金融界的稳固关系等。为了强化垄断地位以获取超额利润,只要企业规模的扩大不会带来单位生产成本的上升,从而产生规模的不经济性,企业就会充分运用上述各种手段,把企业规模扩大到最小最优规模。而且,有时即使企业规模的巨大化会导致规模的不经济性,但只要能强化垄断地位从而带来超额利润,企业也会通过合并和其他手段来进一步扩大自身规模。

(二)国家政策与法规因素的影响

在影响市场集中度的各种政策与法规因素中,有些有利于促进集中,而有些则成为限制集中的因素。比如反托拉斯法是一种体现国家维护竞争的政策,在某种程度上是限制垄断和集中的一种因素。此外,保护中小企业合法权益的中小企业法,也在一定程度上有利于限制过度集中。与此相反,各种产业合理化政策一般有利于集中。专利法是维护技术垄断的法律,专利法有利于巩固企业的已有优势,促成技术上的进入壁垒。关税和非关税保护政策及限制外资的法律等是限制外国竞争者的法律。此外,政府的订货、税制等方面的优惠政策以及生产许可证制度等也会成为促进集中的因素。

(三)市场变化的影响

市场容量的变化会使市场集中程度发生变化。一般认为,市场扩大容易降低集中度。这是因为伴随着经济成长的市场的扩大,一方面抵消了由于企业合并和大企业规模膨胀而形成的集中趋势,另一方面又为产业内规模较小的企业的成长和新的企业的进入提供了机会,从而有可能使市场的集中程度降低。与此相反,当市场停滞或市场规模下降时,市场集中度往往容易提高。因为这时一些中小企业很容易在激烈的竞争中被挤垮,而大企业则常在市场停滞时加强其对中小企业的兼并活动。

二、影响市场集中度变化的主要因素

现实中影响产业市场集中度的因素很多,总体来看主要有:机会或者运气,技术原因或者基本条件(包括市场规模、规模经济、稀缺资源、市场增长速度等),政府政策(包括反垄断法、专利执照关税配额、并购政策、管制政策等),企业战略(包括兼并、限制性行为、产品差异化等)。

一般来说,并不存在适合所有产业的产业集中演变趋势。成熟产业的集中度比较稳定,而新兴产业的集中度变化较大。一种较为常见的产业集中变动趋势表现为:产业成长阶段,产业基础技术、主导盈利模式尚不清晰,存在大量、多样化的竞争性企业,产业集中度较低;产业成熟阶段早期,产业集中度迅速提高,形成少数一些主导企业;随后产业集中度稳定在较高的水平上。

企业可能主动采取策略性行为影响市场集中状况。企业兼并策略在短期内会提高集中度，而在长期对集中度的影响可能不太显著。企业还可以采取掠夺性定价、战斗品牌、渠道闭锁、品牌扩散等行为建立策略性进入壁垒，提高市场集中度。这些人为的策略性行为，不仅可以配合市场集中的自然力量，还可以单独发挥作用，形成高度集中的市场结构。

从理论上讲，在规模快速扩张的产业，大企业难以充分利用所有的扩张机会，小企业规模扩张的机会反而较大，通过快速扩张吸引新企业加入，小企业的数量得以增加，集中程度下降。然而实证研究结果却并不完全一致。

规模经济可以解释不同产业集中程度的差异，相应的规模经济的变化也可以部分解释产业集中程度的变化。然而回归结果可能不太理想。第一，实证研究中时间跨度往往较短，多为5～10年，工厂规模经济的变化可能不大，从而影响回归模型中系数的显著性。第二，多工厂规模经济扰动因素较多。在多工厂规模经济的情形中，研究者常用企业的工厂数量代表多工厂规模。不过，一些与规模经济不相关的因素也会影响工厂数量。例如，试图垄断市场的企业可能会并购其他企业，该企业工厂数量增加的原因并不是追求多工厂规模经济。相比之下，案例研究更能够捕捉技术变化的影响。在化工、金属、交通设备等产业，技术发展提高了最优的工厂数量。

产品款式变化、产业差异化和广告支出三个相互关联指标也可能有助于解释集中程度的变化。韦斯（Weiss）发现，区分了产品的耐用程度和产品差异之后，主要依靠款式竞争和产品差异化竞争的产业，集中程度提高的可能性最大。不过，相比于同质产品产业，小企业采用差异化产品更容易进入某个细分市场，从而降低了集中程度。实证研究中产品差异对集中程度的影响可能来自这样一种情况：营销推广很重要时，大企业具有较大的优势，阻止了小企业对市场的侵蚀。

这些产业集中度变动的实证研究方法也存在一些缺陷。对于市场集中程度变化的大样本，实证研究要求每个产业收集资料的起止时间大体相同。这样就引发了两个问题：一是排除掉的企业可能是那些技术进步快、产品更新快的产业，二是符合条件的产业仅占全社会的一小部分。

产业集中程度变化回归模型可能存在严重的变量识别问题。科夫斯（Caves）和波特（Porter）使用滞后的解释变量，9个方程中最高的 R^2（线性回归分析中的一个重要统计量，代表了回归模型能够解释的因变量变异性的比例）只有0.15，在一定程度上暗示前述貌似可靠的实证结果可能存在严重的识别问题。当然，R^2 低的原因也可能在于大量随机因素即非系统性因素导致产业集中程度的变化，还可能在于测量指标不合适以及数据可得性。

第三节　市场集中与利润率

关于市场集中与利润率之间的关系，学术界有各种不同的观点。

1951年，贝恩开创性地进行了有关行业集中度与盈利能力之间关系的实证研究。在美国 42 个四位代码行业中,8 厂商集中度大于 70% 的产业,其税后利润占股东权益的比例平均为 11.8%,高于集中度较低产业的平均水平 7.5%。韦斯归纳了 46 项相关研究(36 项在美国和加拿大,3 项在英国,7 项在日本)。他发现,无论如何度量盈利能力,从统计上讲,集中度都是盈利能力的重要决定因素:在"正常"时期,如 1953—1967 年的数据支持了这些预测,在加速通货膨胀时期或紧随其后的年份中,集中度和盈利能力的这种关系被大大削弱甚至可能完全消失。

理论上往往或明或暗地假设,集中度和盈利能力之间的关系不仅是线性的而且是连续的,即随着集中度的增加,盈利能力逐步提高。但是贝恩开创性的研究表明,集中度和盈利能力之间的关系是非线性的,即当 8 厂商集中度大于 70% 时,盈利能力一般要高得多,并且集中度与盈利能力的关系也更显著。罗德斯(Rhoades)和克利弗(Cleaver)分析了 1967 年美国 352 个制造业的数据,发现 $CR_4 < 50\%$ 时集中度与平均利润率之间没有明显的联系,$CR_4 > 50\%$ 时平均利润率会急剧上升,CR_4 超过 80% 后利润率继续上升的速度就缓慢了。德姆塞茨认为,在市场集中度为 10%~50% 的区间内,利润率不仅不随着集中度的提高而上升,有时反而会有所下降,只有当集中度超过 50% 以后,才存在市场集中度与利润率的正相关关系。也就是说,市场集中度与利润率的正相关关系是有条件的,即要求市场集中度达到一定的水平。盖特曼(Geithman)等发现不同的产业有不同的临界值。他们认为原因在于共谋的能力取决于很多因素,这些因素随产业的不同而有所不同。

然而,有的学者对贝恩的观点提出了异议。实证研究中引入额外的变量特别是进入壁垒之后,集中度作为一个直接的盈利能力决定因素,其作用已经稍有减弱;如果考虑到模型中变量的相互影响,它的作用就更不明显了。布罗曾从两个方面批评了贝恩关于市场集中与利润率高度相关的观点。一是贝恩研究的产业可能处于非均衡状态。布罗曾指出,贝恩认为高利润率的产业后来利润率下降,而低利润率的产业后来利润率上升。在贝恩 1951 年最初研究的 42 个产业中,布罗曾发现高集中组和较不集中组间的 4.3% 的利润差异到 20 世纪 50 年代中期已降低到仅为 1.1%。二是贝恩在他的一些研究工作中所使用的主导企业的利润率(而不是整个产业的利润率)可能歪曲了其研究结果。

综上所述,许多学者的理论研究和实证研究都证明市场集中与利润率存在某种正相关关系。但是对这种关系的具体形式尤其是理论解释却存在巨大的分歧。

一种观点认为是垄断作祟,即不同的市场集中度形成不同的垄断势力。在高集中度的市场上,大企业容易有效地进行共谋,抬高价格损害消费者。贝恩认为,实际上存在大量的、具有不同程度寡头竞争的市场。寡头竞争产业不同的集中度和集中类型导致不同的市场行为和企业绩效。如果其他条件相同,寡头之间的相互作用随着集中度的高低而变化,集中度越高相互作用就越明显。寡头市场上卖方集中度越高,卖方采取联合利润最大化价格和产量的可能性就越大。相反地,寡头市场上卖方集中度越低,卖方的竞争性越强、偏离联合利润最大化价格和产量的可能性就越大。较高的集中度不仅有利于寡头们形成公开的或者默契的共谋协议,而且降低了采取竞争性行为的威胁(一个企业的竞争性行为在提高自身市场份额的同时,明显地降低了其他企业的市场份额,从而容易招致对手的报复)。理论上容易证明,在一定的条件下,市场集中度直接决定着市场势力的大小。考虑有 n 个相同企业的一般古诺模型,可以得到 $L=H/E$,其中 L、H、E 分别是勒纳指数、赫芬达尔-赫希曼指数、产业的价格弹性,结论是:给定市场结构,那么市场集中度越高,市场势力就越大。

另一种观点认为,高集中度市场上的企业的高利润率不是滥用市场势力的结果。在集中度-利润率因果关系中,集中度不是自变量而是因变量。相比于低效率的企业,高效率的企业在市场上占据较大的市场份额,赢得较高利润的同时提高了市场集中度。高利润不仅不是高集中度的结果,反而是高集中度的原因,体现了市场竞争的真谛。理论上也发现,如果允许具有固定成本的企业自由进入,那么垄断竞争长期均衡时每个企业的经济利润等于零,此时产业的企业数目随着市场势力(价格超过边际成本的比例)的提高而增加,即市场势力与产业集中度呈反方向变化。

市场集中度可能还会影响非价格竞争。例如菲利普斯(L. Phlips)发现,在比利时、法国和意大利可以清楚地看到工资与集中度之间的正相关关系。他还发现集中度不利于研发(除非技术环境适宜),研发强度的增长率在越过某个集中度门槛后趋于下降。

◗ 本章小结

从经济学的角度看,要素和产出向大企业转移的现象称为集中。按照比较的基准,可以把集中分为一般集中和市场集中。前者以整个国民经济作为比较的基准,后者以某个特定的产业作为基准。

市场集中既是过去一段时间企业行为、市场绩效的结果和反映,也是当前企业实施战略行为的背景和基础,在一定程度上影响着当前的市场绩效。分析市场集中现象,有助于理解企业竞争战略、制定竞争政策。

虽然理论上提出了很多测量产业集中度的指标,但是迄今为止没有找到一个理想的集中度指标,最常用的市场集中度指标主要有 n 厂商集中度和赫芬达尔-赫希曼指数。实践中最好使用多个集中度指标,以适应不同的情况。

影响市场集中度的因素有很多,包括技术上、经济上、社会上以及统计上的诸多因素。从历史数据上观察,一般集中度和市场集中度的变动趋势并不是一贯的、连续的。各国不同产业、不同时期存在一定的差异。

市场集中度与企业行为、市场绩效间存在着广泛的联系。在统计上,市场集中度与利润率存在一定的相关性。但是经济学家对因果关系的解释存在巨大差异,由此也带来了公共政策上的模糊、摇摆。

➤ 复习思考题 ◀

1. 简述一般集中与市场集中的区别和联系。
2. 辨析市场集中度与产业集中度的区别和联系。
3. 试使用多种集中度指标,计算某产业集中度。
4. 试列举一些高集中度产业、中集中度产业和低集中度产业。

5. 列举在不同国家具有不同市场集中度的某一产业,说明产生这种差异的主要原因。

6. 以某一行业为例,分析改革开放以后我国产业集中度的变动趋势及主要原因。

7. 简述市场集中与市场势力之间的关系。

8. 试讨论市场集中度与产业利润率之间的关系。

◤ 延伸阅读 ◢

我国新能源汽车市场结构①

"未来我国新能源汽车市场结构将从'哑铃型'向'纺锤型'加速优化。"威马汽车创始人、董事长兼首席执行官沈晖 2021 年 7 月在接受媒体采访时表示,预计到 2030 年,15 万～25 万元价格区间的电动车型将占据约 60% 的市场份额,渗透率将从 3% 增长至 40%。

市场是否真会如沈晖预测的那样发展,在很大程度上关乎着威马未来的生死,这家造车新势力目前推出的三款产品,价格基本就在 15 万～25 万元这样一个经济型车型区间,而这并不是当前新能源汽车市场消费的主力。

"新能源汽车目前的市场结构是 A00 级占比 30% 以上,B 级及以上占比 40% 以上,A0～A 级占比只有 20% 多。"全国乘用车市场信息联席会秘书长崔东树 2021 年分析,我国新能源汽车市场结构仍然是"哑铃型"。"哑铃型"结构是指经济适用的低端产品和主打科技智能的高端产品受到消费市场的青睐,最具潜力的中间价位产品并没有真正获得市场认可,而这正是目前新能源汽车市场的真实状况。

在低端市场,以宏光 MINIEV、长城欧拉 R1、奇瑞小蚂蚁、长安奔奔 EV、上汽荣威科莱威为代表。产销数据显示,2021 年上半年,宏光 MINIEV 累计销量为 18.27 万辆,长城欧拉 R1 累计销量为 3.19 万辆,奇瑞小蚂蚁累计销量为 3.09 万辆,长安奔奔 EV 累计销量为 2.91 万辆,上汽荣威科莱威累计销量为 1.86 万辆。仅这五款车型加起来总销量就达到 29.32 万辆,2021 年上半年新能源乘用车总销量为 114 万辆,占比超过 25%。

在高端市场,以特斯拉、蔚来、小鹏、理想、华晨宝马旗下的高端产品为代表。产销数据显示,2021 年上半年,特斯拉在华累计销量为 17.27 万辆,蔚来 4.19 万辆,小鹏 3.07 万辆,理想 3.01 万辆,宝马新能源车型销量为 3 万辆。这五家企业加起来总销量达到 30.54 万辆,2021 年上半年新能源乘用车总销量为 114 万辆,占比接近 27%。

"新能源乘用车的 B 端市场销量占比从 2019 年的七成下降到 2021 年的二成左右,私人C 端市场目前占比达到八成,已经进入市场驱动阶段。"在一位业界分析人士看来,当前市场呈现的"哑铃型"结构正是由"政策驱动"转变为"技术驱动"和"市场驱动"的结果,符合市场早期发展的规律。

"今后随着电动汽车技术的进一步突破以及成本的进一步下降,A0～A 级区间的国民经济型产品会提升占比,成为市场的主力。"在崔东树看来,沈晖的预测符合市场发展规律,

---

① 资料来源:崔小粟. 我国新能源汽车市场结构将从"哑铃型"向"纺锤型"优化[N]. 中国证券报,2021-07-23. 有改动。

唯一观点稍有不同的是,10万～20万元区间可能会是增长的主力。中国汽车流通协会新能源汽车分会秘书长章弘认为,从2021年起到2030年,中档车依旧会是大多数普通家庭的首选,15万元汽车也许会是近些年中等收入家庭的主力车型,到了2030年,25万元汽车也许会是中等收入家庭的主力车型。

第四章
进入与退出壁垒

本章导读

　　进入壁垒与退出壁垒是衡量一个产业竞争程度的重要指标,只有当一个产业可以自由进入与退出时,它才是一个可竞争产业。本章将介绍进入壁垒与退出壁垒的含义,分析结构性进入壁垒与策略性进入壁垒的形成原因,并分析进入与退出壁垒的福利效应。

第一节　进入与退出壁垒的含义

一、进入壁垒的含义

　　进入壁垒是影响市场结构的重要因素,是指产业内既存企业对于潜在进入企业和刚刚进入这个产业的新企业所具有的某种优势的程度。换言之,进入壁垒是指潜在进入企业和新企业若与既存企业竞争可能遇到的种种不利因素。进入壁垒具有保护产业内已有企业的作用,也是潜在进入者成为现实进入者时必须首先克服的困难。

　　贝恩将进入壁垒作为 SCP 范式的重要内容,对其进行了系统的研究,并第一次给出了进入壁垒的定义:一个产业的进入壁垒是指在一个产业中原有企业拥有的相对于进入企业的优势,从而使原有企业可以持续地把价格提高到最小平均生产和销售成本以上,而又没有引起新企业进入这个产业。

　　斯蒂格勒认为,进入壁垒是新企业寻求进入某一产业时必须承担的、高于已有企业的生产成本。进入壁垒的高低,既反映了市场内已有企业优势的大小,也反映了新进入企业所遇障碍的大小。从 20 世纪 70 年代开始,运用博弈论对寡占市场和策略性行为进行分析成为产业经济学的主流方向,进入壁垒的研究重点也从分析消费者的需求偏好和生产技术特点等外生因素转向分析原有企业为了减少未来的竞争,通过自己的策略性行为影响市场结构而形成的内生性壁垒。色罗普(Salop)认为,如果原有企业采取某项行动的目的是把潜在的竞争对手排挤在市场之外,从而使自己免受进入者的进入威胁,那么由此形成的进入壁垒就是"策略性"(strategic)进入壁垒。策略性进入壁垒是一种典型的影响市场结构的行为,随着产业经济理论的发展,策略性进入壁垒已成为进入壁垒理论研究的重点。

为了体现理论发展的历史过程,同时也有利于识别现实中存在的进入壁垒,在此将进入壁垒定义为:使进入者难以成功地进入一个产业,而使原有企业能够持续地获得超额利润,并能使整个产业保持高集中度的因素。

对产业进入壁垒进行分类通常包括两个层次,首先根据进入阻止价格水平确定不同产业的进入壁垒程度,然后根据不同产业规模经济壁垒、必要资本量壁垒、产品差异化壁垒及绝对费用壁垒的高低,对企业进行分类,以分析各种因素对不同产业进入壁垒的影响程度。

二、退出壁垒的含义

退出壁垒就是指某企业在退出某个特定市场时所遇到的障碍。从理论上讲,当某个(或某些)企业长期亏损,资不抵债,不能正常生产经营时,即应该转产或破产。但实际上,这样的企业由于受种种限制而很难从该产业中退出。这些企业在退出时面临的障碍即退出壁垒。

产业退出壁垒的高低也会影响企业进入市场的决策,如果退出行业的成本较高,企业进入市场的动机就会削弱。如果退出壁垒较低,企业就可以迅速退出。

所谓退出壁垒,是指现有企业在市场前景不好、企业业绩不佳时意欲退出该产业(市场),但由于各种因素的阻挠,资源不能顺利转移出去。退出壁垒有两种,即破产时的退出(被动或强制)和向其他产业转移(主动或自觉)时的退出。从行业利润的角度来看,最好的情况是进入壁垒高而退出壁垒低,在这种情况下,新进入者将受到抵制,而在本行业经营不成功的企业会离开本行业。反之,进入壁垒低而退出壁垒高是最不利的情况,在这种情况下,当某行业的吸引力较大时,众多企业纷纷进入该行业;当该行业不景气时,过剩的生产能力仍然留在该行业内,企业之间竞争激烈,相当多的企业会因竞争不力而陷入困境。

退出和进入是相对而言的,有进入就要有退出。所谓"退出"指的是一个企业从原来的业务领域中撤出来,即放弃生产或提供某一特定市场上的产品或服务。在市场经济条件下,企业的退出是市场机制发挥调节作用的自然结果,是市场对资源配置发挥基础性作用的正常反应。企业进入的反面是企业退出,但并不是所有进入壁垒的反面都形成退出壁垒。退出有积极退出和被迫退出。积极退出是指有关企业发现了盈利更高的机会,而主动转移到其他产业或市场;被迫退出是指企业破产或被兼并收购后转产。一般而言,某一企业在市场竞争中被其他企业击败,就应该退出该产业或市场,但由于受到种种限制和制约,很难从该产业或市场中退出,这些妨碍企业退出的限制因素,就称为退出壁垒。退出壁垒是限制退出的各种因素,即当某一产业的原有企业不能赚取到正常利润(亏损)决定退出时所负担的成本,或者说原有企业被迫在亏损状态下继续经营所造成的社会福利的损失。形成退出壁垒的因素多种多样,如经济的、政治的、法律的等。构成退出壁垒的结构性因素主要是资产的专用性,即沉淀成本。沉淀成本的存在增加了原有企业对已占领市场的依赖性,也是努力阻击其他企业进入的重要原因。构成退出壁垒的行为性因素主要是管理者的行为。在所有权与经营权分离的前提下,管理者及经营者的效用函数会对企业所有者的退出决策施加重要的、有时甚至是决定性的影响。

第二节　结构性进入壁垒

结构性进入壁垒是指企业自身无法支配的、外生的,由产品技术特点、资源供给条件、社会法律制度、政府行为以及消费者偏好等因素所形成的壁垒。

一、规模经济壁垒

规模经济是指企业生产的平均成本随着产量的增加而下降。企业的最小有效规模(MES)是其长期平均成本最小时企业能生产的最小产量。

图 4-1 中的 LRAC 是某产业中企业的长期平均成本曲线,OB 是最小有效规模产量,OM 是在现有市场需求条件下的最大市场容量。如果 MES 相对于市场容量来说较大,而原有企业已经在 MES 上进行生产,那么新企业在进入这一产业时面临着两难选择:如果新企业以低于 MES 的产量进入,则新进入企业的成本必然高于原有企业,在竞争中处于劣势,将导致自身的进入失败。如果新企业以 MES 进入,那么新企业进入后市场的总产量可能会超过最大市场容量,引起市场价格下降到平均成本以下,从而进入会导致新企业亏损。

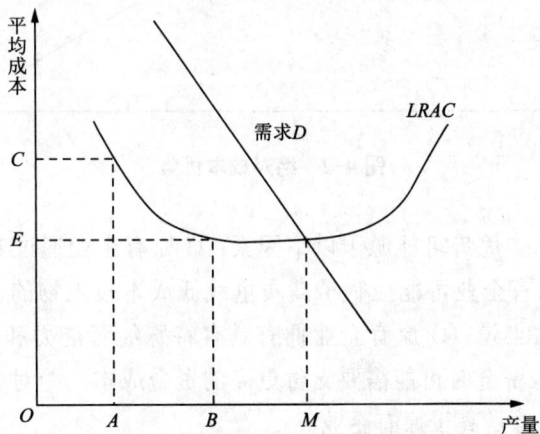

图 4-1　规模经济与进入壁垒

因此,在产业市场需求有限,同时存在规模经济的前提下,一个或少数几个企业在最小有效规模上进行生产并获得经济利润,如果再有新企业以同样的产量进入,则所有企业都可能会亏损。这时新企业无法通过进入这一产业获利,规模经济成为进入壁垒。

规模经济壁垒的高低主要取决于:① 市场容量 OM 的大小;② 最小有效规模产量 OB

相对于 OM 的大小;③ 产量小于 OB 时平均成本曲线斜率的大小。一个产业的 MES 越大,且在 OM 中所占份额越大,则该产业客观上只能容纳少数企业存在,从而进入壁垒较高。产量小于 OB 时平均成本曲线斜率的绝对值越大,表明产量小于 MES 的企业的生产成本劣势越大,进入壁垒也就越高。

从动态来看,一个特定产业的市场容量较大并且在不断扩大时,进入壁垒就比较低。一般经济发展所带来的收入增加和人口增加会导致国内市场的扩大,同时特定产业的市场容量也会因该产业在国内所处的生命周期的不同阶段而发生变化。因此在经济增长率较高的时期,或是在该产业的初创期和高速成长期,进入壁垒就比较低,新企业进入相对比较容易。

二、绝对成本优势壁垒

绝对成本优势是指原有企业在任一产量水平下的平均成本都低于潜在进入者。如图 4-2 所示,进入者的最低平均成本为 P_2,原有企业的最低平均成本为 P_1,市场需求曲线为 $D(P)$。如果原有企业把价格定在 P_1 和 P_2 之间并满足市场需求,则原有企业在获得经济利润的同时阻止了潜在进入者的进入,原有企业的绝对成本优势构成了进入壁垒。

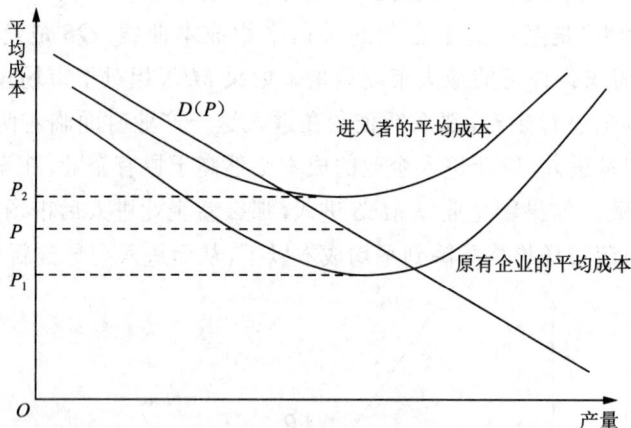

图 4-2　绝对成本优势

原有企业的绝对成本优势可能源于以下因素:① 原有企业通过专利或技术秘诀控制了最新的生产工艺;② 原有企业可能控制了高质量或低成本投入物的供应渠道;③ 原有企业可能控制了产品的销售渠道;④ 原有企业拥有具有特殊经营能力和其他技术专长的人才;⑤ 进入企业在筹集进入资金时可能需要支付更高的资金成本。绝对费用壁垒致使新企业在进入市场时的生产成本总是高于原有企业。

三、必要资本量壁垒

必要资本量是指新企业进入市场必须投入的资本。在不同的产业,必要资本量随技术、生产、销售的不同特性而表现出很大的差异。必要资本量越大,筹资越不容易,筹资所负担的利息成本也就越高,新企业在实力较弱或筹资能力较低的情况下进入市场的难度就相对较大,必要资本量进入壁垒也就越高。

一般来说在一些重化工企业,新企业进入市场所需要的必要资本量往往较大,必要资本量进入壁垒较高;而对于有些第三产业,尤其是服务业,比如商贸零售企业、旅行社、饭店、会展等,由于产业所需的必要资本量并不是很大,因此必要资本量进入壁垒相对较低。由于会展产业是各种不同类型的企业的联合,因此不同企业最低资本壁垒也是不同的。在中国的市场结构中,民营企业在很多产业中都处于进入者的角色,进入者与原有企业在融资成本上的不对称性,使得中小民营企业的融资难度大大高于其他性质的企业,民营企业作为进入者面临较高的必要资本量壁垒,这也是长期制约中国民间投资不足的重要原因。

四、网络效应壁垒

网络效应或网络外部性(network externality)是指消费的外部性,即购买某种商品的消费者数量的增加将提高消费者的效用水平,从而增加消费者对该商品的需求。由于消费某一产品的用户数量增加而直接导致的网络价值的增大就属于"直接的网络外部性"。随着某一产品使用者数量的增加,导致该产品的互补品数量增多、价格降低而产生的价值则属于"间接的网络效应"。这种网络效应主要是由基础产品与辅助产品之间技术上的互补性形成的。可以把这种基础产品与辅助产品的关系称为硬件/软件范式,基础产品称为硬件,辅助产品称为软件。一种硬件的用户基数越大,与这种硬件产品相兼容的软件产品的需求就会越大,因而会吸引软件产品生产商来生产兼容软件,软件产品的种类和数量就会增加,价格就会降低,这又会吸引大量的用户购买这种硬件产品,从而使这种硬件产品的网络规模不断扩大,而这又促使大量的软件开发商为这种硬件产品提供配套软件。这就是网络产品的"正反馈效应"或"滚雪球效应"。

因此,一个理性的用户在选择加入哪种网络或选择哪种硬件产品时必须对未来的网络规模的增长和辅助软件产品的可获得性、价格水平与质量形成一定的预期,而这种预期是以这种网络产品的用户基数(installed base)为基础的。某个网络的用户基数越大,越能吸引新用户加入,而新用户的加入又使原有用户在不增加付费的情况下增加了可连接性,用户基数的扩大增加了网络对新老用户的价值。

在具有网络效应的产品市场上,由于原有企业先进入市场,因此在用户基数上相对于潜在进入者往往具有明显的优势,正反馈效应的作用机制使潜在进入者处于十分不利的地位。对于潜在进入者,在存在直接网络效应的产品市场上,在已存在一个拥有一定用户基数的原有企业的情况下,可能很难获得消费者和用户的支持,因此,用户基数的不对称就成为网络市场上的进入壁垒。潜在进入者要想成功进入,关键要使新网络和旧网络实现互联互通,使产品在技术上相互兼容,以共享用户基数。

这些因素的综合作用使原有企业相对于进入者处于明显的优势地位,建立在用户基数之上的辅助软件数量上的不对称成为存在间接网络效应市场上的主要进入壁垒。

五、产品差异化壁垒

产品差异是指同一产业内不同企业生产的同类产品,由于在质量、款式、性能、售后服务、信息提供和消费者偏好等方面存在差异,而导致的产品间替代不完全性的状况。产品差异主要来源于市场中的消费者对有关企业的产品在长期中所形成的消费者偏好的差异,而且还会因企业的广告宣传活动以及商标法、知识产权法、专利法等法律的支持而得到加强。产品差异化壁垒的核心是指原有企业在市场中拥有进入企业所没有的消费者偏好优势。这种偏好优势是时间的增函数,存在累积效应,这就使先进入市场的原有企业享有一定的优势。而对于新进入企业来说,因为还没有得到消费者的认同,所以消费者不可能对它的产品形成特殊的偏好,进入企业获取或转移消费者偏好就需要花费一定的成本。因此,同一产业内不同企业所生产的产品就减少了可替代性,从而带来市场竞争的不完全性和寡占或垄断。这种可替代性的减少程度通常用需求交叉弹性来衡量。

正是由于这些优势,原有企业在获得经济利润的同时又不会引起新企业的进入。新企业要想进入,就必须向消费者提供更高的销售折扣率或比原有企业支付更高的单位营销费用,产品差异使原有企业在生产和营销成本上处于优势,从而限制了新企业的进入。

六、政策法律制度壁垒

如果政府认为一个产业中只适合少数几个企业生存,为避免过多企业进入引起的过度竞争,政府就会实行许可证制度来限制新企业的进入;为保护发明者的利益,促进技术创新而实施的专利和知识产权保护制度也成为新企业进入某一产业领域的进入壁垒;政府的差别性税收政策以及其他管制性政策也会成为新企业的进入壁垒。因为政府的政策和法律一般来说都是企业无法控制的外生变量,所以由此导致的进入壁垒是结构性进入壁垒。

政府利用对资源的控制对不同性质的企业给予有差别的待遇,从而人为地造成企业之间在某些方面的不对称性,来排斥和限制企业的进入。一些地方政府利用行政措施限制外地产品的进入,优先销售本地产品,以垄断市场。这些行政性进入壁垒的存在,严重制约了市场竞争机制的有效运行,妨碍了公平竞争,是对市场秩序的最大威胁。只有通过不断完善市场机制,限制政府对经济活动的过分干预,打破这些人为设置的进入障碍,优胜劣汰的竞争规律才能真正发挥作用,经济运行的效率才会从根本上得到改善。

关于中国产业壁垒的实证经验分析,由于资料所限,研究相对较少。杨蕙馨教授利用相关数据对中国汽车制造业和耐用消费品制造业进行了统计计量分析,重点分析了这两个产业中进入与退出的基本特征及集中度、规模和效率的关系。英国利兹大学的杨国彪教授以德尔·奥尔的模型为基础,利用中国40个行业的相关数据对进入壁垒进行了分析。在他的模型中,分析的主要变量除集中度、必要资本量、规模经济、市场风险以外,还针对中国的特殊体制,引入了政府管制的变量。他根据进入壁垒的高低把所有行业分为3种类型:高进入壁垒行业、中进入壁垒行业、低进入壁垒行业。他的分析结果是:高进入壁垒行业包括石油天然气开采业、烟草加工业、机床工业、食品工业、电力行业等9个行业;中进入壁垒行业包括化工业、医药行业、电子通信设备制造业等15个行业;低进入壁垒行业包括服装业、仪器仪表业、家具制造业等16个行业。他认为,中国存在严重的重复建设和过度竞争问题,大部分行业存在规模经济没有得到充分利用、市场效率低下的问题,因此保持适度的进入壁垒对提高中国相关市场的绩效是有益的。

这些根据结构-行为-绩效范式所进行的跨行业经验性研究的结果往往缺乏一致性,主要原因在于这一计量方法在数据采集和模型设计方面存在缺陷。主要表现在:① 尽管贝恩早就注意到了作为政府统计口径的产业与产业组织理论所研究的产业之间的重大区别,但是在几乎所有的跨产业研究中,研究者仍然不得不使用政府提供的数据;② 在建立模型的过程中,设置一些指标来反映相应变量也是相当困难的,如预期以及产品、技术的基本属性等一些对分析来说非常重要的变量;③ 在运用跨产业数据来鉴别关键性结构参数方面,有关模型设计也存在难以克服的困难,只要均衡的偏差与诸自变量无关,跨行业分析便能揭示出各种长期均衡的差别。然而在长期过程中,几乎所有可观察的产业层面的变量都受到企业决策的影响,从而在逻辑上就是内生的。

第三节　策略性进入壁垒

策略性进入壁垒是指产业内原有企业为保持在市场上的主导地位,获取垄断利润,利用自身的优势,通过一系列的有意识的策略性行为构筑起的防止潜在进入者进入的壁垒。寡头企业可以利用自身的力量影响市场环境,使之发生有利于己的变化。

策略性进入壁垒是原有企业通过其策略性行为设置的进入壁垒,对策略性进入壁垒的分析建立在非合作博弈理论和信息经济学的基础之上,进入壁垒被看成是一个原有企业和潜在进入企业的博弈过程。由于原有企业拥有首先行动和信息上的优势,它可以通过进行不可逆的投资或通过自己的行动向潜在进入企业传递对自己有利的信息,使潜在进入者预期进入后无法获得经济利润,从而主动放弃进入。

根据原有企业的策略性行为影响未来收入预期的方式,可以将进入壁垒分为影响未来成本结构的进入壁垒、影响未来市场需求结构的进入壁垒和影响潜在进入者对未来事件估计信念的进入壁垒。

一、影响未来成本结构的进入壁垒

原有企业通过策略性行为对进入后的企业的相对成本结构产生影响,使进入者在寡占市场结构中处于成本劣势。利用这种成本上的不对称,原有企业发动的价格战很容易使进入者遭受亏损,当进入者预期到原有企业的价格战是可信威胁时,就不会进入。

(一)过剩生产能力投资

在很多产业中,企业调整产量是要花费成本的。为提高产出,企业可能需要增加新的设备,投入必要的劳动力和原材料。原有企业可在潜在进入者进入前进行过度生产能力投资,这些生产能力在进入发生之前是闲置的。一旦进入者进入,原有企业可利用已投资的闲置生产能力迅速扩大产量,实施斗争策略,使进入者蒙受损失。潜在进入者在观察到原有企业所做的过度生产能力投资后,理性预期到自己进入后将招致原有企业激烈的价格战,自己无法从进入中获利,因此会放弃进入。

　　为什么原有企业进行过度生产能力投资后,实施竞争策略是原有企业的理性选择? 其原因在于进入者对生产能力进行的投资是一种策略性投资,具有很强的专用性特点,这些投资往往是沉没成本,因此一旦发生进入,原有企业利用过度生产能力扩大产出时,其边际成本为新增单位产量所增加的劳动力等可变要素的成本 w。

　　而进入者增加产出时必须同时投入资本设备和劳动力等可变要素,其边际成本为 $w+r$。如图 4-3 所示,原有企业在进入发生之前的产量为 q_1,生产能力为 q_2,产出 q_2-q_1 是维持的过度生产能力。原有企业在达到最大生产能力 q_2 之前,边际成本为 w,当其产量超出 q_2 后,扩大产量也必须进行新的资本设备投入,其边际成本增大到 $w+r$,而进入者的边际成本为 $w+r$。正是边际成本上的优势使原有企业在进入发生时,利用闲置生产能力扩大产出、进行价格战所获得的利润比默许进入者进入分享市场时的利润更高,斗争策略成为可置信威胁,从而可有效地阻止潜在进入者的进入。

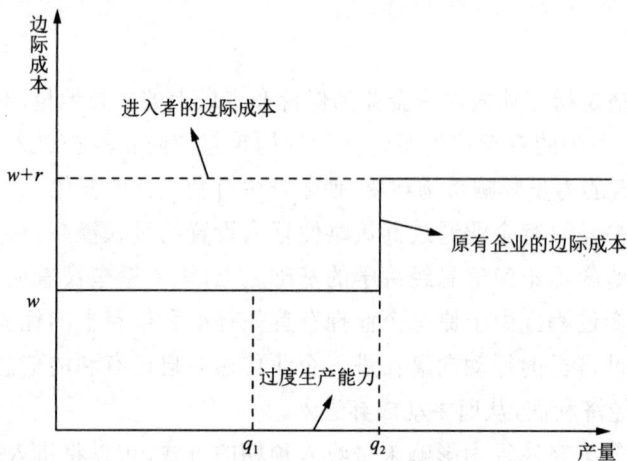

图 4-3　过度生产能力投资规模

(二)干中学(learning by doing)

　　干中学(或学习效应)是指随着企业所生产的累计产量的增加,在生产过程中生产经验的积累使企业的生产效率不断提高,平均生产成本下降。

　　干中学能使原有企业获得多少优势取决于两点:① 原有企业通过干中学能比新进入企业降低多少成本;② 学习需要花费的时间。如果学习周期很长或很短,原有企业所能获取的优势都不会很大。学习周期很短时,新进入企业会较容易赶上原有企业。学习周期很长时,原有企业只能稍稍领先,不会有太大的优势。当学习周期趋中时,干中学的策略效应比较明显,原有企业能通过在干中学上的策略性投资阻止进入,并获取较高的利润。

(三)提高竞争对手的成本

　　原有企业通过策略性行为提高竞争对手的成本的方法使自己处于成本优势,同样可以达到阻止进入的目的。提高竞争对手成本的方法很多,主要有:

1. 垂直一体化

原有企业通过垂直一体化的方法,进入后向的原材料生产阶段,或是进入前向的销售领域,使自己的市场控制力向前或向后延伸,从而提高竞争对手的生产和进入成本。

2. 利用政府管制

原有企业可以凭借自身的在位优势,利用政府管制增加进入企业的生产和进入成本。比如,原有企业可以游说政府对新进入企业执行更严格的环保要求,同时利用"老企业"的身份要求对自己执行相对宽松的特殊政策,从而增加新企业的进入难度。

3. 利用产品的互补性和配件生产

原有企业可以利用自己的产品在市场上的优势,采取拒绝与竞争对手产品相兼容的方法,提高竞争对手的成本。

4. 提高工资和其他投入品的价格

当潜在进入者想进入市场时,原有企业利用自己在市场上的主导地位,影响行业的投入品的价格,使进入企业处于不利地位。比如,如果原有企业所采用技术的资本密集程度比竞争对手更高,那么它可以通过支付更高的工资来提高行业的工资水平,使竞争对手承担更高的成本,处于成本劣势的地位。

二、影响未来市场需求结构的进入壁垒

原有企业除利用策略性行动来获取未来竞争的成本优势外,也可以通过策略性行为增强消费者对自己产品的忠诚度,从而使未来的市场需求有利于己,由此可能锁定消费者偏好或市场需求,最终使进入者在寡占市场中的需求处于不利地位。原有企业影响未来需求结构的策略性行为主要有三种。

(一)产品扩散策略

在产品需求空间有限的情况下,原有企业可在进入发生之前推出多种产品或品牌,利用产品多样化的策略先占满相关的细分市场,使潜在进入者难以找到可以获利的产品空间,因而放弃进入。

(二)提高转换成本

转换成本是指消费者或用户因为从原有企业处购买产品转向从新企业处购买产品而面临的一次性成本。转换成本主要包括学习成本、交易成本、转换品牌的优惠折扣损失以及改变习惯或更换品牌时的心理成本等。

转换成本的存在锁定了用户的需求,限制了其转换的可能,阻碍了新企业的进入。转换成本使用户的后期选择发生了变化,在初始选择时,用户虽然没有与任何企业建立特定关系,但是随着交易的发生,相应的成本因素也就产生了,转换成本的出现将影响到顾客的再次选择。例如,当航空公司给予消费者只能在第二期才能使用的常客折扣时,会导致第二期的价格竞争是微弱的价格竞争,也就是说,第一期存在竞争而第二期存在事后垄断。

转换成本的存在降低了用户的需求弹性,限制了用户的转移,从而导致新企业必须付出更高的成本才能吸引用户的转移。原有企业可以用提高用户转换成本的策略将用户锁定在自己的产品上,使进入者难以获得足够的市场需求,从而放弃进入。原有企业提高转换成本的方式很多,如对消费者进行培训和个性化服务,在系统产品中使自己的产品与对手的产品不兼容,根据消费者的累积购买量进行折扣优惠等。

(三)利用长期契约锁定产品需求

原有企业可以通过与用户签订长期契约的方式来锁定未来需求,当用户转向新的供应者时必须支付一定的违约金。用户由于不能确定进入者的产品质量和价格,为减少供应中的风险,也愿意与原有企业签订合理的长期契约。

三、影响潜在进入者信念的进入壁垒

在进入的动态博弈中,原有企业认识到自己的信息优势和自己的行动所起的传递相关市场信息的作用,就会利用先动优势力图操纵传递给进入者的信息,以影响进入者的信息推断。这种策略性行为即使不影响竞争对手所面临的成本和需求条件,由于能影响进入者事前对未来事件估计的信念,因此也会影响竞争者或进入者对未来收入的预期。

第四节 退出壁垒

退出壁垒也称退出障碍,是指企业在退出某个行业时所遇到的困难和要付出的代价。现有企业在市场前景不好、企业业绩不佳时意欲退出该产业(市场),但由于各种因素的阻挠,资源不能顺利转移出去。退出壁垒有两种,即破产时的退出(被动或强制)和向其他产业转移(主动或自觉)时的退出。退出行为受多种因素制约,并不能单纯地以成本收益分析为依据,而需要面对退出壁垒。

一、退出壁垒的种类及成因

(一)由埋没费用形成的退出壁垒

企业投资后形成的固定资产,由于特定产品的生产和销售而变得特殊化,形成专用性资产。在很多情况下专用性很强的固定资产不容易转卖给他人或其他企业。当企业退出某一产业时,不得不放弃一部分设备,这些设备的价值就不能全部收回或完全不能收回。这部分不能收回的费用称为埋没费用或沉没成本,它是企业退出产业时的一种损失,也就构成了企业退出时的障碍。埋没费用越高,退出越难,损失也越大。

(二)解雇费用形成的退出壁垒

在大多数情况下,企业退出某一产业时要给解雇工人支付退职金和解雇工资。有时为了让工人改行,还需要支付培训费用和行政费用。这些费用是企业退出某一产业时需要付

出的代价,也构成了退出壁垒。

(三)固定成本形成的退出壁垒

如果企业准备退出,撕毁原本订立的购买原材料及推销产品的长期合同会被罚款,企业必须支付违约成本;企业的退出会影响职工的情绪,导致生产能力下降,财务状况容易恶化;退出表明企业没有发展前景,增加了企业转移出去后的融资困难,使企业的信用等级降低,提高了融资成本等。

(四)结合生产形成的退出壁垒

结合生产在许多产业中存在,例如,在石油精炼产业中,从汽油到轻油、煤油、重油等多种油品都使用石油作为原料进行结合生产。即使现在重油的市场需求显著下降,但降低重油的产量却有限度。在结合生产的产业中,即使一部分市场需求下降,作为结合生产结果的一部分要单独退出也是相当困难的。

(五)政策、法规形成的退出壁垒

政府为了达到一定的目的,往往通过制定政策和法规来限制生产某些产品的企业从产业内退出。例如在电力、邮电、煤气等提供公共产品的产业中,各国政府都制定相应的政策和法规来限制企业的退出。

二、退出壁垒的应对措施

(一)企业的应对措施

面对较高的退出壁垒,企业需要具备战略眼光和创新能力。通过寻找新的市场机会、创新产品或服务、提升核心竞争力、寻求合作伙伴以及寻求政府支持,企业可以有效化解市场退出壁垒,保持竞争优势。

1. 寻找新的市场机会

企业在面临市场退出壁垒时,可以通过寻找新的市场机会来缓解压力。通过市场调研和分析,找到有潜力的市场,并研发新产品或服务。

2. 创新产品或服务

创新是应对市场退出壁垒的重要手段。通过研发新产品或服务,企业可以在竞争对手中脱颖而出。创新可以包括技术创新、产品创新、服务创新等多个方面。

3. 提升核心竞争力

企业应关注自身的核心竞争力,通过提升产品质量、服务水平、品牌形象等方面来增强竞争力。同时,还可以通过培养人才、建设研发团队等方式来提升企业的创新能力和竞争力。

4. 寻求合作伙伴

面对市场退出壁垒,企业可以考虑与其他企业进行合作,共同应对挑战。合作可以包括联合营销、技术共享、资源整合等形式,通过合作可以实现互补优势,提升市场竞争力。

5. 寻求政府支持

在面临市场退出壁垒时,企业可以积极争取政府的支持和帮助。政府可以提供资金支持、政策支持、市场准入等方面的支持,帮助企业克服市场退出壁垒。

(二)政府的应对策略

由于许多行业退出壁垒较高,严重地影响了经济的健康发展,因此,政府应重塑市场退出机制,营造良好的市场竞争环境,成为完善市场运行机制中必不可少的重要环节。

1. 加快经济体制改革

(1)应加快政府体制改革。市场退出壁垒高,与政府直接充当经济活动的参与者有关。因此,加快改革,特别是地方政府体制改革迫在眉睫。通过改革,切断政府与国有企业的行政隶属关系,使政府从直接管企业、管项目的事务性工作中解放出来,重点关注行业规划、市场竞争规则的制定;关注公共基础设施、环境保护、劳动力整体素质等经济运行环境和条件的营造,促使不同所有制类型的企业站在同一起跑线上竞争,优胜劣汰。

(2)加快国有企业产权制度的改革。结合市场经济建设,按照规范的现代企业制度对企业进行转制改造,实现出资人所有权与企业法人财产所有权相分离,从而既能使拥有法人财产权的企业摆脱对政府的纵向依赖,又能使政府解除对企业承担的无限责任,而只以投入资本额对企业债务承担有限责任。在不改变企业公有制性质的前提下,把国有企业塑造成市场竞争的主体。

(3)加大企业兼并、收购和破产的力度。严格按照有关《中华人民共和国公司法》《中华人民共和国企业破产法》等一系列法律法规的要求,实施企业重组,鼓励优势企业在强化主业、培育核心竞争力的过程中,通过收购、兼并实现低成本扩张,对负债累累、扭亏无望的企业,应实施破产,特别是在中国的证券市场运行中,应毫不迟疑地引入退出机制,对连续三年亏损、资不抵债的上市公司,按照有关制度应实施清盘,严禁以行政命令的方式予以各种"庇护"和"重组",使企业真正有竞争的动力、生存的压力。

2. 完善产业组织政策,消除资本流动障碍

产业组织政策是政府为解决产业发展中规模经济与竞争活力这一矛盾,实现有效竞争所制定的政策总和。通常这一政策分为反垄断与抑制过度竞争两种类型,结合中国现实,当前更适合采取抑制过度竞争的产业组织政策。针对市场退出壁垒高的问题,现阶段产业组织政策可着重解决消除资本流动障碍的问题。如采取法令或政令的形式,加速设备折旧。根据不同行业生产能力利用状况,规定不同的折旧率,特别是生产能力利用率严重过剩的行业,应明确规定行业设备的报废量和报废时间;对一些过度竞争行业中的低效率、高污染企业,应限期改造、转产或淘汰。国家应通过各种渠道筹集资金,设立产业援助基金,对按照国家有关产业政策的要求,实施设备报废、转产或退出的企业予以援助,以降低市场退出壁垒。

3. 完善社会保障体系

(1)加强社会保险制度,确保社会保险的广覆盖、保基本、多层次、可持续,通过单位与个人缴费、统账结合的基本制度,建立基本养老金待遇与缴费长短、多少紧密联系的激励机

制。实现养老保险关系在全国范围顺畅转移接续,更好地保障退休人员和老年居民的基本生活。

(2)完善社会救助制度,规范完善最低生活保障制度,分档或根据家庭成员人均收入与低保标准的实际差额发放低保金。对不符合低保条件的低收入家庭中的重度残疾人、重病患者等完全丧失劳动能力和部分丧失劳动能力且无法依靠产业就业帮扶脱贫的人员,采取必要措施保障其基本生活。

第五节　进入与退出壁垒的福利效应

企业进入或退出市场,其实质是资源重新配置的一种方式,从长期看,进入壁垒对社会福利有双重效应,而退出壁垒会使市场机制配置资源的作用弱化。

一、进入壁垒的福利效应

由于原有企业获取经济利润是进入壁垒存在的前提,因此如果依据边际成本等于价格的帕累托静态效率的观点来判断进入壁垒的福利效应,进入壁垒的存在无疑造成了资源配置效率的损失。但完全竞争理论的进入无壁垒、存在大量原子型企业的市场绝非对现实市场环境的客观描述,许多因素使完全竞争这一"理想状态"的竞争环境在现实中无法实现,几乎所有的企业都是在不完全竞争的市场中从事生产经营活动的。

从效率增长和产业技术进步的角度来看,适度的进入壁垒和产业集中度可能有利于技术创新和产业技术进步,因此,从长期看进入壁垒对社会福利有双重效应。一方面,进入壁垒是与垄断力量相联系的。产业进入壁垒越高,进入越困难,进入的企业也就越少,从而越容易产生垄断。反之,进入壁垒越低,进入越容易,进入的企业也就越多,产生垄断的可能性就较低。进入壁垒的直接效应是:① 影响该产业企业数目的增加;② 如果需求的扩张速度不变,那么该产业的价格将会提高;③ 该产业利润率将提高;④ 由于进入壁垒限制了潜在进入者进入,从而减少了产业中企业的数目,这就提高了这一产业的集中度,增强了该产业内大企业的市场权力,从而易于生成垄断性的市场结构。上述结果倾向于减少社会总福利,因此进入壁垒的存在引起价格扭曲,造成社会福利净损失。另一方面,进入壁垒的存在又具有正面作用,一定高度的进入壁垒可以提高资源的配置效率。

从结构性因素来看,进入壁垒的正面效应表现在:① 在一般情况下,由产品差异产生的进入壁垒越高,产品越具有多样化的异质性,所实现的社会总效用就越多;② 对于规模经济显著的产业来说,由于进入壁垒的存在,可以阻止低效率的原子型小企业进入市场,提高产业集中度,使社会获得规模经济效益;③ 企业进入或退出市场,其实质是资源重新配置的一种方式,在其他条件既定的情况下,资源配置成本与资源转移频率呈正相关关系,进入壁垒的提高使企业进入后在产业内的经营活动具有相对的稳定性,从而降低资源重新配置的成本,提高资源配置的净收益。

　　策略性进入壁垒的福利效应的评价则更为困难,策略性行为的有效性取决于一系列复杂的假定:相互竞争企业的行为假定、企业之间竞争方式的假定以及有关信息的假定。对策略性行为的研究尽管从理论方法上有统一的模式,但这些研究模型对现实竞争的解释能力依赖于其假定条件。因此对进入壁垒的福利效应分析缺乏清晰明确的结果,更多的是个案研究。

二、退出壁垒的福利效应

　　企业的进入和退出是市场经济的重要特征之一。市场效率的提高,一方面来自企业内部配置效率的改进,另一方面也来自对低效企业的淘汰。如果退出壁垒过高,企业退出的手段不成熟,不完善,会直接导致产业调整的步伐受阻。如果同一产业内存在众多的企业参与竞争,生产能力利用不足,价格大战此起彼伏,企业在长期处于低利润甚至亏损状态的情况下却继续生产而不愿意退出,则其中必然存在阻碍生产要素流动的因素即退出壁垒,导致大量资源滞留于经营低效的企业,阻止过剩生产要素的撤离,不能实现资源合理流动和优化配置,使整体的经济效率受到很大影响。因此,退出壁垒使市场机制配置资源的作用弱化,行业内企业不能够通过兼并、重组来实现规模经济和有效竞争。

　　在产业组织理论中,根据市场进入和退出壁垒的高低,可以将市场分为易进易出、易进难出、难进易出、难进难出四种情形,见表4-1。

表4-1　企业进入和退出壁垒组合的四种情形

项　目	低退出壁垒	高退出壁垒
低进入壁垒	易进易出,低但稳定的收益	易进难出,低且风险大的收益
高进入壁垒	难进易出,高且稳定的收益	难进难出,高且风险大的收益

◈ **本章小结**

　　进入壁垒是指相对于产业内既存企业,新企业在进入该产业时所遇到的不利因素和障碍,反映的是既存企业与准备进入的企业之间的竞争关系,也是原有企业排斥竞争、获取长期经济利润的决定性因素。进入壁垒按其成因的不同可分为结构性进入壁垒和策略性进入壁垒。

　　结构性进入壁垒是指不受企业支配的、外生的,由产品技术特点、资源供给条件、社会法律制度、政府行为及消费者偏好等因素所形成的壁垒。主要包括规模经济、必要资本量、原有企业的绝对成本优势、网络效应、产品差异和政策性因素。

　　策略性进入壁垒是在位企业通过其策略性行为设置的进入壁垒。策略性投资必须有承诺价值,而沉没成本在进入壁垒的分析中具有关键性作用。根据原有企业的策略性行为影响未来收入预期的方式,可以把进入壁垒分为影响未来成本结构的进入壁垒、影响未来市场需求结构的进入壁垒和影响潜在进入者对未来事件估计信念的进入壁垒。

　　退出壁垒是限制退出的各种因素,即当某一产业的原有企业不能赚取到正常利润(亏损)决定退出时所负担的成本,或者说原有企业被迫在亏损状态下继续经营所造成的社会福利的损失。形成退出壁垒的因素多种多样,如经济的、政治的、法律的等。

进入壁垒的存在可能会造成社会福利的损失,但绝对的自由进入也可能导致过度进入,因此进入壁垒的福利效应是复杂的。企业的进入和退出是市场经济的重要特征之一。市场效率的提高,一方面来自企业内部配置效率的改进,另一方面也来自对低效企业的淘汰。如果退出壁垒过高,则会使市场机制配置资源的作用弱化,行业内企业不能够通过兼并、重组来实现规模经济和有效竞争。

> ➤ 复习思考题 ⭐

1. 简述进入壁垒的含义和分类。
2. 为什么原有企业赚取经济利润是衡量进入壁垒的前提条件?
3. 原有企业如何能够有效地阻止潜在进入者的进入?
4. 退出壁垒的种类有哪些?
5. 比较结构性进入壁垒和策略性进入壁垒,并说明两者之间的关系。
6. 如何看待进入壁垒的福利效应?
7. 进入壁垒和退出壁垒之间存在怎样的联系?

◤ 延伸阅读 ◥

巴菲特的护城河[①]

巴菲特大赚的关键就是竞争优势护城河:"可口可乐占全世界饮料销售量的44%,吉列则拥有60%的剃须刀市场占有率(以销售额计),除称霸口香糖的箭牌公司外,我看不出还有哪家公司可以像他们一样长期以来享有傲视全球的竞争力。更重要的是,可口可乐与吉列近年来也确实在继续增加他们全球市场的占有率,品牌的巨大吸引力、产品的出众特质与销售渠道的强大实力,使得他们拥有超强的竞争力,就像是在他们的经济城堡周围形成了一条护城河。"

1993年,巴菲特在致股东信中首次提出了"护城河"的概念,他说:"最近几年可口可乐和吉列剃须刀在全球的市场份额实际上还在增加他们的品牌威力。他们的产品特性以及销售实力,赋予他们一种巨大的竞争优势,在他们的经济堡垒周围形成了一条护城河。相比之下,一般的公司在没有这样的保护之下奋战。就像彼得·林奇说的那样,销售相似商品的公司的股票,应当贴上这样一条标签'竞争有害健康。'""护城河"概念的提出,标志着巴菲特评估企业长期竞争优势和内在价值的艺术更加成熟。巴菲特在1993年阐述"护城河"的理念后,到2010年为止,公司净值的年复合增长率约15%,剔除1.5倍的零成本杠杆(保险浮存金)后,其实际投资收益率约10%。

1995年5月1日在伯克希尔的年度会议上,巴菲特对"护城河"的概念做了仔细的描述:"奇妙的,由很深、很危险的护城河环绕的城堡。城堡的主人是一个诚实而高雅的人。城

---

① 节选自:多尔西. 巴菲特的护城河[M]. 北京:中国经济出版社,2019. 有改动。

堡最主要的力量源泉是主人天才的大脑;护城河永久地充当着那些试图袭击城堡的敌人的障碍;城堡内的主人制造黄金,但并不都据为己有。"粗略地转译一下就是,我们喜欢的是那些具有控制地位的大公司,这些公司的特许权很难被复制,具有极大或者永久的持续运作能力。

2007 年,77 岁的巴菲特再次强调竞争优势"护城河"必须具有可持续性:"一家真正伟大的企业必须拥有一个具有可持续性的'护城河',从而能够保护企业获得非常高的投资回报。"资本主义的经济机制本身注定了那些能够赚取很高投资回报的企业'城堡'必定会一再受到竞争对手的攻击,因此,企业要想取得持久的成功,至关重要的是要拥有令竞争对手望而生畏的竞争壁垒。

要么是像 GEICO(美国第四大保险公司)和 Costco(开市客)那样保持低成本,要么是像可口可乐、吉列和美国运通公司那样拥有强大的全球性品牌。这种令人望而生畏的高门槛对企业获得持续成功至关重要。回顾整个商业历史,有太多企业就像"罗马焰火筒"(roman candle)一样只是辉煌一时,这些企业的"护城河"事后证明只是摆设而已,很快就被竞争对手轻松跨过……我们所寻找的企业,是在一个稳定行业中拥有长期持续竞争优势的企业。

第五章
企业并购行为

本章导读

　　企业并购的实质是一个企业取得另一个企业的资产、股权、经营权或控制权,使一个企业直接或间接地对另一个企业发生支配性的影响。企业并购是企业实现资源优化配置、扩大企业规模的有效方式。本章主要探讨企业并购的动因及企业并购的三种形式,并分析三种并购的竞争效应与反竞争效应。

第一节　企业并购的概念

　　并购即兼并与收购(M&A)。所谓兼并(merger),通常有广义和狭义之分。狭义的兼并是指企业通过产权交易获得其他企业的产权,使这些企业丧失法人资格,并获得其控制权的经济行为,相当于公司法中规定的吸收合并。而广义的兼并是指在市场机制的作用下,企业通过产权交易获得其他企业产权并企图获得其控制权的行为。广义的兼并除了包括吸收合并,还包括新设合并和其他产权交易形式。而所谓收购(acquisition),则是指对企业的资产和股份的购买行为。由于收购和广义兼并的内涵非常接近,因此经常把兼并和收购合称为并购。并购实际上包括了在市场机制的作用下,企业为了获得其他企业的控制权而进行的所有产权交易活动。

　　一个与企业并购密切相关的术语是企业重组。企业重组实际上包括扩张、售出、公司控制和所有权变更(当然这种分类在某种程度上有些随意),而并购应该被划入扩张类。但是在一些非学术性的场合,企业并购和企业重组经常被等同起来,交替使用,没有严格的区别。

一、并购理论的发展

(一)横向并购理论

横向并购理论是基于第一次并购浪潮的出现而产生的,其代表性的理论有规模经济效应理论、协同效应理论和福利均衡理论。韦斯顿的协同效应理论认为,公司兼并对整个社会来说是有益的,它主要通过协同效应体现在效率的改进上,表现为管理协同效应和营运协同效应的提高。而威廉姆森则应用新古典主义经济学的局部均衡理论,对并购导致的产业集中和产业垄断与社会福利的损失进行了分析,提出了福利权衡模型。他认为并购推动获得规模效益的同时,也形成了产业垄断,进而引起社会福利的损失,因此判断一项并购活动是好是坏的标准,取决于社会净福利是增加还是减少。

(二)纵向并购理论

第二次并购浪潮的发生则推动了纵向并购理论的发展。代表性的理论有交易费用理论和生命周期理论。如科斯提出的交易费用理论从市场机制失灵和交易费用的角度,对并购的功能作了分析。他认为,企业和市场是两种可以互相替代的资源配置机制,交易费用是企业经营活动、发生交易等的成本,如果市场的交易费用很高,市场就不是一个有效的资源配置机制,而应由企业来完成,通过并购可以将外部交易费用内部化,从而降低交易费用。而斯蒂格勒则运用亚当·斯密的"劳动分工受市场规模限制"的原理提出了生命周期理论,认为一个产业的并购程度随产业规模的变化而变化,并与产业的生命周期一致,新兴产业或产业发生的前、后期容易发生并购。

(三)混合并购理论

从第三次并购浪潮开始,就已经出现了跨国并购交易,一些经济学家开始研究跨国并购的问题,并产生了一些新的理论,如资源利用论、多角化理论、协同效应论等。尼尔森和梅里奇经过实证研究发现,当收购企业现金流比率较大而被收购企业现金流比率较低时,作为兼并收益近似值支付给被收购企业的溢价比率较高。穆勒建立了最全面的混合并购的管理主义解释,这种理论认为管理者往往采用较低的投资收益率,通过并购来扩大自己的声誉。

(四)新的并购理论

20世纪80年代后期出现了一些新的并购理论。如詹森(Jensen)和梅克林(Meckling)在继承前人观点的基础上,提出了控制权市场理论。他们将并购行为与公司管理中的委托人、代理人问题联系起来,将并购看成是一种市场选择机制,认为并购可以保证公司股东的利益最优化,否则公司就面临被并购。此外,还有詹姆斯·托宾提出的q值理论和詹森提出的自由现金流假说等理论。

20世纪90年代中期至2000年,并购的理论体系更加成熟。核心竞争力理论是其中之一。核心竞争力理论认为,企业并购的最高境界应该是围绕其核心竞争力进行的,而核心竞争力是指"企业能够在一批产品或服务上取得领先地位所必须依赖的能力"。核心竞争力理论引发了企业基本价值观的重新思考,从更高层面上优化了企业的发展观。

二、并购理论的研究体系

西方的许多学者从不同角度对企业并购的动机及其社会效应进行了大量的理论研究,提出了多种理论假说,已形成较为完整的理论研究体系。主要有以下五种:

（一）效率理论

该理论侧重于对企业并购的协同效应的分析,认为企业并购可以使企业获得某种形式的协同效应,即 1+1>2 的效应,从而有利于企业提高经营业绩,降低经营风险,具有潜在的社会效益。根据协同效应来源的不同,效率理论可进一步分为经营协同、管理协同、财务协同、多样化经营、战略重组以及价值低估等假说。经营协同建立在行业内存在规模经济或范围经济,且并购前企业经营活动水平并未实现规模经济或范围经济的潜在要求等假设基础之上,认为横向并购将有助于企业扩大生产规模或实现优势互补,降低生产成本。另外,经营协同也可以产生于纵向并购领域,通过将处于产业链不同阶段的公司联合起来,可以消除有限理性、机会主义、不确定性等交易成本。因此,有人也将经营协同称作成本协同。管理协同也称差别效率理论,认为若一家企业具有高效率的管理队伍,其能力超过了企业日常的管理需求,则该企业可以通过一家管理效率较低的企业输出剩余的管理资源,提高社会整体的管理水平。而财务协同则认为企业并购产生的互补优势并不是来自企业的管理能力,而是来自投资机会和内部的现金流。按照财务协同假说,若一家拥有较多现金但缺乏投资方向的企业并购一家缺乏现金却有很多投资机会的企业,则对双方有利。战略重组理论认为企业并购是企业实现分散化经营,较快适应外部环境激烈变化的重要手段。价值低估假说则将并购动机归因于目标企业价值的低估,由于企业托宾比率一般小于 1,因此并购往往比直接投资建立一家新企业成本更低。从对并购动机的解释能力上看,经营协同对横向和纵向并购具有一定的解释能力,财务协同和战略重组则比较适用于混合并购,而价值低估假说则在自然资源工业领域得到了较好的验证。

（二）市场力量理论

传统的市场力量理论认为企业并购的动机源于对企业经营环境的控制,并购降低了市场中的企业数量,提高了市场集中度,便于剩余企业进行串谋,操纵市场价格,从而获得超额垄断利润。近些年,许多学者对这种传统理论提出了质疑,认为市场集中度的提高往往是激烈竞争、优胜劣汰的结果,而且在实际竞争中,企业串谋几乎不可能实现。他们指出市场一方竞争者的并购扩张行为将迫使其他企业进行并购重组,同时,先发企业往往有很强的动机加快并购步伐,即具有继续并购的动机,引发企业之间的并购重组大战。而且这种并购有助于提高市场(特别是信息产品市场)的标准化程度,实现企业间的资源互补。

（三）信息与信号理论

信息与信号理论认为企业并购传递给市场参与者一定的信息或信号,表明目标企业的未来价值可能提高,从而促使市场对目标企业的价值进行重新评估或激励目标企业的管理层贯彻更有效的竞争战略。

（四）代理理论

如果企业管理者仅拥有少量的公司股票或者公司股权分散,就难以有效地监督管理层,容易产生代理问题。代理理论认为并购可以对现有管理层构成有效威胁,是解决代理问题的重要途径。

（五）自由现金流假说

自由现金流假说认为并购活动的发生是由于管理者和股东之间在自由现金流量的支出方面存在冲突。公司要实现效率最大化，自由现金流量就必须支付给股东，这也直接削弱了管理层对企业现金流的控制。管理层为投资活动进行融资时，就更容易受到公共资本市场的监督。这实质上也是由于代理问题产生的利益冲突，并购将有助于降低这些代理成本。

第二节 企业并购效应理论与企业并购动因

一、企业并购效应理论

（一）协同效应理论

协同效应理论认为，企业并购会产生协同效应，指两个或两个以上的企业并购后，其总体的价值得以增加，产出比原来两个或两个企业产出之和还要大的情形，即所谓的 $1+1>2$ 效应。这一理论包含两个基本要点：第一，企业并购与重组活动的发生有利于改进管理层的经营业绩；第二，企业并购与重组将导致某种形式的协同效应。

实现协同效应的方式之一，是提高目标公司的管理效率。当一家经营有方的公司收购管理上低效率的目标公司时，通过适当的并购整合，将增加目标公司的价值。这不仅会给单个企业带来效率，也会给社会带来福利的增进，这是一种帕累托改进。

通过并购获得规模经济也是实现协同效应的方式之一。同一行业内的公司如果均未达到最优生产水平，可以通过兼并与收购实现规模经济。这种规模经济可以源于生产制造或者研发方面的资源共享，也可以通过垂直兼并降低生产经营环节间的沟通与谈判等成本。还可以通过并购降低企业内部融资成本实现财务协同效应。财务协同效应理论认为，有大量内部现金流和少量投资机会的企业与有投资机会但缺乏内部资金的企业进行合并，可以获得较低的资金成本优势。目标公司的现金持有量可以用来判断收购公司的并购动因是否为实现财务同效应。此外，一些项目的现金流量是正的，但是由于公司的原因得不到足够的资金，这时候公司就可能进行混合并购，即并购一个处于新兴行业的公司以吸引投资者的目光。从这个角度来讲，混合并购纯粹变成一种技术性的手段，使并购公司的一些项目能够获得融资以度过财务困境。

1. 横向并购的协同效应

横向并购的经营协同效应主要通过规模经济来实现。规模经济是西方经济学家解释企业并购动因的理论之一。干春晖教授于 2004 年在解释横向并购的规模经济时指出，只有企业达到一定的规模后，才有可能达到最低的市场成本，因此追求规模经济效应，降低产品和服务的平均成本就成为企业并购，特别是横向并购的重要动力。

并购的规模经济效应主要表现在五个方面：平均管理费用因分摊范围的扩大而降低；销售渠道的同一化以及销售范围的扩大导致销售费用的降低；新技术、新产品的开发能力增强;企业扩张后其借贷和筹资变得相对容易;强大的企业财力可以使企业更容易适应外部环境的变化,从而提高企业的竞争力和垄断力。

2.纵向并购的协同效应

纵向并购的经营协同效应的理论基础源于科斯的现代企业理论。根据科斯1937年发表的论文《企业的性质》,企业的产生源于交易费用的节约,企业是市场机制的替代物,市场和企业是资源配置的两种可以互相替代的手段。企业通过并购形成规模庞大的组织,使组织内部的职能相分离,形成一个以管理为主的内部市场体系。

斯蒂格勒根据亚当·斯密关于分工受市场程度限制的命题,提出对纵向一体化的解释。他认为,企业之间是否实行纵向一体化取决于以下两种方式的成本和收益大小:一种是在企业内部管理各种纵向关联行为的成本和收益;另一种是通过市场来实现上述关联行为的成本和收益。

威廉姆森列举了纵向并购中五个节约交易成本的源泉。第一,通过纵向一体化可以避免双头垄断或寡头垄断下的交易成本;第二,对于那些技术上很复杂或者要求定期设计或改变产量的产品,存在契约的不完备性,内部化可能节约协调成本;第三,在一些行业中,由于不确定性而导致战略性错误的风险很大,内部化削弱了出于机会主义目的而企图利用不确定性的动机;第四,一体化可能改进信息的处理过程;第五,一体化增强了机构在避开法规的限制以及避税等方面的适应性。

3.混合并购的协同效应

由于一般管理能力能够在并购活动中得以转移,因此,若并购后的公司恰好达到需要增加工作人员的规模时,将会使收购公司原有的人员得到充分利用。由此得出的结论是混合并购也能够带来规模经济。

(二)委托代理理论

委托代理问题起因于两权分离模式下的现代企业制度。代理产生的基本原因在于管理者和所有者之间的合约不可能无代价地签订和执行。由此产生的代理成本包括:构造一系列合约的成本;委托人对代理人行为进行监督和控制的成本;限定代理人执行最佳决策或执行次佳决策所需的额外成本;剩余损失,即由于代理人的决策和委托人福利最大化的决策间发生偏差而使委托人遭受到的福利损失,剩余损失还可能是由于合约的完全履行成本超过其所能带来的收益而造成的。

这些代理成本无疑会降低企业的市场价值,而且由于股东与经理人的目标不一致、信息不对称、股东之间相互"搭便车"等原因,企业的代理成本可能会变得很高。代理理论认为,公司经理会出于自身利益最大化的考虑作出收购其他公司的决定,从而可能侵害了公司股东的利益。

(三)市场势力理论

横向并购在为企业带来规模经济的同时,能够扩大企业在行业内的相对规模,从而提高企业在同行业市场中的控制力。按照经典的经济学观点,当行业内存在较多数量的竞争者并且势均力敌时,各企业只能保持最低的利润水平。这样,优势企业通过行业内并购,可以有效地减少竞争对手的数量,增加创造垄断利润水平的可能性。干春晖教授认为,以增强企业市场势力为目的的并购活动多发生在以下几种情况:行业生产能力过剩、供大于求;国际竞争激烈,国内市场遭受外商势力的强烈渗透和冲击;法律法规限制企业间的各种合谋和垄断市场行为。

(四)投机动因理论

各股东拥有信息的不完全和对信息评估的不同导致股东对股票价值有不同的判断,其原因在于经济失调。例如,技术和股票价格变化过快。当技术变化过快时,产品生命周期缩短,公司以往所掌握的信息难以说明未来的变化;股票价格的变化反映了过去与当前之间的失衡,这是由于投资者的期望与市场保持一致需要一段时间,结果是当股票价格频繁变动时,并购活动将增加。根据该理论,在高涨的并购市场上,通过投机是能够获得超额资本收益的。由于完全竞争的市场在现实中并不存在,因此,投机动因应该能够形成并购的动因之一。

(五)多样化经营理论

企业发展到一定时期以后,分散经营对于企业将起到重要作用。分散经营可以通过内部发展和并购活动来完成,然而在特定情况下,并购方法要优于内部发展的途径。时机的选择是非常重要的,通过兼并可以迅速地实现分散化经营。在任何时候都可能存在许多寻求分散经营的企业。

二、企业并购动因

在激烈的市场竞争中,企业只有不断地发展壮大才能在竞争中求得自身的生存。企业发展壮大的途径一般有两条:一是靠企业内部资本的积累,实现渐进式的成长;二是通过企业并购,迅速扩大资本规模,实现跳跃式发展。美国著名经济学家斯蒂格勒在考察美国企业成长路径时指出:"没有一个美国大公司不是通过某种程度、某种形式的兼并收购而成长起来的,几乎没有一家大公司主要是靠内部扩张成长起来。"

(一)效率动因

通过企业并购从而形成资源的再配置,不仅对并购后的企业来说产业结构更加优化,而且也是整个社会资源的合理再配置,具有潜在收益性和发展长远性,而这主要体现在并购后产生的协同效应。协同效应是系统科学的一个概念,每个企业必须综合分析自己的优势及劣势。

(二)经济动因

如果市场存在有限理性、不完全性和不确定性,市场调查以及谈判监督等费用可能会较大,通过并购可以节约这些费用,而且横向的企业并购可以有效地减少市场上存在的竞争对手,从而提高利润率并保持市场占有率。

（三）其他动因

1. 管理层利益驱使

由于信息不对称,管理层和股东之间会存在利益不一致的问题。因为管理层只拥有企业的一小部分,即使很努力工作,得到的也不会很多,管理层就会不顾股东的利益来扩大企业规模和提高自身的报酬,这样所付出的代价管理层也承担得很少。由于资本市场存在并购行为,而并购会导致高级管理层的重新任命,这就使得高级管理层受到压力,努力工作提高管理效率。从一定意义上讲,并购减轻了股权分散带来的代理问题;而从"管理主义"上讲,是代理问题导致了并购的产生。同时,还有"自大理论",这也是代理理论的一种变形。该理论认为,收购公司的管理者在对目标企业进行竞价时犯了过分乐观的错误,以至于在资本市场上大规模地收购其他企业,最后无法成功完成对目标企业的整合,从而导致并购的失败,并把财富转移给了目标企业的股东。

2. 企业发展动因

企业可以运用内部积累和外部并购两种方式进行发展。通常,外部并购与内部积累相比,不仅效率高,而且速度快。具体表现为:

（1）可以减少投资风险和成本,投资见效快。

（2）可以有效地冲破行业壁垒,进入新的行业,有效地提高进入新行业的实力。

（3）企业通过并购发展,不仅获得了原有企业的生产能力和各种资产,还获得了原有企业的经验。

总之,各种并购动因只是对各种环境下的企业并购动机作出的各种解释和归纳。显然,我们没办法也没必要用一种理论去解释各种动因。但是,若抽象掉现实中每一个企业并购的具体因素,我们认为,企业并购的根本目的或者说根本动因都是一样的,即都是为了获得并购价值最大化。

第三节 我国企业并购整合存在的问题及对策

赛迪顾问的研究表明,中国企业并购案件中真正成功的还不到20%。这与麦肯锡和科尔尼关于全球市场的并购案例的研究基本一致,中国市场企业并购的成功率低于发达国家企业并购成功率近10个百分点。

中国企业并购成功率不高的原因有很多方面,除去政府干涉过多、证券市场不完善、并购法规尚未健全等因素外,对并购后整合管理不够重视是一个主要方面。正如著名经济学家斯蒂格利茨关于并购的研究表明,全球失败的并购案例,70%是由于并购后的整合不足所致。

国内企业的并购更多的是追求企业规模的扩张,注重形式上对目标企业的控制,在产业链和价值链的协同、核心竞争能力的融合方面关注不足,并购后的整合目标不明确,并购效果较差。

一、中国企业并购整合过程中存在的主要问题

具体而言,国内企业并购整合中存在的问题突出表现在以下几个方面:

(一)并购战略严重缺失

国内企业并购盲目性比较大,对并购风险和并购后整合认识不足。并购战略是基于公司总体发展战略的实施制定的,一个在战略上全面而完整的并购整合计划的实施是并购成功的关键。成功的并购活动不仅依赖于产业发展的环境、并购企业和目标企业的资源能力,更重要的是依赖于并购企业与目标企业资源和能力的协同。中国企业间的并购活动关注更多的是目标企业的资源价值,忽视整合过程的长期性和复杂性,并购的目的仅仅是追求表面的、简单的规模扩张,没有考虑并购双方的经营方向、企业职能等是否能够协调。

(二)业务整合重点不明确

不同的整合模式关注的业务整合重点不尽相同。横向并购模式下的业务整合,更为关注的是并购企业与目标企业之间的供应链整合、研发与生产流程整合、营销渠道整合、物流整合、客户服务与市场整合,即横向并购关注的是价值链条的整合,注重获取低成本优势和提升市场竞争能力;纵向并购模式下的整合更为关注的是产业链的延伸,注重提升的是产业链的控制能力,通过对产业链的控制分散经营风险,将企业间的竞争转移到产业链之间的竞争。混合型并购关注的是"缺什么、补什么"的策略,目的是谋取局部竞争优势,集中优势兵力打歼灭战。

国内企业在并购后对业务的整合往往缺乏深入的研究。国内企业间的并购往往带有浓厚的政府色彩,忽视对企业经营业务方面的整合,并购后业务整合重点不明确,导致目标企业成了并购企业的拖累,甚至拖垮并购企业。

(三)资源整合重"硬"轻"软"

国内企业并购后资源整合过于偏重"硬资源"整合,而对于人力资源、知识资源、核心能力等"软资源"重视程度不足。这一方面是由于企业对"软资源"整合带来的效果认识不足,另一方面"软资源"的整合需要更高的整合能力和技能,加之"硬资源"整合能够带来立竿见影的效果,导致企业资源整合的短视行为。中国企业上市公司并购后所表现出来的"第一年绩效提升,第二年绩效下降,第三年并购业务重新剥离"的现象,是资源整合重"硬"轻"软"的必然导向。赛迪顾问对中国上市公司并购案例的研究表明,中国企业并购整合期间,目标企业核心员工人员流失率平均高达35%~40%,同行业整合相比,高于国外案例人员流失比例近20个百分点,反映出中国企业对知识资源的整合和管理能力更为不足。

(四)制度整合"急功近利"

管理制度是一个企业管理文化的外在体现,制度文化是公司文化的一个重要组成部分,管理制度的整合难度不亚于企业其他层面的文化整合。国内的企业并购在制度整合方面表

现出更大的盲目性。一方面,并购企业认为自己的管理制度优于目标企业的管理制度,因为这种制度在并购企业自身的管理实践中是成功的。因此,经验主义错误常常会促使并购企业的决策者们将自己的管理制度强制推行到目标企业的管理中去,在此过程中忽略了制度赖以生存的管理情景的作用。另一方面,我国内地的企业并购往往忽视管理模式和管理制度不可复制的硬道理。管理的扩散只能通过管理移植来实现,而管理移植是一个学习、改造的整合过程。制度整合是将优秀的管理思想、管理制度通过学习、改造,在并购企业双方进行移植和扩散,从而使资源得到最优化配置。因此,制度整合是一个过程性的整合,缺乏过程性,急功近利是中国企业并购整合失败率高的重要原因之一。

(五)文化整合没"文化"

(1)对文化整合不够重视。文化本位主义导致并购企业的决策者忽视目标企业文化对并购成效起到的作用。国内企业并购对文化整合的认识普遍不足,并购前缺乏对并购企业和目标企业文化、差异及整合难度的评估工作;并购后更多注重有形资产的整合,而不注重无形资产的整合,特别是文化整合,忽视企业文化协同这一对并购绩效具有深层次影响的重要因素。国内企业很少在并购前了解和评价彼此的企业文化特点,评估并购后可能的文化冲突并设计相应的文化整合方案。

(2)文化整合的关键点把握不准。对企业文化的内涵和外延认识不足,对物质、制度层面的文化整合行为有所重视,忽视价值观和精神层面的文化整合。然而,企业文化整合的核心或关键点不在于统一的物质文化和制度文化,而在于共享的价值观指导下的精神文化。在这一方面,国内多数并购企业做得不够或把握不当,没有确立新企业的共同愿景和发展战略,并通过广泛的沟通动员,在管理层和员工中建立起共同的价值观和行为规范。

(3)文化整合节奏"失调"。并购企业的文化整合是一个过程,它起始于并购前双方企业的沟通、了解和初步信任。由于文化属于意识形态的东西,对其整合自然需要人的适应和接受过程,因此不能过快而强制一刀切。但它又是在企业范围内进行的。企业在一定时期内需要创造业绩来维持生存和发展。整合过程不能过于拖沓而影响经营绩效。

二、我国企业并购整合的对策与建议

(一)强有力的领导团队推动并购整合是并购整合成功的关键

并购后的整合必须由强有力的高层领导团队推动。并购后的整合应成立并购整合领导小组。并购整合领导小组成员必须对并购企业和目标企业的产业环境、市场发展趋势、产业链分布、并购和目标企业的核心资源及竞争能力有清楚的认识和了解。并购整合领导小组负责并购整合过程的推动和重大决策的制定,由于牵涉资源的投入和组织的调整,因此一般会由并购企业的一把手亲自任领导小组组长。整合领导小组成员一般应由人力资源主管、战略总监、财务总监、市场总监构成。领导小组属于决策机构非常设机构,直接领导并购工作组工作。由强有力、经验丰富的领导层做后盾,并购后整合工作会较容易顺利进行。

（二）组建专家型并购整合工作组

并购整合工作组成员应具备高超的整合能力。并购整合工作组成员必须熟知并购整合相关业务流程，具备实际操作业务整合案例的实践经验。并购整合具有较强的复杂性和不确定性，要求并购成员结合既有的工作经验能够对并购整合工作作出预判，成功的经验对并购整合工作非常重要。

内外脑结合是并购整合成功的保障。专家型团队组建可以以企业内部成员为基础，同时聘用专家型外部资源，包括外聘整合顾问、市场研究专家、财务专家、专业评估机构等。并购整合工作组必须以并购企业自身的专家为主导，平衡好专家型团队的决策权与建议权之间的关系。

整合团队成员要及早介入并购过程。在并购的规划阶段，并购整合的团队成员，尤其是整合经理就应该介入企业并购的过程之中，确保并购策略设计的开始阶段就能够关注到并购后的整合过程。

（三）精心描绘"并购整合愿景"，目标激励与过程激励相结合

清晰的并购整合目标和规划是并购整合成功的基础。结合产业发展环境、并购企业与目标企业资源与能力分析、公司的发展战略和并购战略，拟定公司并购整合的计划、策略和目标。并购的目标设定要充分考虑到管理层和基层员工的诉求，描绘清晰的并购愿景。并购的目标实现依赖于公司上下全体员工的共同努力，广泛宣传和动员全体员工参与并购整合，并在并购整合愿景中明确员工参与并购整合的价值。将并购整合目标分解到并购整合过程之中，实现目标激励与过程激励相结合。

（四）及时塑造"公司新文化"

无论横向并购、纵向并购还是混合并购，无论并购企业与目标企业的文化差异性和优越性如何，也无论何种文化整合模式，由于文化的不可复制性，都要求在公司并购整合中及时塑造"公司新文化"。并购企业的文化要向更具有包容性的新文化转型。塑造新型的融合性价值观和愿景并加以推广、宣传，促使员工接受新文化所要求的愿景、价值观和举止行为。

（五）对目标企业的人才更应"刮目相看"

目标企业的人才在并购整合过程中本身存在心理距离，并购整合不当往往会造成企业并购最主要的"软资源"流失，进而导致整个并购的失败。

（1）拟定人才保留计划。并购企业首先要拟定一份人才保留计划名单，明确哪些是优秀人才、哪些是必须留用人才、哪些是可以留用人才，对于重点人才要重点关注。

（2）及早提拔任用。并购企业的领导者应尽早对"目标公司"主要部门的优秀人才加以提拔，发挥他们的积极性，让他们成为公司并购后整合的骨干，促使公司更快上轨道，达到双赢局面。赛迪顾问关于并购后人力资源流失时间的研究表明，并购后的第一二个月往往会有一个目标企业员工的离职高峰，随后伴随两个月到三个月的磨合期，目标企业的员工不满意感和被冷落感加强，整合后的半年左右又会达到一次离职高峰。赛迪顾问建议对于目标企业的优秀人才的任用，往往应该在并购整合开始的前两个月内提拔。其目的一方面是

挽留首次并购离职人才,更重要的是通过人员任用安慰目标企业员工,通过被任用人员去影响其他欲离职人员。

本章小结

通过这一章的学习,我们知道根据并购企业的产业特征,可以把并购分为横向并购、纵向并购和混合并购三种。其中横向并购的具体动机包括两方面:一是由于成本节约所致,包括规模经济效应和管理协同效应;二是由于追求市场势力所致,并购也具有潜在的反竞争的效果,因此需要进行福利权衡。根据出资方式,并购可分为现金支付并购和股权支付并购,以及善意合并和恶意合并。并购的动机包括扩大市场份额、降低成本、提高效率、实现多元化等。企业在进行并购时,需要充分考虑各种因素,以确保并购的成功和实现预期的目标。

企业并购的实质是一个企业取得另一个企业的资产、股权、经营权或控制权,使一个企业直接或间接地对另一个企业产生支配性的影响。并购是企业利用自身的各种有利条件,比如品牌、市场、资金、管理、文化等优势,让存量资产变成增量资产,使呆滞的资本运转起来,实现资本的增值。

三种并购方式具有一定的差别。横向并购是指从事同一行业的企业之间所进行的并购,例如,两家航空公司的并购,两家石油公司的结合等,它可以清除重复设施,提供系列产品,有效地实现节约。纵向并购是指从事同类产品的不同产销阶段的企业之间所进行的并购,如对原材料生产厂家的并购,对产品使用用户的并购等,它可以加强公司对销售和采购的控制,并带来生产经营成本的节约。混合并购是指与企业原材料供应、产品生产、产品销售均没有直接关系的企业之间的并购,它的目的是扩大经营范围或经营规模。一系列的案例使我们对这三种并购方式理解得更加通透,也使我们认识到企业并购给日常生活带来的优劣之处。

机会主义与交易专用性投资的结合是解释决定纵向一体化的主要因素。交易费用理论认为:市场和企业是用来完成一系列相关交易的可供替代选择的工具;一系列交易应该在企业之间(经过市场)进行还是在企业内完成,取决于每种方式的相对效率。因此,减少交易费用是企业实行纵向一体化战略的一个重要动机。

企业通过混合并购可以充分利用多余的非专用性资产。混合并购还可以使企业降低经营风险。混合并购对竞争的影响可能是多方面的,一些影响可能改善资源配置,而另一些影响可能造成产业垄断、福利损失。在我国,混合并购的相关法规和政策旨在引导企业合理运用这一手段,促进产业结构升级,提高经济效益。然而,混合并购的成功与否,还取决于企业的整合能力、市场环境以及政策支持等多方面因素。

▷▷ 复习思考题 ◁◁

1. 简述企业并购理论的体系。
2. 试述并购动因与并购效应理论的发展。
3. 论述我国企业并购整合存在的问题及对策。
4. 试述全球企业并购五大趋势。

并购重组持续活跃　三大新趋势浮出水面①

政策暖风之下,并购重组持续活跃。Wind数据显示,自2024年元旦到2024年3月中旬,已有60家A股上市公司披露涉及重大重组事件或进展情况(剔除失败案例),与2023年同期相比增加45家。不少公司在方案中提到,并购重组对于企业生命力重塑有重要意义,有助于产业矩阵进一步完善和扩大,进而打造新的增长曲线。

《中国证券报》记者梳理发现,2024年以来并购重组案例呈现出一些新趋势、新特点:一是以高端装备、生物医药、新能源等行业为代表的先进制造产业并购较为活跃;二是不少"链主"型企业围绕产业升级与资源整合实施并购重组;三是国有控股上市公司"自上而下"加速推进资源整合,进一步提升产业协同效应。

一、加速产业协同整合

"2024年以来,监管部门不止一次召开关于支持上市公司并购重组的相关会议,推动上市公司高质量发展的信号很明显。"上海一家小型私募创始人宋元告诉记者,据他观察,近段时间并购重组市场活跃度有一定提升,业内对今年整个市场生态的良性发展预期在提高。

宋元认为,从相关提法和细则来看,监管部门充分吸纳来自一线从业人员的专业建议,这对于立足加强以投资者为本的资本市场建设、大力推动上市公司高质量发展是实实在在的助力。

多位长期关注并购重组市场的投行人士和专家认为,上市公司要切实用好并购重组工具,抓住机遇注入优质资产、出清低效产能,实施兼并整合,特别是符合国家战略方向的产业整合是未来上市公司并购重组的主要趋势。

记者注意到,生物医药行业近期的并购重组动作较为密集。2024年3月7日晚,新天药业公告称,拟向汇伦医药部分股东发行股份,购买其持有的汇伦医药85.12%的股权。交易完成后,一个显著的变化是,新天药业除中成药主业外,将增添小分子化药业务,进一步形成"中药－化药"双品类的产业格局。稍早前,也有新诺威、北陆药业等多家药企筹划产业方向的并购整合。

国有控股上市公司是并购重组市场中的重要参与者。四川国资委旗下的蜀道装备2024年2月6日晚公告称,公司正在筹划以现金方式购买雅海能源股权,并取得后者控股权。公司表示,通过本次收购,可快速获取LNG(液化天然气)业务发展的支撑平台和重要资源(包括土地、气源资源和生产设备等),且项目实施具有良好的协同效应,有利于公司拓展LNG市场业务的广度和深度。

"得益于政策层面扶持,战略性新兴行业将进入深度扩张周期,技术合并诉求增强,通过并购重组对接资本市场,可以更好地发挥资本市场助力实体经济功能。"宋元表示,对于大部分科技类企业而言,需要尽快成长才能满足国内市场的需求,并购重组是有效的方法

---

① 资料来源:并购重组持续活跃　三大新趋势浮出水面[EB/OL].(2024-03-15)[2024-06-15].http://www.xinhuanet.com/money/20240315/9e4308200f47476cafb9aeffec69d17a/c.html.

之一。

"2024年将是产业数字化生态企业崛起之年,加上大模型加持所带来的行业大规模深度应用,这些优质企业逐渐到了对接资本市场的阶段。"在展望2024年并购重组市场的产业风向时,资深投行人士王世渝告诉记者,在IPO(首次公开募股)放缓的背景下,这类企业会倾向于选择并购低市值上市公司或者对同行业上市公司实施整合,抓住机会加快资本积累,为产业升级做好准备。

普华永道也认为,生成式人工智能和其他新兴技术的进步以及交易需求的不断增长,预示着2024年TMT(科技、媒体和通信)行业的并购操作将会增加。

二、"链主"型企业并购动力足

"我们2024年就将启动产业链并购,正在谈。"某上市公司相关业务负责人在接受记者采访时透露,公司将以现有主业为基石进行延伸,通过并购吸收另一块全新业务进行补充,进而强化全产业链布局。

"选择2024年进行并购是基于对行业分析以及政策引导两大维度的综合判断,对公司来说今年是一个重要机遇期。"该位负责人告诉记者,目前公司某一主打产品系列在国内的市场占有率排名靠前,在产业链上具有话语权,但想要持续提升竞争力仍需要不断思考行业发展趋势。"此次看中的标的公司擅长领域恰好是公司所处产业链的一个重要补充,同时符合低碳、绿色的政策导向,市场潜力巨大。"

在该位负责人看来,近年来并购重组市场各参与方越来越成熟,以业绩粉饰为首要目的的行为逐渐成为过去式,不符合产业逻辑的并购重组已几乎没有投资者参与。他认为,如今更多是一些在细分领域做到极致的企业在产业链形成话语权后,吸引包括上市公司在内的优质产业伙伴主动合作,从而获得更多产业资金关注。

谈及"链主"型企业并购重组活跃的意义,宋元表示,一方面,这类企业以其对产业的深度理解,在计划进行新一轮产业整合的过程中,能快速形成示范效应,为带动相关产业转型升级提供范本;另一方面,这类企业往往是所在行业的大市值公司,资金实力和市场认可度一般较高,加之政策鼓励,在越来越多行业头部公司高质量并购重组案例支撑下,整个市场生态有望得到进一步优化。

"政策传递出鼓励上市公司之间吸收合并、支持行业龙头企业并购优质资产的积极信号,相信A股上市公司并购重组市场将进入一个新时代。"德恒律师事务所律师魏康表示。

2024年1月28日,本年度首单"A并A"案例出炉,国内医疗器械行业龙头迈瑞医疗与国内心血管领域头部企业惠泰医疗同时发布公告,宣布迈瑞医疗以约66亿元的价格收购惠泰医疗控制权。对于迈瑞医疗而言,通过本次并购快速切入心血管业务领域,能有效提升其在全球范围内的竞争力,而惠泰医疗则可借力迈瑞医疗进一步提高新产品的研发实力和海外销售能力。

"事实上,除产业方面的取长补短以及战略协同外,还有另一层意义,即上市公司,包括非同一控制下的上市公司之间的吸收合并亦有望打开多元化退出渠道新路径。"宋元说。

一位长期跟踪并购重组市场的观察人士告诉记者,不得不承认部分细分领域头部企业在如今愈发激烈的行业竞争下或多或少呈现出一些疲态,需要通过产业整合焕发"第二春"。部分实控人为了使企业更好地发展也开始愿意出让控制权,同时自己通过并购实现退出,长期看这种模式有望推动并购重组市场进一步活跃。

三、套利逻辑或逐渐弱化

华泰联合证券研报认为,在强化监管、防范风险的背景下,2024 年 A 股并购重组市场在稳健前行的同时,有望扭转近年遇冷趋势,产业并购实现复苏。

在采访中,这一观点受到多位业内人士认同。"随着各方面因素的综合集聚,2024 年或将迎来上市公司并购重组大年。"王世渝向记者分析,一方面,在当前 A 股上市公司中,50 亿元市值以下的占比很高,平均市值偏小且同质化严重,即客观上存在系统性产业整合机会;另一方面,当前 IPO 节奏放缓,使得部分原本计划通过上市途径谋求融资目标的潜在公司流向并购重组市场。

在这一过程中,对于中小投资者而言,并购重组所衍生出的投资机会受到较大关注。例如,此前因筹划定增收购斐控泰克等公司股权的罗博特科 2024 年以来的股价区间涨幅接近60%;因定增收购江苏朗讯等公司股权的哈森股份 2024 年以来的股价区间涨幅约 38%。

不过,也有市场人士提醒,要关注上市公司是否能通过并购重组快速获得先进技术和创新能力,能否为后续快速整合市场份额和资源、创造新的利润增长点提供保障。否则,若一味偏向资本市场套利而忽视并购重组的核心逻辑,可能会面临较大的投资风险。

"对中小投资者而言,判断并购重组的真实目的和未来效益难度较大,但市场却容易掀起并购重组风,中小投资者难免会陷入信息'陷阱'。"王世渝说,需要监管部门持续强化对并购重组的监管,一方面给并购重组市场营造良好生态,另一方面打击虚假并购以及利用并购消息进行炒作的老套路。"可以预见,未来并购重组的交易套利逻辑或逐渐弱化,投资者更多是分享产业协同下优质企业的长期成长价值。"

第六章
企业创新行为

本章导读

　　企业创新行为是指企业为了在竞争中占据优势地位,通过引入新产品、采用新生产方法、开辟新市场、获得原料的新来源、实行新的企业组织形式而获得超额利润的行为。本章界定了创新的基本内涵,分析了不同的市场结构与企业创新的关系、知识产权对企业创新的影响、创新环境与创新网络和空间集聚的关系。创新是现代企业与国家经济发展的重要因素。

第一节　企业创新的基本内涵

　　随着知识经济时代的到来,"创新"已成为当今社会的最强音。"创新"这一概念涵盖范围广、涉及领域多,既有涉及技术性变化的创新,如技术创新、产品创新、过程创新等;也有涉及非技术性变化的创新,如制度创新、政策创新、组织创新、管理创新、市场创新、观念创新等。可以说"创新"有着无限的空间。对当今中国而言,在"由大变强"的过程中,培养大批具有创新意识、创新精神和创新能力的创新型人才,已成为当今我国产业升级和经济增长方式改变的重要方式。因此,学习创新、了解创新、开展创新,不仅对我们的学习、生活、工作、发展具有广泛的现实意义,而且对实现中华民族伟大复兴也具有深远的历史意义。

一、创新的概念

(一)创新的定义

　　所谓创新,就是利用已存在的自然资源或社会要素创造新的矛盾共同体的人类行为,或者可以认为是对旧有的一切所进行的替代、覆盖。创新一词起源于拉丁语,它有三层含义:一是更新;二是创造新的东西;三是改变。创新是以新思维、新发明和新描述为特征的一种概念化过程。创新的本质是突破,创新的前提是进步。在现实社会中,创新多是模仿加改良。

在国内外传媒和有关书籍中,创新至今还是一个模糊不清的概念。究竟什么是创新?很多研究者都对创新进行了解读,其中具有代表性的定义有如下几种:

(1)创新是开发一种新事物的过程。这一过程从发现潜在的市场需求开始,经历新事物的技术可行性阶段的检验,到新事物的广泛应用为止。创新之所以被描述为一个创造性过程,是因为它产生了某种新的事物。

(2)创新是运用知识或相关信息创造和引进某种有用的新事物的过程。

(3)创新是对一个组织或相关环境的新变化的接受。

(4)创新是指新事物本身,具体来说就是指被相关使用部门认定的任何一种新的思想、新的实践或新的制造物。

(5)当代国际知识管理专家爱米顿对创新的定义是:新思想到行动(new idea to action)。

(二)创新的特性

创新是突破性的实践活动。它不是一般的重复劳动,更不是对原有内容的简单修补,而必须是突破性的发展、根本性的变革、综合性的创造。创新是继承中的升华,继承是创新的必要准备。归纳起来,创新具有以下几个方面的特性:

(1)目的性:任何创新活动都有一定的目的,这个特性贯穿于创新过程的始终。

(2)变革性:创新是对已有事物的改革和革新,是一种深刻的变革。

(3)新颖性:创新是对现有不合理事物的扬弃,革除过时的内容,确立新事物。

(4)超前性:创新以求新为灵魂,具有超前性。这种超前是从实际出发、实事求是的超前。

(5)价值性:创新成果具有明显、具体的价值时,就会对经济社会的发展具有一定的效益推动性。

总之,创新理论是近年来伴随知识经济发展而兴起的一门年轻的学科,其内涵十分丰富。创新理论不是仅仅从某个方面、某个领域、某种角度研究创新问题,而是从整体上研究创新问题,具有科学的结构和层次,是开放的理论体系。同时,它又是一门综合性极强的交叉学科,包括科学技术、哲学、心理学、思维科学、方法学、教育学、社会学等,彼此有着密切的联系,互相渗透。创新理论既吸收了其他学科的研究成果,反过来又推动了其他相关学科的发展。人们通过对创新现象的研究,揭示其规律和机制,提出创新理论,指导创新实践,提高创新的速度和效率,从而为人类造福。

二、创新的分类

由于创新涵盖众多领域,包括政治、军事、经济、社会、文化、科技等各个领域,因此,对创新的分类方式也不同。按创新性质的不同,可分为发现式创新和发明式创新等;按创新领域的不同,可分为科技创新、文化创新、艺术创新、商业创新等;按创新对象的不同,可分为知识创新和技术创新等;按创新模式的不同,可分为原始创新、集成创新、引进消化吸收再创新等。下面择要介绍两种常用的创新分类方式。

(一)按创新对象的不同分类

尽管对于创新活动的分类方式有很多,但目前主要是依据创新活动中创新对象的不同,把创新分为知识创新和技术创新等。

1. 知识创新

知识创新是指通过科学研究（包括基础研究和应用研究）获得新的基础科学和技术科学知识的过程。

知识创新的目的是追求新发现、探索新规律、创立新学说、创造新方法、积累新知识。知识创新是技术创新的基础，是新技术和新发明的源泉，是促进科技进步和经济增长的革命性力量。知识创新为人类认识世界、改造世界提供新理论和新方法，为人类文明进步和社会发展提供不竭动力。

2. 技术创新

技术创新是指企业应用创新的知识和新技术、新工艺，采用新的生产方式和经营管理模式，提高产品质量，开发生产新的产品，提供新的服务，占据市场并实现市场价值的过程。

企业是技术创新的主体。技术创新是发展高科技、实现产业化的重要前提。知识创新、技术创新作为人类创新活动的主要方面，互相之间存在着复杂的交互作用。而正是通过这种复杂的交互作用，人类社会经济发展和增长的重要动力源才得以形成。

（二）按创新模式的不同分类

自主创新是指通过拥有自主知识产权的、独特的核心技术实现新产品的价值的过程。自主创新包括原始创新、集成创新和引进消化吸收再创新。这是一种结合我国国情的分类方式。

1. 原始创新

原始创新是指创造新的知识并为其创造新的应用，是科技进步的先导和源泉。

原始创新意味着在研究开发方面，特别是在基础研究和高技术研究领域取得独有的发现或发明。原始创新是最根本的创新，是最能体现智慧的创新，是一个民族对人类文明进步作出贡献的重要体现。也有观点认为，原始创新是指"元创新"（meta-innovation），即一种观念上的根本性创新，由元创新带出其他科技创新。

原始创新成果通常具备三大特征：

一是首创性，即前所未有、与众不同。

二是突破性，即在原理、技术、方法等某个或多个方面实现重大变革。

三是带动性，即在对科技自身发展产生重大牵引作用的同时，对经济结构和产业形态带来重大变革，在微观层面上将引发企业竞争态势的变化，在宏观层面上则有可能导致社会财富的重新分配、竞争格局的重新形成。

原始创新与基础研究存在着密切关系，对基础研究的重视与投入是产生重大原始创新的保障。就美国的经验来看，美国政府对基础研究进行长期、稳定的支持是维持美国科技与经济竞争力的根本。当今的美国基础雄厚，经济发达，是推进原始创新的先锋。

2. 集成创新

集成创新是指在特定的系统内集成相关的成熟技术和创新成果，整合为新的系统以实现创新。

"集成"在《现代汉语词典》中解释为集大成,意思是集中某类事物的各个方面,达到相当完备的程度。集成的英文单词为 integration,其意为融合、综合、成为整体、一体化。我国学者张正义、吴林海认为,集成不是简单的连入、堆积、混合、叠加、汇聚、捆绑和包装,而是将各种创新要素通过创造性的融合,使各项创新要素之间互补匹配,从而使创新系统的整体功能发生质的跃变,形成独特的创新能力和竞争优势。

集成创新的主体是企业。现代企业的集成创新以提高企业持续的整体竞争力为目标,将创新过程与创新资源创造性地集成与协同,在主动寻求最佳匹配要素的优化组合中产生"1+1>2"的集成效应。对于原始性技术创新与重大发明专利都较稀缺的我国及我国企业来说,集成创新显得尤为重要,有可能成为技术跨越的突破口。

集成创新通常具有以下特征:

(1)用户至上的思想,强调用户在创新活动中的参与和互动。

(2)创新内容的多元化,要求不同类型的创新资源和能力相互激发和协同作用,在本质上是创新要素的交叉和融合。

(3)创新主体的多元化及其能动性,要求各创新主体能积极思考、有效沟通和协作创新,创造协同效应。

(4)创新过程与组织的网络化,要求建立企业与企业间的网络联系,采取合作的形式整合资源,实现企业间的优势互补,达到降低风险的目的。

集成创新已成为新经济时代对企业发展提出的客观要求,是当今社会发展的主旋律,也是后进赶超先进的有效创新方式。例如 20 世纪 70 年代初,日本大规模集成电路产业整体上落后美国达 10 年以上,而计算机产业的竞争主要体现在 VLSI(超大规模集成电路)的研制上。日本的五大计算机生产企业(日立、富士通、三菱、日本电气和东芝)在研制 VLSI 的 6 项关键技术(微细加工技术、晶片技术、设计技术、工艺技术、检测技术和关键设备制造技术)上各有优势,但都无力独自完成这项艰巨的任务。于是,他们联合起来,历时 4 年对 6 项关键技术实施集成创新。1983 年,日本半导体存储器产品的世界市场占有率已与美国持平,到 1988 年,日本半导体存储器产品在世界市场的占有率达到了 85%,把美国远远地抛到了后面。

3. 引进消化吸收再创新

引进消化吸收再创新是指引进、消化、吸收他人的创新,在此基础上突破引进的科学与技术成果,形成具有自主知识产权的新技术。

发展中国家通过向发达国家直接引进先进技术,尤其是通过利用外商直接投资或跨国并购方式获得国外先进技术,经过消化、吸收实现自主创新,不仅大大缩短了创新时间,而且降低了创新风险和成本。其实施过程主要有"技术引进""工艺技术的消化、吸收与创新"及"产品创新"等三个阶段。

(1)在技术引进阶段,通过"安装中学""试用中学"和"干中学"等适应性学习方式,尽快掌握引进的技术,并对企业的结构、规章、制度等进行相应的调整,使企业迅速形成仿制和生产能力。

（2）在工艺技术的消化、吸收与创新阶段,通过对引进工艺的消化、吸收,掌握其原理,揭示其奥秘,全力分析其优点和不足,结合企业本身的核心工艺技术进行工艺创新,使创新产品在性能及价格上均能优于引进产品。

（3）在产品创新阶段,对产品的技术性能、经济性和顾客满意度等方面进行综合比较,并与企业产品的技术优势融合,开发出技术含量更高、市场前景更好的新产品。掌握产品的功能、结构、工作原理和设计方法,并进行系统的集成和整合,使之系列化、模块化、集群化,迅速扩大产品的市场份额。

这里需要强调的是,引进、消化、吸收之后,一定要进行"再创新",这是提高我国自主创新能力的重要捷径。例如,联想集团通过跨国并购、实现国际化、打造世界品牌、提高研发和管理能力等,形成了一种技术引进消化吸收再创新的新模式。其主要表现为:① 联想敢为天下先,通过跨国兼并,建立全球研发体系,加强资源整合,完成了从土生土长的中国品牌到全球知名的世界品牌,从一个只会管理中国市场的企业到全球运营的跨国公司的转变,在跨国并购中,以小博大,实现产业链的完整收购,打造了国际化的快速通道;② 在消化、吸收中,整合全球资源,维持人员稳定,建立了全球研发体系;③ 在发展创新中,整合全球营销网络,加强管理创新,打造了世界品牌。

三、创新与社会发展

创新是人类特有的认识能力和实践能力,是人类主观能动性的高级表现形式,是推动民族进步和社会发展的不竭动力。可以这样说,人类社会从低级到高级、从简单到复杂、从原始到现代的进化历程,就是一个不断创新的过程。不同民族发展的速度有快有慢,发展的阶段有先有后,发展的水平有高有低,究其原因,民族创新能力的大小是一个主要因素。

（一）创新是人类社会发展的原动力

回顾人类文明进步的历史可以得出这样的结论:创新是社会发展的原动力。其主要表现如下。

1. 创新促进人类发生思想观念更新

创新作为人类的创造性活动,必然会产生不同于传统观念的新认识,这些新认识只有突破旧的思想观念的束缚,才能带来思想观念的更新和解放,进而为社会发展扫除思想障碍。

例如,在科学史上,"日心说"取代"地心说"的创新活动就发挥了这一方面的作用。地心说认为,地球处于宇宙的中心不动,太阳、月球及其他行星和恒星都绕地球转动。这种学说在 16 世纪以前一直在天文学界占统治地位,并长期被教会利用,来说明地球是上帝存在的地方。而日心说则认为,太阳处于宇宙的中心,地球只是一颗普通的行星,它和其他行星一样,都围绕着太阳转动。由于受到时代的局限,哥白尼只是把太阳系中心的太阳看成整个宇宙的中心。虽然这也是不正确的,但在当时,日心说推翻了地心说一千多年的统治,给神权以沉重的打击,引发了人们宇宙观上的革命。这为近代自然科学的发展扫除了思想障碍,从而为人类社会的发展和进步奠定了自然科学基础。

2. 创新促使社会发生革命性变革

由于创新是一种抛弃旧的、创造新的活动,因此它能够使事物产生质的飞跃,形成一种新的事物。在社会领域,创新则能促进社会发生革命性的变革。

例如,18世纪中期开始的"产业革命",用资本主义机器大工业代替工场手工业的创新过程就是这样。产业革命于18世纪首先在当时资本主义最发达的英国诞生,从棉纺织业开始逐步发展到采掘业、冶金业、机器制造业、运输业等。18世纪80年代,由于蒸汽机的发明和使用,英国的产业革命得到了进一步的发展,到19世纪30年代末基本完成。美国、法国、德国、日本等国家也在19世纪先后完成了产业革命。这种产业革命,既是生产技术的巨大革命,也是生产关系的深刻变革。它促进了资本主义生产力的迅速发展,提高了生产的社会化程度,使资本主义制度建立在机器大工业的物质基础上,并最终战胜封建制度而居于统治地位。这样,产业革命的创新就使社会形态发生了革命性变革,使资本主义社会这一新的社会制度得以确立。

3. 创新引领社会发展产生新的飞跃

创新作为一种开拓性的创造活动,并不是原有事物的简单重复,一旦创新成功,就可以促使事物产生超常规的飞跃式发展。在社会领域,则会使社会发展产生新的飞跃。

例如,英国的瓦特发明了蒸汽机,引发了第一次工业革命,改变了人类以人力、畜力、水力作为动力的历史,使人类进入蒸汽机时代。丹麦人奥斯特于1820年发现电磁效应,英国科学家法拉第于1831年提出电磁感应定律,从此电磁感应现象被广泛应用于电工技术、电子技术以及电磁测量等方面,并制造出了发电机、电动机和变压器等,使人类社会迈入电气化时代。同时被誉为"光明之父""发明大王"的爱迪生,一生共有约2 000项创造发明,电灯、电话、电报、留声机等的发明都是他为人类文明和进步作出的巨大贡献,是他将人类带入了电器时代。集创新者、企业家、推销员于一身的比尔·盖茨,在个人计算机和商业计算机软件、服务和互联网技术方面都是全球范围内的领导者,他为推动人类进入电脑时代作出了突出贡献。

4. 创新引领社会产生综合性发展

创新并不是单个人的孤立行为,而是有机联系的各个领域、各个方面协调发展的创造性活动。因此,它会引领社会各方面产生综合性发展。

例如,我国经济体制改革的目标是要建立社会主义市场经济体制。这一目标的确立,既是对传统的计划经济体制的改革,又是对建立在生产资料私有制基础上的资本主义市场经济体制的扬弃。因此,这是我们党在改革开放过程中,领导全国人民进行的一项伟大的创新实践。这种创新,就不只是局限于经济领域的改革,而是需要经济、政治、文化、教育、科技等各方面的体制都相互协调地进行改革才能实现。如在政治体制方面,随着市场经济的发展,原有的国有企业都要建立起现代企业制度,成为市场上自主经营、自负盈亏的市场主体。这就要求政府对企业的管理方式必须创新,由计划经济条件下的直接管理转变为市场经济条件下的以间接管理为主,从而使政治体制改革与经济体制改革协调发展。所以,建立社会主义市场经济体制的这一创新,使我国社会生活的各个方面都发生了变革,呈现出整个社会的综合性发展。

(二)创新是影响国家兴衰的关键因素

任何一个时代,任何一个国家和民族都需要创新。没有创新时代就不能进步,民族就不能发展。美国著名经济学家熊彼特认为,资本主义经济的最本质特征就是创新,资本主义不断突破自身的各种局限性和经常发生的经济危机,其最主要的原因就是资本主义经济的自发创新机制。

美国在 19 世纪一跃成为世界经济强国,就有赖于它的科技创新。美国是一个移民国家,很多公民来自欧洲大陆,1776 年 7 月 4 日宣布成立美利坚合众国以后,在生产技术方面的创新主要还是照搬欧洲技术。美国的创新始于伊莱·惠特尼(Eli Whitney)发明轧棉机。1793年,伊莱·惠特尼根据美国棉籽的特点,吸收欧洲经验发明了轧棉机,顺利地解决了美国棉籽和棉花的分离难题。这一发明使美国在清除棉籽方面的效率提高了 1 000 倍,迅速超过了印度,成为当时最大的棉花出口国。美国利用出口棉花的外汇收入购买技术和工业品,产生了良性循环。在 1860—1884 年间,美国进行了产业革命,依靠引进英国的资金和技术,一跃成为世界科技中心。到 1890 年,美国就已成为一个经济大国。在整个发展过程中,伊莱·惠特尼发明轧棉机的技术创新是美国实现飞跃式发展的一个重要契机,也显示了技术创新对于社会发展的推动作用。

创新是日本产业崛起的根本。如 1950—1980 年,日本总计引进 36 000 余项技术,其引进项目之多、范围之广超过当时的任何国家。日本技术的 95% 是引进的,只有 5% 是自主开发的。1963 年日本企业 R&D(研究和开发)费用的 20% 专门用于消化国外技术;1957—1961 年,日本钢铁工业每投资 1 美元从国外引进新技术,在国内就要相应投资 2 至 3 美元作为吸收、消化、研究和改进的费用。日本钢铁工业在战后 20 年从国外共引进 2 000 余项技术,在采用反求工程和剖析的方法进行仿制的基础上进行二次创新,使其技术水平超过了引进国,促进了日本钢铁产业的发展,迅速成长为世界钢铁大国。

创新还使贫穷落后的韩国经济实现奇迹般的腾飞。韩国自然资源匮乏,战争使韩国经济遭到严重破坏,1960 年人均 GDP(国内生产总值)只有 80 美元。从 20 世纪 60 年代初期起,韩国从发达国家(主要是美国、日本)引进大量技术,包括购置先进设备和开展技术许可贸易。在引进技术的基础上进行模仿创新,提出"技术-引拼-工艺创新"战略,使得韩国许多产业在国际市场上崭露头角。从 20 世纪 60 年代初期开始,韩国年人均 GDP 以超过 9%的速度增长,到 20 世纪 80 年代末期,韩国已跃升为世界工业强国,充分显示出创新的巨大威力和效率。

美国著名咨询机构兰德公司的研究表明:一个国家在政治上要独立,首先必须经济独立;经济要独立,必须技术上能够独立;技术上要独立,必须通过自主创新,拥有自己的核心技术,否则就要受制于人。

第二节 市场结构与企业创新

市场结构与企业创新的关系问题一直是产业组织理论研究的基本问题,创新和市场结构关系的理论一直在不断发展中。对市场结构与创新的关系目前比较一致的看法认为,市场结构中市场垄断度、产品差异程度、企业规模、进入与退出障碍等多因素的作用,必然导致市场结构与创新的关系不可能是一个确定的相关关系,两者可能是正相关的,也可能是负相关的。结合到我国的实际,我国目前市场结构的性质是多数产业的高度分散和另外一些产业的行政性垄断并存。一方面,一些产业的过度竞争造成了产业结构的高度分散,使得产业内企业利润微薄,影响了企业的创新实力,需要采取措施来提高产业的集中度;另一方面,行政性垄断的存在又使得垄断企业缺乏竞争压力,造成企业创新意识和动力不足,阻碍了企业的创新和发展,因此迫切需要在行政性垄断的行业引入竞争机制以促进企业创新。

一、垄断性市场结构对创新的影响

垄断市场是指整个行业中只有唯一的一个厂商的市场组织。具体地说,垄断市场的条件主要有这样三个:市场上只有唯一的一个厂商生产和销售商品;该厂商生产和销售的商品没有任何相近的替代品;其他任何厂商进入该行业都极为困难或不可能。

首先,垄断降低了企业技术进步的动力。在完全垄断的市场结构下,新企业受到了诸多进入壁垒的限制,因而进入该行业已几乎不可能,如电力行业。技术创新源于外在与内在两方面,是两方面合力的结果。一方面,从企业内部分析,创新是一种信念,一种长久积累的文化积淀。垄断企业不需要创新就能获得超额利润,而技术创新需要投入大量的人力与财力,成本很高,缺乏促使员工迸发出创新的激情与活力的内在动力。另一方面,外部存在竞争压力。波特五力模型确定了竞争的五力来源,即新进入者威胁、替代品威胁、买方的讨价还价能力、卖方的讨价还价能力、现有竞争者的竞争能力。在完全垄断的市场结构下,企业缺乏技术创新的外在压力,也就少了一股创新的动力。

垄断企业就没有技术创新吗?答案当然是否定的。如电力行业,在和谐社会、低碳环保的理念之下,国家大力发展无污染的替代能源,如风能,水力发电等,所以垄断企业并非没有技术创新,只是受到了市场结构的约束与限制,垄断企业内并不能最大程度地激发创新。

二、完全竞争对创新行为的影响

完全竞争市场是一个理想化的市场,现实中几乎不存在。市场中的每一个买方和卖方都是市场价格的被动接受者。而且,他们中的任何一个成员既不会也没有必要去改变市场价格;每个厂商生产的产品都是完全相同的,毫无自身的特点;所有的资源都可以完全自由流动。市场上的信息是完全的,任何一个交易者都不具备信息优势。由于消费者都是相同的,彼此间意识不到竞争,因此在这种市场下,任何企业都不能形成对市场的垄断,企业缺乏维持技术创新持久收益的垄断优势,新技术很容易被模仿,人们都想做成本低、风险小的模仿者,不愿做成本高风险大的创新者,从而不利于技术创新。

三、寡头垄断竞争市场结构对创新行为的影响

在寡头垄断市场下,少数几家大企业控制了本行业绝大部分产品的供给,它们各自占有的市场份额相对稳定,产品之间差别很小或没有差别,但仍存在替代竞争。马静玉在《对在技术创新与市场结构关系上几个问题的再明晰》中认为,寡头垄断有利于激发寡头垄断者的技术创新。那些寡头垄断或为了扩大垄断势力,或唯恐自己的产品落后,失去垄断地位,都必须加强新技术的研究和开发,加强发展战略的调整,或立即将新技术转化为产品推向市场,或将新技术作为储备,在适当时机将新产品推向市场,从而引起技术创新。

对于许多寡头垄断的企业来说,当某一业务达到较高市场份额或至垄断地位时,会因为缺乏竞争而丧失创新的外在动力,进而被许多有实力的企业在某些业务上不断蚕食。最好的例子便是网络浏览器市场,微软凭借 Windows 操作系统在浏览器领域占据垄断地位,但最终因缺乏创新遭到 Chrome 与 Firefox 的挑战。因此,在寡头垄断市场结构下,前期,寡头因为垄断地位而放松创新的步伐,有利于那些弱势的企业依靠技术创新进入细分市场;后期,逐渐失去垄断地位的寡头会加大投入,从而有利于促进市场的竞争与技术创新。

在垄断竞争市场下,同一产品行业存在着较多的生产企业,企业的产品存在着差别,替代竞争激烈,企业虽存在着一定程度的垄断,但都还不能处于垄断市场价格和产量的地位,企业进入或退出本行业比较容易,处于本行业中的任何企业及新成立的企业或转产企业都存在占据竞争优势,或成为垄断者的可能。在这种市场结构下,企业既存在由垄断引起的技术创新的内在动力,又存在由替代竞争引起的技术创新的外在压力,因此,这种市场结构更容易引起技术创新。

同样地,有利润也会使更多的企业进入这一领域。许多市场结构并非不变,有进入就会有竞争形式的改变,进而对创新行为产生影响。尽管许多规模效应大、实力强的企业有能力进行大规模的 R&D 项目。但它们同样缺少引进新产品的动力,会满足于现有的生产经营活动所带来的利润水平。而当它们感到高枕无忧时,就会有新的企业进入并发展起来。比如中国的家电行业。

当然,在垄断竞争与寡头垄断之间有着微妙的联系,市场结构并非永恒不变。在寡头下,处于垄断地位的企业会不择手段地维护自己的霸主地位,而处于弱势与被动地位的企业希望通过技术创新、差异化战略等,从细小的市场中开辟出一片天地,打破寡头的垄断,那么,市场便存在着寡头垄断走向垄断竞争的可能。进而促使企业技术的不断创新与竞争的不断加剧。同样地,两者在对创新行为的影响上也存在着差异。寡头垄断市场下,替代竞争主要发生在寡头垄断者之间,处于本行业中的中小企业,因规模小,资金和技术力量相对薄弱,一般无法与垄断大企业进行竞争,市场的进入门槛很高。而且,垄断企业之间还会采取价格垄断等行为扼杀新的竞争者,使其他企业的进入困难极大。这样,市场竞争就主要取决于寡头垄断者之间的竞争,一旦寡头垄断者形成某种默契或现有产品尚有高额利润的前景存在就

会阻碍技术创新。因此,在寡头垄断市场下,技术创新要受到前期创新产品维持高额收益时间的长短及寡头垄断者之间相互制约等因素的限制。与垄断竞争市场相比,技术创新发生的频繁程度要低得多。而在垄断竞争的市场下,替代竞争发生在许多企业之间,几乎任何企业都存在着占据竞争优势,形成垄断的可能,替代竞争异常激烈。同时,企业由于垄断程度不高,维持技术创新收益的时间相对较短,产品更新换代快,企业不断进行技术创新的迫切程度更高。因此,在这种市场结构下,技术创新发生得会更频繁,更活跃。

综上所述,寡头垄断和垄断竞争的市场结构最有利于企业技术创新。寡头垄断市场结构下开辟市场前景更广阔,而垄断竞争的市场结构下技术创新更活跃。对于技术创新与市场结构之间的关系,我们可以从中得出以下启示:应鼓励企业的自主创新;完善法律法规,加强知识产权的保护;建设服务型政府,减少行政干预,形成真正的市场经济体系;营造一个支持创新、激励创新、保护创新的社会环境。

第三节　知识产权制度与企业创新

创新是一个企业、一个民族乃至一个国家的灵魂,是持续发展的不竭动力。技术创新是企业按照市场需求将发明转化为商品并首次实现其商业价值的动态过程,它是企业提高经济效益、增强市场竞争力的内在源泉。但企业的技术创新过程涉及的因素很多,除技术因素以外,还与专利技术、商业秘密、商标等知识产权联系紧密。知识产权保护是技术创新的前提和根本保证,没有知识产权保护就没有创新,因为没有保护就失去了创新的利润,也就失去创新的动力。知识产权制度正逐步成为知识经济运行的基本要素和重要保证,成为推动和保护技术创新的法律制度和有效机制。

一、知识产权制度对技术创新的促进作用

(一)知识产权制度是技术创新最有效的动力

科技、经济发展史和各国的经验都表明,知识产权制度正是一种通行的有效的激励机制。它利用法律和经济的手段,通过国家法律的形式,使发明人在一定期限内对其技术创新成果享有专用权,他人未经专利权人许可不得使用该发明,从而使发明者能够通过自己使用或允许他人使用来回收发明的投入,并在技术创新市场化之后进一步获得超额价值。这就如同"给天才之火添加利益之油"。这些激励机制从根本上调动了科技人员从事发明创造的积极性,成为技术创新的有效动力。

(二)知识产权制度是技术创新的法律保障

知识产权制度既是构成市场经济秩序的重要内容,又是市场经济秩序的重要法律保障。各国的专利法都对专利的申请,授予专利权的条件,专利申请的审查和批准,专利权的保护期限、终止原因和无效宣告的流程,专利的实施与许可等作了具体而详细的规定。这些规定

为技术创新营造了一个良好的公平竞争的法律环境。同时,对于违反知识产权法的行为,各国政府都通过行政的或司法的方式予以惩处。

(三)知识产权制度确立了技术创新活动的运行规则

知识产权制度的本质是鼓励建立在技术创新基础上的公平竞争,它通过专利法、商标法、著作权法、反不正当竞争法等建立了公平竞争的规则。这些规则犹如体育比赛的规则,是所有参加竞赛的人都必须遵守的。只有依靠知识产权制度去规范经济市场,鼓励、支持和保护正当的竞争,反对不正当的竞争行为,才能有效地建立公平、合理的市场竞争秩序。

(四)知识产权制度有助于加速技术创新的步伐

知识产权制度不仅为技术创新提供了强大的动力和有效的法律保证,同时也为合理配置技术创新资源,正确选择技术创新的方向和途径提供了科学的依据,从而加快了技术创新的步伐。技术创新人员可以通过专利检索,选择正确的技术创新方向和途径,有效地配置技术创新资源,提高技术创新的起点和水平,避免人力、财力、物力的浪费,从而站在"巨人"的肩膀上在最短的时间内发展最新的技术和产品。

(五)知识产权制度推动技术创新的产业化

知识产权制度规定了发明专利权人有长达20年的保护期限,在此期限内排除非法竞争,使得专利技术的实施比实施其他技术更为有利,专利发明人可以自己开办公司,或者带着自己的专利走向工矿企业,有偿转让他人使用自己的专利技术,这样逐渐形成了一批以专利技术为支柱的新兴产业。

二、企业技术创新中存在的知识产权问题

(一)企业知识产权保护意识淡薄

我国不少企业对保护知识产权的重要性缺乏足够的认识,一方面不注重自身智力成果的保护,企业在技术创新的初始、实施、应用阶段无完整保护知识产权的良好措施,大量的科技成果因没有及时申请专利保护而使知识产权流失;另一方面则表现为不尊重他人的知识产权,以至知识产权纠纷时有发生,有恶意的明知故犯,但更多的是因无知酿成的后果。

(二)创新能力不足,自主知识产权缺乏

多年来,一些企业在技术上一直依赖进口,实施"买进"战略,结果是"引进—落后—再引进—再落后",缺乏在消化、吸收基础上的创新能力。企业的专利申请主要是科技含量较低的实用新型专利和外观设计专利,发明专利中相当一部分创新性不强,质量不高,授权比例较低,原发性创新成果缺乏。

(三)知识产权保护力度不足

企业知识产权的保护力度不足,包括对知识产权保护机构的设置、对知识产权保护工作的投入。目前,国内许多企业对于知识产权的保护和管理处于松散状况,知识产权管理无制度、无机构、无经费的现象严重,知识产权管理不能有效地贯穿于企业科研、生产、经营的全

过程,更谈不上灵活地运用知识产权战略来促进企业的发展。

(四)企业技术创新与知识产权保护的不同步性

我国知识产权保护制度发展迅速,立法速度快,保护水平高,已得到世界公认。但是,企业在进行技术创新时,新技术、新知识会不断涌现,知识产权的新类别也相继出现,这就要求现代知识产权的保护范围日益多元化。然而,知识产权法律超前发展,与我国企业技术力量、经济实力不相适应,大量技术创新成果不符合知识产权保护的要求。

三、完善知识产权制度,促进企业技术创新

(一)增强企业知识产权保护意识

我们要加强对知识产权保护的宣传,加强对企业管理人员和科技人员的知识产权培训,增强其知识产权保护意识。企业可结合自身的实际情况,在内部开设知识产权及相关法律课程,对员工进行定期或不定期的培训,使其尽快熟悉和掌握专利法、商标法等知识产权法律,树立产权意识,懂得如何运用知识产权制度维护企业的合法权益。

(二)努力获取企业自主知识产权

企业为了获取自主知识产权,必须依靠自己的力量,最大限度地利用本单位的物质条件、技术资源和人力资源,提高创新质量和创新效率,使创新成果符合有关规定。现代社会的竞争就是人才的竞争,自主知识产权的获取更不能离开人才。不充分重视人才,不调动科技人员的积极性,就不可能进行技术创新。知识产权把智力创造成果和商业标志转化为商品,并确定了如何分配利益的标准。从性质上讲,知识产权是一种私权,一种财产权利。因此,企业要想获得更多的自主知识产权,就必须利用知识产权机制,奖励技术创新人才。

(三)鼓励企业建立知识产权管理机构

现代企业最主要的资产已非厂房和设备,而是研究开发成果以及知名的商标、商誉等知识财产。它们是企业获得高额利润的源泉,是企业在竞争中成败的关键。这就要求企业必须有一个科学的管理机构,负责知识产权管理工作,制定企业知识产权策略,监督制度的实施,保证企业知识产权工作落到实处。企业知识产权管理机构的设置须与企业产业特点及企业规模相协调,如大型企业宜采取集权式管理模式、中型企业宜采取网络式管理模式、小型高新技术企业宜采取点面结合的模式。

(四)鼓励企业引进知识产权专业人才

知识产权管理是一项专业性很强的业务,高新技术企业应根据其规模、经营性质等,设立专门的知识产权管理机构,引进知识产权专业人才为企业管理知识产权事务。知识产权专业人才可以为高新技术企业建立网络化的知识产权信息系统,收集、整理、研究和利用知识产权情报信息,监视与企业有关的国内外专利申请动向;在产品研发、生产、销售的各个阶段进行全面的知识产权检索和检验,以防止盲目开发,避免侵犯他人的知识产权。

（五）制定切实可行的知识产权战略

知识产权战略是运用知识产权制度和知识产权资源，为获取竞争优势而进行的总体性谋划。实施知识产权战略是促进科技创新活动，形成自主知识产权的战略支撑。我国在实施知识产权战略方面应注意考虑以下几个方面：加强宣传教育工作，培养高素质知识产权人才；加快建设和完善知识产权法律体系；积极推进企事业单位建立和完善知识产权管理制度；大力促进具有自主知识产权技术的产业化；建立实时高效的知识产权预警应急机制；积极争取对我国经济发展最有利的国际知识产权环境；加强知识产权中介服务体系的建设。

第四节 创新环境、创新网络和空间集聚

一、空间集聚的出现

美国风险资本在以硅谷为代表的少数地区集聚，落地生根，与当地高新技术企业相互需求、相互促进，这本身说明集聚（agglomeration）能够为产业资本和金融资本带来利益。

事实上，集聚并不是一个新概念。自 19 世纪后，就出现了由工业化革命所带来的工业迅速发展以及企业为追求低成本等因素发生的空间集聚，集聚问题包括集聚原因、集聚类型、集聚效益、集聚与扩散等逐渐被区域研究学者所关注，成为区域研究的重要问题之一。在研究中，集聚、集群（cluster）、邻近性（proximity）常被一起使用，表达相同或相近的含义，表示集中或接近。近年来，学者们注意到在一些快速发展的集聚区（如产业集群），集聚的目的和集聚的作用与以往不同，这时的集聚更多地与区域内的知识学习、互动创新有关，与当前以知识为基础的经济有关，由此他们将集聚经济分为静态集聚经济和动态集聚经济，将近年来与创新活动密切联系的集聚经济称为动态集聚经济。动态集聚经济与静态集聚经济的最大区别在于，前者以降低区域学习过程的交易成本为主，而后者以降低物质成本为主。

近年来对空间集聚的研究主要集中在其对区域内互动学习以创造、获得、应用和扩散知识的影响，减少学习过程的交易成本，建立区域社会网络，赢得企业和区域竞争优势的重要性方面。如著名经济地理学家迈克尔·斯多波（Michael Storper）认为，企业集中分布的、具有较高专业化水平的集群具有较强的"关系资产"和"非贸易的相互依存"关系（如隐性知识所需的面对面交流），便于形成各政府、企业和其他组织之间相互合作与协调的机制。学者们也已证明，正规与非正规知识（类似于显性知识与隐性知识）对形成经济竞争力的作用不同，空间集聚在提供包括隐性知识在内的"非正规资产"（informally-constituted assets）中有独特意义。此外，学者们还探讨了集聚条件以及企业和 R&D 机构的关系等问题。如美国学者艾伦·J. 斯科特（Allen J. Scott）对空间集聚的条件，以及小企业同 R&D 机构建立联系的动机等进行了研究。

许多实践也已证明，创新过程运行最好的地区，是那些参与创新的主体集中分布、紧密联系且便于交流的地区，而拥有共同知识结构的区域或组织，比其他地区更能保持持久的创

新能力。

空间集聚的作用或效益表现在如下几个方面：

（一）企业空间集聚为学习型经济提供了便利

由于对知识的学习是创新的源泉，而德卡斯特罗和詹森·巴特勒（de Castro and Jensen Bulter）1993年提出知识是基于高水平的个体技术能力、集体技术文化和发展良好的制度架构，它们具有地理上的高度不可流动性。因此，豪威尔斯（Howells）1996年提出地理距离、可达性、集聚和外部性对经济流具有强大的影响，学习和创新及其互动经常在区域内出现。这样，知识的产生和对知识的学习都具有地方性的特征，不仅基于地方的文化和技术传统的隐性知识具有明显的地方性特征，同时对显性知识的学习也受制于地方特定环境，而空间集聚便利了信息的传递和企业的相互学习，从而为区域创新提供空间基础。

（二）空间集聚能提供创新气氛和增强互动创新

同类或不同类的企业的空间集聚，有利于建立企业间各种正式非正式的、定期非定期的、有关技术、供求等方面的各种联系，也有利于建立上下游企业之间、经销商与生产商之间、R&D机构与企业之间、政府与企业及其他组织之间各种有关技术、管理、经营等方面的关系网络，区域内各种主体之间的互动关系能有效地促进创新活动的开展，促进企业间的技术交流、共享和扩散，提高企业对技术的创新能力和适应能力，从而促进产业和区域创新能力的提高，以及区域创新环境、创新网络的形成和完善，而这又是积累创新优势、实现进一步创新的基础。正如美国加州大学伯克利分校社会学和城市与区域规划系荣誉教授曼纽尔·卡斯特尔（Manuel Castells）认为的，"空间的邻近性是这种氛围存在的必要物质条件，而这是源于创新过程中互动的性质。界定创新氛围之特殊性的是其产生'合能'（synergy）效果的能力，这种附加值并非来自氛围中所呈现之元素的累积效果，而是来自这些元素的互动。创新氛围是信息时代工业生产过程中创新与产生附加值的根本源泉"。

（三）空间集聚成为提高竞争力政策的依据

创新理论重视互动学习，互动学习综合了马歇尔式集聚经济、隐性和显性知识的相互作用，以及非贸易的相互依赖，它是在全球经济中社会化形成的区域比较优势的基础。目前，发达国家的竞争力政策的基点是认为竞争力应建立在创新和差异化战略上，该战略以产业区和空间集聚体中的地方化学习为基础，以系统地促进地方化学习过程，保证创新力和竞争力为目标。

动态的集聚经济具有明显的产业和区域效果，即提高企业和产业的技术创新能力和对技术的适应力，促进区域专业化部门和优势产业的形成与提升，特别是有利于区域创新网络的形成和巩固，促进互动创新模式的实现，提高区域创新能力。

二、集聚的条件——创新环境和创新网络

首先要解释创新环境和创新网络概念提出的背景，然后要解释为什么创新环境和创新网络是集聚的条件。

（一）创新环境和创新网络概念的提出

创新环境和创新网络概念的提出有两个基本背景：一是最近 20 余年的实践表明，创新是区域经济发展的动力，而学者们则是从研究那些具有较高增长率和发展能力的地区（如意大利、法国等国家中小企业的产业集群），注意到区域创新的发生条件问题，并将其定义为创新环境；二是学者们在对区域发展的研究中，逐渐以更加综合、动态的角度理解区域创新，认为它是一个区域性、社会性的互动过程，是一个经济—社会—技术过程，在这个过程中，非物质性、不可贸易的那些区位因素比那些物质性的区位因素更具意义，区域社会网络对区域创新的作用也更加重要，并由此引发了区域研究的文化转向、关系转向和制度转向，在这一学术转向过程中，制度学派、演化学派、马克思主义学派的学者们作出了突出贡献。

（二）为什么创新环境和创新网络是集聚的条件

更确切地说，创新环境、创新网络与空间集聚具有互动关系。创新环境越好，企业网络质量越高，就越有利于空间集聚的规模和效益，而空间集聚也有利于改善区域创新环境、巩固和扩大创新网络。

1. 创新环境

（1）创新环境的提出。

20 世纪 80 年代中期，法国的欧洲区域创新环境研究组（GREMI）对欧洲一些地区和美国硅谷进行了研究，探讨了区域内生增长问题，被认为是关于区域创新研究的开创性工作。GREMI 对区域创新研究的重要贡献之一是提出了创新环境的概念，它将人力资本、地方经营文化、教育体系、基础设施、生产要素和体系的质量等都置于创新环境之中。不过 GREMI 所提出的创新环境指的还不是区域创新条件的支持性条件，而是区域创新的空间模式，与产业区和地方生产体系的概念相近。

（2）创新环境的含义。

目前一般认为的创新环境是指有利于创新的区域条件，是区域内一组有利于创新的、实物与非实物因素的集合，是指区域已有的能力和发挥创新网络的潜力，它包括多种成分，但比较侧重于制度角度，既包括社会制度、法律体系、社会心理、社会习俗、经营文化、社会网络等软性因素，也包括基础设施、劳动力、技术与经济存量等硬性因素。大体可分为包括物质技术设施和信息基础设施在内的基础设施环境，包括制度、历史传统、社会氛围、经营文化在内的制度环境，包括人力资本、资金、技术在内的资源环境三个方面。

（3）创新环境的作用。

一是长期发展的基础和区域吸引力的决定因素。近年来区域发展的实践表明，能够长期发展的区域是那些能够吸引创新型企业的区域，而区域吸引力在于其创新环境的质量。

二是企业空间集聚的条件。对企业的吸引力越大，企业就越乐于在此布局，从而形成一定规模的空间集聚，而当集聚效应为正的时候，在路径依赖的作用下，空间集聚的质量和规模都会不断提高和扩大，产业集群是典型代表。

2. 创新网络

（1）创新网络的概念和特征。

创新网络侧重于那些区域内参与创新活动的各主体之间的关系，是区域内政府、企业、R&D机构、金融机构、协会、个人等为实现互动学习和创新活动、并在互动学习和创新过程中形成的正式与非正式的关系的总和，因此创新网络是一种旨在促进学习和创新、减少快速市场变化和技术变化所造成的不稳定性和企业风险所结成的社会网络。

创新网络具有开放性、高弹性、平等性等特征，由于企业在网络中能获得各种信息来源，比具有垂直关联的企业更能提供广阔的互动学习的界面，因此从这个意义上说，区域创新网络既是由网络成员构成的关系总体，又是各成员广泛参与的互动学习的平台。

创新网络同样以成员间的信任关系为基础，网络的稳定性取决于成员间的相互信任、依存感、信誉和规则，即彼此的价值和心理的认同，具体表现在成员间的相互交流、对合作者整体的信任感、对合作者信誉的确信、对开放和学习要求的理解、包容而非排他的个性、赋权式（empower）而非精英式的政治特征、共同的习俗及规则等七个方面。

（2）创新网络的意义。

首先，创新网络最重要的是有利于企业和其他主体间的互动学习、合作和创新。这主要是由于创新网络重组了网络内企业和不同组织的关系，降低了学习和创新过程中的交易成本，因此便于以各种正式非正式的形式相互学习，创造、共享和扩散知识与技术，促进创新活动的开展。

其次，创新成员之间的信任关系有助于建立和发展在知识、技术、生产、销售等方面的密切的合作关系，形成区域内外各种企业间、产业间的分工协作关系，建立区域内外的生产和交换网络，从而使企业和产业获得稳定发展的可能。

最后，网络成员的紧密联系和互动学习，能使企业更好地应对技术和市场的快速变化，并巩固企业之间、企业与R&D机构之间相互依存、相互合作的关系，减少不确定性，并有能力不断地从技术和市场变化中调整产品和产业发展方向，促进产业升级和产业结构的调整，促进企业和产业保持竞争力。

《地区优势——硅谷和128公路地区的文化与竞争》一书的作者萨克森宁在研究美国的高技术企业时，曾将产业体系分成两种，即分散的、以地区网络为基础的体系和独立的、以公司为基础的体系，硅谷的企业是前一体系，而128公路地区是后一种体系，并认为这是两个地区发展轨迹的重要区别。她认为硅谷组织起来的网络化的地区产业体系是为了且能够不断适应市场和技术的迅速变化，而128公路地区以公司为基础的区域产业体系却不能很好地适应多变的市场和技术。许多研究硅谷的学者也都注意到，硅谷成功的关键在于它的开放的、动态的、相互信任的社会关系网络，是它既相互合作又互相竞争的企业关系。

3. 创新网络与社会资本

由于有些文献将社会资本也定义为区域内各主体关系的总和，因此有时社会资本同社会网络的含义一致；有些文献还将社会资本定义为人们合作解决问题的意愿和能力等。但无论是相关或相同，社会资本和社会网络都因重视区域中主体社会关系的质量和密度以及对区域发展的作用而受到学者们的高度重视。如彼得·马斯克尔(Peter Maskell)就认为,社会资本是解释一些区域能对资本和其他资源具有"黏性"的原因。

社会资本至少有如下作用:

(1)区域内各主体间的互信关系有利于互动学习和降低创新活动中的交易成本,提高区域经济社会的运转效率,并有利于增加区域吸引力。

(2)有利于产生、交流、共享知识,特别是对企业发展具有重要意义的隐性知识,促进企业形成和保持核心竞争力,提高企业应对技术和市场变化的不确定性的能力,降低企业的经营风险。

(3)能提供企业和其他主体互动学习的平台,有利于提高企业和其他主体的学习能力,增强其提出问题、解决问题的能力,并有利于形成优质的企业文化和区域文化。

(4)有利于形成企业和其他主体之间建立产品、技术、产业等方面的联系,并通过彼此信任加以巩固和扩大,这不仅有助于企业的发展壮大,也有助于区域内专业化产业部门的发展和区域产业群的形成。

本章小结

企业创新行为是指企业为了在竞争中占据优势地位,通过引入新产品、采用新生产方法、开辟新市场、获得原料的新来源、实行新的企业组织形式而获得超额利润的行为。

本章界定了创新的基本内涵、创新的特性、创新的分类,重点介绍了创新与社会发展的关系,它可以促使人类发生思想观念更新、促进社会发生革命性变革、引发社会发展产生新的飞跃、引发社会产生综合性发展。

本章分析了垄断、完全竞争、寡头垄断和垄断竞争四种市场结构与企业创新的关系,得出结论:应鼓励企业的自主创新;完善法律法规,加强知识产权的保护;建设服务型政府,减少行政干预,形成真正的市场经济体系,营造一个支持创新、激励创新、保护创新的社会环境。

本章分析了知识产权对企业创新的影响,知识产权制度是技术创新最有效的动力、是技术创新的法律保障、是技术创新活动的运行规则,有助于加速技术创新的步伐、推动技术创新的产业化;还分析了创新环境与创新网络和空间集聚的关系,企业空间集聚为学习型经济提供了便利,空间集聚能提供创新气氛和增强互动创新,空间集聚成为提高竞争力政策的依据。

创新是现代企业与国家经济发展的重要因素。

► 复习思考题 ◄

1. 举例说明什么是创新,创新有哪些特征。
2. 按创新对象的不同将创新分为哪几类?
3. 按创新模式的不同将创新分为哪几类?
4. 举例说明什么是技术创新。

5. 简述为什么创新环境和创新网络是集聚的条件。

6. 举例说明什么是引进消化吸收再创新。其实施过程分哪三个阶段？

7. 简述创新对社会发展的主要作用。

延伸阅读

畅通催生新质生产力关键路径①

习近平总书记关于新质生产力的一系列重要论述，创新和发展了马克思主义生产力理论，深化了对生产力发展规律的认识，为深入实施创新驱动发展战略、推动高质量发展、全面推进中国式现代化建设指明了方向、提供了指引。新质生产力是创新起主导作用，由技术革命性突破、生产要素创新性配置、产业深度转型升级而催生的先进生产力质态。必须把握催生新质生产力的关键路径，推动新质生产力加快发展。

一、推动技术革命性突破——深入实施创新驱动发展战略

科技创新能够催生新产业、新模式、新动能，是发展新质生产力的核心要素。当前，新一轮科技革命和产业变革蓬勃发展，需主动顺应科技发展大势，深入实施创新驱动发展战略，加快实现高水平科技自立自强，强化培育和发展新质生产力的科技支撑。

打好关键核心技术攻坚战。培育和发展新质生产力必须解决"卡脖子"技术的制约，根据国家发展战略需要，结合产业技术发展趋势，科学识别和动态调整产业关键核心技术，有组织有计划地实施一批产业科技攻关工程。发挥新型举国体制优势，集中产学研优势资源和科研力量协同发力，补齐产业技术发展短板弱项。

加强原创性、颠覆性科技创新。我国自主创新正在由以引进、消化、吸收、再创新为特征的追赶型创新，向以高水平科技自立自强为特征的引领型创新转变。需高度重视基础研究和原始创新能力提升，强化战略性、系统性、前瞻性布局，推动科技创新资源向基础研究和原创性科技创新倾斜。加快建设国家战略科技力量，优化布局重大科技基础设施体系，研究和组织实施好一批战略性、前瞻性和全局性重大科技项目，推动原创性、颠覆性科技创新成果竞相涌现，打造发展新质生产力的动力源。

进一步深化科技体制改革。需围绕企业和产业发展需求，加快构建以企业为主体、产学研用深度融合的科技创新体系。加快完善促进科技成果转化政策，健全完善科技成果转移转化机制，推动更多科技成果向企业尤其是向中小企业转移，将科技成果转化为现实生产力。

二、推动生产要素创新性配置——着力健全要素市场体系

强大的科技创新能力是形成和发展新质生产力的前提和基础。推动科学技术向现实生产力转化，必须着力破除不利于要素高效配置的体制机制障碍，充分发挥市场配置资源的决定性作用，构建连接全球的要素市场体系，畅通要素流通渠道，推动有利于创新、有利于提高

---

① 资料来源：彭绪庶. 畅通催生新质生产力关键路径[EB/OL]. （2024-06-20）[2024-06-25]. https://baijiahao. baidu. com/s?id=1802332112757528519&wfr=spider&for=pc.

效率的数据、人才和资本等要素向发展新质生产力集聚,实现要素资源高效配置。

着力完善数据要素市场。数字经济本质是数字技术驱动的数据经济,数字技术与数据要素结合形成的数字生产力是未来重要的新质生产力。发挥数据在新质生产力形成和数字经济发展中的关键生产要素作用,需加快建立数据要素产权、流通交易、收益分配和安全治理等基础制度,加大公共数据的开放共享和开发利用,构建多层次数据交易市场,完善数据要素市场化配置机制,探索数据资产化有效路径,健全数据跨境流动机制和数据资产治理机制,让数据"放出来""动起来""用起来",真正释放数据要素价值。

加快建设世界重要人才中心。新质生产力以劳动者、劳动资料、劳动对象及其优化组合的跃升为基本内涵。人才是第一资源,人才队伍建设对培育和发展新质生产力至关重要。需以深入实施新时代人才强国战略为抓手,深化干部人事制度改革,建立符合新质生产力发展要求的人才培养体系和激励机制。坚持聚天下英才而用之,强化对优秀人才的吸引力,加大对基础研究人才和青年科技人才的支持,加快形成规模宏大、结构优化的高素质人才队伍,尤其是要在关键核心技术领域拥有一大批战略科学家、一流科技领军人才和高层次创新团队,打造国家战略人才力量。

健全科技金融市场。科技是第一生产力,创新是第一动力,科技创新离不开金融支持。加快培育和发展新质生产力,需充分发挥多层次金融市场作用。特别是要大力发展科技金融,推动金融资源向科技创新领域倾斜,加强对基础研究和关键核心技术攻关的金融支持,为科技型企业提供多元化接力式金融服务。支持风险投资、私募股权投资、担保基金和产业投资基金加快发展,拓宽创新创业资金来源,积极探索知识产权资产化的有效路径,推动创新链产业链资金链人才链深度融合。

三、推动产业深度转型升级——加快构建现代化产业体系

新一轮科技革命带来产业结构重塑和产业发展范式变革。颠覆性技术和前沿技术创新催生新产业、新模式、新动能,既体现在战略性新兴产业和未来产业发展上,又体现在对传统产业的升级改造上。形成和发展新质生产力,需及时将科技创新成果应用到具体产业和产业链上,探索以科技创新推动产业创新的有效路径,加快构建与新质生产力相适应的现代化产业体系。

一是培育壮大新兴产业、布局建设未来产业。战略性新兴产业是颠覆性技术和前沿技术的主要载体,其技术传导性和战略先导性与新质生产力的内涵特征高度吻合。需把战略性新兴产业作为培育和发展新质生产力的主要领域,组织实施好重大产业创新发展工程,提升新能源、智能网联新能源汽车、新材料和高端装备制造等产业的国际竞争力,培育新优势、打造新引擎。未来产业反映了新一轮科技革命和产业变革方向,发展空间巨大,产业辐射带动能力强,是全球创新竞争和大国博弈的新赛道。需顺应科技发展趋势,围绕量子科技、生命科学、通用人工智能、数字孪生、未来网络等颠覆性技术和前沿技术相关领域,孕育未来产业,加强前瞻性和体系化布局。围绕构建场景和应用,鼓励和支持有条件的地区积极开展颠覆性技术和前沿技术应用先行先试。

二是推进数字产业化和产业数字化。移动互联网、物联网、大数据、云计算和人工智能等数字技术,已发展成重组全球要素资源、重塑全球经济结构、重构全球竞争格局的关键力

量。发展新质生产力需要促进具有通用目的技术特征的数字技术与实体经济深度融合。既发挥海量数据和丰富应用场景优势，深化大数据、云计算和人工智能等研发应用，加快推进数字产业化，打造具有国际竞争力的数字产业集群；又以数字技术改造提升传统产业，重点推动制造业数字化转型，促进制造业实现从产品研发、生产制造到管理和市场营销的产业全链条、生产全过程、管理全方位数字化改造。还要加大数字基础设施建设，推动数字技术全面融入经济、政治、文化、社会、生态文明建设各领域和全过程，释放数字生产力的长尾效应。

三是推动产业高端化和绿色化发展。新质生产力是先进生产力。需扎实推进制造业重点产业链高质量发展行动，实施好制造业技术改造升级工程，推动开展大规模设备更新和新一轮大规模技术改造，加快先进适用技术的推广应用，加强行业基础共性技术和公共创新平台建设，促进企业工艺装备持续升级，推动传统产业向高端化发展。新质生产力也是绿色生产力，需主动承担应对气候变化的责任，加快推动能源绿色低碳转型步伐，推进能源革命，构建清洁低碳、安全高效的能源体系。顺应全球绿色低碳发展趋势，加快构建绿色技术创新体系，持续推动绿色技术产业化和产业绿色低碳转型，发展绿色低碳产业链和供应链，全面构建绿色低碳循环经济体系。

第七章
市场绩效

本章导读

  因为市场绩效一直是产业经济学家研究产业发展状况的重要内容,所以研究产业绩效的决定因素及其组成部分是产业经济学研究范畴的重要内容。本章首先介绍市场绩效的概念及衡量市场绩效的各种指标,接着分析市场结构与市场绩效的关系、市场行为与市场绩效的关系,从中探究影响市场绩效的因素。

第一节　市场绩效的衡量

  从传统经济学角度看,产业经济主要解决著名的"马歇尔冲突"问题,即"产业规模效应"与"产业垄断"之间的关系。依据传统的产业经济学观点,产业行业企业的长期单位成本随着企业规模的逐步扩大而下降,具有规模效应,但与此同时,随着产业企业规模扩大的不均衡发展,极易导致产业垄断。而产业企业的垄断行为有可能破坏经济学分析的一个基本假定"所有行业企业都是市场价格的接受者",产业行业的垄断企业成为行业产品的价格决定者,而垄断产业企业的行为将导致社会总福利的减少,进而损害消费者福利。同时,这种垄断行为也使垄断企业的竞争压力弱化,技术创新动力下降,管理创新停滞,进而产生 X 非效率。所以,在合理解决"马歇尔冲突"下,寻求产业行业绩效的最大化便成为产业经济学的重要内容。

一、市场绩效的定义

  市场绩效是指在特定市场结构下,通过一定的市场行为使某一产业在价格、成本、产量、利润、产品质量、技术进步等方面达到的最终经济成果。它实质上反映的是在特定的市场结构和市场行为条件下市场运行的效率。市场绩效的综合评价标准分为以下四个指标:

（一）配置资源的有效性

配置资源的有效性主要表现在以下几个方面：

（1）消费品在消费者之间的分配。

（2）生产资源在生产者之间的分配。

（3）同时考虑生产者和消费者两个方面。

完全竞争情况是一种理想状态，可以作为制定政策的参照系，产业组织政策以市场结构和市场行为为指向，通过限制垄断、促进竞争，达到提高资源配置效率的目的。

垄断可能会出现资源配置不当的情况，消费者剩余向垄断生产者转移，存在效率损失的情况。

消费者剩余向垄断生产者转移的途径有：

（1）通过垄断定价将消费者剩余的一部分转化为企业利润。

（2）垄断企业在向消费者提供同一服务时，通过价格歧视把消费者剩余转化为企业利润。

（3）经营多项公共物品和服务的垄断企业，通过交叉补贴，即用某服务领域的超额利润来弥补另一服务领域的过低利润，导致不同服务领域的消费者之间的再分配。

（4）通过差别服务，垄断企业可以为一些消费者提供服务，而对另一些消费者则拒绝提供服务。

衡量资源配置效率的直接指标如下：在微观经济学中用消费者剩余、生产者剩余、社会总剩余来衡量，在产业经济学中用利润率来衡量。

（二）产业组织的技术效率

产业组织的技术效率即反映产业经济规模和规模效益的实现程度，产业内企业规模经济性的实现可以分为以下三种状态：

（1）低效率状态：未达到规模经济要求的企业是市场的主要供应者。

（2）过度集中状态：市场的主要供应者是超过适度规模的大企业。

（3）理想状态：市场的主要供应者是达到和接近适度规模的企业。

（三）产业技术进步程度

产业技术进步是指产业内的发明、创新和技术转移（扩散）的过程。技术进步渗透于产业的市场行为和市场结构的方方面面，最终通过经济增长表现出来。产业技术进步反映了一种动态的经济效率，是衡量经济绩效的一个重要指标。

1. 技术进步的三个阶段

美国著名经济学家熊彼特把技术进步分为三个阶段：

（1）第一阶段：发明。发明是指构思对人类生活和生产活动有用的新产品或新的生产方法以解决相关的技术问题。产业技术进步的这个阶段相当于研究开发。

（2）第二阶段：创新。创新是指发明第一次应用并导致一种新产品或新的生产方法的出现。对于产业而言，就是指企业家通过市场调查等可行性研究并筹集资本，将发明成果付诸实施,提供新产品和可应用的新的生产工艺。

（3）第三阶段:扩散。扩散是指新产品或新的生产方法被广泛采用时,所伴随的新技术的模仿和扩散程度。

2. 企业规模与技术进步

不同规模的企业在技术进步过程中的作用和地位,是研究产业组织和技术进步关系的重要内容。对于这个问题,不同的经济学家有不同的看法。

熊彼特等人认为,大企业对技术进步的作用最大,其理由是:

（1）技术进步创新的成本巨大,只有大企业才能承担。反过来说,一旦创新失败,也只有大企业才有能力承担亏损,并用其他成功项目的利润加以弥补,由此可见,大企业更有能力承担技术进步过程中的风险。

（2）研究开发中存在规模经济,大企业的研究开发也存在规模经济,大企业比小企业更有能力利用和发挥这种规模经济的效益。

（3）由于大企业拥有的市场份额更高,并且大多从事多元化经营,因此大企业能够从发明和创新活动的成果中获取更高的收益。

（4）维护和巩固垄断地位的需要迫使大企业开展更多的技术发明和创新活动。

谢勒等人认为,小企业在推动技术进步方面的作用更大,其理由是:

（1）大企业在试图形成垄断力量的过程中确实会从事技术进步活动,但是垄断地位一旦形成,技术进步的动力和行为就会消失,市场支配能力反而成为限制技术进步的障碍,因此,竞争才是技术进步的原动力。

（2）大企业拥有的大规模在技术进步的过程中也会成为劣势,如决策过程的低效率、技术开发人员之间的相互倾轧、管理层对某些独特的创新活动的忽略和不支持等。

（3）实践表明,在许多产业中,小企业能对某些独特的创新活动作出重要贡献。

（四）X 非效率

X 非效率是指在垄断企业的大组织内部存在着资源配置的低效率状态。X 非效率的主要原因有以下三个:

（1）企业内不同集团的利益目标不一致。

（2）企业规模扩大导致组织层级增加、信息沟通的数量和质量下降,从而使企业的管理成本上升、效率下降。

（3）垄断企业在没有竞争压力的条件下,缺乏成本最小化和技术进步的动机。

当 X 非效率存在时,企业产出曲线是最大产出和最小产出区间中的一条产出曲线。

二、衡量市场绩效的微观指标

（一）收益率

1. 收益率的含义

收益率是一种衡量每 1 元投资盈利多少的方法。

2. 收益率的计算

收益率的计算公式为：

$$利润：\pi = R - 劳动力成本 - 原材料成本 - 资本成本 \qquad (7-1)$$

$$= R - 劳动力成本 - 原材料成本 - (r+\delta)P_K K$$

$$收益率：r = \frac{R - 劳动力成本 - 原材料成本 - \delta P_K K}{P_K K} \qquad (7-2)$$

式中，π 为利润，R 为收入，r 为收益率，δ 为折旧率，$P_K K$ 为资本价格和资本量的乘积。

3. 收益率指标的评价

收益率越高，市场就越偏离完全竞争状态，资源配置效率就越低；收益越接近正常利润，市场也就越接近完全竞争状态，资源配置效率就越高。以收益率指标来衡量市场绩效，实际上是把经济利润的产生完全归因于市场势力，存在一定的片面性。影响经济利润的因素如图 7-1 所示。

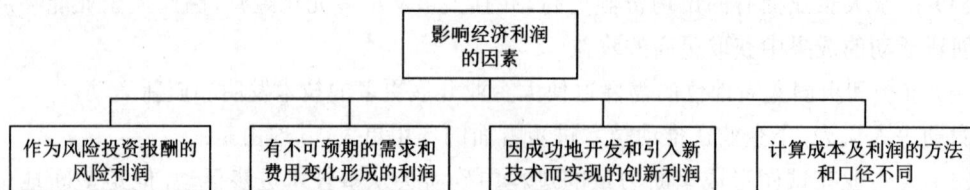

图 7-1　影响经济利润的因素

4. 利润率指标存在的问题

根据费雪和麦高恩的归纳，正确计算收益率存在的困难主要表现在八个方面：

（1）由于通常使用会计定义而非经济定义，因此资本的正确定义往往被忽略。

（2）折旧通常没有被适当衡量。

（3）关于广告和研发的估价问题。

（4）通货膨胀率的存在使得名义收益率和真实收益率存在较大的差异。

（5）所计算的收益率可能不恰当地包括了垄断利润。

（6）忽略了税收的影响，计算的是税前收益率而非税后收益率。

（7）对收益率缺乏恰当的风险调整。

（8）一些收益率没有恰当地考虑负债。

5. 垄断与超额收益

微观经济理论详细阐述了完全竞争、完全垄断、寡头垄断和垄断竞争条件下企业超额收益（亦称垄断利润或垄断租金）的问题。在利润最大化原则的指引下，短期内，当价格波动和成本变动时，大多数四种类型的企业都存在超额收益的空间。但长期看，企业在完全竞争市场上的超额收益空间消失，而其余三种类型（完全垄断、寡头垄断和垄断竞争）企业的超额收益空间仍在，并在这三种类型之间遵循依次递减的规律。

（二）勒纳指数

1. 勒纳指数的含义

勒纳指数即价格-成本加成，是将价格 P 和边际成本 MC 的差额除以 P 得到的。

2. 勒纳指数的计算

计算公式为：

$$L = \frac{P - MC}{P} \tag{7-3}$$

勒纳指数的数值在 0 和 1 之间变动，数值越大，价格对边际成本的偏离越大，意味着市场势力越大，市场竞争程度越低，资源配置效率就越低。反之亦然。

3. 勒纳指数的评价

勒纳指数本身反映的是当市场存在支配能力时价格与边际成本的偏离程度，但是无法反映企业为了谋取垄断地位而采取的限制性定价和掠夺性定价行为。它反映的是企业的实际行为，并不能反映企业潜在的垄断或竞争行为。举例来说，A 厂商降低价格可能是为了驱除竞争对手的策略行为，但不能就因此说这个市场是竞争的。

在实际计算过程中，由于边际成本的数据很难获取，因此常常使用平均成本来代替边际成本，即用价格-平均成本加权来作为近似方法，但这会导致两者间的较大偏差。

在多产品企业中，单个产品的平均成本或边际成本的衡量并不容易，或者说难以精确测度。

勒纳指数是对厂商实际行为的一种计量，它没有测算厂商潜在的垄断力量。举例来讲，A 厂商从其规模或市场占有率来看，已经拥有了很强的潜在的垄断势力，但因为某种原因，它的产品价格和边际成本差距不大，那么我们就无法通过勒纳指数来计量该厂商的潜在垄断势力。

勒纳指数是建立在将价格和实际成本进行动态比较的基础上的，它并没有深入考察造成价格和边际成本差异的具体原因，直接将原因当作垄断行为。但实际上，造成价格和边际成本差异的原因有很多，不一定是垄断造成的。

（三）托宾 q

1. 托宾 q 的含义

托宾 q 是指一家企业资产的市场价值（通过已经公开发行并售出的股票和债券来衡量）与这家企业资产的重置成本的比率，是衡量市场绩效的一个指标。例如，如果平均 q 比率在 0.5 左右，而超过市场价值的平均收购溢价是 60%，最后的购买价格是 0.5 乘以 1.6，相当于公司重置成本的 80%。因此，平均资产的收购价格比当时的重置成本要低 20 个百分点。

2. 托宾 q 的计算

计算公式为：

$$q = \frac{R_1 + R_2}{Q} \tag{7-4}$$

式中，q 表示托宾指数，R_1 表示企业的股票市值，R_2 表示企业的债券市值，Q 表示企业资产重置成本。托宾 q 值根据企业资产价值的变化来衡量市场绩效的高低。

3. q 的含义

当 $q>1$ 时，说明企业以股票和债券计量的市场价值大于以当前市场价格评估的资产重置成本，意味着企业在市场中能获得垄断利润。

q 值越大，企业能获得的垄断利润越大，社会福利损失越大，市场经济绩效越低。

在西方国家，q 比率多在 0.5 和 0.6 之间波动，因而许多希望可以扩张自身生产能力的企业会发现，通过收购其他企业来获得额外生产能力的成本要远低于自己从头做起的代价。

4. 托宾 q 指标的评价

使用托宾 q 的优点是避免了估计收益率或边际成本的困难。

托宾 q 指资本的市场价值与其重置成本之比，这一比率兼有理论性和实践的可操作性，沟通了虚拟经济和实体经济，在货币政策、企业价值等方面有着很重要的应用。

使用托宾 q 的困难在于必须准确计算企业的市值和重置成本。企业的市值可以用其发行的股票和债券的市值来计算，但计算企业的重置成本则比较复杂，除非存在一个比较成熟的二手设备市场。

广告及研究与开发的费用产生了难以估价的无形资产，而托宾 q 值的计算中都忽略了这些无形资产的重置成本。

当作为一个企业的获利能力指标时，它并没有揭示产生该获利能力的原因。

第二节 市场结构与市场绩效

不同的市场结构是有利于市场绩效的提升还是阻碍了市场绩效的改善，一直是产业经济学研究的重要领域，哈佛学派与芝加哥学派一直针锋相对，各持己见。本节从不同角度探讨市场结构与市场绩效之间的关系。

一、竞争者之间的合作

竞争者之间的合作是指竞争者达成某种协议，如固定价格、分割市场等。当竞争者纯粹是为了控制市场价格而合作时，这种行为就直接导致了低效率，因为他们提高了价格而减少了产量。但合作也可能创造出有价值的东西，两个（或更多个）竞争者可能通过联合，合作生产出某种他们单独不可能生产的东西，或者通过联合生产中间产品达到规模经济，这时合作是可以提高效率的。但有效率的合作一般都伴随着无效率的固定价格或分割市场的协议。由于信息不完全，分清降低效率的合作和提高效率的合作很困难，或者由于提高效率的合作伴随着降低效率的固定价格或分割市场的协议，因此竞争者的合作一般都要受到管制。哈佛学派和芝加哥学派的分歧是前者要求严格管制竞争者的合作来保证竞争者的独立性，而后者对竞争者的合作相对宽容，鼓励企业达到最大的效率。

二、排除竞争者行为

在某些情况下排除竞争者,创造垄断的行为本身是竞争性的:制造更好的产品,寻找成本更低的生产方法,向那些缺乏创新和效率的竞争对手施加压力。在这样的以及不存在进入障碍的情况下,成功的企业只有超越竞争对手才能够保持其垄断地位,这种垄断并没有滥用垄断的权力。这是"好"的垄断。熊彼特解释了由于企业行为导致的垄断,愿意冒一定风险的企业也许能够创造出垄断。为获得垄断利润,首先它冒险创造新的产品,接下来还要面临竞争者模仿创新的风险。在这种情况下,对垄断的追求成为推动经济进步的动力。"坏"的垄断会降低效率,期盼在未来拥有垄断地位的企业只是试图消除竞争,获得控制价格的权力,并由此得到好处。在这种情况下,垄断没有对社会创造任何有价值的东西,它反对一切竞争者,如果它获得成功,就会导致无效率地对产出的限制,导致福利的减少。可见垄断的存在有"好""坏"之分。同样,为获得垄断地位,排除竞争对手的行为也有"好""坏"之分。公平击败竞争对手是"好"的,排斥竞争者(破坏竞争)是"坏"的。但由于信息不完全,无法判断排除竞争者的行为是"好"还是"坏",就容易产生两种错误:积极的错误——打击了公平击败竞争对手的诚实竞争者,消极的错误——没有禁止试图(以及能够)破坏实际竞争的行为。对于这两种错误的关注程度,芝加哥学派和哈佛学派是有分歧的。芝加哥学派对竞争的力量更加乐观,因而对积极的错误更加关注。哈佛学派对市场对垄断的免疫能力更加怀疑,因而对消极的错误更加关注。上述分歧从每一学派对进入障碍以及某些经济模型的不同看法中可以得到解释。芝加哥学派认为进入障碍在长期内不存在,市场总是有效率的。哈佛学派却强调不完全竞争,并且认为那些不能永远存在的进入障碍也能够引起严重的经济扭曲。

掠夺性定价是排除竞争对手的一种最具代表性的行为,它是指为了排除当前的竞争对手,把价格降到亏损的水平,以便将来成功后获得垄断利润。实施掠夺性定价的前提是垄断利润的现值要大于创造垄断的当前成本。但问题是,为什么掠夺者能击败那些同样有效率的竞争对手?掠夺者在建立起垄断地位后,为何能在一个足够长的时期中保持垄断地位,使自己可以弥补过去的损失,并获得垄断利润?这首先要看掠夺者是怎样击败同样有效率的竞争对手的。由于掠夺者的市场份额一般都更大,因此掠夺者遭受的损失会更多,而且无论掠夺者还是竞争对手损失的只是固定成本,短期的营运能力不会受到损害,如果竞争对手相信掠夺者最终会让步并提高价格的话,它就会努力不让自己被挤出去。但是考虑到进入障碍后,这一问题就能解释了。第一,掠夺者可以利用从非竞争市场中得到的垄断利润来补贴其他市场中的反竞争战;第二,如果资本市场区别对待大企业和较小的竞争者,掠夺者获得资本的成本就低;第三,如果行业具有规模经济的特点,掠夺者的成本就低于小的竞争者,它能承受较低的价格。哈佛学派认为这些进入障碍是确实存在的,因此掠夺者能够击败竞争对手从而创造垄断;芝加哥学派却不这么认为,他们不认为资本市场会区别对待大小企业,规模经济并非进入障碍。

掠夺者建立起垄断地位后如何保持其垄断地位呢?芝加哥学派认为,在长期成本固定不变的条件下,垄断是不能维持下去的,因此企业不会有垄断的动机。所谓的掠夺性定价只是"残酷"的价格竞争,反对这种竞争,就是保护低效率的竞争者和鼓励低效率。而哈佛学派认为,由于存在进入障碍,垄断是能维持下去的,因此要反对造成垄断的掠夺性定价。

三、水平兼并

水平兼并会提高市场的集中水平,高的集中水平可能会使竞争者公开或隐蔽合作来抬高价格、限制产量。水平兼并也可能会提高兼并后企业的效率。因此水平兼并可能会带来两种结果,一种是削弱竞争,造成损失;另一种是使企业获得规模经济,提高效率。对于水平兼并的结果,哈佛学派和芝加哥学派也都有自己的看法。哈佛学派认为兼并增加了集中的程度,竞争会受到不利的影响。哈佛学派倚重于表明集中与市场力量、高价格和利润有关的经验研究,为增强说服力,哈佛学派主要借用各种寡头理论如古诺模型来支持自己的观点,即集中的市场很可能以非竞争(低效率)的方式运行。与之相反,芝加哥学派认为水平兼并不一定就是对竞争的威胁,由于市场被看成是有效率的,因此水平兼并是为了提高效率,而不是为了垄断式的定价。

针对高的集中度带来的高于平均水平的利润,哈佛学派认为这是企业提高价格的证据。而芝加哥学派认为按整个行业计算的平均利润一定是由大企业决定的利润高,是大企业具有较高效率的证据。哈佛学派的观点来自如下假定:进入障碍是非常重要的,而且一个行业中占统治地位的企业还可以提高进入障碍。成功企业的战略是通过兼并和内部增长进行扩张,直到可以控制整个市场的价格。芝加哥学派的观点则来自如下假定:进入是相对自由的,除非是政府设立了人为的障碍。成功企业的战略是充分利用机会(如规模经济)提高效率。通过兼并和内部增长进行扩张被假定为可能是出于效率的动机,而不是如市场势力一样难以捉摸的东西。因此集中和盈利之间的关系既可能是"好"的,也可能是"坏"的。

四、垂直限制

垂直限制是以契约或其他协议(包括合并)的形式达成的限制贸易的垂直联合。垂直限制主要包括维持转售价格、经销商分配销售区域、排他性经销权、捆绑销售和垂直兼并。关于垂直限制对效率的影响,芝加哥学派和哈佛学派有着不同的观点。芝加哥学派的观点是垂直契约常常是有效率的和有利于竞争的,这与其市场总是有效运行的假定一致。哈佛学派的观点是垂直契约(包括通过合并达成的垂直一体化)是无效率的,具有排斥从而反竞争的性质,因为其认为垂直限制是树立进入障碍的手段。

芝加哥学派的观点产生于他们对垂直限制的解释。芝加哥学派认为,把经销商与制造商更加紧密地联系起来的契约(维持转售价格、经销商分配销售区域和排他性经销权),有助于避免前者有可能损害后者利益的机会主义行为。这种契约实际上是一种垂直一体化的形式,它有助于解决外部性问题,对提高整个效率有好处。这种外部性是指经销商对产品形象的塑造,对其他经销商有正的外部效应,于是经销商之间就会有"搭便车"的行为。由于经销商自己努力提高产品形象创造的价值中所拥有的份额肯定低于自己创造的价值,即对提高产品形象的全部需求,单个经销商在进行私人决策时,就不会把提高产品形象的价值完全考虑进去,即私人边际价值低于社会边际价值,单个经销商提高产品形象的努力就过少,从而导致效率的损失。这就是由于正外部性导致的市场失灵。

垂直限制解决了外部性问题。很明显,通过合并达成的完全的垂直一体化消除了外部性。特许经营使提高产品形象的利益内部化,消除了"搭便车"行为。经销商分配销售区域或针对经销商的排他性销售区域分配,减少了"搭便车"的可能性。排他性经销权要求经销商只经营某一个制造商的产品,其目的和垂直一体化完全一样。维持转售价格要求零售商把用于转售的产品的价格维持在等于或高于制造商确定的最低水平上。制造商不会为了垄断利润而去提高其产品的零售价格,因为它能够通过确定批发价格从而控制价格,实现它所要达到的利润目标。制造商提高零售价格的目的是提高经销商的盈利空间,从而鼓励和资助经销商花费更大的努力来促销产品。捆绑销售是要求买者以买第二种产品(被捆绑产品)为条件买第一种产品(捆绑产品)。捆绑销售并不是为了获得垄断利润,因为提高被捆绑产品的价格大体上会降低购买者愿意支付给捆绑产品的价格,所以捆绑销售实际上是一种相对无害的价格歧视。用所购买的被捆绑产品的数量把购买者区分开,就像一级价格歧视一样,捆绑销售在获得垄断利润的同时,生产出竞争性的产品。

哈佛学派的观点源于如下两个原则:一方面,在制造商和经销商之间达成的固定转售价格或分配销售区域的协议,是竞争者的合作,是一种伪装的卡特尔式的协议;另一方面,在制造商和顾客或经销商之间达成的加强后者对前者的依赖的协议(如捆绑销售、排他性经销权和垂直一体化)是一种垄断,是制造商排斥竞争对手的战略的一部分。

哈佛学派最早使用抓手理论来解释自己的观点。抓手理论是指处于有利地位的企业能够从战略上排斥竞争对手,并通过排斥竞争对手来控制市场:排他性经销权给予制造商排他性的通向买者的销售渠道;垂直一体化给予上游供给者排他性的通向下游顾客的内部销售渠道,或者相反,给予下游顾客排他性的通向上游供给者的内部销售渠道;捆绑销售使得能够将该协议强加给其顾客的供给者比那些无法提供捆绑产品的竞争对手处于更加有利的地位。垂直限制意味着限制了通向市场的渠道,或者增加了进入的成本。因此,垂直限制起着进入障碍的作用,保护了现存企业把价格提高到成本以上的能力。

抓手理论从一开始就受到了很大的质疑,因为垂直限制不会导致对市场的控制,不会把竞争对手赶出市场。哈佛学派又提出了新的理论来解释自己的观点,那就是垂直限制会提高竞争对手的成本。以排他性经销权为例,为获得排他性经销权,制造商要给经销商更高的报酬,当制造商控制大部分的市场份额时,就会和它的经销商合作限制供给和提高价格,并分享垄断利润,这就降低了效率。同时,排他性经销权使得其他制造商寻找经销商变得非常困难,这就增加了其他制造商的成本。

五、垄断和造成垄断的行为

对于垄断和造成垄断的行为的"好""坏",哈佛学派和芝加哥学派存在着很大的分歧。一般来说,哈佛学派认为垄断降低了效率,从而垄断和在一定程度上造成垄断的行为都是"坏"的,必须实施反垄断;而芝加哥学派认为垄断可能恰恰是提高效率的结果,从而垄断和造成垄断的行为可能是"好"的,实施反垄断可能并不合理。哈佛学派和芝加哥学派的分歧源于他们对市场的假定的不同,哈佛学派假定存在进入障碍,市场并不总是有效的;而芝加哥学派假定至少在长期不存在进入障碍,市场是有效率的。

在美国的反垄断史上,两个学派都起到了重要作用,哈佛学派指导了罗斯福-杜鲁门政府的政策实施,并促进了 1950 年有关合并的立法;而芝加哥学派指导了里根-布什政府的政策实施。尽管哈佛学派和芝加哥学派存在着很大的分歧,但二者的目的其实都是确保有效的竞争,确保社会福利的最大。

第三节　市场行为与市场绩效

市场行为是指企业充分考虑市场供求条件和其他企业的关系基础,为获得更多利润与市场占有率所采取的各种决策行为,市场行为是联结市场结构与市场绩效的中间环节。本节将分析企业的各种市场行为对企业市场绩效的影响。

一、价格行为与市场绩效

(一)垄断定价与福利损失

垄断定价导致社会福利净损失,主要包括垄断价格造成的消费者剩余的损失、生产减少的无效率、寻租腐败问题,以及垄断企业缺少竞争对手出现的 X 非效率问题。

(二)价格歧视与侵占消费者剩余

1. 价格歧视的条件

(1)厂商(或厂商的集团)必须拥有一定的市场势力。

(2)厂商必须了解或者能够推断消费者的购买意愿。

(3)厂商必须能够阻止或限制转卖行为。

2. 价格歧视的基本类型

(1)一级价格歧视:垄断者能够将价格定在使消费者完全没有消费者剩余的水平上。

(2)二级价格歧视:根据消费量实行的价格歧视,通过对相同货物或服务的不同消费量或区段索取不同的价格来实施。

(3)三级价格歧视:将消费者分为有不同需求曲线的组别,对不同的组别收取不同的价格。

二、技术创新与市场绩效

市场集中度与技术创新之间存在着正相关性,集中度提高不是创新活动上升的解释变量。

进入壁垒对企业技术创新的影响具有两面性:一方面,降低进入壁垒,有利于强化企业技术创新的动机;另一方面,一定的进入壁垒可以成为企业技术创新的条件。

（一）进入威胁与市场绩效

1. 价格决策

如果潜在进入者以低于竞争性的价格进入会蒙受损失，垄断者的地位得以保持。

如果垄断者制定高于竞争性的价格，则潜在进入者可以通过削价与在位者竞争，垄断者的垄断地位就不可维持。

从理论上说，进入威胁制约了在位垄断者的垄断定价策略，进而改善了市场绩效。

2. 质量决策

产品质量太低同样可以引致潜在进入者的进入。因为生产成本与产品质量存在正相关关系，当垄断者的产品质量与生产成本脱节时，潜在进入者就可以同等价格、较高质量与垄断者竞争，这在相当大的程度上保证了垄断者的质量供给不会太低。

总之，进入威胁迫使垄断者的市场行为接近于竞争性企业的市场行为，垄断者必须谨慎定价，且有一定的质量保证。

（二）创新与垄断之间的关系

垄断会对企业创新行为产生影响：一种说法是"逃离竞争效应"，即竞争条件下企业可能会增加创新投入以逃离激烈的竞争环境，垄断则会削弱企业通过竞争逃避创新的动力，即垄断抑制企业创新；另一种说法是"熊彼特效应"，即垄断利润能维持企业的创新投入，促进企业创新。

垄断可分为行政垄断和经济垄断，两者均对企业行为产生重要影响。现有文献指出，行政垄断在一定程度上会导致资源错配，进而降低社会整体福利水平，并且可能会诱发市场非整合状态，具体表现在：一方面，地区性行政垄断通过其主导的非经济力量干预生产要素自由流动，使市场调节机制无法在要素市场上发挥作用，严重扭曲资源的有效配置，阻碍统一大市场的形成；另一方面，地区性行政垄断是地方政府机构运用自己掌控的公共权力对外来竞争的限制和排斥，保持对本地市场的排他性独占，最终将造成市场分割，即市场非整合状态。对于经济垄断来说，竞争可能不利于企业创新，因为激烈的市场竞争抑制了企业的利润水平，只有拥有一定的垄断利润才能保证研发投入的持续性，这种状态下表现为垄断促进了企业创新，即"熊彼特效应"。也有学者指出，垄断不利于企业创新，因为在竞争条件下企业容易多方向创新、累计创新，从而形成"逃离竞争效应"。有学者针对银行业的研究发现，银行业竞争在整体层面上促进企业创新，同时也促进更多高效率企业进入创新部门，更多高效率企业增加企业创新投入，这种影响在非国有企业和中小企业中更加显著。同时也有文献指出，垄断与创新的关系在不同情境下会发生变化，两者的关系是动态的。众多学者也围绕《反垄断法》颁布后产生的经济效果进行了研究，认为《反垄断法》的实施为打破企业垄断、进一步优化市场配置提供了法律支撑。《反垄断法》的实施能够在降低各地区行政垄断程度的同时抑制国有企业的过度投资行为和投资规模，尤其是低效率投资，并且促进了地区间产业结构调整，降低了产业同质化水平。另外，《反垄断法》的实施对高垄断程度公司的债务融资具有显著抑制作用，其银行信贷和商业信用显著减少，债务成本显著提高。

（1）垄断抑制企业创新质量。垄断可能对企业创新质量产生抑制作用，具体表现在以下三个方面：

第一，处于垄断地位的企业体制僵化导致创新动力不足。价值网络理论和资源依赖理论认为，处于垄断地位的企业已经形成了较为固定的管理模式，而这种管理模式是企业成功的根本，但这种管理模式也限制了企业对创新产品的研发。因为大企业在成功管理模式下要想维持在创立早期的高利润率，必须依据客户需求进行生产，牢牢抓住客户需求，而大部分客户在不了解新产品功能的前提下往往倾向于使用老产品，因而导致大企业没有足够的动力提升创新质量，甚至会将创新资金用于继续扩大规模。这不仅会造成产能过剩，还会抑制企业创新质量的提升。小企业则由于大企业对资源的掌控而无法有效获取创新所需资金，因而限制了企业的创新投入，进而会抑制企业创新质量的提升。

第二，垄断程度的提高抑制了企业从事技术创新活动的内在动力。在健康的市场环境下，企业愿意把更多精力投入技术创新活动中，从而促进技术创新效率的提高。在垄断背景下，新进入企业很难与行业中的垄断企业相抗衡，这些企业通过研发创新难以撼动大企业的地位，因此垄断行业在无外力干预的情况下宛如"一潭死水"；而在竞争条件下，企业进入与退出相对容易，为了避免被市场淘汰，企业会想办法进行创新以逃离竞争，并不断提升自身的创新质量，以求在市场中长久生存或者进一步寻找新的市场，并逐步成长为新市场垄断企业，即"逃离竞争效应"。

第三，关键资源的排他性垄断导致企业管理者产生惰性。处于垄断地位的企业面对的资源获取压力较小，通过较少的投入就能取得较大的回报，管理者在这种情况下容易产生惰性，导致其不愿将资金用于风险型创新投资，因而会对企业创新质量提升产生消极影响；处于非垄断地位的企业为了获取类似于垄断企业的高额回报，更愿意进入这些垄断行业，但由于关键资源不足，导致非垄断企业创新策略不连续以及人才流失，创新质量难以提升。

综上所述，垄断导致资源配置不均，且会对创新质量产生负外部性。同时，价值网络理论认为高质量创新与低质量创新在企业内部是同时推进的，因此垄断会同时抑制企业的高质量创新和低质量创新。

（2）垄断能够促进企业创新质量提升。主要体现在以下三个方面：

第一，创新产生的垄断租金是企业从事创新活动的重要激励。垄断背景下存在着占据市场支配地位的垄断企业，这些企业往往会通过垄断地位形成规模经济与范围经济，并作为价格决定者操纵整个市场进而攫取大量利润，占据着该行业各种优势资源，这些优势资源的存在能够促进企业创新；随着创新投入的增加，企业创新质量自然会得到提高，即"熊彼特效应"。而对未占据市场支配地位的企业（小企业）来说，其销售网络并不如垄断企业发达，因此其广告投入所带来的收益较少，想通过价格战获取市场的策略显然缺乏理性。事实上，价格战这种行为往往会引起垄断企业反扑，因为垄断企业具有成本上的优势，能够不断降低价格，而小企业则可能因为垄断企业的降价行为而濒临破产。因此，小企业在垄断情况下获取市场的最好办法就是不断提升企业创新质量，以此吸引当前的小众市场消费者。

第二，垄断行业往往会有进入限制，即对其他厂商存在着进入壁垒。垄断竞争市场下，垄断者也存在潜在竞争者，为了阻止潜在竞争者进入，垄断企业会通过改进技术、降低成本以威慑新的竞争者,阻止新竞争者进入;新进入者为了与垄断企业竞争以尽可能获取利润,也会提升创新质量。

第三,排他性垄断创新促进企业创新质量提升。垄断企业为了防止竞争对手通过创新威胁到自己的地位,也会进行大量的创新投入,促进自身创新质量的提升,即排他性垄断创新。国家层面也会对这种排他性垄断创新予以保护,因为这能够激励企业更积极地进行创新。另外,根据价值网络理论,垄断会同时影响高质量创新和低质量创新。

本章小结

市场绩效是指在市场结构下,通过一定的市场行为使某一产业在价格、成本、产量、利润、产品质量、品种及技术进步等方面达到的最终经济成果。它实质上反映的是在特定的市场结构和市场行为条件下市场运行的效率。

对市场绩效的讨论主要以以下两种方式展开:一是对市场绩效本身进行直接的描述和评价,主要从资源配置效率、产业的规模结构效率、技术进步和 X 非效率等几个方面,描述市场绩效的基本情况及评价市场绩效的优劣;二是研究市场结构、市场行为和市场绩效之间的关系,并从中寻找市场绩效的影响因素,以便对导致某种市场绩效的原因作出解释。

衡量市场绩效的微观指标主要有三个,即收益率、勒纳指数和托宾 q;对市场绩效的综合评价则主要考虑产业的资源配置效率、产业的规模结构效率、产业技术进步程度,以及产业组织内部的 X 非效率等几个方面。

对于市场结构与市场绩效之间的关系,产业组织理论哈佛学派构建了现代产业组织的描述性研究范式,即市场结构、市场行为、市场绩效分析框架,简称SCP分析框架。SCP分析范式假定可以对市场绩效进行客观的度量,并认为市场绩效取决于市场行为,而市场行为又取决于市场结构。

市场行为是指企业为在市场上赢得更大利润和更高的市场占有率所采取的一系列策略性的活动,包括价格行为和产品差别化、广告、研究与开发等非价格行为。本章重点分析了垄断者的定价行为及其福利损失,比较垄断企业与竞争性企业的创新动力和创新能力,剖析垄断企业的广告行为与社会福利目标的偏差,并简要阐述进入威胁与进入壁垒对垄断者市场行为与市场绩效的影响。

➤➤ 复习思考题 ◅

1. 简述何为市场绩效?
2. 市场绩效的衡量标准有哪些?
3. 企业改善市场绩效的市场行为主要有哪些? 试举例说明企业能否通过某种市场行为达到期望中的市场绩效的改善。
4. 简述哈佛学派关于市场绩效的观点,并作出评述。
5. 简述芝加哥学派关于市场绩效的观点,并作出评述。

烟草商业企业的 X 非效率分析[①]

根据产业经济学和 X 效率理论,某一产业集中度越高,垄断程度越高,从而 X 非效率现象越严重。作为垄断性组织,烟草商业企业的专卖专营会导致 X 非效率,主要表现为受管制商业企业的低效率和管制行为的低效率。

(1)受管制的烟草商业企业的 X 非效率。国外学者鲍莫尔和克莱·沃里克认为,受管制会使企业产生 X 非效率。一方面,管制者设置最高限价,这会削弱企业对创新和效率的追求;另一方面,管制者会利用最低限价使低效率企业留在行业内,即允许低效率企业通过制定较高的商品价格将低效率转嫁给消费者而取得利润。下面对受管制的烟草商业企业的 X 非效率进行具体分析:

首先,作为垄断经营者,烟草商业企业缺少外部竞争的压力,因此,降低成本的动力不足,导致 X 非效率产生。烟草商业企业可以通过专卖制度获得较高的报酬率,以弥补其较高成本。X 非效率不是投入成本高导致的,而是因企业缺乏成本意识,管理水平低下造成的。

其次,烟草商业企业员工努力熵的值很高。努力熵的高低与员工的绩效考核指标有关。考核指标越易完成,努力熵的值就越大,企业的成本就越高。

再次,行政管制使烟草商业企业经营行为缺乏效率。受管制的商业企业的经营者同时与企业组织、行政组织博弈,如果行政组织决定企业经营者的奖惩,那么经营者主要是受行政性约束而非市场性约束,其主动性和创造性就会受到限制,导致效率受损。

最后,烟草商业企业缺乏创新动力。现代企业制度中,委托人和代理人由不同的个人或组织来担任,二者在利益目标上并不一致。委托人追求利润最大化,而代理人是使其自身效用最大化,除追求利润外,可能还包括权力、威望、福利等。委托人和代理人目标不一致就会产生委托-代理问题,需要建立激励机制对代理人进行有效激励。受管制企业的经营者创新的成本高且完全被内部化,同时创新的收益又完全被外部化。因而,从规避风险和效用最大化的角度考虑,经营者自主创新的动力不足,会尽可能地将自身行为与已有的政策或规则保持一致。

(2)管制行为的 X 非效率。

首先,较高的行政管理成本。行政管理部门的成本收益约束相对企业组织明显较弱,易造成行政成本支出较高;同时,行政管理决策需要大量市场信息支持,信息收集与处理效率、决策科学水平都直接决定着行政管理的成本。

其次,管制行为实施者效率较低。在现行体制下,行政管理者有较好的制度化的个体利益保障,因而,相对于企业员工,行政管理者努力熵的值更高。同时,行政部门的产出及效率取决于行政人员的努力程度,却无法精确计算。行政机构较难在管理者的努力程度和个人边际报酬间建立正相关的关系,因而激励的效率较低。

---

① 资料来源:李琳. 烟草商业企业 X 非效率管理探析[J]. 现代商业,2013,7:120-121.

第八章
产业结构的演变

本章导读

　　本章首先介绍产业结构的含义、产业结构与经济发展的关系、产业结构演变的动因及演变的一般规律,然后探讨产业结构优化的含义、内容以及优化的途径与策略。

第一节　产业结构与经济发展

　　产业结构是经济结构的核心,一国经济增长必然伴随着产业结构的演变。不同国家经济发展阶段不同,产业结构演变进程不同,产业结构也表现出巨大差异。那么,产业结构与经济增长是一种怎样的关系,产业结构的演变是否存在一般规律,促进产业结构演变的因素又有哪些呢?

一、产业结构的含义

　　产业随着社会分工的产生而产生,但产业结构的概念产生得比较晚。一般认为,产业结构的概念始于 20 世纪 40 年代,由社会分工的发展和产业部门的分化而形成。随着社会生产力的发展,生产规模的不断扩大,社会分工日益精细,新的产业部门不断出现,产业之间和各个产业内部之间的相互依存、相互制约的经济联系日益紧密,产业结构日趋复杂。

　　最初产业结构的概念既可以用来解释产业间和产业内部的关系,也可以用来解释产业内企业间的关系结构以及地区间的产业分布,含义不是很明确。随着产业经济学研究的逐步深入,产业结构的概念和研究领域也逐步被界定下来。按照产业结构研究的内涵和外延,有"狭义"的产业结构和"广义"的产业结构之分。一种观点认为,产业结构是研究市场上各产业中经济资源之间的相互联系、相互依存、相互提升资源配置效率的运动关系,这是产业发展形态理论的观点。另一种观点认为,产业结构是研究产业间技术经济的数量比例关系,即产业间的"投入"和"产出"的数量比例关系,这是产业联系理论的观点。"广义"的产业结构是这两种观点的综合。

产业发展形态理论从"质"的角度动态地揭示了产业间技术经济的相互联系、形态和发展趋势，它是一个国家或地区的劳动力、资金、自然资源与物质资料在国民经济各部门的配置状况及其相互制约的方式，反映着一个国家或地区经济的发展水平、发达程度、内在活力与增长潜力。产业结构这种"质"的规定性可以从两个方面来考察：一是从加工深度、附加值的高低、资本密集度、技术密集度以及高新技术产业的产值比重等方面来考察；二是从规模效益和国际竞争力角度考察其市场份额和国际贸易结构。这种产业结构状况一般由两个定量指标来衡量：一个是价值指标，如某一产业部门所创造的国民收入占全部国民收入的比例，或某一产业的资本额占全社会资本额的比例；另一个是就业指标，如某一产业部门就业人数占总就业人数的比例。

产业联系理论是从"量"的角度静态地研究和分析产业间联系方式的技术经济数量比例关系，即国民经济各产业间的投入产出关系，也即产业间在投入与产出上的相互依存关系。这种量的关系至少可以从三个层次来考察：一是国民经济中三次产业之间的数量关系；二是三次产业内部各构成部分的数量关系；三是产业内部的产品结构。

因此，广义的产业结构通过产业间"质"的组合和"量"的规定，构成了产业间经济资源的分布结构。这种结构既是产业间的数量比例关系，又是产业间质的联系的有机耦合；既是静态比例的关系，又是动态关联的发展。

二、产业结构与经济增长

经济发展是社会经济运动的长期发展变化趋势，是经济规模的扩大和经济结构的演变。一般说来，经济发展表现为以下几个方面的变化：一是国民收入持续、稳定地增长；二是技术创新和技术进步在经济发展中起着越来越重要的作用；三是产业结构的持续演变和升级；四是社会的储蓄比例持续增加；五是国际贸易规模日益扩大，国际贸易结构日益优化；六是市场需求结构日益完善；七是与经济发展相适应的经济制度日益完善；八是社会价值观日益向不断重视生活质量的方向变化。因此，经济发展是经济增长和产业结构演变共同作用的结果，经济增长和产业结构演变是经济发展相互依赖、共同发展的两个方面，经济发展是总量增长与结构转换的统一。

首先，产业结构与经济增长关系密切。经济增长是一国或一地区在一定时期内（通常为一年），由于就业人口的增加、资本的积累和技术进步等原因，国民收入或国内生产总值数量上的增长，是经济规模上的扩大。产业结构的演变会促进经济增长，而经济增长也会加速产业结构的演变。在现代经济增长中，产业结构的演变和经济增长的相互促进作用日益明显：产业结构的合理化和不断优化的目的是实现经济持续、稳定增长，而经济增长也为促进产业结构演变提供物质基础和技术准备。不同的产业结构具有不同的经济效益，必然导致经济以不同的速度增长；不同的经济增长速度又对产业结构提出不同的要求，促使产业结构进行合理化调整。产业结构对经济增长的影响通过结构效益实现，结构效益高的产业结构能促使经济以较快的速度增长，它是在不增加投入的情况下实现的经济增长，因而属于内涵式扩大再生产的范畴。在社会再生产过程中，技术条件不断变化，产业结构、产品结构不断更新并形成新的组合,引起社会生产力发生质的飞跃,促进经济增长。

其次,产业结构聚合效益促进经济增长。随着经济的发展,社会分工日益专业化,社会生产部门日益增多,部门之间和部门内部的联系无论从深度和广度上还是从频繁程度上,比以往任何时候都要紧密得多。因此,产业部门之间的相互依赖程度、相互制约效应日益增大。在这种情况下,产业结构效益的重要性也日益加大,成为现代经济增长的一个重要支撑点。现代经济增长过程主要取决于产业结构的聚合效益,即产业间和产业内各部门间通过合理关联和组合,使组合后的整体功能大于单个产业或单个部门的功能之和。这种来自结构聚合的经济效益,已经大大地超过个别劳动生产率的提高对经济增长的影响。

再次,产业资源配置效益促进经济增长。经济增长不仅取决于资本、技术、人力资源等资源的投入,还取决于这些资源配置的优化程度。产业结构状态及其变化方式在很大程度上决定了资源配置效果。产业结构可以看作是资源转换器,通过产业间的有效运转,把社会各种资源的总和不断转化为各种产品和服务,以满足社会总需求。因此,这一资源转换器的运转效率和质量如何,直接关系到经济增长的质和量。运转的效率高、质量好,则经济增长的速度就快,经济增长的质量就好。产业结构合理化是使这一资源转换器运转的效率和质量不断得到提高的基础。产业结构合理与否,决定了在资源供给类别、方式和数量比例既定的情况下,能否实现有效产出的最大化,从而能够带来经济持续、稳定的增长。如果存在结构性障碍,则无效的投入就会加大,资源配置效益降低,经济的持续、稳定增长就会受到阻滞。

最后,产业结构转换能力促进经济增长。产业结构转换能力是指产业结构适应技术进步、社会资源供给状况和市场需求状况的变化的能力。技术进步对提高产业结构转换能力的作用是通过产业联系、产业波及、产业扩张等一系列的产业关联效应实现的,产业结构的优化可以强化技术创新所产生的产业波及和放大效应,提高产业结构的整体转换能力。产业结构转换能力的增强可以加速经济资源的转化效率,从而提高经济增长速度,带动经济持续增长;反过来,经济增长也可以为结构转换提供积累,实现经济增长的技术推进效应。

三、产业结构的形成机理

在产业结构的形成和发展过程中是"看不见的手"起主要作用,还是"看得见的手"起主要作用,一直是理论界争论的热点问题。坚持经济自由主义观点的,主张市场机制起主要作用,认为应尽可能减少政府干预;支持凯恩斯主义观点的,认为由于外部性、信息不对称、垄断等原因,存在明显的市场失灵,主张应积极发挥政府的作用,政府调控占主导地位。

(一)产业结构演变的市场机制

市场机制对产业结构的调整主要通过价格机制来实现。一是在完善的市场机制条件下,生产要素通过区域间的自由流通可以达到最佳配置,从而在一些条件优越的"最佳区位"集聚一批资源效益好的企业和产业,该区域由此形成全国范围内的优势产业和产业集群,形成产业的区域分工;二是在完善的市场经济条件下,价格体系趋于合理,资源在产业间不断流动,导致某些产业迅速发展、某些产业发展缓慢以及某些产业的衰退,从而形成优化的产业结构体系;三是在完善的市场机制下,激烈的竞争促使各产业的技术进步和管理创新,充分实现资源的优化配置,有利于推进产业结构的演变升级。

但是单纯依靠市场机制推进产业结构的演变有一定的局限性。首先,市场机制调整产业结构要求市场是完全竞争的,而现实中完全竞争的市场形态是不存在的,存在的是相对竞争的市场;其次,市场机制调整产业结构要求信息充分、对称,而现实中这一条件很难具备;再次,市场机制运作建立在企业和政府是"经济人"的假设基础上,而现实中大量的非经济因素导致企业、政府行为不完全理性;最后,完全依靠市场机制,不仅产业结构的演变程度具有一定的不确定性,且调整过程极为缓慢。

(二)产业结构演变的政府调控

产业结构演变中的政府调控是指政府从国民经济发展目标出发,从总体上及时、有效地协调产业结构。产业结构演变进程中政府的宏观调控主要通过产业政策实现。首先,政府根据经济发展的实际确定各产业发展的方向、重点、规模和速度,为整体产业结构的配置勾画出宏观轮廓;然后,政府运用财政、税收、信贷、价格等经济杠杆,甚至采用经济立法措施,保护和复制新兴产业的发展,延缓和遏制某些特定产业的发展,从而引导产业结构向着既定目标调整;最后,政府在宏观上为产业结构的市场调整机制创造良好的内外部环境,使市场诱导和政府调控有效结合。现实中,市场机制和政府调控应该密切联系,彼此配合,实现产业结构演进的合理化和高级化。

四、经济发展中的产业序列

产业结构的演变既包括单个产业的发展也包括产业群的发展,不同产业或产业群对经济发展的作用不同,在经济体系中的地位也不同。而产业序列是指在某一时间点上,一个国家或地区的经济体系内各产业按照一定的规则进行排列所形成的有序组合。产业序列既体现产业结构的状态,也体现不同产业在经济体系中的地位和作用,是产业结构调整和演变的产业组合。

产业序列可以按照产业的不同层次进行表述,既可以从三次产业层面进行分析,也可以按照更细分的产业层次进行分析,这里的产业序列是指按照产业的作用和相互之间的关系,在一国产业结构中由基础产业、主导产业、高新技术产业所形成的序列。在这个产业序列中,基础产业为主导产业和高新技术产业的成长提供强大的物质基础,而高新技术产业的发展和主导产业的成熟及其向更高形态转换,为基础产业注入新的技术和装备,使基础产业的产业高度不断得到提升,使之成为现代产业序列的基础。可见,这个产业序列具有清晰的结构层次,对于判断产业结构升级更直接,更有现实和长远意义。

(一)基础产业

1.基础产业的基本特征

基础产业是指在国民经济产业链中处于上游地位,为其他产业部门的生产、运营提供必需的投入或服务,生产基本生产资料的产业部门。基础产业是支撑经济运行的基础部门,包括经济社会活动的基础工业和基础设施。它在国民经济发展中起着基础和决定性的作用,其产出量的增加构成了整个国民经济增长的先决条件。基础产业按照提供有形产品和无形产品的不同，又分为狭义的基础产业和广义的基础产业。狭义的基础产业是生产实物的基础部门，即农业、能源、交通运输业、原材料工业、邮电通信、城市公共设施建设等。广义的基础产业，除生产实物的基础部门以外，还包括生产无形产品的基础部门，如金融、科教卫生等部门。我们这里主要阐述狭义的基础产业。

基础产业有以下三个基本特征：

（1）从社会再生产过程来看，基础产业是处在"上游"的生产部门。首先，基础产业和基础设施是整个国民经济的物质来源和物质基础，它的发展规模和水平制约着国民经济发展的速度和质量，其建设如果跟不上国民经济发展的需要，就会成为国民经济发展的"瓶颈"。其次，基础产业和基础设施所提供的产品和服务是其他部门赖以生存的基础性条件，如交通、通信、公共设施等，任何产品的生产都必须具备相应的基础性条件才能顺利进行。再次，基础产业和基础设施所提供的产品或服务是其他部门生产时所必需的投入品，如能源、原材料等。因此，下游产业的扩张就意味着对基础产业和基础设施需求的增加，要求它们也进行相应的扩张。最后，基础产业和基础设施所提供的产品或服务的价格形成了其他产业部门的生产运营成本。因此，基础产业的产品和服务价格的变动通过产业关联对其他产业部门的运营状况产生一系列的连锁反应。

（2）由于本身的生产技术特点，基础产业的生产能力形成周期很长。如铁路、电站、水利设施等基础设施从设计到建设再到投入使用，往往需要几年甚至十几年、几十年的时间。而且，基础产业和基础设施的设计、建设、投入运营、维护等环节均需要大量的投资，小规模的资金量无法形成规模经济所需要的生产能力。一些资本密集型的基础产业如电力部门，以及一些需要初始投资巨大的基础设施如交通运输、城市基础设施建设等，由于所需资金巨大，往往需要由政府出面组织投资建设。

（3）由于本身生产技术装备的特点，基础产业的存量资产具有相当强的固化性，产业转移难以实现，因此，基础产业和基础设施一旦因技术装备落后而不适用于其他产业的需求时，往往不可能实现其物质资本的转移和流动。此外，由于基础产业和基础设施的建设周期长、资产流动性差，因而资本产出效率较低。但是，基础产业和基础设施具有明显的外部效益，这些外部效益又不能计入基础产业的产品和服务价格，因此，基础产业和基础设施具有公共产品的许多特征。

从基础产业的特征来看，基础产业是国民经济部门的先行部门，它的发展为其他产业的发展提供了较为宽松的条件。从世界其他国家的发展历程来看，在经济发展的低收入阶段，社会投资的重心往往要向能源、原材料、交通运输等基础产业倾斜，随着人均收入的增加，投资的重心将不断地向高附加值的加工工业转移。一些基础设施部门虽然不直接参与生产过程，但都是生产所依赖的外部支持条件和技术保障。因此，基础产业在国民经济中应处于优先和超前发展的地位。

2. 基础产业的瓶颈制约

瓶颈产业是指产业结构中由于供给能力不足，对其他产业的发展形成严重制约的产业。历史经验证明，瓶颈产业常常与基础产业重合。例如，农业发展滞后会导致农产品供给不足，则以农产品为主要原材料的加工工业就会受到制约,更重要的是会导致居民基本消费资料供给短缺,造成物价上涨。制造业生产的基本原材料,如钢铁及金属材料、基本化工材料、建筑材料、木材等的供给不足,会限制整个加工工业的发展。能源产业是为一切其他产业发展、社会生活、居民生活提供基本条件的产业,它的短缺会制约其他所有产业的发展。铁路、港口、道路、供水排水、供电、供气、邮电通信及其他公共设施,是经济运行必不可少的条件,它们的短缺会使社会经济生活无法正常运行。这些产业都是基础产业,都具有投资生产周期长、资金技术密集度高、内部收益率相对较低、难以依赖进口解决等特征,这就使它们很容易变成瓶颈产业。

改革开放初期,我国面临着发展基础产业的紧迫性和重要性,政府加大了对基础产业的投入,使基础产业有了较大的发展。但由于加工产业的强劲扩张对基础产业产生超强需求,基础产业的发展速度仍不能满足加工产业的需要,因此基础产业仍然滞后于整个国民经济发展,不但没有成为国民经济的先行部门,反而成为制约国民经济的"瓶颈",如能源瓶颈、交通瓶颈。这种瓶颈制约不仅直接诱发了经济波动和结构失衡,而且严重阻碍了我国的工业化进程。改革开放改变了这一现状,40多年来,我国无论在交通基础设施规模、运输服务质量、技术装备等方面,还是在发展理念转变、市场化发展等方面,都取得了前所未有的成绩,高速铁路、高速公路、城市轨道交通运营里程以及港口万吨级泊位数量等均位居世界第一,机场数量、管道里程位居世界前列,在世界交通运输史上创造了举世瞩目的"中国速度"和"中国模式"。

(二)主导产业

1. 主导产业的基本特征

主导产业是指在经济发展的某一阶段对产业结构和经济发展起着较强的带动作用和广泛的直接、间接影响的产业部门。发展经济学家罗斯托(W. W. Rostow)认为,主导产业是那些在一定的经济发展阶段具有持续引进技术创新能力,增长率比国民经济增长率高,并对其他产业产生较强的关联带动作用的部门。在一国的经济发展过程中,构成国民经济体系的各个产业部门,其扩张速度是不同的,并且在国民经济中的地位和影响力是有差异的,从而形成了主导产业和一般产业的差别。主导产业一般是由几个产业部门组成的主导产业群,它们能迅速、有效地吸收先进技术和科技创新成果,满足大幅增长的市场需求,从而持续获得较高的生产增长率,对整个国民经济增长具有明显的促进作用。因此,主导产业的存在和演变与国民经济的整体发展密切相关,主导产业的演变代表了产业结构演变的基本方向或趋势。

主导产业一般具有以下四个特征:

一是主导产业是在社会劳动分工基础上形成的地区专门化生产部门。主导产业担负着参与地区分工的经济职能,其产品大部分参与地区之间的交换,具有较高的市场扩张能力和出口创汇能力。

二是主导产业综合利用当地自然资源、地理环境、社会经济力量、技术水平等有利条件,具有较高的生产增长率、较大的生产规模和较好的经济效益。

三是主导产业一般是代表先进技术水平的产业,能为经济发展创造良好的技术条件。合理的主导产业短期能直接带动整个国家产业结构的技术装备更新,长期能成为先进科学技术并转化为生产力。

四是主导产业处于生产产业链条中的关键环节,与其他部门有较强的直接、间接的经济联系,其发展具有连续性,能带动一大批产业的形成和发展。

主导产业正是通过这几个方面带动各个产业部门的发展,引起社会经济结构的变化,为经济的进一步增长创造条件。

2. 主导产业的经济增长效应

主导产业对经济增长的影响主要通过后向关联效应、前向关联效应和旁侧关联效应来实现。后向关联效应是指主导产业在其高速增长阶段会对生产要素产生新的投入要求,从而带动为其提供投入品的产业部门发展。这些投入可以是物质投入,如原材料、机器设备等;也可以是人力资源投入,如高级管理人员、高级技术人员等;还可以是无形资产投入,如先进的管理制度、管理技术、产业运行机制等。

前向关联效应是指主导产业的发展诱发出新的经济活力或产生出新的经济部门,为扩大经济活动范围提供条件,甚至为下一个主导产业的建立搭建一个重要的平台。原因有两点:其一,主导产业通过削减其他产业部门的投入成本,为该产业进一步发展新产品提供资金保障;其二,主导产业的迅速发展客观上造成了结构失衡,使某些"瓶颈"产业成为高利润产业,从而吸引资金,缓解"瓶颈"产业对经济发展的制约。

旁侧关联效应是指主导产业的兴起会引起它周围直接相关和间接相关产业部门的运营,以及主导产业部门的发展对地区的经济发展产生影响,包括地区经济结构的改善、基础设施的完善、城镇建设的加强、银行和商业制度的改革以及人员素质的提高等方面。

3. 主导产业的转换

在经济发展过程中,主导产业及其群体不断更替、转换的演变过程就是产业结构高度化的过程,是一国产业结构由低级到高级、由简单到复杂的渐进过程。经济发达国家的工业化进程表明,一国主导产业的更替顺序依次为:纺织工业→食品工业→重化工业→汽车工业→家用电器工业→计算机→生物工程→航天工业等高技术产业。这种主导产业更替的内在逻辑是:非耐用消费品产业首先发展起来并成为主导产业,其次是原材料产业,然后是耐用消费品产业,最后是新兴高新技术产业。这种更替对应于经济发展过程中需求结构变化的逻辑为:维持基本生存型需求→中间型需求→满足享受型发展型需求。这种更替对应于技术革命引致的生产要素投入结构的变化逻辑为:资源依赖型→劳动密集型→资本技术密集型。世界经济发展过程中主导产业群及其更替见表8-1。

表8-1 世界经济发展进程中主导产业群及其更替

阶 段	主导产业部门	主导产业群体
第一阶段	纺织工业	纺织工业、冶炼工业、采煤工业、早期的制造业和交通运输业
第二阶段	钢铁工业、铁路维修业	钢铁工业、采煤工业、造船工业、纺织工业、机械制造业、铁路运输业、轮船运输业

阶　段	主导产业部门	主导产业群体
第三阶段	电力、汽车、化工和钢铁工业	电力工业、电器工业、机械制造业、化学工业、汽车工业等
第四阶段	汽车、石油、钢铁和耐用消费品工业	耐用消费品工业、宇航工业、计算机产业、原子能工业、合成材料工业等
第五阶段	信息工业	新材料工业、新能源工业、生物工程、宇航工业等新兴产业

从发达国家近代经济发展历史考察,主导产业群更迭交替的脉络十分清晰。18世纪60年代至19世纪60年代,由于第一次产业革命,产业结构形成了以纺织工业为核心的包括纺织工业、冶炼工业、采煤工业、早期的制造业和交通运输业等五大部门为代表的主导产业群。19世纪中叶到19世纪末,由于第二次产业革命电力的发明和应用,形成了以钢铁工业为核心,包括电力工业、铁路运输、重型机械工业、汽车工业以及电信业等的主导产业群。19世纪末至20世纪深化了第二次产业革命成果,形成了以汽车工业为核心,包括石油、化工、电力、电机等的主导产业群,电力、汽车、化工、钢铁等工业合并成为主导产业。20世纪五六十年代开始了第三次产业革命,形成了以信息工业为核心,包括宇航工业、电子计算机工业、生物工程、新材料工业、新能源工业等的主导产业群,信息工业、新材料工业、新能源工业成为发达国家的主导产业。尽管从不同国家或地区的横截面考察,各个国家或地区的主导产业会呈现出不同步、不同类的特点,但从各个国家或地区时间纵截面考察,主导产业的更迭演变序列一般不会任意改变,只不过后发国家往往要重复先发国家的演变轨迹。

主导产业群发展的五个历史阶段说明:第一阶段是轻纺工业主导阶段,第二、三、四阶段都是重化工业主导阶段,第五阶段是技术密集型工业主导阶段。在经济发展史上,产业结构的高度化是主导产业不断更替的结果,是产业结构由低级到高级、由简单到复杂、由产业关联度低到产业关联度高的渐进过程。这一过程说明了发展中国家在选择、确定和建设主导产业及其群体时,在循序渐进的基础上,综合主导产业及其群体的优势,充分利用发达国家的先进技术和产业建设成果,争取在某些领域实现"跳跃式"的跨越,争取在尽可能短的时期内,实现经济的现代化。

(三)高新技术产业

高新技术产业与传统产业相对应,是指以科技为基础,以创新为动力的产业。高新技术产业的特点是技术含量高、创新能力强、具有较高的附加值和竞争力。高新技术产业是知识经济时代的主导产业,是经济发展的新动力。它们的发展能够带动传统产业和产业链的升级和转型,直接影响着国家的经济地位和国际竞争力。

高新技术是一个处于"新技术"和"尖端技术"之间的概念。"新技术"的概念具有时间性,主要是针对传统技术和原有技术而言的。"尖端技术"则是一个空间概念,是指在现有技术中,处于技术领先地位并对现有技术有所突破的技术。高新技术是一个历史的、动态的、发展的概念,是指那些处于突破性地位、影响和波及范围广、能单独形成新产品的技术,具有知识与技术的高密集性、高跨越度、强带动性的前沿技术,是对经济、技术、社会发展有着重要影响的先进技术。高新技术并非指在一定范围一定时期内的最新最尖端的科学技术,而是指有利于节约资源、增进环境效益、提高生产效率和生活质量的新型并且能高度产业化的科学技术。可见,高新技术因一国和地区的条件、时间及发展阶段的不同而有所不同,判断一项技术是不是高新技术要和当时的技术条件及经济状况相联系。目前,世界高新技术集中表现在以下六个领域:电子信息技术、生物工程技术、新材料技术、新能源技术、航天技术和海洋技术。我国在考察研究国际高新技术发展领域的基础上,结合我国技术与经济的实际情况,确定我国高新技术领域是微电子科学和电子信息技术、空间科学和航空航天技术、光电子科学和光机电一体化技术、生命科学和生物工程技术、材料科学和新材料技术、能源科学和新能源及高效节能技术、生态科学和环境保护技术、地球科学和海洋工程技术、基本物质科学和辐射技术、医药科学和生物医学工程。

要形成产业合力的产业序列,必须处理好基础产业、主导产业和高新技术产业的关系。加强基础产业的发展,提高基础产业对主导产业和高新技术产业的支持能力。正确选择主导产业,培育收入弹性高、技术进步快、生产率上升快和能有力带动经济增长的产业。大力发展高新技术产业,加快产业升级步伐。

第二节　产业结构演变的动因

产业结构会随着经济发展不断调整变化,从纵向方面来说,产业等级会从低级向高级演变;从横向方面来说,产业结构会从简单化逐渐向复杂化演变。这两个方面的变化持续推动产业结构向更加合理化的方向发展。那么,引起产业结构演变的动因是什么呢?产业结构的演变是许多经济的和非经济的因素综合作用的结果,可以说,一切影响经济发展的因素,都直接或间接地作用于产业结构,推进或制约产业结构的发展变化。影响产业结构的内在因素和外在因素的发展变化都与产业结构的演变密切相关,内在因素对产业结构的发展起主要的推动作用,外在因素则从外部对产业结构的演变起拉动作用。一般来说,产业结构演变的动因主要有经济发展状况、技术变动、供给因素、需求因素、国际供给和需求、产业政策等。

一、经济发展状况

一国经济发展状况和发展水平与产业结构是相互影响、相互制约的。不同的产业结构状况和演变程度会使经济出现不同程度的增长;而一定时期的经济发展目标和发展水平不仅要求产业结构的合理变动,而且通过各种手段影响产业结构的变化,直接制约着产业结构变化的程度和范围。在封闭条件下,一国在一定经济发展水平下可供支配的资源总量是一定的,从而可供各个产业部门使用的资源是有限的,而不同的产业结构对稀缺资源需求的"质"和"量"是不同的,所以产业结构的调整或变化不可能超越相应的国民经济发展水平所能提供的物质条件,必然要受国民经济发展水平的内在制约。国民经济的持续发展依赖于产业结构演变,而产业结构的演变又推动国民经济的发展。

从世界各国产业结构调整的效果看,经济发展水平对产业结构演变的影响是通过供给和需求结构的变化来实现的。在一国经济发展过程中,国内生产总值增长迅速,国民收入上升就快,需求结构变化也就迅速,产业结构所面临的供给环境变化也会加快,供给与需求的双重影响必然导致产业结构的调整和升级。

二、技术变动

技术变动主要指技术结构变化和技术进步,这是影响产业结构变化的重要动因之一,主要体现在以下四个方面:

第一,技术结构变化会对产业部门中的生产技术结构、生产工艺过程、生产率、生产方式、生产规模、市场竞争状况、市场需求状况等产生影响,从而提供新的、有效触发产业扩张的机制,对产业结构的变动产生深刻的影响。

第二,新技术的出现,会催生新兴产业,从而改造和淘汰落后产业,导致产业结构发生变化。

第三,任何一个产业都有与之相适应的技术水平,这一产业的技术突破和高新技术的广泛应用,会带来本产业和相关产业的结构变动,并通过前向、后向和旁侧关联,带动一系列其他相关产业的发展;而且还可以通过技术的扩散、渗透与诱导等方面的作用,推动相关产业的技术变革。如铁路部门采用蒸汽机车时,由煤炭部门供应煤炭;采用内燃机车时,由石油部门供应石油;采用电力机车时,由电力部门供应电力。这样,随着铁路部门的技术进步,煤炭、石油、电力几个部门的发展及其占 GDP 的比重也发生相应的变动,当这种变化巨大时,将使不经济的产品和产业逐渐被淘汰,新的产业由此产生和发展,从而引起产业结构不断向前演变。

第四,技术水平的不同决定了部门之间比较劳动生产率的不同。在众多产业门类中,拥有先进技术的"主导产业"大量吸收创新成果,促使生产率上升,使生产要素从比较劳动生产率低的部门转移到比较劳动生产率高的部门,从比较劳动生产率提高速度慢的部门转移到比较劳动生产率提高速度快的部门,而且当"主导产业"进入成熟期以后,因生产率提高速率和成本降低速率趋于减缓,又会促使新的技术创新产生和新一轮主导产业出现。技术创新推动下"主导产业"的依次更替成为产业结构演变的显著特征与标志。

三、供给因素

产业结构的供给因素是指生产要素的供给,包括自然条件和资源禀赋、人力资源和资本供给、所需商品供给等。

(一)自然条件和资源禀赋

各国、各地区由于领土大小不等,地理位置不同,拥有的资源条件千差万别。自然资源禀赋条件包括资源的分布、资源的数量和质量。自然资源丰富的国家和地区,其产业结构常具有资源开发型的特征,如阿拉伯石油生产国,原油的开采、输出成为其国民经济的主要支柱产业。如果一国或地区不仅自然资源丰富,而且地域辽阔,则可能发展成资源开发、加工和全面发展的产业结构。例如,我国国土辽阔,资源丰富,有条件建立独立的、比较完整的产业体系和国民经济体系,并有能力使各产业协调发展。受资源约束的国家和地区就没有条件发展成资源开发型的、独立完整的产业结构,但它们可以利用科学技术和对外贸易来弥补资源匮乏的不足。如日本自然资源匮乏,主要的生产原材料,如石油的 99.7%,铁矿石的 99.1%,铅、铌、铀的 100%,原料煤的 77%,均需要进口。这使得日本不可避免地演变成以加工工业为主的产业体系。

虽然自然资源禀赋条件是不能人为改变的,并且自然资源是一国经济发展的基本要素,但这一要素对一国产业结构变动的影响会随着技术的进步而逐渐削弱。如新能源、新材料的发现和发明,使人们对传统能源和原材料的依赖程度越来越低。随着知识型产业结构的兴起和技术进步,人们对资源的开发和有效利用能力也在不断地增强,从而可以改善能源和原材料的供给结构,增加供给,大大减弱经济发展对自然资源的依赖。

(二)人力资源供给

人力资源的数量、质量及其流向,直接影响着产业结构的变动方式和方向。人力资源对产业结构变动的影响与投资有着相似之处,具有一定素质的劳动力流向哪个产业,该产业的劳动要素就会得到加强,获得发展条件;反之,不易获得劳动力或劳动力供给不足的产业,其发展就会受到一定的限制。

此外,劳动力素质的高低也直接影响着产业结构的演变速度。在技术进步不断加快产业结构演变速度的时代,劳动力素质结构对产业结构的演变具有重要影响。低素质劳动力不适应高技术化的传统产业和新兴高技术产业,就只能滞留在低技术产业,从而使这些产业的劳动就业长期处于过度膨胀状态,并因此成为产业结构演变障碍;相反,高素质的劳动力能够适应产业结构演变的需要,从而推动产业结构的演变。

进一步来看,人口的数量和结构、人均资源拥有量及资源的可供给能力都对产业结构的演变有很大的影响。过度的人口增长会将有限的资源转化为衣食住行等基本需求,其结果是减少了这些资源对其他产业的供给。同时,也可能减慢农业人口向第二、第三产业的转移,减缓工业化的进程,阻碍了产业结构向高度化和合理化演变。当然,过慢的人口增长或人口老龄化也同样有害,会导致劳动力供给不足,可能影响劳动密集型产业的发展。因此,一国在发展经济的同时,要注意保持适当的人口增长率,提高人口素质,实现农业人口的及时转移,加快工业化进程。

(三)资本供给

资本供给主要是从总量方面对产业结构演变产生影响。一方面,资本的充裕程度会对产业结构产生影响。资本不充裕的国家只能重点发展劳动密集型产业。资本供应的充裕程度主要受一国的经济发展状况、社会发展状况、储蓄率、社会资金积累状况等因素的影响。另一方面,资本的投资偏好所形成的投资结构也会对产业结构演变产生影响,这主要受政府的投资倾斜政策、投资者的投资偏好、利率水平、行业的投资回收期和回报率、进出口贸易的增长等因素影响。

在正常情况下,资本投入规模与产业结构高度化的发展进程呈正方向变动。这里所说的正常情况,不仅包括各行各业的平均投入产出效率大体相当,而且还包括投资形成的生产力不会遇到体制障碍、市场限制和劳动力供给的约束。如果不具备这些条件,投资规模越大,可能会导致产业结构发展越不合理,而难以向产业结构高度化演变。反之,如果具备了这些条件,投资规模越大,则产业结构高度化发展的进程就越快。资本投入结构决定着固定资产存量结构,现有固定资产存量结构决定产业结构演变的方向和速度,是制约产业结构演变的一个重要因素。现有固定资产结构主要取决于前期的长期投资,包括原有资本投入的部门结构、原有资本投入的部门内部结构、原有资本投入的企业结构和原有资本的地区分布。

(四)商品供给

影响产业结构变动的商品供给因素有原材料、中间投入品、零部件、进口品等商品的质量和数量。从更广的范围上来看,商品供给还应包括电力及其他能源、水资源、公共设施及公共服务、技术供给状况等。这些商品的供应往往受基础产业、上游产业、后向关联系数大的产业的规模、总体技术水平、发展状况等方面的制约。因此,为改善商品供给状况,一国必须首先发展基础产业、上游产业和后向关联系数大的产业。这些产业得到一定的发展之后,商品供给情况得到改善,从而下游产业,后向、前向关联系数较大的产业得到发展。

四、需求因素

影响产业结构变动的需求因素包括消费需求和投资需求两大类。

(一)消费需求

产业结构与市场需求结构存在着某种对应关系,市场需求决定经济活动的存在价值,决定着某一产业存在的必要性。在市场经济条件下,任何一个产业的产品都要在市场中进行交换。如果某个产业的产品失去了市场,这个产业也就失去了立足之地;反之,如果某个产业的产品占有了市场,就会拉动这个产业进一步发展。因此,市场需求结构直接影响着产业结构的演变。

19世纪70年代,德国社会统计学家恩格尔在《萨克森生产与消费的关系》等论著中提出:随着家庭收入的增加,其总支出中用在食品上的开支比例会越来越小,这就是著名的恩格尔定律。按照恩格尔定律,随着人们收入水平的提高,恩格尔系数会下降,人们对食品尤其农产品的消费将相对减少,导致第一产业的产值占GDP的比重不断下降。随着经济的进一步发展和居民收入水平的进一步提高,人们的消费倾向将转向以享受型和成长型消费为主。居民消费结构的这种变化,要求增加工业消费品,尤其是耐用消费品的消费,增加医疗、教育、旅游等服务的提供,从而带动第二产业、第三产业的不断发展。与此消费水平及结构相适应的工业生产,在结构上表现为原材料工业和加工工业的极大发展,在生产方式上表现为大批量的生产方式。在居民消费水平更进一步提高的基础上,人们的消费倾向呈现出多样性和可变性的特点,与此相适应的工业生产方式也从少品种、大批量过渡到多品种、小批量,而服务型消费的增长使得第三产业的产值占GDP的比重不断上升。随着经济的发展,需求结构会发生相应的阶段性变动,并呈现出层次性和演变的有序性,成为产业结构演变的基本依据。

（二）投资需求

投资是产业生成和扩张的重要条件之一。资金向不同产业方向投入所形成的投资配置量比例就形成了投资结构。投资结构决定了资源向不同产业部门的分配量与再分配量，因而对产业结构的形成和变化产生影响。不同方向的投资可以创造新的投资需求、形成新的产业以及改造现有的产业结构；对部分产业以不同比例投资，可以推动这些产业以更快的速度扩张，从而影响现有的产业结构。对全部产业以不同比例投资，可以对产业发展程度产生影响，导致现有产业结构的变化。

五、国际供给与需求

国际供给与需求是通过国际贸易与国际投资实现的。

（一）国际贸易

国际贸易与产业结构有着密切的关系。一方面，产业结构在总体上决定了贸易结构，一国具有国际优势的产品和资源往往成为出口的主导产品，同时本国的产业结构决定进出口产品的结构。另一方面，贸易结构对产业结构的演变具有巨大的推动作用。随着经济的发展，对外贸易及资本流动的国际扩展不但隐含着各国进出口结构的不断变动，而且也促使各国产业结构发生变化。本国对自然资源、产品、劳务的出口可以推动国内相关产业的发展，而对国内紧缺的资源、劳务和技术的进口则为本国发展同类产业创造良好的供给条件。美国经济学家弗农的"产品周期理论"指出：非产品创新国家的产品将遵循"技术引进→在本国市场同外国产品竞争的进口替代→出口竞争"的逻辑顺序。弗农认为，创新产品初始垄断优势以及其后技术转移与扩散形成的垄断优势的丧失，决定着国际贸易的格局变化，从而推动一国产业结构的演变。

（二）国际投资

国际投资包括国内资金的流出和国外资金的流入。对外投资会导致本国产业的转移，而国外资金的进入会带动国外产业向本国转移，这两个方面都会带来本国产业结构的变动。在国际投资影响产业结构变动的因素中，国外对本国的直接投资对产业结构变动的影响作用是较大的。首先，国外的投资直接决定生产方式、生产技术、生产产品的数量和质量，这会直接改变原有的产业结构；其次，外资企业中间产品的供应结构和最终产品的销售结构也对原有的产业结构产生直接影响；最后，外资所带来的技术和管理方法对本国产业也会产生深远影响。

六、产业政策

产业政策是政府通过经济杠杆和行政手段对资源在各产业间配置过程的干预，以支持或限制某些产业的发展，弥补和修正市场机制的失误和不足，加强资源的合理配置和加速产业结构的演变。产业政策具有强烈的波及效果，它不仅可以直接扶植或限制某些产业的发展,而且能够左右绝大多数影响产业结构的因素,包括通过政府投资、产业管制、财政和货币政策,以及立法、产业协调等手段来调整供给结构、需求结构、贸易结构和投资结构,从而对产业结构产生影响。

为了实现政府制定的产业发展目标和规划,在调整产业结构时,通常需要首先制定有关的经济政策,以对产业结构的调整施以诱导或强制实施。例如,第二次世界大战后,日本经济的迅速崛起为产业政策实施提供了有力的依据。战后的日本经济面临崩溃的局面,如何迅速恢复经济,赶超欧美发达国家的经济水平呢?日本政府通过规划产业结构高度化发展目标,设计产业结构高度化的途径,确定不同时期带动整个国民经济起飞的"主导产业",并通过制定一系列相应的政策措施来保证实施,从而诱发经济向既定目标发展。日本政府通过设计不同时期的产业政策,促进了本国经济的迅速崛起,在短短的 20 年时间里,走完了发达国家 100 多年的经济之路,令世人瞩目。可见,实施产业政策可以对一国产业结构的演变起到有力的促动作用。

第三节　产业结构演变的规律

一、产业结构演变的一般规律

一国的产业结构是与经济发展相对应且不断变动的,这种变动体现在随着经济的发展,产业结构在产业高度方面不断地由低级向较高级演变,在产业结构横向联系方面不断由简单化向复杂化演变,这两方面的演变不断地推进产业结构向合理化方向发展。不管是产业间,还是三次产业内部,产业结构的演变都有其内在规律可循。这些规律可为我们预测产业结构的未来发展方向提供有意义的指导。

从世界各国产业结构演变的实践来看,产业结构的演变具有以下三个方面的一般规律:

(一)从工业化发展历程来看

从发达国家产业结构演变的历程看,工业化大致可以分为前期、中期和后期三个阶段。在工业化前期,产业结构呈轻型结构,一般是农业和轻纺工业在经济发展中起主导作用,劳动密集型和资源密集型产业占绝对优势,第一产业的产值比重在三次产业中占主要地位,第三产业的地位微乎其微;工业化中期,第二产业有了较大的发展,其产值比重在三次产业中占据主要地位,这时大机器工业体系日趋完善,产业结构呈现明显的重化型,电力、钢铁、机械制造业等资本密集型产业在经济发展中起主导作用,基础工业和基础设施得到很大完善,第一产业地位下降,第三产业地位逐渐上升;工业化后期,以汽车、家用电器为代表的耐用消费品和以微电子技术、信息技术、航天技术、生物工程、新能源和新材料为代表的高新技术产业迅速发展,整个产业结构的高度化趋势越来越明显,第一产业的产值比重降到最低,第三产业产值比重在三次产业中占有支配性地位,产业知识化成为主要特征。

(二)从主导产业的转换过程来看

从主导产业的转换过程来看,产业结构的变动具有阶段性。一般情况下产业结构的演变遵循着这样的演变路线:农业→轻纺工业→基础工业→重化工业→现代服务业→信息产业,每一阶段的演变均有自身的产业特点。

(1)以农业为主导的阶段:农业的劳动力和产值比重在三次产业中占主导地位,第二、第三产业的发展有限。

(2)以轻纺工业为主导的阶段:轻纺工业由于需求拉动作用明显,工业革命后又使纺织机有了动力来源,且纺织技术也有所突破,从第一产业分离出来的劳动力价格低廉,这一切因素使其得到了较快的发展;同时,第一产业劳动力和产值占三次产业的比重有所降低,重化工业和第三产业的发展有限。

(3)以重化工业为主导的阶段:农业产值在三次产业中的比重进一步降低,轻纺工业的发展速度有所减缓,而以原材料、燃料、动力、基础设施等基础工业为中心的重化工业得到了较快的发展,并逐渐取代轻纺工业成为主导产业。

(4)以低度加工型企业为主导的阶段:制造业中传统性、技术含量较低的机械制品、钢铁、造船等低加工度的产业发展速度较快,其劳动力比重有所增加,产值在三次产业中的比重逐渐增大,成为主导产业。

(5)以高度加工型企业为主导的阶段:技术创新成果在工业中得以大量应用,并对传统产业加以改造,因此,技术密集型的产业快速发展起来,技术要求高且附加值高的产业,如精密机械、精密化工、石油化工、智能机器、电子计算机、飞机制造、汽车及数控机床等有了快速发展,成为经济增长的主要推动力量,其产值在三次产业中占有较大的份额,并且增速较快,成为国民经济的主导产业。

(6)以服务业为主导的阶段:第三产业如服务业、运输业、旅游业、商业、房地产业、金融保险业、信息产业等取得了明显的发展速度,且第三产业和第一、第二产业的关联效应日益增强,其产值在国民经济中的比重增大,占据较大的份额;第二产业的发展速度有所减慢,产值比重有所降低,并不再占据主导地位,但其内部结构变化较大,高新技术产业诸如微电子产业、核电业、新型合成材料业、生物工程业、宇航工业、光导纤维及信息产业等迅速崛起。

(7)以信息产业为主导的阶段:信息产业得到了高速发展,以电脑为核心的"智能机器"迅速取代人脑进入生产过程,实现了生产过程的自动化和信息化,商品生产由以物质商品为主逐步向信息产品过渡,这一时期,信息产业已成为国民经济的支柱产业和主导产业,这一时期也称作后工业化阶段。

二、产业结构演变规律的相关理论

人类社会进入20世纪后,经济增长和经济结构转换加速,对经济发展的影响明显加强,与之相应的是产业结构演变理论也随之日益发展和不断完善。众多经济学家从经济发展史的角度研究产业结构的演变,揭示了经济发展、人类需求变化与结构转换之间的关系。

(一)配第-克拉克定理

最早注意到产业结构演变规律的是英国经济学家威廉•配第,他第一次发现了世界各国的国民收入水平差异及其形成的不同经济发展阶段,关键在于产业结构的不同。配第根据各个产业收入不同的描述,揭示了产业间收入相对差异的规律性,被后人称为"配第定理"。但是,这时还没有三次产业的划分,还不可能明确提出三次产业比重变动的规律。

20世纪30年代,澳大利亚经济学家费歇尔首次提出对产业结构理论影响深远的三次产业分类法。英国经济学家科林·克拉克在配第和费歇尔研究的基础上,在1940年出版的《经济进步的条件》一书中,通过对40多个国家和地区不同时期三次产业劳动投入和总产出资料的整理、分析和比较,得出如下结论:随着经济的发展,即人均国民收入水平的提高,劳动力首先由第一产业向第二产业转移。当人均国民收入进一步提高时,劳动力开始向第三产业转移。劳动力在三次产业间的分布情况是第一产业将减少,第二、第三产业将增加。这是由于经济发展中各产业之间出现收入的相对差异造成的。这一原因配第已阐述,人们将克拉克的发现称为"配第-克拉克定理"。

配第-克拉克定理关于产业结构演变的研究有三个理论前提:一是以若干国家产业结构在时间推移中发生的变化为依据,即随着时间的推移,人均国民收入水平不断提高;二是以劳动力在各次产业中的分布为衡量产业结构变动的指标;三是以三次产业分类法为基本框架。

配第-克拉克定理不仅可以从一个国家经济发展的时间序列分析中得到印证,还可以从处于不同发展水平的国家在同一时点上的横截面比较中得到类似的结论。也就是说,国民收入水平越高的国家,第一产业的劳动力比重相对越小,第二、第三产业劳动力比重相对越大;人均国民收入水平越低的国家,第一产业劳动力比重相对越大,而第二、第三产业劳动力比重相对越小。

(二)库兹涅茨定理

克拉克的研究指出了在经济发展过程中劳动力在三次产业间分布变化是由于产业间相对收入差距的原因,但产业间这种相对收入差距是如何产生的,克拉克并没有做更深入的研究。在克拉克研究成果的基础上,美国经济学家库兹涅茨进一步收集和整理了50多个国家的数据,对产业结构变动与经济发展关系进行了较彻底的考察。他在考察中不仅利用了劳动力在各产业部门的分布指标,而且还利用了各产业所创造的增加值占国民收入的比重指标,揭示出随着人均国民收入水平的提高而产生的产业重心转移过程,以及三次产业产值变动与就业构成的相关变化,从而在深化产业结构演变的诱因方面取得了突出成就。

库兹涅茨通过对产业结构变动的实证分析,得出发达国家在进入现代经济增长阶段以后,产业结构出现的主要变化是:随着经济的发展,第一产业实现的国民收入或国内生产总值,在整个国民收入中的比重不断下降,而劳动力占全部劳动力的比重也是如此,说明农业在经济增长中的作用下降。第二产业实现的国民收入随着经济的发展略有上升,而劳动力占全部劳动力的比重却大体不变或略有上升,说明工业对经济增长的贡献越来越大。第三产业实现的国民收入或国内生产总值,随着经济的发展略有上升但却不是始终如一地上升,而劳动力占全部劳动力的比重呈现出上升趋势。

20世纪五六十年代,在一些主要发达国家,服务业取代工业成为经济增长的主要因素,进一步印证发展了克拉克所揭示的产业结构重心由农业向工业,再向服务业转移的一般过程,即在现代经济增长中产业结构的工业化和更高阶段的服务化趋势。

将劳动力和国民收入在产业间的分布结构结合起来分析产业结构的演变动因,正如克拉克所认为的那样,产业结构演变是由于产业间相对收入的差异造成的。这种产业间的相对国民收入,即国民收入相对比重和劳动力相对比重之比,也称作"比较劳动生产率"。

比较劳动生产率=该产业的国民收入的相对比重/该产业的劳动力的相对比重×100%。

库兹涅茨对比较劳动生产率变化趋势进行分析,结果发现:

(1)大多数国家第一产业的相对国民收入即比较劳动生产率均低于1,而第二、第三产业的相对国民收入则大于1。这说明在三次产业中,第一产业所创造的国民收入要低于第二、第三产业。因此,第一产业的劳动生产率是比较低的。此外,从时间序列分析来看,第一产业的比较劳动生产率持续下降趋势说明,在劳动力相对比重和国民收入相对比重均下降的情况下,国民收入相对比重下降的程度超过了劳动力相对比重下降的程度,因此,在大多数国家,第一产业的劳动力转移的趋势仍然没有停止。农业实现的国民收入相对比重减少、农业劳动力相对比重减少的现象,是任何国家在经济发展到一定阶段必然出现的普遍现象。

(2)第二产业的相对国民收入比重上升是普遍现象。但劳动力相对比重的变化会因一国的工业化水平不同而有所差异。第二产业的相对国民收入上升,说明随着经济发展到一定程度后,第二产业不可能大量吸纳劳动力,而相对国民收入仍然上升,即该产业所实现的国民收入比重在上升,说明在一国的经济发展过程中,第二产业对国民收入总量,特别是对人均国民收入的增长有较大的贡献。这也就可以说明各国在谋求本国经济发展时,都要大力发展第二产业。

(3)第三产业的相对国民收入从时间序列分析上看,表现为下降趋势,而劳动力的相对比重则是上升的,这说明第三产业具有很强的吸纳劳动力的特性,由于第三产业所实现的相对国民收入比重是不确定的,因此,其劳动生产率提高得并不快。从目前世界各国的产业结构演变趋势来看,发达国家的第三产业在三次产业中无论是从劳动力的相对比重来看,还是从相对国民收入的比重来看,都占到了一半以上,是规模最大的产业。

(三)罗斯托的主导产业理论

美国经济学家罗斯托在他的《经济成长的过程》和《经济成长的阶段》等著作中,提出了"主导产业扩散效应理论"和"经济成长阶段理论"。罗斯托把经济增长划分为六个阶段,每个阶段都存在着起主导作用的产业部门,经济阶段的演变就是以主导产业交替为特征的。

经济发展的六个阶段分别为:一是传统社会阶段,科学技术水平和生产力水平低下,主导产业部门为农业部门;二是为起飞创造条件阶段,近代科学技术开始在工农业中发生作用,占人口75%以上的劳动力逐渐从农业转移到工业、交通、商业、服务业,投资率的提高明显地超过人口的增长水平;三是起飞阶段,相当于产业革命时期,投资率在国民收入中所占的比例由5%增加到10%以上,有一种或几种主导产业带动国民经济的增长;四是成熟阶段,现代科学技术已经有效地应用于生产,投资率在10%~20%,由于技术创新和新兴产业的不断涌现和发展,产业结构发生了巨大的变化;五是高额消费阶段,工业高度发达,主导产业转移至耐用消费品和服务部门;六是追求生活质量阶段,主导产业从耐用消费品部门转移到提高生活质量的部门,如文教、医疗、保健、福利、文娱、旅游等部门。

罗斯托提出的主导产业部门通过投入产出关系而带动经济增长的看法,以及主导产业部门的序列是不能任意改变的观点是值得借鉴的。任何国家在发展经济的过程中,都要立足于本国经济现状,从较低级阶段向较高级阶段的顺序发展,这期间伴随着主导产业部门的动态调整。

(四)霍夫曼定理

德国经济学家霍夫曼在 1931 年出版的《工业化的阶段和类型》一书中,分析研究了近20 个国家经济发展的时间系列数据,对工业化进程中的产业结构演变问题进行了开创性的研究,提出了著名的霍夫曼定理。霍夫曼认为一国在工业化进程中,霍夫曼系数(消费品工业的净产值和资本品工业的净产值之比)是不断下降的,阐述了一国工业化进程中工业内部结构的演变。

根据霍夫曼系数,工业化可以划分成四个发展阶段,见表 8-2。在工业化的第一阶段,消费品工业的生产在制造业中占主导地位,而资本品工业的生产在制造业中是不发达的;在工业化的第二阶段,资本品工业的增长快于消费品工业的增长,但消费品工业的生产规模仍然要比资本品工业的生产规模大得多;在工业化的第三阶段,资本品工业的生产继续增长,规模迅速扩大,与消费品工业的生产处于平衡状态;在工业化的第四阶段,资本品工业的生产占主导地位,其规模大于消费品生产规模,基本实现了工业化。

表 8-2　霍夫曼工业化阶段

工业化阶段	霍夫曼系数
工业化的第一阶段	4～6
工业化的第二阶段	1.5～3.5
工业化的第三阶段	0.5～1.5
工业化的第四阶段	1 以下

可以说,霍夫曼系数是符合产业发展规律的,特别是符合自由市场模式工业化的前期发展趋势。但他的理论存在以下几个缺陷:一是不能全面反映产业结构的变动趋势;二是轻工业和重工业与消费品工业和资本品工业并非完全的对应关系;三是会使人产生"优先发展重工业是工业化的必然要求"的错误思想;四是未说明产业结构的服务化趋势。针对这些缺陷,日本经济学家盐野谷右一对霍夫曼比例进行了修正,纠正了"投资品工业"的概念,认为重工业应包括钢铁、机械、化学三大部门;他还认为重工业的发展有一个饱和点,达到一定程度后其发展速度就要减缓,产业结构高级化将会出现新特征,即服务业、信息技术、知识密集型产业的发展。

我国统计口径中重工业与轻工业的计算方法,与国际上通用的重化工业与轻工业的计算方法有较大差异,主要表现在两个方面:

第一,按国际口径,轻重工业的比例是在制造业范围内计算的,而我国的重工业中还包括采掘业。

第二,按国际口径,轻工业指以农产品为原料的加工工业,主要包括食品工业和纺织工业,重化工业主要包括金属、机械、化学三个行业;而按我国的分类,轻工业还包括日用机械、日用金属制品、日用化学品等以非农产品为原材料的消费品工业。

由于我国统计口径中重工业与轻工业的计算方法与国际上通用的计算方法有较大的差异,因此,用我国的统计口径计算的重工业与轻工业的比例与"霍夫曼比例"参考值相比是不合适的。

第四节 产业结构优化

一、产业结构优化的含义和内容

(一)产业结构优化的含义

产业结构优化是指通过产业调整,使各产业实现协调发展,并满足社会不断增长的需求的过程。产业结构优化包括两方面的含义:一是结构效益优化,即产业结构演变过程中经济效益不断提高;二是转换能力优化,即产业结构对技术进步、社会资源供给状况和市场需求状况变化的适应能力的优化,包括传统产业向现代产业转换的能力、长线产业向短线产业转换的能力、衰退产业不断消亡和新兴产业不断产生的能力。

产业结构优化是一个相对的概念,是在国民经济效益最优的目标下,根据本国的地理环境、资源条件、经济发展阶段、科学技术水平、人口规模、国际经济关系等特点,调整产业结构,使其达到与上述条件相适应的各产业协调发展的状态。产业结构优化是一个动态的过程,它贯穿于整个经济发展过程中,并表现为一个不断调整的过程。

产业结构优化过程主要是产业结构的协调化和高度化。产业结构协调化是指在产业发展过程中合理配置生产要素,协调各产业部门之间的比例关系,促进各种生产要素有效利用,使产业结构合理化和均衡化发展。产业结构高度化是指产业结构从较低水平状态向较高水平状态发展的动态过程,即产业结构向高技术化、高知识化、高资本密集化、高加工度化和高附加值化发展的动态过程。它以新兴产业比重的提高为前提,其重要标志就是各产业的技术层次不断提高和新兴产业不断成长为主导产业。

(二)产业结构优化的内容

产业结构优化是对影响产业结构的各种因素的优化,具体包括以下五个方面:

1. 现行产业结构的优化

产业结构现状是产业结构优化升级的现实基础,其协调化和高度化程度如何,直接影响到产业结构未来优化的方向。实现三次产业间的协调化和高度化发展是产业结构优化的主要内容,包括现有三次产业间产值结构、资产结构、技术结构、中间要素结构等方面的协调化和高度化,产业间地位的协调化和高度化,产业结构交替演变的协调化和高度化,产业间及产业各部门间的发展速度比例的协调化和高度化,产业整体素质的协调化和高度化,部门专业化协作程度、产业间及产业部门间的关联效应、产业间物质技术基础的协调化和高度化。

2. 供给结构的优化

供给结构是在一定的社会、生产、技术、组织和市场条件下,作为生产要素的资本、劳动力、自然资源等在国民经济各产业部门间供应的比例,以及由此所决定的产业关联关系结构。因此,资本结构和投资结构、利用外资结构、劳动力供给结构、自然资源禀赋及其供给结构等方面的优化是供给结构优化的主要内容。

3. 需求结构的优化

需求结构是指在一定的收入水平条件下,社会各个消费群体对各产业部门的产品和服务的需求比例关系,以及由此所决定的产业间的关联关系结构。因此,不同消费群体的需求比例结构、中间产品和最终产品的比例结构、投资比例结构、消费结构、投资和消费比例结构等是需求结构优化的主要内容。

4. 国际贸易结构的优化

国际贸易结构是指国民经济各产业部门进出口的产品、技术和服务的比例结构,以及由此所决定的产业间的关联关系结构。国际贸易结构的优化就是对进出口的产品和服务结构的优化,包括高附加值的深加工、精加工制成品和低附加值的初级加工制成品的比例结构,消费资料和生产资料的比例结构,原材料、能源的基本品和机器设备等投资品的比例结构,高技术含量产品和低技术含量产品及服务比例结构,等等。

5. 技术结构的优化

技术结构的优化是指国民经济各产业部门间的生产技术结构、劳动生产率结构、技术对生产的贡献结构、技术创新和技术引进结构以及产品和服务的技术含量结构等,以及由此引起的产业间技术关联结构。因此,优化技术结构就是要对产业间和产业部门间的技术装备结构、技术创新能力结构、劳动生产率结构、资源使用效率结构等一系列结构进行优化。

二、产业结构的协调化和高度化

(一)产业结构协调化

产业结构协调化是产业与产业之间协调能力的加强和关联水平的提高。从静态方面看,三次产业以及各产业内部的比例要相互适应。从动态方面看,各产业内部以及三次产业之间增长与发展的速度要相互协调,即在产业联系的基础上,产业结构的协调化要反映出部门之间投入产出关系的变动。产业结构协调化的本质是各产业之间有较强的互补和谐关系和相互转换能力,即社会资源在各产业的重新配置,以达到产业结构合理协调发展的要求。产业结构协调化主要表现为以下五个方面:

1. 产业间相对地位的协调性

一般情况下,产业在国民经济中所起的作用和所处的地位是不同的。从一国的产业序列来看,纵向产业序列可以有三个层次——基础产业、支柱产业、先导产业,每一层次的产业也有重点与非重点、支配与从属、主导与辅助之分。产业间的各层次相互支持、相互协调,有明确的主次、轻重关系。衡量产业间的地位关系可以从产值、关联关系、主导作用等方面进行两两比较，并应用 AHP（层次分析法）对产业的重要性权重进行计算。

2. 产业关联的协调性

由于产业间的投入产出关系是经常变化的，如某个产业的工艺、技术发生变革或使用的燃料、材料发生变化等，都会使产业之间的关联状况发生变化。如能源结构由以煤炭为主，改为以原油为主，使煤炭工业陷入极度的困境；塑料、化纤、铝材等的大量使用也都深刻地改变了产业间的关联性。产业结构的内部关联性的失调表现为产业间生产能力的不匹配，存在"瓶颈"产业或开工率严重不足的产业，这些产业的存在会严重地制约国民经济的发展，影响国民经济的正常运行。例如，20 世纪 80 年代，能源、交通业成为我国经济发展的瓶颈产业；当前，一些关键战略材料产业，如高端装备要用的特种合金和高性能分离膜材料等成为我国经济的"卡脖子"发展瓶颈。

产业关联的协调性表现在两个方面：一是产业互助性，即在投入产出关系的基础上提供相互帮助、相互支持；二是产业互促性，即一个产业的发展对其他产业的发展有所促进，不能以削弱或限制其他产业发展为代价。加强产业关联的协调性，就要最大限度地减少产业结构不协调的损失，通过调整资源增量和存量解决产业间生产能力不匹配的状态。

3. 产业增长速度分布的协调性

产业结构的协调还表现在各产业部门的增长速度分布的协调性上，具体体现在两个方面：一是高速增长部门、减速增长部门和潜在增长部门之间的增长速度差距较为合理；二是这三类部门数量比例较为合理。2000 年以来，在经济快速增长和城镇化快速推进的带动下，房地产市场迅速发展起来。随着国家出台一系列鼓励房地产市场发展的政策，如降低首付比例、发放购房补贴、税收优惠等，大大刺激了房地产市场的需求，使得房价快速上涨，房地产市场快速扩张。2001—2012 年，我国房地产开发投资保持年均 15% 以上的快速增长，一直高于 GDP 增速。除 2008—2009 年期间受到金融危机的影响，房地产投资增速相对较低外，期间增长率均保持在 20% 以上，明显快于其他产业的增长。房地产业长期增长速度的不协调造成 2020 年以来房市供给过剩，市场规模到顶，房产价格较大幅度下跌，房地产市场低迷，进入转型期。

4. 产业结构变动阶段交替的协调性

产业结构的变动一般遵循"农业→轻纺工业→基础工业→重化工业→现代服务业"的产业阶段交替。这种规律性一般情况下是不容许有所超越的，但是可以加快各阶段的发展速度。在某些特殊情况下也可以实现对某一阶段的超越，但要求在保持协调的条件下实现阶段超越性的交替，即要求在实现超越的过程中不能出现结构逆转，这时产业结构的变动就是合理的。印度在经济发展过程中，产业结构尤其是工业比重出现了一定程度的逆转。2006 年，印度工业增加值超过了 GDP 的 30%，但是自 2012 年开始急剧下降到 30% 以下，到 2020 年仅为 23%。这个比例是工业化后期发达国家才能达到的水平。2020 年，新加坡工业增加值占 GDP 的比重为 24.37%，瑞士为 24.58%，德国为 26.19%。也就是说，印度的工业增加值占比已提前达到发达国家水平，甚至比许多发达国家水平还要低。与此同时，2020 年，印度的服务业增加值占 GDP 的比重达到了 49.27%，第一大产业农业增加值占 GDP 的比重仍然接近 20%。

5. 产业素质的协调性

产业素质的协调性是指不同产业之间在生产技术、创新能力、人才需求等方面的协调和匹配，不存在技术断层和劳动生产率的强烈反差，以实现高效的产业发展和经济增长。衡量产业素质协调的技术经济指标有比较劳动生产率指标和技术进步指数指标。一般来看，如果各产业的比较劳动生产率数值分布较为集中，且有一定的层次性，则说明产业素质是协调的；而如果各产业的技术进步指数较为一致，则说明各产业之间不存在技术断层，产业间的技术衔接合理，产业素质是协调的。反之，如果各产业的比较劳动生产率分布离散且无序，技术进步指数相差较大，则说明产业素质是不协调的。

（二）产业结构高度化

产业结构高度化是在产业技术创新的基础上发挥主导产业的作用，不断提高产业结构素质，实现产业结构由低级向高级的产业演变过程。产业结构高度化过程主要包括以下五个方面：

（1）产业结构在发展过程中，由第一产业占优势比重向第二、第三产业占优势比重的方向顺次演变，即产值结构和劳动力结构的高度化。

（2）产业结构在发展过程中，由劳动密集型产业占优势比重向资本密集型、技术密集型、知识密集型产业占优势比重的方向顺次演变，即工业结构软性化。

（3）产业结构在发展过程中，由低附加价值产业占优势比重向高附加价值产业占优势比重的方向顺次演变，即高附加价值化。

（4）产业结构在发展过程中，由低加工度产业占优势比重向高加工度产业占优势比重的方向顺次演变，即技术集约化。

（5）产业结构在发展过程中，由制造初级产品的产业占优势比重向制造中间产品、最终产品的产业占优势比重顺次演变，即工业结构水平的高度化。

产业结构高度化的实质内容主要有三点：一是结构规模由小变大，产业部门数量增加，产业关联复杂化，主要表现在部门之间中间产品的交易规模及中间产品的使用量；二是结构水平由低变高，以技术密集型为主体的产业关联取代以劳动密集型为主体的产业关联；三是结构联系由松变紧，产业之间的聚合程度提高，关联耦合更加紧密，主要标志是聚合质量。产业结构高度化的直接动因是创新，创新导致了技术进步，创新带来了新的市场需求。经济学家熊彼特认为创新是指引入一种新的生产函数，以提高社会潜在的产出能力。而这种"新的生产函数"可以归纳为四个方面：一是推出一种新的产品；二是应用一种新的生产要素；三是开辟一个新的市场；四是实行一种新的生产组织方式。创新直接推动产业结构高度化的路径一般表现为：重大创新→技术改革、技术进步和新产业的产生→生产方式的变革和社会化程度的提高→产业结构高度化。产业结构是资源转换器，技术是这一资源转换器的转换方式。新的生产函数的引入，就是在原有生产要素的状态下，通过产业系统内部结构的调整，提高系统的产出。

（三）产业结构协调化和高度化的关系

有效实现产业结构转换和升级就必须达到产业结构协调化和高度化的统一。产业结构协调化是产业结构高度化的基础，只有产业之间是协调发展的，才能在合理结构的基础上升级实现高度化，任何脱离协调化的高度化都是一种虚的高度化。产业结构协调化是任何国家，在任何发展阶段所追求的产业结构调整目标。而产业结构高度化则是在经济发展到一定阶段，产业结构协调化达到一定程度进行结构调整的目标。

从产业结构发展过程来看，产业结构协调化和高度化是相互渗透、相互作用的。要实现产业结构高度化，必须首先实现产业结构协调化，而且产业结构发展水平越高，其协调化的要求就越高。产业结构协调化是一个不断调整产业间比例关系和提高产业间关联度的过程。实际上，这本身就是一个产业结构高度化的过程。正确处理好产业结构协调化和高度化的关系，可以从以下三个方面考虑：

一是提高产业整体素质。只有在产业结构协调化基础上的产业结构升级才能达到产业优化的目标。如果产业间和产业内总体技术水平低、技术断层严重，就会严重影响产业结构高度化，从而影响产业结构优化。

二是形成合理的产业序列。注意处理好基础产业、主导产业、新兴产业和高新技术产业的发展速度及关系。大力充实基础产业，积极振兴支柱产业，重点发展新兴产业，促进产业序列形成良性循环，推进产业结构逐步向高度化发展。基础产业为主导产业和新兴产业的成长提供强大的物质基础，而主导产业的发展和新兴产业的成熟又可以为基础产业注入新的技术和装备，使基础产业不断得到提高。同时，新兴产业以科技含量高、市场占有率高和提供国内外市场竞争力强的产品来促进产业序列内部产生良性循环。

三是提高产业间的关联效应。产业关联是指产业间以各种投入和产出为联系纽带的技术经济联系。加强产业关联，是产业结构协调化和高度化的客观要求。首先，各产业间及产业内部部门间的协调发展，本质上要求它们之间相互提供的产品和劳务在数量比例上相对均衡；其次，产业结构高度化，客观上要求产业间相互提供的产品和劳务在技术含量上要相对均衡；最后，社会劳动生产率和经济效益的提高，要求产业间相互提供产品和劳务的质量不断提高、成本不断降低。因此，要按照社会化分工的要求，加强产业间的专业化协作关系，通过产业间和产业内各部门间的产品和劳务关联、技术关联、价格关联、就业关联、投资关联等方式，发展关联产业及产业部门。

三、产业结构成长模式及优化的途径与策略

（一）产业结构成长模式

1.纯市场机制模式

纯市场机制模式也称作竞争型的产业结构成长模式，即充分利用市场机制的自动调节作用，以竞争为主要动力机制。这种产业结构成长模式主要存在于欧美等市场经济发达国家，产业结构成长和发育完全是一个市场过程，政府的干预仅限于一定范围内，通过宏观调控间接实现。这种模式具有以下基本特征：一是市场机制十分完善，产业结构的成长主要依

赖结构内部的自我均衡、自我调节过程;二是外部的政策力量对产业结构的成长影响是间接的,主要通过市场变量如利率、税收、价格以及货币等进行调节;三是这种模式的产业结构调整侧重于需求方面。

2. 市场垄断型模式

市场垄断型模式也称作干预型的产业结构成长模式。这种模式主要存在于日本、韩国等后发展起来的国家或地区。与欧美国家相比,这种模式的特点有:一是经济发展的历程比较短,市场机制相对欠完善;二是国有资本和私人垄断资本从一开始就密切相连,形成左右市场的垄断势力;三是产业结构成长的起点较低,其可以支配的资源天然短缺,仅靠市场机制的作用很难在短时期内迅速积累资本完成产业结构高度化的目标。于是政府通过采取财政、税收、立法等手段,促进产业结构的合理调整与升级。

3. 中央计划型模式

中央计划型模式也称作计划型的产业结构成长模式,以苏联等实行计划经济的国家为代表,是计划经济下的产业结构成长模式。基本思路是运用政府的力量,实行社会资源的重点配置,促进重工业化,避免西方社会早期发展中反复出现的由于盲目竞争造成的资源浪费。

(二)产业结构优化的途径与策略

1. 选准主导产业

主导产业是经济发展的重要支撑,是促进产业结构升级的重要依据,选择主导产业应该遵循以下三条基本原则:一是区域优先原则,主导产业相对于其他产业的优势是来自区域优势的转化,而选择区域主导产业,必须以发挥当地的区域优势为基本立足点;二是产业关联度原则,主导产业与其他产业的关联度越大,相对的投入产出矩阵越大、越完整,其产生外部经济的能力就越强,扩张产出系数效应就越明显;三是动态性原则,产业结构要保持技术上的领先地位,就需要建立主导产业的梯队序列,不断淘汰旧的主导产业,从后备产业中培育选择出新的主导产业,创新出一个活跃的新陈代谢机制,发展自我创新能力。

2. 推进技术进步,加快产业结构高度化的进程

产业结构高度化强调技术集约化程度。技术进步促进产业结构高度化主要通过在产业内部的扩散效应和向产业外的辐射效应实现。其一表现为技术创新在产业内部的扩散效应。产业结构高度化的根本动因是技术进步,技术进步的本质是将科学技术应用于产品、工艺及其他商业应用上,以改变人们的生活方式,提高人们的生活质量。产业内部各企业在寻求竞争优势的过程中必须进行技术进步,而依靠技术进步所获取的竞争优势不能长期存在,技术进步必然会被其他企业采用,因此企业必须进行新的技术进步。在这样不断进步、不断扩散,循环往复的过程中,产业结构向高度化的方向不断发展。其二是技术进步向产业外的辐射效应。技术扩散是技术进步大过程的一个后续子过程,当产业内技术扩散到一定阶段时,该产业会对外部的关联产业形成产业关联效应,即该产业由于自身的发展而使其他相关产业发展的作用效果。这种技术进步在其他产业的辐射扩散带动整个产业结构向高度化发展。

3.制定和完善有利于产业结构优化的产业政策

产业政策是在市场经济基础上,政府为了优化资源配置,克服市场缺陷,增强国民经济竞争力而制定的有关产业未来发展的一切政策和法令的综合。产业结构政策和产业组织政策构成产业政策的两大内容。产业结构政策包括产业发展重点的优先顺序选择和保证其实现的政策。产业组织政策包括反垄断促竞争政策,推动建立和形成大规模生产体制的政策和促进中小企业发展的政策。产业政策的制定和实施主要为了实现三个目标:一是实现经济振兴和经济赶超,如形成最有力的产业结构形态,选择和扶植战略产业,促进技术开发和应用推广等;二是实现产业结构优化(包括协调化和高度化),如组织衰退产业的生产力转移,防止产业内部的过度竞争,重视产业布局的合理性,强调劳动-资本-技术密集型产业之间的利益关系,兼顾就业和提高生产率的双重目标等;三是增强本国产业的国际竞争力。

产业政策的内容包括产业布局、投资引导、技术创新、市场开拓等多个方面,旨在推动产业链的升级和产业结构的调整。产业政策引导资源投向不同的产业领域,实现产业结构的调整。如对科技创新产业、绿色环保产业等进行政策支持和鼓励,有助于产业向高技术、低碳环保的方向转变。产业政策可以通过鼓励企业进行技术创新,提高自主创新能力,加强产学研合作等方式推动产业链的升级。产业政策还可以通过鼓励企业进行多元化经营、支持新兴产业的发展等方式,推动产业结构向多元化方向发展。

本章小结

经济发展是经济增长和产业结构演变共同作用的结果,经济增长和产业结构演变是经济发展相互依赖、共同发展的两个方面,经济发展是总量增长与结构转换的统一。

一切影响经济发展的因素,都直接或间接地作用于产业结构,推进或制约产业结构的发展变化。经济发展状况、技术变动、供给因素、需求因素、国际供给和需求、产业政策等是影响一国产业结构演变的主要因素。

随着经济发展,产业结构不断地由低级向高级演变,在产业结构横向联系方面不断由简单化向复杂化演变,这两方面的演变不断地推进产业结构向合理化方向发展。产业结构变迁的规律主要有配第-克拉克定理、库兹涅茨定理、霍夫曼定理、罗斯托主导产业演变理论等。

产业结构优化是指通过产业调整,使各产业实现协调发展,并满足社会不断增长的需求的过程。它是一个相对的概念,是一个动态的过程,主要包括产业结构协调化和高度化。

➤ 复习思考题 ≪

1.决定和影响产业结构演变的因素有哪些?

2.什么是基础产业、主导产业、高新技术产业?如何认识它们各自对一国经济发展的作用?

3.阐述产业结构与经济增长的关系。

4.简述三次产业结构演变规律理论的主要内容。

5. 试述产业结构演变的一般规律。

6. 如何正确地处理好产业结构协调化和高度化的关系？

延伸阅读

"十四五"时期我国产业结构的变动趋势[①]

一、我国产业结构演变的现状

1978 年，我国产业结构呈现的是"二一三"的格局，三次产业比例为 27.7:47.7:24.6。1985 年，第三产业规模首次超过第一产业，三次产业比例实现"二一三"向"二三一"的重大转变，三次产业比例调整为 27.9:42.7:29.4。2012 年，第三产业规模再次超过第二产业，成为推动国民经济发展的主导产业，三次产业结构实现"二三一"向"三二一"的历史性转变，三次产业比例调整为 9.1:45.4:45.5。党的十八大以来，我国经济发展步入新阶段，经济结构战略性调整和转型升级加快推进。2022 年，三次产业比例调整为 7.3:39.9:52.8，"三二一"的产业格局更加巩固，经济发展的全面性、协调性和可持续性显著增强。改革开放以来，我国第一产业增加值占国内生产总值的比重不断下降，由 1978 年的 27.7%下降至 2022 年的 7.3%，期间下降了 20.4 个百分点。第二产业增加值占国内生产总值比重经历了先下降后上升再下降的震荡式发展轨迹，由 1978 年的 47.7%下降至 1990 年的 41.0%，随着新一轮对外开放政策的实施，又震荡上升至 2006 年的 47.6%，之后再逐步下降至 2022 年的 39.9%，期间下降了 7.7 个百分点。第三产业增加值占国内生产总值比重稳步上升，由 1978 年的 24.6%上升至 2022 年的 52.8%，期间上升了 28.2 个百分点。

在三次产业结构不断升级的过程中，农业、工业和服务业的内部结构也在调整中持续优化。① 农业基础地位更加巩固，农林牧渔业全面发展。改革开放初期，我国农业发展以种植业为主，产品种类单一，发展不平衡。随着农业政策不断优化调整，农业综合生产能力稳步提高，现代农业体系初步建立和完善。农林牧渔业总产值中，传统农业比重不断下降，由 1978 年的 80%降至 2019 年的 53.3%；林、牧、渔业比重上升，分别由 3.4%、15%和 1.6%升至 2019 年的 4.7%、26.7%和 10.1%。农业现代化水平不断提高，2019 年农业科技进步贡献率达到 59.2%，主要农作物良种覆盖率稳定在 96%以上。② 工业发展向中高端迈进，现代工业体系逐步建立。改革开放初期，我国工业以劳动密集型的一般加工制造业为主。随着工业化快速发展，工业结构调整取得明显成效，逐步从结构简单到门类齐全、从劳动密集型工业主导向劳动资本技术密集型工业共同发展转变。目前，我国已成为拥有联合国产业分类中全部工业门类的国家，200 多种工业品产量居世界第一，制造业增加值自 2010 年起稳居世界首位。2019 年我国高技术制造业占规模以上工业增加值比重为 12.7%，比 2005 年提高 2.6 个百分点。③ 服务业层次不断提升，现代服务业、新兴服务业迅猛发展。改革开放初期，我国服务业发展相对滞后，主要以批发零售、交通运输等传统服务业为主。随着经济发展和

---

① 资料来源：尹伟华."十四五"时期我国产业结构变动特征及趋势展望 [J]. 中国物价,2021,9:3-6. 有改动。

人民生活水平提高,生产性和生活性服务需求快速增长,现代服务业蓬勃兴起,发展势头迅猛。2017—2019年规模以上战略性新兴服务业营业收入年均增长14.9%,明显快于规模以上服务业营业收入。顺应居民消费升级的大趋势,旅游、文化、体育、健康、养老等幸福产业发展方兴未艾。

二、"十四五"时期我国产业结构变动趋势预测

"十四五"时期我国产业结构变动趋势预测见表8-3。

表8-3 "十四五"时期我国产业结构变动趋势预测

年 份	2019	2020	2021	2022	2023	2024	2025
第一产业占比/%	7.1	7.7	7.3	7.0	6.8	6.6	6.5
第二产业占比/%	38.6	37.8	37.3	36.9	36.4	36.0	35.5
第三产业占比/%	54.3	54.5	55.4	56.1	56.8	57.4	58.0

根据国家信息中心可计算一般均衡(SICGE)模型对未来我国三次产业进行结构预测。综合来看,"十四五"时期,我国经济发展进入新时代,转向高质量发展阶段,产业结构进一步转型升级。第一产业比重将呈现持续稳步的下降态势,但由于乡村振兴战略的实施以及农产品价格趋升,"十四五"期末第一产业产值比重将小幅下降至6.5%左右。在新一代科技与产业变革、创新驱动发展、"碳达峰、碳中和"目标硬约束等背景下,我国工业创新发展能力大幅提升,高端发展态势逐步显现,绿色发展水平迈上新台阶,集约发展程度持续增强,"十四五"期末第二产业产值比重将降至35.5%左右。在"一带一路"、自由贸易试验区、产业转型升级、新型城镇化和居民消费品质升级等背景下,我国服务业发展会迎来新机遇,第三产业产值比重继续呈现稳步上升趋势,在经济发展中的主导产业进一步凸显,"十四五"期末第三产业产值比重将升至58%左右。

三、"十四五"时期我国工业高端绿色转型趋势

"十四五"时期,我国工业高端绿色转型发展不仅迎来了战略机遇,也是推动经济质量变革、效率变革、动力变革和提高全要素生产率的主力。

(一)新一代科技与产业变革为我国工业高端绿色转型提供了新机遇

当前,新一代科技与产业革命正在全球范围蓬勃兴起,工业生产方式、分工方式和产业组织正在发生深刻的历史性变革。全球各地都在积极培育高新技术产业,以保持在国际竞争市场上的领先地位。新形势为我国高端制造业的发展提供新方向,同时为我国抢占产业发展制高点、实现区域崛起创造了一个重要的战略机遇。在新的历史时期,我国顺应新一轮科技和产业变革机遇,促进工业企业利用互联网、大数据、云计算、物联网、人工智能等新一代信息技术改造提升传统工业,加速推动工业高端绿色转型。特别是,以建设制造强国和"互联网+"行动计划为契机,以先进制造业为突破口,推动工业"高端化、智能化、集约化、绿色化"转型发展。

(二)创新驱动发展为我国工业高端绿色转型提供了坚实的支撑

2012年党的十八大报告正式确立了创新驱动发展战略,自此我国步入创新发展的全新轨道。创新驱动发展战略实施以来,我国重大创新成果竞相涌现,科技体制改革取得实质性

突破,创新主体活力和能力持续增强,国家创新体系效能大幅提升。《2020年全球创新指数报告》显示,我国创新能力全球排名第14位,连续两年位居世界前15,意味着我国已经开始进入国际创新先进行列。2019年我国研发经费占国内生产总值的2.23%,超过欧盟平均水平;研发人员数量稳居世界第1位,形成了世界上规模最庞大的科技人才队伍;发明专利授权量居世界首位,国际科技论文数量和国际科技论文被引次数均位居世界第二。上述创新优势,为工业高端绿色转型提供了新的动力源。

(三)"双碳"目标加速推动我国工业高端绿色转型步伐

碳排放和产业结构之间互相影响,互相作用,一方面产业结构升级能够减少碳排放、提升碳排放绩效,另一方面碳排放政策对产业结构升级也有推动作用。我国作为"世界工厂"和制造业大国,工业产业既是传统用能大户,能源消费占总终端能源消费的2/3,又是我国二氧化碳排放的主要领域,占全国总排放量的80%左右,工业碳减排是"碳达峰、碳中和"目标的重中之重。工业产业中,钢铁、化工和石化、水泥和石灰以及电解铝等传统产业的能源密集、碳排放相对较高。因此,实现"碳达峰、碳中和"目标既要严格控制上述传统高耗能、重化行业新增产能,优化存量产能,推动其进行节能改造,同时还要加快高技术产业、先进制造业、数字经济等新兴产业发展。"碳达峰、碳中和"目标作为硬约束,加速推动传统产业的低碳转型,大力发展新型绿色低碳经济,推进产业结构调整和升级,降低工业产业的能源消费和碳排放,逐步实现经济增长和碳排放的脱钩。

四、"十四五"我国产业结构的服务化趋势

我国服务业快速发展,已经成为国民经济第一大产业。"十四五"时期,我国产业结构的服务化趋势将更加凸显。

(一)国际产业发展潮流和趋势为我国服务业提供有利发展环境

全球经济结构呈现出服务业主导的发展趋势,发达国家都经历了向服务业为主的经济结构转型和变革。在科技进步和经济全球化驱动下,服务业内涵更加丰富、分工更加细化、业态更加多样、模式不断创新,在产业升级中的作用更加突出。新一代信息技术、人工智能等的不断突破和广泛应用,加速服务内容、业态和商业模式创新,推动服务网络化、智慧化、平台化,知识密集型服务业比重的快速提升。同时,服务全球化成为经济全球化进入新阶段的鲜明特征,服务业成为国际产业投资热点,制造业跨国布局带动生产性服务业的全球化发展,跨国公司在全球范围内整合各类要素,资本、技术和自然人跨境流动更加便利,带动全球服务投资贸易快速增长。此外,借助"一带一路"倡议、自由贸易试验区等,也大大拓展了我国服务经济发展空间。

(二)产业转型升级需求为我国现代服务业发展提供了深厚的土壤

新时代经济高质量发展背景下,经济增长由要素驱动向创新驱动转变,产业转型升级步伐的加快,现代农业的发展、制造业的升级等对现代服务业提出了更多和更高的需求,成为现代服务业发展深厚的土壤。伴随着产业转型升级,我国服务业已成为推动经济发展的主引擎、拉动投资的主领域和利用外资的主渠道,发展现代服务业的条件趋向成熟,科技研发、现代物流、新兴信息技术服务、金融服务、租赁和商务服务、科学研究和技术服务、健康服务等现代服务业加快发展,由此带动服务业质的提升。与此同时,我国制造业发达、产业体系健全,这也为科技研发、信息技术、节能环保等现代服务业的发展提供了广阔的空间。

（三）新型城镇化和居民消费层次升级为服务业快速发展提供有力的支撑

新型城镇化快速推进和居民收入水平的不断提高,城乡居民消费观念逐渐从物质型向服务型转变,服务业蕴藏着巨大的发展潜力。一方面,新型城镇化过程中人口集聚、生产生活方式的改变,加之收入水平和消费能力的提升,给商贸、餐饮、房地产、教育、文化体育、卫生保健等生活性服务业带来巨大的发展空间;产业集聚、社会分工的细化以及人口素质的提升,也为物流、金融、信息、中介、技术服务等生产性服务业的发展带来巨大的机遇。另一方面,伴随着经济发展水平的不断提高,城乡居民收入水平将持续提高,中高收入人群比例不断提高,居民消费结构将随之升级,为休闲旅游、文化娱乐、健康养老、医疗服务等高层次、高品质的生活性服务业需求创造了条件,由此也辐射带动了物流、金融、信息等生产性服务业的发展。

五、"十四五"时期我国产业结构的智能化趋势

新一代人工智能主要通过智能产业化和产业智能化两个路径推动产业结构优化。

新一代人工智能技术与资本耦合,在资本资助下人工智能技术不断实现产业化,此时涌现出大量新兴产业,例如人工智能软件开发、智能消费相关设备制造和人工智能系统服务等。基于人工智能技术大力发展培育新兴产业,不仅能够填补现代产业体系发展不足的问题,也将为产业发展和升级提供新动能、新增长点。人工智能产业作为一种新兴产业,一方面促进第一、第二或第三产业升级,另一方面人工智能技术在传统产业的生产、研发、管理、销售等环节的渗透嵌入,降低传统产业的生产成本,为其他产业的发展提供强劲动力。

新一代人工智能的蓬勃发展,在产业关联效应的作用下,人工智能技术或人工智能产业与传统产业深度融合,产生技术扩散效应,推动传统产业数字化升级,提高传统产业的生产效率。以新一代人工智能为代表的信息技术能够有效地推动传统制造业向高技术制造业转型,倒逼产业结构由劳动密集型、资源密集型向知识密集型转型。更重要的是,信息技术的产业影响由产业内向产业间不断延伸,并受到其他产业的反馈和反作用,逐步形成良性反馈循环,共同促进产业结构升级。

新一代人工智能还会加速产业分化,对现代产业体系带来颠覆性的变化,促进不同产业不断交叉、渗透、融合,一部分企业逐步从原来的产业中分离出来,成为满足专业化、个性化消费需求的新产业,新产业的形成又促进了产业结构由低度水平向高级水平发展。互联网、大数据、人工智能等新技术以及绿色低碳、共享经济将会带来制造业和服务业互渗互融,在一定程度上出现产业界限模糊化,甚至出现信息产业和制造业游离出"第四次产业",推动产业结构优化。

第九章
产业转移

本章导读

　　本章首先介绍产业转移的概念、产业转移的类型和方式以及产业转移的效应和主要模式,然后分析四次国际产业转移及其特点,探讨 21 世纪国际产业转移的趋势。

第一节　产业转移及产业转移效应

　　产业转移是指由于资源供给或市场需求条件发生变化,产业从一个国家或地区向另一个国家或地区转移的现象,是一个非常复杂的经济现象,具有综合性、层次性、阶段性、梯度性和主体性等特征。产业转移形式多样,可以划分为国际产业转移、区际产业转移和城乡产业转移,也可以划分为水平转移和垂直转移,还可以划分为局部转移和整体转移,又可以划分为要素导向型转移、市场导向型转移和战略导向型转移。产业转移有助于推动迁出地产业结构调整和升级,培育新兴产业,同时为迁入地经济发展提供动力,促进区域经济发展。

一、产业转移的概念、特征及类型

(一)产业转移的概念

　　所谓产业转移,是指某些产业从一个国家或地区转移到另一个国家或地区的过程。由于交通运输、资源禀赋、市场需求以及政府政策等发展条件的差异,一些企业最初可能在某些有利于其发展的优势国家或地区设立并聚集起来,由此带来这些国家或地区的高速增长与繁荣,也产生该国家或地区与其他国家或地区的产业梯度。产业梯度差距的存在,使得产业会从高梯度国家或地区向低梯度国家或地区转移。处于高梯度的国家或地区将不再具有优势的产业转移出去,选择培育发展新的优势产业,从而实现产业结构的调整,以保持其产业的整体优势。可见,产业转移是发生在不同经济发展水平的区域间的一种重要的普遍存在的经济现象。

产业转移是资本、技术等生产要素从一个国家或地区转移到另一个国家或地区,表现为生产中心或生产基地在不同区域之间的转变。但是,产业转移与所有权主体的转变没有必然的直接联系,主要是生产在空间分布上的变化。在产业转移过程中,所有权主体可能发生变化,也可能不发生变化。

根据转移范围的不同,产业转移可分为国际产业转移和国内产业转移。国际产业转移是发生在国家之间的产业转移,即某些产业由某一国家或地区转移到另一国家或地区的现象,主要通过国际贸易和国际资本流动实现。迄今为止,历史上发生了5次大规模的国际产业转移,最近的一次是20世纪90年代以来全球制造业向中国转移,中国由此成为名副其实的全球制造业基地。

(二)产业转移的特征

1. 产业转移的综合性

与单个生产要素的流动不同,产业转移是生产要素的综合。产业转移首先是资本和技术的转移,也包括部分劳动力的转移。在产业转移过程中,一般要求高层次的管理人员、技术人员随之转移,有一些产业也要求部分熟练工人随之转移。但在国际产业转移中,由于劳动力跨国界流动比较困难,劳动力转移的数量比较少,多局限于高层次的管理人员和技术人员的转移。

2. 产业转移的层次性

产业转移可以是整个产业转移,也可以是产业链中的某个环节的转移。在社会分工和生产专业化日益发展的条件下,产业链中的某个环节的转移越来越普遍。在国际产业转移中,产业链转移经历"简单的组装—复杂的组装—零部件制造—主机和关键零部件制造—零部件研发—最终产业研发"的逐步升级,甚至虚拟制造,即制造业公司只控制产品设计、关键技术或品牌、营销系统,而将产品的实际生产转移到其他国家或地区。

3. 产业转移的阶段性

产业转移与产业结构演变的阶段性是一致的。20世纪60年代,随着发达国家的产业结构升级,纺织、食品等劳动密集型产业向海外转移;20世纪70年代,发达国家的产业结构向技术密集型升级,钢铁、造船、化工等资本密集型产业开始向海外转移;20世纪80年代,随着发达国家高新技术产业的进一步发展,汽车、家电等产业向海外转移。一个国家内部的区域之间的产业转移,也是与产业结构的升级同步的。从产业转移的动态过程看,产业一般是从相对转移阶段发展到绝对转移阶段。也就是说,在产业转移的开始阶段,两个国家或地区的某个产业都在增长,但一个国家或地区增长得快,而另一个国家或地区增长得缓慢,从而在空间分布上表现出转移的趋势。经过一段时间的发展,另一个国家或地区的该产业在绝对量上就会下降、萎缩,甚至完全被淘汰。

4. 产业转移的梯度性

产业转移往往源于其所依赖的生产要素禀赋的变化和相对价格的变化,因此从生产要素价格较高的经济发达区域转移到生产要素价格较低的经济落后区域。无论在全球范围内还是在一个国家范围内,不同国家或地区的经济发展水平存在着多层次的不平衡。相应的,一个特定产业往往先从经济发达区域向经济欠发达区域转移,再向经济发达区域转移,呈现出梯度性的特征。

5. 产业转移的主体性

无论在国家之间还是在地区之间,产业转移的主体都是制造业。虽然农业、建筑业、服务业也会在产业结构调整中发展生产转移,但产业性质的特点决定了这些产业转移的规模比较小、范围比较窄。产业转移之所以主要发生在制造业,是因为它是技术进步的主要载体和转化的媒介。推动经济发展的主要动力,无疑来自技术进步。技术的进步,一方面表现为制造业本身不断吸纳最新的科技成果,推进技术水平不断提高;另一方面表现为制造业采用更加先进的工具和手段,使新的科技成果不断地转化为现实生产力,进而推动农业、建筑业、服务业的技术进步。

(三)产业转移的类型

按照涉及的地理范围不同,产业转移分为国际产业转移、区际产业转移和城乡产业转移。国际产业转移是指产业由某些国家或地区转移到另一些国家或地区,例如日本向亚洲四小龙国家和地区的产业转移。区际产业转移是指一个国家内某产业由一个地区转移到另一个地区,从而使产业表现为在空间上转移的现象,例如我国东部沿海向中西部地区的产业转移。城乡产业转移是指某些产业由城市中心向周围农村地区转移。

按承接地和转出地之间的发展水平,产业转移分为水平转移和垂直转移。水平转移是指某些产业在发展水平接近的地区之间进行转移。垂直转移是指某些产业在发展水平相差较大的地区之间进行转移,垂直转移在存在梯度差异的区域之间发生,发达国家向发展中国家的产业转移是典型的垂直转移。产业转移受多种因素的影响,有的是为了扩展其他地区的市场,有的是为了更好地利用发达地区的人才、技术和信息等高级要素以增强自身的竞争力,有的是为了更好地利用不发达地区的土地、劳动力、原材料等要素以降低成本。这就决定了产业转移的不同流向。

按照转移的程度,产业转移分为局部转移和整体转移。局部转移是指一个产业的部分产业链从一个区域转移到另一个区域。整体转移是指一个产业的全部产业链从一个区域转移到另一个区域。产业的局部转移是企业内贸易和产业内贸易迅速发展的根本原因。产业整体转移的趋势越来越明显。

按照转移的出发点,产业转移分为要素导向型转移、市场导向型转移和战略导向型转移。要素导向型转移是指产业转移根据要素禀赋原则,以寻求廉价的生产要素、降低成本为目的进行的产业转移。市场导向型转移是指企业为了克服某些地区的市场进入壁垒,扩大产品在市场上的销售规模而进行的产业转移。战略导向型转移是指企业以提高竞争力为目标,着眼于全球范围或全国范围资源的优化配置,从而在全球范围或全国范围内对产业进行合理布局。

按照转移主体的性质和动机,产业转移分为扩张型产业转移和衰退型产业转移。扩张型产业转移是指企业仍在原生产地,通过在周边设立新厂或者与周边地区企业协作完成产业转移。这往往是成长型产业为了占领外部市场、扩大产业规模进行的空间移动。衰退型产业转移是指原产地不再具有比较优势的产业整体向外转移,是处于衰退期的产业由于外部竞争和内部调整压力而进行的战略型迁移。

二、产业转移的方式及影响因素

(一)产业转移的方式

产业转移是产业内大量企业生产经营活动重心转移的结果,实质是企业的区位调整过程。当一个产业的众多企业都将部分或整个生产经营活动转移到条件更加有利的其他地区时,产业转移现象产生。产业转移的主体是产业内的企业,产业转移的过程要通过企业的空间调整过程来实现。

1.投资新建式转移

投资新建式转移是指通过对外直接投资新建工厂或企业,建立新的生产体系,以实现生产能力的扩张。无论是国际产业转移还是一个国家内不同地区之间的产业转移,投资新建需要考虑的一个主要问题是采取独资企业还是合资企业。独资企业特指新设立企业的全部资本都由转出地企业所有,而合资企业是新设企业的资本由转出地和承接地企业共同投资,并共同经营。

独资企业投资者拥有完全的经营自主权和决策权,可以对企业实行严密的控制,可以根据企业发展战略的需要随时调整其子公司或分支机构的经营活动,以保证获取最大的经济效益。同时,投资者拥有自主知识产权,对专利和专有技术、特许权和企业的经营管理实施严格的保密和垄断措施,有利于减少知识产权扩散带来的损失,且投资者独自享有企业经营成果,免除共同投资者由于企业经营管理和利润分成而导致的摩擦和冲突。但独资企业也有一些劣势。首先,高度资本化经营需面临较高的经营风险;其次,独资企业在异地开拓市场,处理企业和政府之间的关系,适应当地的风俗习惯等方面需要更长的适应过程;再次,在国际投资中,独资企业在投资方向和经营范围上要受到承接地一定的限制;最后,在许多发展中国家,对某些产业设立独资企业的条件要求严格,如投入高新技术、承担出口义务以及逐渐转让股份等。

合资企业的优势如下:首先,投资者资本规模比较小,或者经营能力不足,采取合资的形式有利于较快形成规模经济,更多、更快地进入目标市场;其次,特定地域和特定产业的生产能力扩张,需要更多地投入资源,通过合资方式,由当地企业提供资源,特别是企业创办期,由熟悉当地经营环境的合资伙伴协助,更便于获取当地某些重要的经济资源;最后,在国际直接投资中,由于许多国家对外资企业的所有权形式存在程度不同的限制,在许多领域和产业选择合资经营比独资企业能更好地进入和扩大市场。但合资企业的劣势也很明显,投资者无法完全掌握投资项目的重大决策权,在项目盈利前景和潜力上难以发挥其决定性作用,容易造成产业合资双方的摩擦和冲突。

在实践中,合资企业和独资企业的选择需要考虑内外部具体因素。需考虑的内部因素包括企业在技术、产品、管理和市场销售能力等方面占有的优势程度,企业产品战略,财力和资源的充裕程度等;外部因素包括承接地对外地企业的开放程度,承接地合资者的能力和经营效率,承接地的市场结构和市场竞争程度等。

新建投资产业转移的优势是起始投资规模较小、容易控制,一旦时机成熟就可以大规模扩张,且企业可以选择适当的地理位置,对资本投入和支出实施控制,风险较小;劣势是筹备期和建设期长,进入目标市场缓慢,市场竞争激烈。在我国,投资建厂是外商直接投资进行产业转移最主要的方式。改革开放后的一段时间,外国投资始终以合资为主。随着中国外资政策的松动以及跨国公司在华投资经验的累积,特别是合资企业的种种弊端逐步暴露出来,高效率、高效益、低成本的独资企业逐步取代合资企业,占据主导地位。

2. 并购式转移

并购是兼并、合并和收购三者的合称。兼并(merger)是指两个或两个以上的企业,通过法定方式重组,重组后只有一个企业继续保留其合法地位,相当于我国公司法中的吸收合并。合并(consolidation)是指两个或两个以上的企业通过法定方式重组,重组后企业法人资格都不再保留,而是组成一个新的公司,相当于我国公司法中的新设合并。收购(acquisition)是指对企业的资产和股份进行收购,以获得对该企业控制权的行为,其特点在于目标公司控制权的转移,但目标公司的法人地位并未消失。兼并、合并和收购三个概念一起使用时即并购,泛指企业为了获得对其他企业的控制权而进行的产权交易活动。跨区域并购是实现产业转移的一种理想和可行的方式。通过跨区域并购,投资者投入资金,等于把企业的优质资产从一个区域转移到另一个区域的目标企业上,并在并购成功后对目标企业进行改造,投入更多的资金、技术、人力资源等优质资产,且与目标公司的资源有效结合,从而实现生产中心的转移。

并购式产业转移的优势有:并购可以节省新建投资的时间,迅速获得现成的管理人员、技术人员和生产设备,迅速建立生产基地和销售网络,较快进入目标企业所在的行业和市场;同时,并购有利于投资企业获得市场上不易获取的经济资源,如目标企业先进的专利技术与技术诀窍,提高投资企业的技术水平;另外,可以利用目标企业在当地市场的分销渠道以及目标企业同当地客户建立的信用关系,迅速占领市场,还可以把其他子公司的产品引入市场;最后,可以低价购买资产,包括低价购买不盈利或亏损的企业等,可消除争夺市场和资源的竞争对手,扩大市场份额。并购式转移的缺点有:一是企业的价值评估比较难;二是目标企业与投资企业在经营思想、管理制度和方法上可能存在较大差异,当投资企业缺乏合格且胜任的管理人员时,可能无法对目标企业实现真正的经营控制,甚至导致并购失败;三是目标企业的产品、工艺、技术、规模以及地理位置等可能与收购企业的意图不太符合,因此可能产生不必要的适应成本;四是一个成功的并购要求在企业内部建立高度的信任关系,建立这种信任需要较长的时间和付出一定的成本。

跨区域并购是一种复杂的经济活动行为,其产生和发展依赖于一定的社会经济条件,如健全的市场机制、健全的法律环境、良好的社会保障环境以及良好的政策导向。目前跨国并购在我国还存在一系列的障碍和阻力,主要表现在以下几个方面:一是准入的限制,我国在电信、石油、基础设施、公用事业等方面对外资和民营企业有严格限制;二是法律法规建设环境不健全;三是在有些领域,在控制权上对外资和民营企业有所限制,国有股权要拥有绝对控股权;四是市场体系不完善,企业制度不健全,资本市场不完善等约束。

3. 非股权转移

非股权转移是指转出地企业不以直接投资获取股权的方式,而以签订合同的方式参与生产经营活动的各种方式的总称,主要形式有许可证交易、特许权经营、合同生产、分包或转包合同等。

许可证交易是指通过与其他企业订立契约或合同,准许其进行某种经济活动或经营活动。在实践中,许可证交易的主要形式有专利许可证交易、商标许可证交易、版权许可证交易、企业专有知识和技术许可证交易等。特许权经营是指作为特许人的企业将自己拥有的商标、商号、产品、专利和专有技术、经营模式等以特许经营合同的形式授予作为被特许人的其他企业使用,被特许人按合同规定,在特许者统一的业务模式下从事经营活动,维护特许人在合同中所要求的统一性,并向特许者支付相应的费用。

合同生产是指企业与其他企业签订供应合同,要求后者按照合同规定的技术要求、质量标准、数量和实践生产所需要的产品,前者主要负责产品销售。分包或转包合同是指跨国公司通过合同将生产过程的一部分转移到国外,由当地的独资企业承担,最常见的国际转包形式是当地承包企业根据发包人(跨国公司)的订单加工制造元器件和零部件。

从世界经济发展历程看,产业转移呈现出一定的规律性。首先,从转移主体看,由不同产业的特点决定,产业转移时先转移劳动密集型、资源密集型产业,后转移资金密集型、技术密集型产业,已发生的产业转移一般都遵循这个规律。其次,最先可能转移的产业是处于衰退期和成熟期的产业,这是符合梯度转移理论的,原因是原产国的竞争优势开始下降。再次,从价值链角度看,先转移产品加工环节,再转移设计、营销环节。根据微笑曲线理论,在产业链中,附加值更多体现在两端,即设计和销售环节,而处于中间环节的加工附加值最低,即利润很低,但一般消耗的劳动力较多,是优先转移的产业。最后,一般从发达国家或地区转移到发展中国家或地区。发达国家总是把处于成熟期、衰退期和低附加值的生产环节向外转移,而把技术含量高、具有良好发展前景的产业和高附加值的生产环节留在国内,以保持自己的技术优势并获取高额利润。

(二)产业转移的影响因素

影响产业转移的因素有很多,包括劳动力因素、内部交易成本因素、市场因素等。首先是劳动力因素,劳动力的数量、质量和价格会影响产业转移。一国在工业化初期,往往缺乏资金、技术和管理经验,但是劳动力价格较低。劳动密集型产业呈现出按经济发展水平由高到低逐次转移的规律。劳动力充足、素质高且价格低廉的地区或国家,往往成为产业转移的目的地,即承接地。其次是内部交易成本因素,包括工业联系、接受服务管理、生产组织、职工培训等的投入。发达国家内部交易成本高,发展中国家内部交易成本低,企业由发达国家转移到发展中国家。优越的区位条件、方便的交通设施、良好的工业基础等都可以降低企业生产的内部交易成本。20世纪60年代,在东亚的出口加工区,投资环境得到改善,降低了企业内部交易成本,吸引大量产业转移。再次是市场因素,国内市场饱和、政策限制等因素使得企业选择开辟国际市场,转移到市场广阔的国家或地区,如欧美汽车工业向我国的转移。

最后还有国际经济形势的变化、国家政策的调整、原生产地用地紧张、地价高昂、环境污染严重等其他因素。现实中,国际产业转移是多种因素综合作用的结果,如图9-1所示。

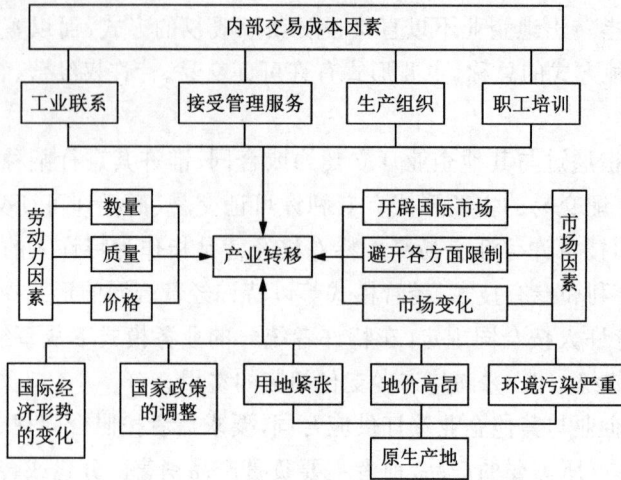

图 9-1　国际产业转移的影响因素

对于产业转出国或地区来说,产业转移的根本目的是降低生产成本,扩大市场,最大限度地获取利润。转出国或地区的生产要素和生产条件发生改变时,将带来产品生产成本的不断提高。国内需求逐渐饱和,使得销售市场扩大面临障碍,造成生产利润下降。在这样的情况下,转出国企业通过对外直接投资、在国外设厂、设立营销网络、设立研发机构等形式,将产业转移到其他国家或地区。其中设立研发机构是产业转移的高级形式。发达国家向发展中国家进行产业转移的原因如图9-2所示。

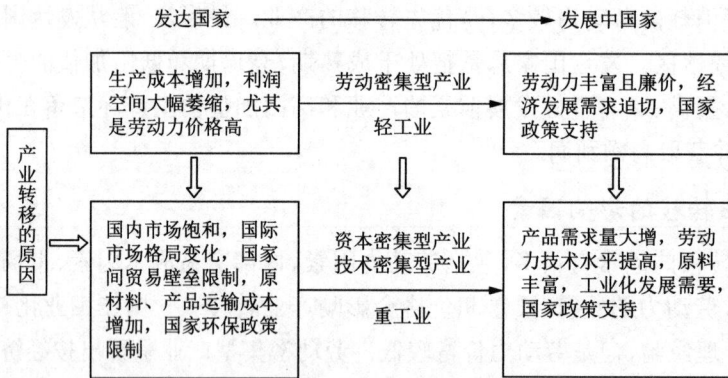

图 9-2　发达国家向发展中国家进行产业转移的原因

三、产业转移效应

(一)产业转移效应及其特征

1.产业转移效应概述

产业转移本身是一项经济行为,但同时却会带来深远的社会与政治影响。按照产业转移作用的内容,产业转移效应一般可以分为经济效应、社会效应与政治效应。经济效应主要体现在产业结构、技术、市场、经济增长等方面,社会效应则体现在就业、城市化、环境等方面,而政治效应则一般体现在国际地位、一体化等方面。

按照传导机制划分,产业转移效应可以分为直接效应与引致效应(也被称为间接效应)。直接效应体现为资本、技术等要素流动的直接作用,如承接企业的生产与经营将直接改观,承接地就业数量会很快得到提升,一般是短期内发生的经济和社会方面的变化。而需要一定的传导机制与路径才能够实现的效应,归为引致效应,例如经济效应中的竞争力、经济增长,社会效应中的城市化以及政治效应中的一体化等。引致效应一般需要较长时间才能体现出来。

按照产业转移所引起的效应方向划分,产业转移效应可以分为正面效应和负面效应。产业转移的效应往往具有两面性,就像是一把"双刃剑",从正反两个方向作用于整个经济社会。对于转出国(地区)来说,将生产成本劣势产业转移出去,不仅可以获取丰厚的利润回报,而且可以集中国内(本地区)生产资源发展优势产业,有利于产业结构转换升级。但可能会带来就业率下降、技术流失和产业"空心化"等负面效应。对于承接国来说,从发达国家(地区)转移出来的产业,可能正是自身具有比较生产优势的产业,通过外部资金和技术带动该产业的发展,推动产业成长和升级,促进对外贸易发展,带动就业,从而促进经济发展。但可能会带来对转出国的技术依赖,产生技术和产业极差,导致收入分配不平等、污染产业的转移和有害产业的扩散;也可能带来产业结构雷同问题,导致出口竞争加剧。

2. 产业转移效应的特征

(1)动态性。

产业转移是一个跨越时间和空间的动态过程,而产业转移效应是在产业转移这一动态过程中得以体现的。产业转移本身也是一个不断积累的过程,随着产业转移的产生、发展和深化,其产生的效应也不断地发生变化。产业转移效应的变迁可以体现在以下几个方面。一是产业转移效应的深度。在产业转移初期,产业转移效应可能只体现在承接企业的经济效益方面。随着产业转移的不断深化,企业在提高经济效益的同时,不断培养人才、加强研发,企业自主创新能力不断增强,从而形成企业自身的核心竞争力,产业转移效应由此深化。二是产业转移效应的广度。企业是产业转移的微观载体,是体现产业转移效应的"点"。随着产业转移的不断深化,转入产业往往可以通过关联作用,带动上下游行业;通过示范作用带动周边行业和区域;通过辐射作用,带动整个区域的经济发展;并通过各个作用的复合,带动整个地区和国家的经济和社会的整体发展。三是产业转移效应评价的方向。在产业转移过程中,产业转移的转出方与承接方对产业转移的评价都会不断发生变化。以我国承接国际产业转移为例,在承接产业转移初期,我国看重国外投资的资金与技术,此时对国外产业转移的评价是正面的。随着我国经济的不断发展,对国外投资具备了一定的判断与筛选能力,特别是对国外转移来的污染产业,从原先的积极引进到现在的拒绝,对该类产业转移的评价也从原先的整体正效应转变为整体负效应。

（2）双向性。

从产业转移的过程来看,产业是从一个国家或地区转移到另一个国家或地区。一般来说,要素流动的方向是单向的,但产业转移的作用方向却是双向的,即产业转移必然对转出地与承接地都产生影响,只是影响的程度与方面可能不同。这些不同主要表现在:一是影响的深度与广度可能不同,特别是产业转移初期,对于转出地来说,可能其影响比较微小,但对于承接地来说,其影响可能会比较深远;二是影响的侧重点可能不同,如当发达国家转移劳动密集型产业时,发达国家期待劳动密集型产业的转出能够引起本地产业结构优化、产业迭代等效应,而对于承接地来说,看中的则是发达国家的资金投入、先进的技术与管理方式,期待产业转移能够带来产业升级、技术升级、人力资本优化,以及整个区域的经济增长等效应;三是影响的评估结论也可能不同,对于转出地与承接地的不同层级的主体,在不同的条件下基于不同的目的对产业转移的评价可能不同,甚至得出完全相反的评价结论。

（3）多元性。

当产业从一个国家或地区转移到另一个国家或地区时,产业转移的效应必将体现在转出地与承接地两个方面。同时,在产业转移的进程中,其效应又体现在不同梯度、不同层级的主体上。从微观层面上讲,产业转移效应体现在企业上;从中观层面上讲,产业转移效应体现在行业和区域上;从宏观层面上讲,产业转移效应将体现于国家及整个社会。

3.产业转移效应的作用机理

产业转移本质上是要素的空间转移。要素在产业转移的过程中,从形式上看是发生了空间的迁移,从本质上看则是实现了要素配置效率的改进和要素流动的外部性,目的是企业追求自身利益最大化。

（1）要素空间优化。

所谓空间优化是指不同经济空间的产品、要素和产业（或企业）为追求自身的效用最大化和利益最大化而产生的理性空间移动。产业转移其实就是产业的空间优化过程,其载体就是各种生产要素。在开放经济系统中,要素所有者为实现自身利益的最大化,会把自己所拥有的要素从低回报率地区转移到高回报率地区。下面从要素的转出地与承接地两方面来考察要素区域转移效应的作用机理。

一方面,转出地的集聚不经济推动产业转出。随着一个产业在某区域的不断集中,"产业同构"现象会日趋严重,从而形成"集聚不经济",主要表现为恶性市场竞争、要素价格不断上升、地租上涨、自然条件恶化等。集聚不经济促使部分要素空间扩散,寻找更为有利的发展区位,目的是能够获得更高的要素报酬,为转出地带来直接的经济利益,同时能够为更高级的产业腾出空间。

另一方面,承接地的要素报酬吸引产业转入。产业转移是直接投资"量"上的积累,更是"质"上的飞跃。大量要素的空间转移,作用于承接地,会促进承接地该产业的集聚,从而有调整当地产业结构的可能,至于能否引起当地产业结构的优化以及产业升级,则要看该产业本身的要素特征与价值构成。同时,生产要素的流入会提供大量的非农就业岗位,增加当地的就业,有助于推动承接地的城市化发展。

（2）要素配置的效率改进。

要素边际报酬递减规律阐释了要素配置与要素报酬之间的关系,广泛应用于经济问题的研究与分析,也可应用于解释产业转移效应的作用机理。以下从产业转移的中前期与后期两个方面进行阐述。

从产业转移的实践来看,在产业转移的中前期,转出地与承接地的要素配置有着各自明显的特征:一般来说,转出地的资本要素、技术要素较丰富,而承接地的劳动力、以土地为代表的自然资源要素较丰富。从各要素的流动性来看,资本要素与技术要素的流动性较好,劳动力要素的流动阻力较大,而自然资源要素的流动性最差。因此,基于要素边际报酬递减规律可以看出,在劳动力与自然资源不变的条件下,转出地的资本要素与技术要素不断增长,在本地的生产达到一定产值之后,边际报酬率就会递减。而企业的本能就是追求要素边际报酬的最大化,从而就会发生资本、技术要素从边际报酬较低的区域向边际报酬较高的区域的转移。对于转出地来说,要素的输出使得本地市场上的要素供给减少,从而提高了当地要素的边际报酬。要素边际报酬提高意味着企业利润的增加,而企业利润增加使部分要素在要素边际报酬递减规律的作用下,一方面可能流向要素边际报酬更高的价值链环节,另一方面也可能流向要素边际报酬率更高的产业,为转出地的产业更迭打下基础。

对于承接地来说,基于要素输入,产业转移效用的作用机理分析如下:

首先,要素流入使得本地的闲置资源得以利用,直接提高了当地整体的要素报酬。一方面,经济利益有所增加,反映在企业的资金与利润,以及区域的生产总值等方面;另一方面,就业数量有所提高,因为流入的要素增加了当地劳动力的使用量。其次,要素流入增加了同行业要素市场以及产品市场的供给量。一方面,该行业要素边际报酬开始降低;另一方面,产品市场出现"过度生产",从而造成恶性竞争,可能带来市场垄断,甚至挤出当地企业的现象。再次,由于承接地与转出地一般存在着经济发展的梯度差距,因此,要素的流入会对承接地的产业结构产生一定的影响。但从要素的来源与流向来看,如果要素来自高端产业,并且在承接地流向该产业的高端环节,那么该要素流入会改变当地的要素结构,从而促进承接地的产业升级,改善承接地的产业结构。但如果要素流向低端产业或者高端产业的低端环节,则对承接地的产业结构不仅不会产生正面影响,反而容易产生产业级差与产业陷阱。最后,要素流入企业,为企业带来资本与技术,必然带来企业产量和收入的增加。一方面会增强企业扩大投资的能力;另一方面能够改善就业人员的收入,拉动消费。另外,由于产业转移而新设或者重组的企业,往往具有产品出口的导向,可以产生贸易创造效应,出口的增加使得本区域生产总值增加,从而推动了经济的增长。

随着要素的不断流动,特别是在产业转移的后期,区域间的要素边际报酬逐步平均,也就是说各区域的生产函数、要素比例、工资率等趋同。要素配置效率的不断改进与各区域间的要素流动壁垒有着密切的关系。一方面,要素流动壁垒的削减是要素合理配置的保障,壁垒削减可以促进要素的合理安排,促进要素配置效率的提高;另一方面,要素配置效率的不断提高是各区域不断削减要素流动壁垒的动力,即要素配置效率的改进也推动了各国有效减少阻碍要素流动的壁垒。在这种情况下,随着壁垒的逐步削减,可以为实现区域经济一体化做铺垫。

（3）要素流动外部性。

产业转移根源于企业利润最大化的本质追求、生产经营区位的重新定位与选择。企业将生产要素从低报酬区域转移到高报酬区域，不仅实现了要素配置效率的改进，同时由于大量要素的流动与集聚，也能够带来规模经济与范围经济。根据瑞典经济学家缪尔达尔1957年提出的循环累积因果论，一旦一个产业或企业被配置于一个地区，就会发生连锁效应，并进一步吸引新的企业进入，从而产生更大的规模经济与范围经济。可以用要素流动外部性来解释这种规模经济与范围经济产生的机理，包括知识溢出、供求关联外部性、示范与辐射机制。

知识溢出是被内生增长理论、新经济地理学等用于解释集聚、创新区域增长的重要因素之一。知识溢出的过程是不同主体之间通过直接或间接方式进行互动、交流，并在此过程中发生的无意识的传播过程。知识溢出由知识的外部性特征决定，知识溢出在产业转移中沿着技术外部性和交流外部性两条路径推进。

在产业转移过程中，技术外部性以非市场交互的方式对承接地及企业发生作用，主要形式为承接地企业对承接转移的本地企业以及母国企业进行学习和模仿，在一定程度上逐渐形成了该类产品的生产能力。同时，如果该企业能够在学习模仿的基础上进行自主研发，那么企业不仅可以获得技术进步，还可以提高研发创新的能力。由此，技术外部性能够促进承接地的技术进步与技术创新，从而促进区域经济发展。技术外部性作用的大小取决于区域之间的地理距离、技术差距、转出的技术转移的力度以及承接地的学习接受能力。

交流外部性来源于"社会资本"的概念。格兰诺维特认为，经济行为是镶嵌于社会关系的网络结构中的。科尔曼建议把蕴涵在人际关系网络中的资源统称为社会资本，这些资源有利于以协调与合作的行动来减少不确定性和交易成本。由于"社会资本"的存在，企业感到有"交流"的必要，而企业间的交流就成为交流外部性的源泉。交流外部性是知识溢出导致集聚的重要向心力。在产业转移过程中，知识人才、科学技术、管理方式和思想理念等传统的和新型的生产要素都在随之流动。交流外部性在产业转移中的作用可以一分为二地看。一是交流外部性使得企业更愿意集中在一起，因为"地理上的接近更有利于信息的传播"。也就是说，交流外部性推进了产业集聚，产业集聚又促进了城市化的发展。二是交流外部性不仅有利于科学技术的传播，也有利于新的思想理念的传播，促进承接地人口接受新的生活方式与工作方式，从而推动整个社会思想的更新与进步。

产业与产业之间往往以各种投入品与产品为连接纽带而形成一种技术经济联系，这种联系被称为产业关联。按照投入产出关系，产业关联可以分为前向关联、后向关联以及旁侧关联，这些关联关系基本以供求关系为纽带。克鲁格曼认为，在规模报酬递增与运输成本的综合作用下，相互关联的企业因为供求关系而集聚在一起，通过将生产活动集中在一个区域以充分利用规模经济，通过满足本地市场来降低运输成本。因为生产与消费是相互关联、相互促进的，地区经济的发展往往表现出路径依赖。企业间的供求关联外部性主要体现在对企业区位选择的两个"推力"上：一是要素驱动，促使企业愿意坐落在其密集使用要素的供应地；二是市场驱动，促进企业愿意坐落在其产品有巨大市场的需求地。这使得同行企业往往在选址上有一定的趋同性，从而产生了产业集聚现象。同时，供求关联外部性不仅促进了同行集聚,也驱动了上下游产业的集聚。由供求关联驱动的产业转移,将同质产业引向同一区域,必然会引起要素市场和产品市场的竞争。要素市场的竞争,将使得非移入要素价格上涨,如我国的劳动力、地租价格不断上涨。同质产业的大量进入,容易造成"产业同构",从而引起产品市场上的恶性竞争。

在产业转移中,对于承接方来说,最先得益的是承接转移产业的企业与产业。而转移产业对其他产业的示范与辐射机制,则促进了产业转移对区域经济增长的作用。承接外来企业的企业,由于吸收了国外的资本、技术、管理理念等,其市场表现、产品等往往会优于以前,因而常常会引起相关产业其他企业在技术、管理、经营方式等方面的模仿。根据"干中学"理论,对更优秀企业的模仿也同样会带动企业的进步与发展,因此转移产业的示范作用能够对区域经济发展起到正面影响。作为示范区,承接区域经济进一步发展,通过辐射机制在更大区域中对其他区域与产业产生影响,从而实现整个国家经济的增长与社会的进步。

从以上对产业转移效应的理论分析中可以发现四个问题:一是单一的分析路径难以全面、完整地解析产业转移效应;二是各划分路径之间其实有着很大的重合空间;三是各分析路径之间存在着相互依存、互为补充的关系;四是要清晰、完整地解析与评估产业转移效应,必须在以上分析路径的基础上,以产业转移效应的作用机理为依据,建立多层次、综合性的分析框架。

第二节 产业转移模式

根据国际产业转移发展的历程,并结合国内外产业转移的现状和未来趋势,可以归纳出以下几种具有代表性的产业转移模式。

一、雁行发展模式(东亚模式)

雁行发展模式是一种基于产业转移过程特征或形态的转移模式,一些日本学者引用日本经济学家赤松要的"雁行产业发展形态论",将二战后东亚地区国际分工体系和经济发展过程喻为一种"雁行模式"。该模式的基本内涵是:二战后,率先实现工业化的日本依次把成熟的或者具有潜在比较劣势的产业转移到"亚洲四小龙"国家和地区,"亚洲四小龙"国家和地区又将其成熟的产业依次转移到东盟诸国(泰国、马来西亚、菲律宾、印度尼西亚等"亚洲四小虎")。20世纪80年代初,中国东部沿海地区也开始参与东亚国际分工体系。这种产业转移勾勒出一幅以日本为"领头雁"的东亚经济发展的雁行图景,不同国家之间形成了技术密集与高附加值产业、资本密集型产业、劳动密集型产业的阶梯式产业分工体系。

雁行发展模式主要针对发展中国家提出,要求贸易圈中存在不同发展层次产业结构的国家,这是产业梯队转移的动力之一,而东亚地区恰好满足这个条件。位于第一梯队的日本是配套完整的制造工厂型发达国家,拥有先进技术,工业发达,资金雄厚,居东亚经济发展的领头雁地位。位于第二梯队的"亚洲四小龙"是新兴工业化国家和地区,有比较先进的技术,重点发展资本密集型产业,是东亚经济发展和合作的雁身。位于第三梯队的"亚洲四小虎"是从农业起步向发展出口型工业方向迈进的国家,有较丰富的资源和劳动力,重点发展劳动密集型产业,在东亚经济发展中充当雁尾的角色。中国属于后起的社会主义市场经济国家,不仅拥有丰富的生产要素和辽阔的市场,而且与东亚经济相接轨,成为东亚地区仅次于东盟的经济增长区,属于第四梯队。

20世纪60年代,受国内劳动力成本压力影响,日本开始通过对外直接投资进行产业转移,将国内劳动密集型产业尤其是轻纺工业向新兴工业化国家或地区(newly industrialized countries, NICs)转移,国内重点发展电力、钢铁、机械、造船、石化、化工和汽车等资本密集型产业以及电子、航空航天和生物医疗等技术密集型产业。到20世纪70年代,受全球经济危机和数次石油危机的影响,日本将高能耗、高污染、原料需求量大的部分资本密集型产业(如钢铁、造船和化工、汽车、家电等)转移到东亚发展中国家,在国内发展微电子、新能源、新材料等高附加值、低能耗的技术密集型产业。这一阶段,日本国内产业对外转移总量不大,呈分散态势,仅有部分产业因开拓国际市场的需要而对外转移。

20世纪80年代,日本主导产业升级为汽车和机电设备制造业。受日美经贸摩擦加剧的影响,日本本土企业运营成本大幅上涨,劳动密集型企业亟须通过产业转移获得新生,日本将处于竞争劣势的劳动密集型产业(如传统纺织业和服装业)开始大规模向"亚洲四小龙"国家和地区转移。此外,日本转移的产业拓展到汽车、电子等资本和技术密集型产业,但仍以纺织、钢铁等劳动、资本密集型产业为主,高新技术产业对外转移较少。1990—2008年,面对经济泡沫和亚洲金融危机的影响,日本的劳动和资本密集型产业,如普通纺织业、汽车、船舶、精密制造以及输油管道生产及电子产业等开始大规模向中国转移,日本国内发展高技术产业,如机械、电子设备、机动车及零部件、化学制品、液晶材料、高档碳纤维、大规模集成电路、大型芯片等高附加值产业,使得日本在关键技术和零部件领域保持较高的市场控制力。

雁行发展模式的基础是各国产业梯度差的存在。但这个梯度差正随着各国经济的发展和日本国内经济不景气的影响而日益缩小。20世纪90年代以来,日本经济持续10余年处于萧条和低迷的状态,其在经济赶超时期曾经发挥过巨大效能的政府主导型经济体制深陷制度疲劳中,在当前以创新为主要推动力的信息技术革命的浪潮中落伍,日本领头雁地位开始动摇。而东亚其他国家和地区加速经济赶超。"亚洲四小龙"正在逐步摆脱逐级跟进的传统模式的障碍,开始跳跃式地进入知识技术密集型产业。日本和"亚洲四小龙"之间的分工层次差距日益缩小。同时,近30年来,中国经济迅速崛起,有望形成一个与日本并行的产业与经济板块。在传统垂直型分工为主的雁行模式中,头雁、雁身和雁尾之间在产业结构和出口结构上出现了不同程度的雷同。总之,由于领头雁的迷失方向,群雁的加速追赶,东亚传统的"雁行模式"逐渐式微。

客观来看,雁行模式确实对东亚经济增长起到了重要的推动作用,使其一度成为世界经济的增长点。众所周知,闻名世界的"东亚经济奇迹"是通过大量引进外资,积极发展出口导向型产业来实现的。而日本是东亚地区最大的投资国,是东亚各国引进外资、吸引技术的主要来源国。在东亚经济起飞时,正是日本国内纺织业、重化工业等劳动密集型产业衰退,而机械、电子技术等资本密集型产业迅速发展,加快产业结构升级换代之时。因此,日本对东亚的产业转移不仅顺应了东亚地区经济发展的需要,而且成为日本出口工业制成品和中间品的"吸水池"。不仅如此,这种劳动密集型产业依次从"亚洲四小龙"到"亚洲四小虎",一直到中国不断扩张,成为这些国家和地区经济高速增长的因素之一。

二、新雁行模式

传统雁行模式失去活力后,随着中国经济的崛起和中国东部与中西部地区发展不平衡的问题凸显,学者们提出在中国国内布局雁行模式的产业转移,被称为新雁行模式。

由于中国地广人多,许多地区的地域面积和人口规模都相当于一个国家。且中国存在区域发展不平衡的问题,东部沿海地区最先发展起来,而中西部省份发展水平较低。因此,东部经济较发达地区可以沿着劳动密集型产业→资本密集型产业→技术密集型产业的次序向中西部地区进行产业转移。这种转移模式为我国东部产业转出、中西部承接产业转移提供了理论依据,对构建我国新发展格局非常重要。从供给侧来看,劳动密集型产业从东部沿海转移到中西部有助于更充分地利用劳动力要素,缓解人口红利消失对经济增长的限制。更多劳动力进入制造业有助于解决资本报酬递减问题,产业在地区间的转移有助于提升要素生产率。从需求侧来看,劳动密集型产业有助于解决中西部地区的就业问题,提升中西部居民的收入水平,从而提升消费对经济的拉动作用。为解决中西部承接劳动密集型产业,对中西部地区基础设施的投资可以提升投资潜力。同时,中国在劳动密集型产业的出口有助于维持外需。

从劳动密集型产业产品出口比重分析,东部地区劳动密集型产业出口比重从 2003 年的 92.6% 下降到 2014 年的 83.5%,相应的中部地区该比重从 2003 年的 4.06% 增加到 2015 年的 6.41%,西部地区该比重从 2003 年的不足 3.32% 增长到 2014 年的 9.42%。也就是说,我国的新雁行模式确实已经形成,形成的时间点大约在 2007 年。至于转移速度问题,需要考虑中西部的承接能力。考虑到东部地区需要继续保留一部分劳动密集型产业,中西部地区需要承接全国一半左右的劳动密集型产业。

从加工贸易比重看,东部地区的加工贸易出口比重在 2010 年以后出现了明显下降,而中西部地区的加工贸易出口比重在 2009 年以后出现了明显的上升,但中西部地区加工贸易比重仍然比较小,2015 年中部地区的占比为 9.06%,西部地区的占比为 6.26%。与劳动密集型产业的转移不同,加工贸易转移大约出现在 2010 年。中部各省份的加工贸易比重都出现明显的上升趋势,且都在 2010 年后开始加速增长,上升最明显的是河南省。但是西部地区各省份之间表现差异较大,重庆市、四川省、云南省的加工贸易出口比重呈现出明显的上升。加工贸易有一个很重要的特点是外资主导,大部分加工贸易企业属于外资企业。由于发展加工贸易,需要吸引外资,但西部地区在吸引外资方面明显不如中部地区,因此承接的加工贸易有限。另外,加工贸易有许多是资本密集型、技术密集型产业,技术密集型产业的产业链中也包含低端环节。

需要注意的是,我国新雁行模式的产业转移并非自然演进,而是需要政府的主动推进。在市场经济下,由于中西部地区的劳动力成本更低,企业确实有动力将产业转移到中西部。

但是,劳动力成本只是产业转移的必要条件而非充分条件,基础设施、营商环境、劳动生产率等都是影响企业转移的因素。中西部地区要想承接更多产业,政府必须在这些方面下功夫。另外,目前中国的新雁行模式发展的速度较慢。按照现在的速度,无论是劳动密集型产业还是加工贸易转移,都需要较长时间。而且这种产业转移并非线性的,可能会出现停滞甚至是逆转的情况。

三、集群式转移模式

集群式产业转移是规模最大的产业转移模式,是指一些有着产业联系的上下游生产企业相继由某一地区转移至另一地区,是产业链上下游企业或横向的关联企业的集中式、抱团式转移的现象,转移的可以是产业链上的某一个或几个活动,也可以是整个产业链。这种集群式转移模式强调的是转移的整体性和网络关系的复制性。它是某一产业链生产要素集中向某一区域流动,形成新的产业集群的过程,是全球产业转移浪潮的一种主流转移模式。这种模式的产业转移可以是完整产业链上企业的转移,包括龙头企业、产业链的核心增长部分对应的企业以及产业链的配套环节企业。根据不同的转移主体所带动的产业集群分为四种模式:跨国公司转移带动形成的集群、龙头企业转移带动形成的集群、生产外包形成的制造业产业集群和工业园区建立而形成的集群。

美国硅谷的半导体集群企业集中转移到我国台湾新竹科技园,是以园区为载体进行产业集群空间转移的典型代表。1976年,我国台湾地区效仿美国硅谷规划了半导体科技园区,依照美国高校与产业集群合作的模式,将园区设置在与台湾清华大学、台湾工业研究院、台湾交通大学等比邻而居的新竹县。园区建立之初,积极引入在美创业的台湾企业。这些硅谷回流的人才扮演"桥梁"的角色,向我国台湾地区IC(集成电路)产业传播新技术与新经营方式,促使企业组织模式转变,形成专业分工、垂直分离的全球化生产模式。园区内形成完整的集成电路产业链,再借由该产业的发展,同步带动上、下游相关产业。在台积电、联电等龙头企业的带领下,处于生产流程不同阶段的厂商之间紧密协作,相互学习,形成既竞争又合作的弹性专业化生产系统。台湾地区半导体企业从上游的IC设计、中游的晶圆生产、下游的封装和测试以及设备、材料全领域都有布局,联发科、台积电、联电、日月光、联咏等企业迅速发展,带动整个电子工业链的发展。垂直分工与产业集群是台湾地区半导体产业的特色。目前台湾地区半导体产业的主要优势在于代工制造和自主研发两个方面。台湾地区拥有全球最完善的代工制造体系,为全球各大半导体公司提供高质量的代工服务。同时,台湾地区半导体产业拥有一批具有自主知识产权的半导体公司,如联发科、台积电等。可见,产业转移园区是承接产业转移的重要基地和优良平台,对于拉长产业链、提高产业的集中度有重要意义。

除以上三种模式外,产业转移模式还有整体转移模式、部分迁移模式、网络化模式等。整体转移模式包括整体迁移模式和整价值链转移模式,而整价值链转移模式又包括完整价值链垂直型转移和完整价值链水平型转移。部分迁移模式有要素嫁接式、存量激活、扩张性资本输出、产业关联、部分产业链的转移等。高梯度的大企业、大集团甚至跨国公司通过购买股票、收购和兼并,将技术、资金、装备、管理、人才等要素转移嫁接到低梯度缺乏活力、已停产倒闭、濒临倒闭的企业,进而带动承接产业转移区域的经济发展。网络化模式主要有横向兼并或横向一体化转移式、设厂(对外建立生产加工点)和设立研发机构转移模式、收购兼并转移模式、委托生产或生产外包转移模式、OEM(原始设备制造商)转移模式和对外建立销售网点、企业新建投资、并购和非股权方式参与等形式。

第三节　国际产业转移及其趋势

国际产业转移是不同国家之间产业的转出和承接,是产业结构在世界范围内的调整和优化。进入 21 世纪后,国际产业转移进入了一个新阶段。在新的世界经济形势下,国际产业转移也呈现出新的特点。

一、四次国际产业转移

国际产业转移是世界范围内产业升级与经济全球化的共同结果,也是世界经济发展历程中长期性、动态性的趋势,对各国的产业结构和经济空间结构产生深刻影响。截至目前,全球已经进行了四次国际产业转移,见表 9-1。

表 9-1　四次国际产业转移的比较

轮　次	发生时间	转出地→承接地	转移的主要产业
第一次	19 世纪下半叶—20 世纪上半叶	英国→法国、德国等欧美国家,主要是美国	纺织、煤炭等劳动密集型产业
第二次	20 世纪 50—70 年代	美国→德国、日本 日本→NICs、拉美国家	钢铁、纺织等资源、劳动密集型产业,轻工、机电、造船等劳动和资本密集型产业
第三次	20 世纪 80 年代—2008 年金融危机前	日本、NICs、美国→中国、东盟四国	劳动和资本密集型产业、一般技术密集型产业
第四次	2008 年金融危机至今	中国→东南亚、南亚等"一带一路"国家;中国东部地区→中国中西部地区	劳动密集型产业和资本密集型产业,少量技术密集型产业

(一)第一次产业转移:英国制造业向美国转移,导致综合国力下降

第一次工业革命的完成与对外殖民地的扩张,使得英国工业发展达到鼎盛期。英国国内外贸易迅速扩展,成为"世界工厂"和最大殖民帝国。1860 年,英国制造业份额约占全球份额的 20%,居于全球首位,与美、德等工业国相比竞争力优势明显,海外市场开拓能力和动力强劲。随着英国本土劳动密集型产业成本的升高,英国逐渐将棉纺、煤炭、钢铁和造船业等工业投资到海外殖民地市场。英国本土工业制成品市场逐渐饱和,工业投资收益下降明显,在美、德等国对英国企业实施贸易保护后,英国国内企业加大对外投资力度,开启了第一次国际产业转移浪潮。

1860—1870 年,英国资本对外投资中有 52% 投入欧洲和美国。1870 年,英国的海外投资有近 1.75 亿英镑投向美国工业。英国国内产业随着产业的对外转移,实现了优化调整和转型升级。经过半个世纪的发展,传统产业就业岗位及 GDP 占比不断下降,就业结构和产业结构基本实现了从工业化向非工业化的典型转变。特别是 19 世纪,欧洲一些发达国家的储蓄资金大量流入,使英国逐步成为当时世界经济金融霸主。至 19 世纪后期,西方主要资本主义国家逐步完成第二次工业革命,英国制造业优势不断下降,在 19 世纪末期被美国超越。此后,英国制造业占全球比重不断萎缩,综合国力也受到较大影响。1870—1913 年,英国制造业的全球市场份额从 31.8% 下降至 13.6%,美国则从 23.3% 上升至 35.8%。

(二)第二次产业转移:美国制造业向日本转移,推动产业结构优化升级

第二次国际产业转移发生在 20 世纪 50—70 年代,主要由美国向日本、德国进行产业转移,美国通过产业转移实现了产业结构优化升级。日本在承接美国的各类产业的同时,逐步将国内不再具有比较优势的劳动密集型产业转移至"亚洲四小龙"、东盟四国,日本成为继英国、美国后的"世界工厂"。

美国是第二次国际产业转移的主要转出国。20 世纪 50 年代,美国引领了以原子能、电子计算机、空间技术为主要发明和应用代表的第三次科技革命,国内产业进行了大调整,钢铁、纺织等产业开始转移至日本和德国,国内则发展集成电路、汽车等资本、技术密集型产业。20 世纪 60—70 年代,高新技术对传统工业的改进使部分落后传统制造业在国内失去比较优势而大量向国外转移,在经历石油危机和经济滞涨后,美国利用跨国公司在全球范围内调整产业布局,产业进入快速向外转移阶段。20 世纪 80 年代,美国持续调整经济政策,并稳步将船舶、重化工业等劳动、资源密集型产业向外转移。20 世纪 90 年代以来,美国加快了产业结构优化调整的步伐,传统制造业如钢铁、汽车等产业逐渐减少,制鞋、纺织、服装等劳动密集型产业则基本退出国内市场,转移至其他具有低成本优势的发展中国家。而高新技术、信息、金融、保险等服务贸易领域稳居世界首位,以信息技术革命为主动力的美国进入了持续高速增长的"新经济"时代。

美国在第二次国际产业转移期间,人均 GDP 增长表现为中期增长较快,后期较为缓慢。从 GDP 增长均值也可看出,美国在中期的 GDP 增长率均值为 4.16%,而后期为 3.62%,经济增长在产业转出时期经历了一个放缓的过程。从税收占比看,美国在第二次产业转移后期表现为波动式下降趋势。

美国产业转出调整表见表 9-2。

表 9-2　美国产业转出调整表

时　　间	转出产业
20 世纪 50 年代	钢铁、纺织等传统劳动密集型产业
20 世纪六七十年代	轻工、机电、轻纺、重化工业等劳动、资本密集型产业
20 世纪 80 年代	家具、船舶、重化工业等劳动、资源密集型产业
20 世纪 90 年代后	钢铁、汽车、电子产品等劳动、资本、一般技术密集型产业

（三）第三次产业转移：日本及"亚洲四小龙"产业向我国转移，实现全球价值链高端跃升

第三次产业转移发生在 20 世纪 80 年代左右至 2008 年世界金融危机前。日本、NICs 在第二次国际产业转移中作为承接者实现了经济的快速发展，受成本压力影响，成为第三次国际产业转移的主要转出者。1978 年后，我国逐渐成为美国、日本、NICs 等经济较发达国家（地区）承接产业转移的主要国家，成为继日本后的第四任"世界工厂"。

日本是第三次国际产业转移的主要转出国之一。20 世纪 60 年代，受国内劳动力成本压力影响，日本开始通过对外直接投资进行产业转移，将国内劳动密集型产业尤其是轻纺工业向 NICs，包括韩国、新加坡、我国台湾地区和香港地区）转移，国内重点发展电力、钢铁、机械、造船、石化、化工和汽车等资本密集型产业以及电子、航空航天和生物医疗等技术密集型产业。到 20 世纪 70 年代，受全球经济危机和数次石油危机影响，日本将高能耗、高污染、原料需求量大的部分资本密集型产业（如钢铁、造船和化工、汽车、家电等）转移到发展中国家，在国内发展微电子、新能源、新材料等高附加值、低能耗的技术密集型产业。这一阶段，日本国内产业对外转移总量不大，呈分散态势，仅有部分产业因开拓国际市场的需要而对外转移。20 世纪 80 年代，日本主导行业升级为汽车和机电设备产业。受日美经贸摩擦加剧的影响，日本本土企业运营成本大幅上涨，劳动密集型企业亟须通过转移获得新生，日本将处于竞争劣势的劳动密集型产业（如传统纺织业和服装业）开始大规模向 NICs 转移，世界知名运动品牌阿迪达斯、耐克将日本的生产基地转移到成本更低的韩国和我国台湾地区。"广场协议"后，劳动密集型产业的转移迫在眉睫。此外，日本转移的产业拓展到汽车、电子等资本和技术密集型产业，但仍以纺织、钢铁等劳动、资本密集型产业为主，高新技术产业对外转移较少。同时，日本的海外产业投资还带动了国内大宗商品和服务的出口。1990—2008 年，面对经济泡沫和亚洲金融危机的"内忧外患"，日本劳动和资本密集型产业如普通纺织业生产部门、汽车、船舶、精密机械以及输油管道生产部门及电子产业等开始大规模向我国转移，国内则发展高新技术产业，如机械、电子设备、机动车及零部件、化学制品、液晶材料、高档碳素纤维、大规模系统集成电路、大型芯片等高附加值产业，使得日本在关键技术及零部件领域保持较强的市场控制力。2008 年世界金融危机至今，日本加快了高科技制造产业在海外的战略布局，推动了企业将制造业技术转型升级的重点放在物联网、大数据、人工智能、机器人等前沿技术领域，强化本国在全球价值链核心技术上的国际垄断竞争优势。

可见，日本进行产业转移始于第二次国际产业转移的中期，产业大规模转移发生在第三次国际产业转移时期。在第二次国际产业转移中后期，日本的人均 GDP 增速及 GDP 增长率在中期均高于后期，经济增长速度呈现先快后慢。在以日本为主导的第三次产业转移中，经济增长速度在整个产业转移阶段呈现为 4.36%→2.03%→1.00% 的下降趋势，即在产业转移初期有一个快速上升期，而后速度逐渐放缓。20 世纪 80 年代，日本的税收占比在第三次产业转移阶段也表现为先升后降，再缓慢下降的趋势。第三次产业转移中后期，日本研发支出占比呈现跳跃式上涨，且后期研发支出占比增速要明显快于中期，尽管与美国在第二次产业转移的中后期呈现的先升后降再升的趋势不同，但总体上二者对研发投入的支出是增加的。从就业弹性看，第三次产业转移中后期，除个别年份外，日本就业弹性基本保持不变，整体趋向于 0。这表明在产业外向转出过程中,日本的经济增长无法增加就业岗位。

日本产业转出调整表见表 9-3。

表 9-3　日本产业转出调整表

时　间	转出产业
20 世纪 60 年代	轻纺工业等劳动密集型产业
20 世纪 70 年代	钢铁、造船和化工等重化工业,汽车、家电等资本密集型产业
20 世纪 80 年代	汽车、电子、机械、家电等一般资本技术密集型产业
20 世纪 90 年代至 2008 年	劳动和资本集约型产业,如普通纺织业、汽车、船舶、精密机械以及输油管道等生产部门及电子产业的标准化阶段
2008 年至今	高科技产业

　　NICs 是第三次国际产业转移的主要转出地。自 20 世纪 60 年代起,NICs 以物资贫乏而人口综合素质较高、临海方便物流运输等先天优势承接美、日、德等发达国家的产业,吸引大量的资金、技术和产能,成为新兴的工业化国家或地区。而随着产业转移的深入,NICs 完成了经济的升华。我国台湾地区、韩国、新加坡 1980 年的出口分别是 1970 年的 13 倍、40 倍和 10 倍。在外向型经济的帮助下,NICs 俨然成为世界贸易的核心力量。随着 NICs 经济的崛起,国内外汇储备不断增加,巨大的外汇储备催生了本土资产泡沫,也带来了各种成本的上升,带来了经济隐患。至 20 世纪 90 年代,NICs 面临着市场狭小、生产要素成本上升、资源环境瓶颈等问题。1997 年亚洲经济危机的爆发,NICs 受到了沉重打击,开始将失去比较优势的劳动密集型产业和一部分资本技术密集型产业转移到泰国、马来西亚、菲律宾等东南亚国家,以及中国大陆,并在本地集中发展技术密集型产业及服务业,实现产业结构的转型升级。NICs 参与了第二、第三次产业转移,但 1997 年亚洲金融危机后才以产业转出者的身份参与其中。

　　在 NICs 进行产业转出的阶段,GDP 增长率和人均 GDP 增速相比,产业承接后期(20 世纪 80—90 年代)较为缓慢;工业增加值占比在产业转出的初期阶段,波动性不大,而在金融危机后下降明显。由此可见,NICs 在产业转出初期,转出速度较为缓慢,而在产业转出中期阶段,转出速度随之加快,且 NICs 在产业转出过程中,经济的增长没有带来就业岗位的明显增加,就业弹性趋近于 0。劳动生产率在产业转出时期也呈现出逐步加快的趋势。再者,在税收方面,虽然 NICs 在第三次产业转出时期下降趋势较美国、日本幅度较小,但三者的税收占比在相应阶段都呈现下降趋势。NICs 的研发支出与同时期美国、日本类似,呈现跳跃式上升趋势。

　　NICs 产业承接和转出调整表见表 9-4。

表 9-4　NICs 产业承接和转出调整表

时　间	承接和转出产业
20 世纪 60 年代	美国、日本→ NICs(劳动密集型、部分资本密集型产业)
20 世纪 70 年代	美国、日本→ NICs(资本密集型产业)

时　间	承接和转出产业
20 世纪 80 年代	美国、日本→ NICs（标准化资本、技术密集型产业）
20 世纪 90 年代后	美国、日本→ NICs（技术密集型产业）→东盟四国、中国（劳动密集型、部分资本技术密集型产业）

（四）第四次产业转移：中国制造业向东南亚国家转移，正在持续进行中

第四次国际产业转移发生在 2008 年世界金融危机爆发后至今，正在进行中。我国自改革开放至国际金融危机前，经过 30 多年的高速发展后，国内生产成本优势、人口红利优势已逐渐减弱，部分制造业开始从我国向东南亚欠发达国家（地区）转移。

我国是第四次国际产业转移的主要转出国。2008 年世界金融危机爆发后，我国出现了高低端产业的"双向转移"现象。受发达国家高端制造业回流及中美经贸摩擦的影响，技术密集型产业从我国回流至欧美等发达国家。同时，随着国内生产要素成本及环境成本的快速上升，部分劳动密集型制造企业转移至越南、老挝等新兴经济体国家，且逐渐从短链条、低附加值的制造业向长链条、高附加值的制造业蔓延。

在产业转出的早期阶段（2009—2019 年），我国的人均 GDP 增长速度快于产业承接的后期阶段（1999—2008 年）。而后，GDP 增长率呈现下降趋势。这与在产业承接时期 GDP 一直处于高速增长不同，产业转出早期我国 GDP 增长逐步放缓，但人均 GDP 的增长速度却表明 GDP 增长的质量在提升。在工业增加值占比上，产业转出初期，我国一直呈下降趋势，且 2010—2020 年，工业增加值占比下降了 8.66%，工业增加值下降显著，产业转出所带来的国内产业结构的变化显著。从研发支出占比、劳动生产率看，这两项指标在产业转出早期，延续了产业承接期增长的同时，其增速更快。在税收占比方面，我国在产业转出早期的税收占比较产业承接后期阶段略有提升。而就业弹性与其他各国类似，产业转移对就业弹性的影响并不显著。

二、四次国际产业转移的主要特征

（一）产业转移大约每 30 年一次，每次大致经历前中后三个阶段

从四次国际产业转移的时间跨度上看，根据各主要产业转出国发生产业转移的时间节点，除第一次国际产业转移的时间跨度较大外，第二、第三次国际产业转移大致为 30 年。第四次国际产业转移也在 2008 年世界金融危机后逐渐开始。根据历次国际产业转移中主要产业转出国呈现的产业转移趋势特点，大致确定第四次国际产业转移的时间跨度与前两次国际产业转移相似，约为 30 年。各次产业转移可分为前、中、后三个时期，各时期时间跨度大约为 10 年。

（二）产业转移发生先后不一，转入转出持续且交错发生

在以美国为主导的第二次国际产业转移中，日本在 20 世纪 60 年代承接美国产业的同时，也将本国低端产业转移至 NICs，第二次国际产业转移主要转出国有美国、日本和德国。在以日本为主导的第三次国际产业转移过程中，美国相关产业仍向日本转移，到了 20 世纪

90 年代后期,NICs 在承接日本、美国、德国转出产业的同时,也逐渐向东盟四国和我国等地进行产业转移,第三次产业转移的主要参与国有日本、美国、德国及 NICs。在以我国为主导的第四次国际产业转移过程中,美国、日本、德国、NICs 仍有产业向我国和东南亚国家转出。因此,国际产业转移呈现出各国之间产业转移没有明确界限,各国产业的承接和转出交错存在、持续发生的现象。

（三）产业转移遵循"发达国家→次发达国家→发展中国家"和"劳动密集型产业→资本密集型产业→技术密集型产业"两条路径

一方面,国际产业转移遵照发达国家→次发达国家→发展中国家的转移路径。产业由发达国家向外转移时,会优先向具有工业基础的次发达国家转移,当产业在次发达国家丧失比较优势后,则会向具备相对优势的发展中国家转移。

另一方面,产业转移遵从劳动密集型产业→资本密集型产业→技术密集型产业的转移路径。国际产业转移首先从纺织等劳动密集型产业开始转移,随后是重工、石化、机电等资本密集型产业,再逐渐扩展到汽车、微电子等技术密集型产业。20 世纪 60 年代,发达国家将国内的边际劳动密集型产业转移到发展中国家,国内则致力于发展资本、技术密集型产业,实现产业结构升级,如我国香港和内地之间共同发展形成的"前店后厂"的产业结构分工格局,使我国香港地区产业得以向技术密集型产业结构演变,也间接促使我国东南沿海地区整体经济实现快速发展。20 世纪 80 年代,发达国家将劳动密集型产业转出的同时,也逐渐将丧失比较优势的资本、技术密集型产业向外转移。

（四）产业转移呈现早期转移慢、中期转移快、后期转移慢的特征

从产业转出调整表可以看出,在产业转出的早期,转移产业的类型较为单一,均为劳动密集型产业,也即发生国际产业转移的风向标是劳动密集型产业的国际转移,产业转移速度较为缓慢。产业转出中期,转移类别增加,速度加快,如美国 20 世纪 60—70 年代、日本 20世纪 70—80 年代产业转出的类型逐渐增多,既有劳动密集型产业,也有资本密集型产业,产业转出的速度加快。产业转出后期,各主要转出国的产业基本完成升级,转出速度逐渐放缓。

三、国际产业转移的趋势

（一）多国家、多层级、多领域的产业转移趋势明显

发达国家和新兴工业化国家或地区共同成为向外进行产业转移的主体力量。随着各国技术进步和产业结构水平的提高,越来越多的新兴工业化国家或地区在产业升级的同时,将原有传统产业转移到更低产业梯度的国家。同时,随着全球整体产业结构水平的升级,国际产业转移已不再局限于发达国家和发展中国家之间,发达国家之间、发展中国家之间的产业转移也很常见。在产业移出国的行列中,既有美国、日本等发达国家向外进行产业转移,也有韩国、新加坡等新兴工业化国家的产业外移,中国、东盟等也纷纷加入向外进行产业转移的行列中。新兴工业化国家或地区在国际产业转移链中往往身兼产业承接地与产业转移地双重角色,成为现代国际产业转移过程中一个颇具特色的现象。

（二）产业转移的整体层次不断提高

国际产业转移的产业层级呈现多元化。世界范围的产业结构调整和升级,不仅加速了各国产业结构的知识化、高度化,也使国际产业转移的结构呈现出高度化的趋势。从国际产业转移的产生到现在,国际产业转移的重心逐步由原材料工业向加工工业、由初级产品工业向高附加值工业、由传统工业向新兴工业、由劳动密集型产业向资本、技术密集型产业转移。在20世纪六七十年代的产业转移中,发达国家向发展中国家转移的多是发达国家已经失去竞争优势的劳动密集型产业,或者是资本、技术密集型产业中的劳动密集型工序。20世纪末、21世纪初的产业转移浪潮与以前不同,发达国家在继续向发展中国家转移劳动密集型产业的同时,开始向发展中国家转移某些资本、技术密集型产品的生产,甚至开始向少数发展中国家转移高新技术产品生产过程中的某个工序。国际产业转移已进入技术密集型、资本密集型、劳动密集型产业转移并存的阶段。多层次的产业转移交织在一起,构成了丰富多彩的产业转移浪潮。

（三）垂直型产业转移占主导,但水平产业转移日趋增多

在以跨国公司为载体的国际产业转移中,虽然垂直型产业转移仍然占据主体地位,但水平产业转移日趋增多。一些著名汽车制造商开始把设计开发部分转移到发展中国家,一些微电子公司也把部分研究开发工作转移到发展中国家,如微软公司、IBM公司等相继在我国设立研究院。

（四）产业转移规模进一步扩大

伴随经济全球化和投资、生产国际化加快的潮流,跨国直接投资的总量不断扩大,从而成为国际产业转移的重要推动力量。进入21世纪,发达国家为赢得全球竞争优势,进一步加速了国际产业转移;发展中国家为实现赶超战略,也进一步扩大对国际产业转移的接纳,以充分利用国际产业转移的有利机遇,加速本国产业结构的升级和高度化。因此从长期来看,国际产业转移的规模必将进一步扩大。

（五）产业转移的周期缩短

随着世界经济的全球化和新技术革命的发展,各国产业升级步伐加快,国际产业转移进程加速,产业转移的周期也大为缩短。仅20世纪下半叶就发生了四次大规模的国际产业转移浪潮,与20世纪上半叶国际产业转移相比,周期急剧缩短。20世纪90年代以后,信息产业迅速发展,尤其以微电子和计算机技术、通信和网络技术、软件和系统集成为代表的信息技术日新月异,传统工业化的生产方式开始向集工业化、信息化于一体的现代生产方式转化,各国产业结构升级步伐加速,促使国际产业转移速度进一步加快,周期进一步缩短。

（六）产业转移的动因更加复杂

从各国产业发展史来看,最初的产业转移只是发达国家为适应比较优势变化和产业升级的要求,向发展中国家转移落后产业的结果,其直接动机是向低产业梯度的国家转移不再具有比较优势的产业,以便发展新产业。而随着国际产业竞争的激烈化,各国往往为了降低

生产成本、抢夺市场先机等目的纷纷在目标市场国设厂生产,其跨国转移产业的原因不再仅限于向外转移不再具有优势的"边际产业",使国际产业转移的动因更加复杂。如美国通用汽车公司在许多国家设立子公司,生产适应当地需求的汽车,其产业转移的目的并非转移本国不再具有优势的产业,而更多是占领当地的市场。

(七)跨国公司成为产业转移的主体

跨国公司已成为国际贸易、国际投资和国际产业转移的主要承担者。跨国公司的跨国经营推动了世界各国产业结构的调整,使原有国家之间的生产分工国际化,传统的贸易形式发生了根本性转变。跨国公司的直接投资,将原有产品的国际贸易替代为包括资本、技术、人才和管理等众多生产要素及生产过程的国际转移。同时,国际贸易转变为跨国公司内部的交易,使得产品的交换过程变成一种生产过程。跨国公司的跨国经营,导致生产要素的国际化和生产组织的全球化并直接推动世界产业结构的调整,从而使发展和利用跨国公司的能力成为各国提高国际竞争力的重要因素,并成为发展中国家接纳国际产业转移、实现产业结构转型和升级的重要契机。

(八)生产要素跨国流动对于产业转移的影响日益加深

生产要素跨国流动是国际产业转移的重要载体,生产要素的流动一般都伴随着产业的转移,生产要素流向某一国家的目的是通过产业和生产要素的集聚实现生产的规模效益,否则这种要素转移就是无意义的。同时,跨国产业转移必须借助生产要素的同向流动才能真正实现。生产要素的跨国流动,使一国赋存充裕的要素与他国稀缺的要素相结合,或本国稀缺的要素与他国充裕的要素相结合成为可能,从而促进了贸易、金融和投资自由化,提高了资源在全球的配置效率,并对国际资本、技术、商品和人才的流动方式、规模和流向产生重大影响。生产要素的跨国流动和优化组合,促进了产业结构的跨国界调整,加强了各国间的经济合作,并为发展中国家利用国际资源提高本国经济发展水平提供了新的机遇。

(九)区域经济一体化的发展加剧了区域内产业转移趋势

世界经济区域集团化的迅速发展,促进了区域内贸易和投资的自由化。区域内的资本流动和产业转移迅速增长,甚至超过区域间的资本流动和产业转移,成为当前国际产业转移的基本特点。如欧盟国家的对外投资和产业转移主要是在欧盟内部进行的,目前欧盟国家对外投资的 1/3 在成员国之间进行。就北美而言,美国和加拿大都互为最大的投资对象国和产业转移国,美国对外投资的 1/5 集中于加拿大,加拿大对外投资的 1/3 则集中于美国。尤其引人注目的是,20 世纪末以来,亚太区域、东亚区域内投资和产业转移也极为活跃。日本的对外直接投资更多地流向亚洲。据日本贸易振兴会的统计,90% 以上的日本公司在亚洲国家设厂,其中在中国设厂的数目最多。韩国对华投资也逐年增长。中国成为韩国最大的直接投资对象国,投资主体也由中小企业向大企业集团转换,现代、三星、大宇、LG 等现代化大企业纷纷来中国投资,投资方向也向汽车、电子电器等知识、技术密集型产业发展。进入 21 世纪以后,区域经济集团化的步伐更加快捷,区域内的贸易和要素流动也更为自由,国际投资和产业转移的区域内部化必将成为未来国际产业转移的主要趋势和特征。

（十）产业转移方式多样化

近年来,国际产业转移已突破了过去把整个产业移向国外的方式,部分生产环节转移、多个国家共同生产也逐渐成为国际产业转移的重要模式。随着产业链的延伸和生产全球化的推广,研发中心,零部件生产,组装生产分散、同步进行的模式成为国际产业转移的另一种选择,跨国大型企业由于国际化生产而带有明显全球化的特点。同时,国际产业转移也突破了原来单一的直接投资和单一股权安排,逐步形成了独资、合资、收购、兼并和非股权安排等多样化投资和产业转移方式并举的格局,跨国的企业收购和兼并迅速发展,并日益成为国际投资和产业转换的重要方式。

本章小结

产业转移是指由于资源供给或市场需求条件发生变化,产业从一个国家或地区向另一个国家或地区转移的现象,具有综合性、层次性、阶段性、梯度性和主体性特征。

产业转移的实质是企业的区位调整过程,可以通过投资新建企业、并购方式、许可证交易和特许权经营等非股权方式实现企业生产经营重心的空间调整。

产业转移是一项经济行为,不仅可以带来经济效应,同时还具有深远的社会效应和政治效应。经济效应主要体现在产业结构、技术、市场、经济增长等方面,社会效应体现在就业、城市化、环境等方面,而政治效应则体现在国际地位、一体化等方面。

从历史角度看,产业转移主要有雁行发展模式、新雁行模式和集群式转移模式等。目前为止,全球已经进行了四次国际产业大转移,遵循"发达国家→次发达国家→发展中国家"和"劳动密集型产业→资本密集型产业→技术密集型产业"两条路径。

◆ 复习思考题 ◆

1. 产业转移有哪些典型特征?
2. 产业转移的方式有哪些?
3. 影响产业转移的主要因素有哪些?
4. 如何理解产业转移的效应? 产业转移可以带来哪些方面的效应?
5. 产业转移的主要模式有哪些?
6. 阐述四次国际产业转移以及各自的特点。

延伸阅读

我国石化产业的区域转移[①]

石化产业作为我国国民经济的支柱行业,正在经历国内区域间的转移过程,从而实现产业空间格局优化,促进全国区域协调发展。中西部地区充分发挥资源丰富、要素成本低、市场潜力大的优势,积极承接来自外部的产业转移。21世纪以来,随着西部大开发和中部崛起

---

① 资料来源:郭洁,李军. 我国石化产业区域转移测度研究[J]. 当代石油石化,2023,31(4):15-21.

战略的深入推进,在市场和政策的双重作用下,一批资源型、高载能型、高环境负荷型化工产业大规模西进,带动中西部地区石化产业及相关产业发展。

一、东降西升转移趋势明显

从不同区域石化产业增长速度来看,东北地区前期保持增长,后期增速先降后升;东部和中部经历长期高速增长后,增速也已经出现回落,并转为负增长;只有西部保持连续正增长。2011年之前各地区石化产业均表现出快速增长态势,年增长率均在20%以上。西部地区由于基数较小,平均年增长率较其他区域更高。2011—2015年东部、中部、西部石化产业年均增长率保持在6%～10%,与"十二五"期间全国6.9%的GDP增速基本保持一致,仅东北地区出现负向增长。2015—2019年,石化产业总体规模收缩,主要表现为东部和中部石化产业年均增速为负值。东北地区在前期增速为负的基础上,出现正向回流。相比之下,西部地区在前期连续正向增长的基础上,保持3.51%的增长速度,这表明西部地区石化产业仍有发展空间。2003—2019年石化产业年均增速见表9-5。

表9-5 2003—2019年石化产业年均增速
单位:%

区 域	石化产业年均增速			
	2003—2007年	2007—2011年	2011—2015年	2015—2019年
东 北	32.12	24.76	-0.53	4.07
东 部	45.04	27.12	7.40	-1.90
中 部	46.76	37.91	9.79	-0.89
西 部	54.66	35.99	6.44	3.51

注:东北地区(辽宁、吉林、黑龙江)、东部地区(北京、天津、河北、山东、江苏、上海、浙江、福建、广东、海南)、中部地区(山西、安徽、江西、河南、湖北、湖南)、西部地区(内蒙古、广西、重庆、四川、贵州、云南、西藏、陕西、甘肃、青海、宁夏、新疆)。

2003—2019年我国东北、东部、中部和西部地区石化产业份额变动如图9-3所示。

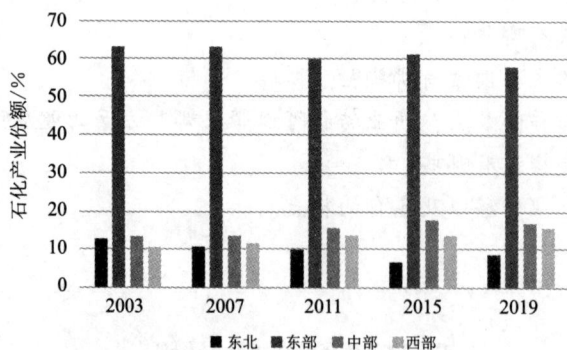

图9-3 2003—2019年我国东北、东部、中部和西部地区石化产业份额变动

根据不同区域产业份额的变化,区际差距正在缩小,主要表现为东北和东部石化产业转出,中部和西部石化产业转入。2003年东北和东部地区石化产业占全国石化产业的比重分别为13%和63%,中部和西部分别为14%和11%。随后15年间,东北地区所占比重长期下

降,近年出现轻微反弹上涨,2019年总体降至9%;东部地区石化产业所占比重长期保持下降态势,2019年降至58%;中部经历长期高速增长后,比重出现回落,总体增至17%;西部地区石化产业份额持续上升,2019年增至16%。

从产业转移原因看,政策和市场是促进石化产业自东向西转移的关键要素。虽然在高端领域有部分"卡脖子"技术难题尚未攻克,但中国石化产业总体技术已经达到世界先进水平,部分技术处于世界领先水平。因此,技术并非制约石化产业转移的核心因素。2010年国务院出台《关于中西部地区产业转移的指导意见》,明确提出引导和支持中西部承接产业转移。根据定量测算,以经济增速为代表的市场潜力,是引导石化产业发展的主导力量。随着近年中西部经济增速超过东部和东北地区,内陆地区石化消费市场不断增长,直接带动石化产业供应增加。此外,由于受到中西部地区政策投资支持力度大,土地、劳动力要素成本低等因素吸引,我国石化产业向中西部转移成为必然趋势。

二、化学原料及化学制品制造业和医药制造业已出现较大幅度的东西向产业转移

如图 9-4 所示,2003—2019 年,化学原料及化学制品制造业在东北地区和东部地区的产业份额降幅分别为 2.96% 和 10.02%。中部地区转入 8.41%,西部地区转入 4.57%。随着产业自东向西转移,中西部的产业份额分别达到 20.76% 和 15.36%。

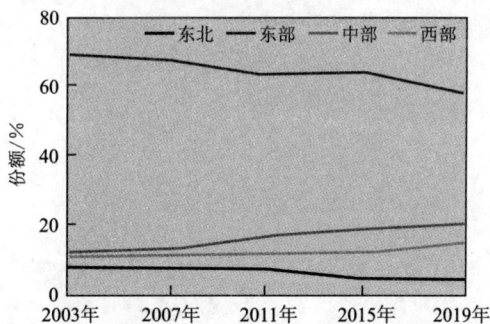

图 9-4　化学原料及化学制品制造业产业份额

如图 9-5 所示,2003—2019 年,医药制造业在东北和东部地区的份额分别下降 3.30% 和 7.70%。产业转移的主要流向是中部地区,流入中部 8.82%,少量流入西部地区,西部产业份额增加 2.15%。

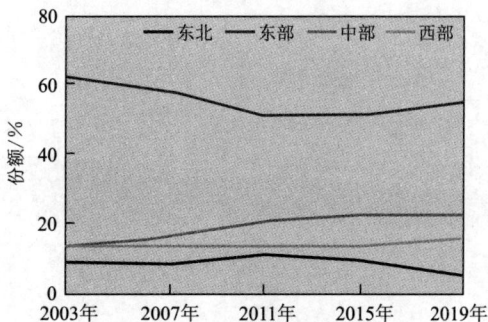

图 9-5　医药制造业产业份额

三、西部地区承接最多的化工产业是石油加工、炼焦及核燃料加工业

西部地区承接最多的化工产业是石油加工、炼焦及核燃料加工业,其市场份额增加了7.24%,其次是化学原料及化学制品制造业、化学纤维制造业和医药制造业,市场份额增幅在5%以内。东北地区石油加工、炼焦及核燃料加工业的市场份额自2003年的23.75%下降至2015年的13.08%,呈现转出态势。中部地区市场份额在过去16年间呈现下降趋势,降幅在3.89%。西部地区凭借丰富的资源优势和较低的要素成本,多年承接来自其他区域的产业转移,石油加工、炼焦及核燃料加工业占全国该行业总收入的比重已由2003年的11.50%增至2019年的18.74%,目前超过东北17.14%和中部11.95%的市场份额,在四大区域中排名第二。

第十章
产业关联

本章导读

　　本章首先介绍产业关联的含义、产业关联方式的类型,然后分析产业关联效应和产业波及效果,最后探讨投入产出表模型及其分析应用。

第一节　产业关联概述

　　产业关联理论又被称为产业联系理论,能更广泛细致地用精确的量化方法研究产业之间质的联系和量的关系,从而深刻揭示产业结构变动的内在机理,是产业结构研究的重要内容之一。产业关联是指产业之间投入与产出的经济技术联系,产业关联分析是用定量方法研究各产业之间供给推动和需求拉动的相互影响,投入产出表是产业关联分析的主要工具。

一、产业关联关系

　　产业关联是指产业间以各种投入和产出为连接纽带的技术经济联系,这种联系可以是实物形态的联系也可以是价值形态的联系。产业关联的实质是各产业相互之间的供给与需求的关系。经济活动中,每个产业都需要其他产业为其提供产品或服务,以满足生产要素的需求,同时又把自己的产出提供给其他产业,以满足其他产业的需求。三次产业间及各产业部门间相互联系、相互制约、互为因果、互为市场,构成了整个国民经济的有机整体。产业关联分析又称投入产出分析,是通过对投入产出表的分析,定量地分析一国或一地区在一定时期内的社会再生产过程中产业间的技术经济关系,认识社会再生产中的各类比例关系,从而反映各产业之间的中间投入和中间需求,更深刻、具体地说明社会再生产中的结构变化。在投入产出分析中,产业结构分析可以静态地评价现有状况和合理性,也可以动态地分析产业结构的变化趋势和影响因素。

（一）产业关联关系的内容

产业的运转需要其他产业的产品和服务投入，同时，其自身也要为其他产业提供产品和服务。因此，社会化的生产是产业间发展相互制约、相互促进的关系，不同性质的产业，其发展受其他产业发展的影响、制约的程度是不同的，某些产业的发展依赖于另一些产业的发展，或某些产业的发展可以导致另一些产业的产生和发展，这种关系就是产业间的关联关系。产业间的投入产出关系是产业间关联关系的主要内容和方式，投入产出关系的发展变化会影响与之相关联部门的发展变化。因此，产业关联的主要内容就是指对产业间关联产生影响的投入品和产出品，这些要素构成了产业间关联的实质性内容。

1. 产品和服务关联

在社会再生产过程中，某些部门为另一些部门提供产品和服务，或部门间相互提供产品或服务，如农业部门为工业部门提供各种原材料，而工业部门又为农业部门提供农用机械、化肥、农药等。就工业部门内部而言，电力部门向钢铁部门提供电力，钢铁部门又向机械部门提供钢材，而机械部门又向电力部门提供发电机械设备等。各部门在提供产品的同时还要提供相应的服务。某一部门的产品结构、产品的技术含量、产品的生产方式、产业规模和服务内容等方面发生变化，会引起相关联部门的产品结构、产品技术特征、部门生产方式、产业规模及服务内容等方面相应的变化。

产品和服务的关联是产业间最基本的关联关系。第一，产业间其他方面的关联关系，如技术关联、价格关联、就业关联、投资关联等，都是在产品和劳务关联的基础上派生出来的关联关系。产品和服务的关联关系的变化和发展，会引起这些关联关系产生相应的变化和发展。第二，各产业部门间协调发展，本质上要求产业间相互提供的产品和服务在数量比例上相对均衡，在质量和技术上相对符合关联产业的要求。第三，产业结构的升级过程中，客观上要求相关联的产业间相互提供的产品和服务在技术含量上也要相互提升。第四，社会劳动生产率和经济效益的提高，要求相关联的产业间相互提供产品和服务的质量不断提高、成本不断降低。

2. 劳动就业关联

不同的产业具有不同的技术经济特征，因而不同的产业对就业人员具有不同的素质要求和吸收能力，产业间和产业部门间人力资源配置状况的变化和发展，会引起相关联产业人力资源配置状况发生相应的变化。第一，人力资源在各产业间的配置状况反映了不同产业的经营能力、技术能力、管理能力和产业发展能力，最终反映为产业竞争力。产业间的协调发展，要求各产业间及各产业部门间所配置的人力资源在数量和素质上要相对均衡。第二，产业间人力资源的配置状况反映了不同产业之间的要素构成差异，对人员素质要求低而吸收多的产业往往是劳动密集型产业，对人员素质要求高而吸收少的产业往往是资金、技术或知识密集型产业。第三，某些产业的发展会促进与它具有较高关联度的产业发展，或者会产生新的产业，使这些产业的就业人员增加，就业结构发生变化，为这些产业带来新的就业机会；而且，这些产业的发展还可以带动其他产业的发展，也就必然使这些相关产业增加就业机会，如果产生的新产业或所带动的产业是劳动密集型产业，则增加的就业机会要远远大于资金、技术或知识密集型产业。第四，产业间人力资源素质的提高，表现为该产业经营质量的提高、产品质量和服务功能的完善，表现为产业市场的扩大和产业竞争力的加强。这种变化必然要求与之相关联的产业在人力资源素质上相应地提高，以满足与该产业有前向、后向关联的产业在人力资源变化和发展方面的均衡。

3. 生产技术关联

产业间技术关联是指某些产业不同层次的技术状态及其变化对其他产业技术发展的影响。不同产业部门对技术的要求不同，技术关联强的产业部门要求各产业的技术层次处于大致相同的水平，这些要求是通过依照本产业部门的生产技术特点、产品结构特性、生产服务内容等，对所需相关产业的产品和劳务提出工艺技术标准、产品生产技术标准、产品和服务质量标准等要求，以保证本产业部门的产品质量和技术性能。这些要求使得各产业间的生产工艺、生产技术状况及变动有着必然的产业关联。例如，劳动密集型产业一般不使用技术含量高的自动化的技术装备，反之亦然。

一般情况下，产业间的技术关联和各产业间产品、劳务关联密切相关，技术作为产业间重要的关联关系，其现行状况及变化方式会直接影响产业间产品和劳务的供求比例关系，并且还会使某些产业在生产过程中与某些与之具有产品和劳务关联的产业发生变换，或者依存度发生变化。例如，在工业化初期，纺织工业对棉花种植业的依存度很高，后者直接制约着前者。后来，随着技术进步，化纤产业的产生和发展，与纺织业有关联的产业中又加入了化纤业，这使纺织业的发展对棉花的依存度降低了。因此，技术进步是推动产业关联因素变化的最活跃、最积极的因素。

4. 价格关联

产业间价格关联是产业间技术经济联系的价值表现形态，实质上是产业间产品和服务关联价值量的货币表现。在现代经济社会中，产业间的产品和服务的投入产出关联关系是以货币为媒介的等价交换关系，即体现为价格关联。某些产业部门由于经营方式、技术条件、管理手段等方面的改善，使其产品和服务价格更具有市场竞争力，这会直接导致与其具有后向关联的部门的原材料价格降低，使这些产业具有降低成本的潜力。这种关联效应连续下去，就会使相关产业的产业竞争力加强，从而增强产业发展的潜力；也会使与其具有前向关联的产业改进技术、改善经营，降低对这一产业投入的质量和价格。

此外，某些产业产品价格的变动，会使这些产业的产品和服务市场扩大或缩小，从而引起其他相关产业的产品和劳务市场的变动，从而对这些产业的发展产生影响。如房地产业的产品和服务价格降低，会直接导致市场的扩大，这又会直接导致与之相关的产业，如室内装潢业、家具业、木材业、钢铁业、社区服务业等一系列产业的发展，从而带动经济的进一步发展。

5. 投资关联

投资不仅是构成需求的重要因素，还会改进和形成新的生产能力。某些产业的发展需要增加投资，提高其产品和服务的技术含量，扩充其现有生产能力。这些产业的生产方式和生产能力的改变，会使与之相关联的产业投资改善经营方式，提高产品和服务的市场占有率，扩大产业规模，相应地扩大其生产能力。这样产业间的经营效果才能相均衡，数量比例关系才能相协调。如公路、港口、铁路等方面的投资加强，会导致一系列和运输、仓储有关的产业发展；某些产业技术改造方面的投资，会提高其产业技术水平和资源的转换效率，增加其产出的质量、效率和技术含量，则与之相关联的产业部门也需要改进技术，提高其产出品的质量。如汽车工业的发展，随着产品性能和质量的提高、服务功能的改善，要求钢铁产品、橡胶产品等的质量也要有相应的提高。同时，为汽车组装提供的各种零配件的产品质量和服务业也要有相应的提高。

（二）产业关联方式的类型

产业关联方式是指不同产业之间相互联系的方式和途径，这些关联方式不仅可以促进产业之间的合作与发展，还可以提高整个产业链的效率和竞争力。产业关联方式是指产业部门之间发生联系的依托或基础，以及产业间相互依托的不同类型。

1. 前向关联、后向关联和旁侧关联

按产业关联的方向，产业间的关联方式可分为前向关联、后向关联和旁侧关联。前向关联是某一产业与其后续产业即以其产品为投入的产业之间的联系。后向关联是某一产业与为其提供原材料、相关设备、技术等投入品的其他产业之间的联系。旁侧关联是某一产业对所在地的市场繁荣、就业面扩大、基础设施建设以及其他产业的形成与壮大产生积极的影响。

2. 产业间的单向联系和多向循环联系

按产业联系数量，产业间的关联方式可分为单向联系和多向循环联系两种类型。单向联系是一系列产业间，先行部门为后续部门提供产品和服务，而后续部门的产品和服务不再返回先行部门的产业联系方式，其特点是产品在各相关产业间不断深加工，最后脱离生产领域进入消费领域，因而投入产出的联系方向是单一的。例如，"棉花种植业→纺织工业→服装工业"就属于这种单一联系，棉花种植业为纺织工业提供产品和服务，而纺织工业的产品和服务则不再返回棉花种植业，纺织业和服装工业也属于这种情况。多向循环联系是先行部门为后续部门提供产品和服务，后续部门的产品和服务又返回到先行部门，其特点是各有关产业间的投入产出是互相依赖、互相服务的，从而形成一种双向循环的联系方式。例如，"电力工业←→钢铁工业←→机械工业"就属于这种联系方式，电力工业为钢铁工业提供电力，钢铁工业又为电力工业提供钢材；钢铁工业和机械工业也是互相提供产品和服务的。

3. 产业间的顺向联系和逆向联系

按照产业关联与生产工序的关系，产业间的关联方式可分为顺向联系和逆向联系。产业间的顺向联系是指某些产业的生产工序存在着先后顺序，某些产业的产品和服务是另一些产业的生产要素投入，而另一些产业的产品和服务又是某些产业的生产要素的投入……如此一直延续下去，直到最后一个产业的产品，即最终产品为止。产业间的这种联系方式在现实经济生活中有很多，如勘探行业→采矿行业→冶金行业→机械行业→工业制成品，从勘探行业直到最终产品即工业制成品进入市场，形成了完整的产业顺向联系关系。

产业间的逆向联系是指某些产业的生产工序存在着逆向顺序,某些后续的产业部门为先行产业部门提供产品和服务,作为先行部门的生产要素投入,如"冶金行业←→机械行业"之间就存在着逆向联系,机械行业为冶金行业提供冶炼设备。产业间这种逆向联系方式有很多,而且,在现实经济环境中,产业间的联系方式相对复杂,很多联系方式是顺向和逆向交织在一起的,即在一些顺向联系的产业中,同时存在着逆向联系关系,而且由许多产业以不同的联系方式联系起来,形成了蛛网式的联系。

4. 产业间的直接联系和间接联系

按产业联系深度,产业间的关联方式可分为直接联系和间接联系。产业间的直接联系是指两个产业间存在着直接提供和被提供产品、服务、技术等方面的联系,如冶金工业直接为机械工业提供产品和服务,棉花种植业直接为棉纺织业提供产品,它们之间的联系就是直接联系。上述所说的单项、多项,顺向、逆向中的相邻两个产业间的联系方式都是直接联系方式。产业间的间接联系是指两个产业间通过其他产业为中介而产生的技术经济方面的联系,如采矿业和机械行业通过冶金行业产生技术经济联系,棉花种植业通过棉纺织业和服装工业产生技术经济方面的联系,等等。

二、产业关联效应

产业的关联有两种基本形式:一是通过供给联系与其他产业部门发生的关联,作为投入产出表的直接分配系数的横向合计,说明一个产业在产出方面对其他产业的依赖程度;二是通过需求联系与其他产业部门发生的关联,作为投入产出表的直接消耗系数的纵向合计,表明产业投入方面对其他产业的依赖。当某一产业的生产活动发生变动时,由于产业间存在通过供给联系或需求联系与其他产业部门发生关联,因此,当某一产业的生产活动发生变动时,就会通过"前向关联"和"后向关联"影响其他产业部门,这就是产业间的关联效应。测算关联效应有各种计算方法,比较简便的方法是根据投入产出表计算产业间的前向关联效应、后向关联效应和产业波及效果。

(一)直接前向关联效应与直接后向关联效应

直接前向关联效应可以通过前向关联指数来度量,其计算公式如下:

$$L_{F(j)} = \frac{\sum_{i=1}^{n} X_{ij}}{X_j} \qquad (i=1, 2, \cdots, n) \tag{10-1}$$

式中,$L_{F(j)}$是产业部门前向关联指数;X_j是产业的总产值;X_{ij}是产业 i 对产业 j 提供的中间投入。

直接后向关联效应可以通过后向关联指数来衡量,其计算公式如下:

$$L_{B(j)} = \frac{\sum_{i=1}^{n} X_{ij}}{X_j} \qquad (j=1, 2, \cdots, n) \tag{10-2}$$

式中,$L_{B(j)}$是产业部门后向关联指数;X_j是产业的总产值;X_{ij}是产业 i 产业对产业 j 的中间需求。

运用式(10-1)和式(10-2)计算出的关联效应组合成的就是产业直接关联系数矩阵。该指数更明确地揭示了产业关联的程度,解释了不同产业与其他产业关联水平的等级,所以在产业政策的制定中是一项重要的参考。然而,这种产业关联程度的测算有其局限性,主要表现为:① 这种办法只能测算直接关联效应,不能测算某一部门供给和需求对其他产业部门的间接影响;② 这种指数的数值大小依存于投入产出表细化的程度,因而其科学性和精确性受到投入产出表编制的影响,尤其是在进行不同国家的指数比较时,更应注意;③ 由于关联效应指数是用国内生产的投入和产出进行测算,因此只能说明已经达到的前向或后向关联程度,而不能预测未来可能实现的潜在关联度;④ 这些指数仅仅是一国生产的投入产出系数的机械相加,其他国家对其借鉴有较大的局限性。

(二)产业的感应度系数和影响力系数

任何一个产业部门的生产活动通过产业间的联系方式,必然要影响其他产业的生产活动或受其他产业生产活动的影响。一个产业影响其他产业的程度称为该产业的影响力,受到其他产业影响的程度称为该产业的感应度,这种影响通常通过感应度系数和影响力系数两个指标来体现。

1. 感应度系数

感应度系数是指其他产业的生产发生变化时引起该产业的生产发生相应变化的程度,它是反映国民经济各产业部门每增加一个单位最终产品时,某一产业部门由此而受到的需求感应程度,也就是需要该产业部门为其他产业部门的生产提供的产出量。它是衡量某产业前向联系广度和深度的指标,也称为前向关联系数。某产业的感应度系数若大于1或小于1,表明该产业的感应度系数在全部产业中居于平均水平以上或以下。感应度系数大的产业部门对经济发展所起的制约作用相对也较大,尤其在经济增长较快的时期,这些产业部门将首先受到社会需求压力,进而制约了社会经济的发展。

$$某产业的感应度系数 = \frac{某产业逆矩阵横行系数的均值}{全部产业逆矩阵横行系数均值后的均值}$$

2. 影响力系数

影响力系数是指某产业的生产发生变化时引起其他所有产业的生产发生相应变化的程度。它反映国民经济某一产业部门增加一个单位最终产品时,对国民经济各产业部门所产生的生产需求波及程度。它是衡量产业后向联系广度和深度的指标,也称为后向关联系数。某产业的影响力系数大于1或小于1,表明该产业的影响力在全部产业中居于平均水平以上或以下。影响力系数大的产业发展对社会生产具有很强的辐射、拉动效应,反之则不然。

$$某产业的影响力系数 = \frac{某产业逆矩阵纵列系数的均值}{全部产业逆矩阵纵列系数均值后的均值}$$

值得指出的是,产业后向关联与产业前向关联存在差异性。一是前者提供一种必须采取行动的需求压力,后者只是一种诱导,是否采取行动取决于产业部门中企业的反应。根据赫希曼的看法,前向关联将永远也不可能以纯粹的方式出现,必将伴随着"需求压力"所造成的后向关联而发生。二是前者的作用效果在短期内就明显地表现出来;而后者的作用效果有时需要一个较长的时间跨度才得以表现。

赫希曼认为,后向关联一般比前向关联更重要。基于这种认识,他提出了所谓的"有效投资系列",其中心思想是优先发展后向关联效应大的产业部门,从需求方面形成压力,从而带动整个经济发展。显然,赫希曼有低估前向关联作用的倾向,忽视了供给对有效需求的刺激作用,他的分析集中在相对小的时空尺度上。从历史上看,道路的铺设、运输成本的降低、大宗廉价化学原料和清洁能源的出现,都曾对经济发展起到过革命性的推动作用。通过铁路或公路建设来开发一个新区域,更是基础设施通过前向关联来刺激经济发展的普遍实例。

通过产业间的技术经济联系分析,制定产业政策和调整产业结构,要根据国民经济和社会发展的实际需要,做到稳步、协调地发展。一般来说,处于中间产品制造的产业前向和后向关联度都比较大,处于最终产品制造的产业则后向关联度大。由于工业化的不同阶段及不同国家在产业结构上的差异,各个产业的感应度系数和影响力系数有所不同。在工业化进程中,一般情况下,重化工业多数表现为感应度系数较高,而轻工业则表现为影响力系数较高。因此,经济增长率较高时,感应度系数较高的重化工业的发展较快,而影响力系数较高的轻工业的发展对重化工业及其他产业的发展速度起着推动作用。有些产业的感应度系数和影响力系数均大于1,说明这些产业在经济发展过程中处于主导地位,对其他产业的影响程度最为敏感,是战略性产业。

三、产业波及效果

产业波及效果是指国民经济体系中,当某一产业发生变化时,这一变化会沿着不同的产业关联方式,引起与其直接相关的产业部门的变化,并且这些相关产业的变化又会导致与其直接相关的其他产业的变化,依此传递,影响力逐渐减弱。这种波及对国民经济产业体系的影响,就是产业波及效果。

(一)生产诱发系数和生产的最终依赖度

1. 生产诱发系数

生产诱发系数是用来测算各产业部门的最终需求项目(如消费、投资、出口等)对生产的诱导程度。由生产诱发系数组成的生产诱发系数矩阵,可以揭示一国最终需求项目诱导各个产业部门生产的程度。某产业部门的生产诱发系数等于该产业的各种最终需求项目的生产诱发额除以相应的最终需求项目之和所得的数值,其计算公式如下:

$$W_{iL} = \frac{Z_{iL}}{Y_L} \qquad (i, L = 1, 2, \cdots, n) \qquad (10\text{-}3)$$

式中,W_{iL}为第 i 产业部门的最终需求 L 项目的生产诱发系数;Z_{iL} 为第 i 产业部门对最终需求 L 项目的生产诱发额,$Z_{iL} = (I-A)^{-1} X_{iL}$,$(I-A)^{-1}$ 是矩阵 $(I-A)$ 的逆矩阵,X_{iL} 为第 i 产业部门 L 项目的最终需求,Y_L 为各产业对最终需求项目的合计数额。

以农业为例。从投入产出表中查出,农业的消费需求项目是 642,用逆阵系数表计算出生产诱发额为 1 862。然后,用投入产出表查出最终需求的消费项各产业合计是 21 374,则农业的消费需求的生产诱发系数为 $W_{iL} = 1\ 862/21\ 374 = 0.0871$。其经济含义是,当总需求增加一个单位时,农业将诱发出 0.0871 个单位的生产。用同样的方法可以计算农业的投资生产诱发系数、出口诱发系数和农业各最终需求项目合计的生产诱发系数。通过求出每一产业某项目的最终需求的生产诱发系数,就可以得到有关该最终需求项目的生产诱发系数表,该表能揭示最终需求项目对各产业的生产诱发作用的程度。

2. 生产的最终依赖度

生产的最终依赖度是指某产业的生产对各最终需求项目(消费、投资、出口等)的依赖程度。这种依赖程度包括该产业生产对某个最终需求项目的直接依赖,也包括间接依赖。例如,食用盐有一半用于直接食用,另一半用于工业苏打制造业,而工业苏打又用于生产调味品、化纤、肥皂等,这些商品又直接再次进入家庭消费。从这个意义上说,盐间接地依赖家庭消费较高。这样,盐的生产直接和间接地依赖最终需求中的消费这一项的程度就更高了。因此,这种不仅考虑直接的,而且还考虑间接的最终需求对各产业生产的影响的系数,就是生产的最终依赖度。某产业部门的最终依赖度等于该产业各最终需求项目(消费、投资、出口等)的生产诱发额除以该产业各最终需求项目生产诱发额合计,计算公式为:

$$Q_{iL} = \frac{Z_{iL}}{\sum_{L=1}^{n} Z_{iL}} \qquad (i, L=1, 2, \cdots, n) \tag{10-4}$$

式中,Q_{iL} 为 i 产业部门生产对最终需求 L 项目的依赖度;Z_{iL} 为 i 产业部门对最终需求 L 项目的生产诱发额。

通过计算每个产业的生产对各最终需求项目的依赖度,便可得到最终依赖度系数表。对该表进行分析、归类可以发现,有些与消费似乎毫无直接关系的产业部门,最终通过间接关系,也有相当部分生产量是依赖于消费的。例如,钢铁的生产量中有约10%是间接依赖消费的。此外,从表中也可以看出各产业的生产最终是依赖于消费,还是依赖于投资,或者是依赖于出口。据此,可以将产业划分成依赖消费型产业、依赖投资型产业和依赖出口型产业。

(二)综合就业系数和综合资本系数

1. 综合就业系数

综合就业系数是指在既定的生产技术组织条件下,某一产业部门为了顺利进行一个单位的生产,需要在本产业部门和其他产业部门直接和间接就业人数的总和。计算公式为:

$$某产业部门的综合就业系数 = 某产业部门就业系数 \times 逆阵系数$$

式中:

$$某产业部门就业系数 = \frac{该产业就业人数}{该产业的生产总值}$$

从三次产业的发展来看,各产业部门的就业系数存在较大差异,并且随着经济的发展,均呈现下降趋势,这是劳动生产率不断提高的结果。此外,一般就业系数较高的产业,其中间投入率相对较低,而附加值较高,对其他产业的波及效果也相对较小。而就业系数较低的产业部门正好相反。

2. 综合资本系数

综合资本系数是指在既定的生产技术组织条件下,某一产业部门为了顺利进行1单位的生产,需要在本产业部门和其他产业部门直接和间接投入的资本总和,计算公式为:

$$某产业部门的综合资本系数＝某产业部门资本系数×逆阵系数$$

式中：
$$该产业部门资本系数＝\frac{该产业资本量}{该产业的生产总值}$$

从各产业部门的资本系数看，一般情况下，电力、运输、煤气供应、邮电通信等公共产业和基础产业的资本系数较大；在制造业中，资本系数较大的产业主要集中于钢铁、化工、水泥和造纸等"装置型产业"。

（三）产业波及效果分析应用

1.特定需求波及效果分析

特定需求是指对国民经济有重要影响的某一需求和产业扩张所需要的特大型的投资，这些投资对国民经济各产业部门有强烈的波及效果，对其他产业部门的生产和发展以及对整个国民经济的发展产生重大影响。例如，高速公路、铁路、大型钢铁基地等产业部门的建设，以及大规模的房地产开发等，这些大型投资对国民经济的影响较大，而且投资的实施会产生大量的需求，这些需求会直接或间接地影响其他产业部门，如果相关联的产业部门没有得到相应的发展，无疑导致该投资所需要的各种投入供给不足，价格上涨，严重时还诱发和拉动通货膨胀，从而影响投资的预期效果。因此，为了保证某一产业的发展顺利进行，有必要估计它的发展对国民经济各产业部门的发展会有哪些相应的需求和对国民经济各产业部门的影响（包括直接的和间接的影响）。对某一特定需求的波及效果的分析，要先将某一特定需求的最终产品按产业分类进行分解，然后将这些需求作为相应各产业的最终需求 X_{iL}，计算生产诱发额 $Z_{iL}＝(I-A)^{-1}X_{iL}$，这些生产诱发额就是该特定需求的投资项目对各产业的波及效果预测值。

2.特定产业波及效果分析

国民经济各产业部门在产业发展过程中，某一产业的兴起、扩张或产业升级时，要事先了解这个产业本身的转换对与之相关联的国民经济其他各部门产生什么样的波及效果，对整个国民经济的发展产生多大的影响；或某一地区某个产业的发展，会对这个地区其他产业有多大的波及效果。某个产业对其他产业的波及效果越强烈，说明它对这些产业的拉动效果也就越大，对经济的促进作用也就越大。对特定产业的波及效果进行分析，就是要分析某一产业的兴起、扩张和升级时，它会对其他产业产生什么样的波及效果，对整个国民经济产生多大的影响。因此，实际上是解决应选择哪些产业为主导产业，应扶植、发展什么样的产业为战略产业，该削减哪些产业规模等方面的问题。这种特定产业波及效果的分析，不仅包括投资本身的波及效果，而且还包括在投产以后的波及效果。

需要注意的是，产业兴起和产业扩张的波及效果分析有所不同。产业兴起的波及效果分析是根据这一新兴产业可能达到的生产水平，依据有关信息分解为投入各产业的产品，然后将它作为最终需求放入 $Z_{iL}＝(I-A)^{-1}X_{iL}$ 中进行计算，就可以计算出该产业的建立对其他产业所产生的波及效果。产业扩张的波及效果分析是在原有投入产出表的逆阵系数表基础上，求出一个次逆阵系数，即用该产业的纵列各系数除以该产业横行和纵列交叉点的系数，其各商数值就是该产业生产 1 单位时对各产业产生的波及效果。用这种方法可以测算任何产业的扩张对其他产业的波及效果。

特定需求和特定产业的波及效果分析所采用的方法均是用 $Z_{iL}=(I-A)^{-1}X_{iL}$，这种方法是用已知的最终需求计算生产的波及效果，在使用上也有它的局限性。首先，通过这个模型虽然可以计算出最终需求对各产业的波及效果，但这种波及是否能被各产业吸收取决于这些产业本身状况如何，即如果最终需求增大要求相关联的产业产出增大，而这些产业的生产能力由于资金、劳动及其他资源条件不能满足相应的要求，那么，产业波及效果就会中断；如果这种需求可以通过其他途径解决，如进口产品或引进相应的资源，则这种波及效果就会继续进行下去。其次，如果某产业的产品有大量的库存，则增产的要求就有可能因放出库存后而不增产，或少增产，这时就可能中断或减弱由这个产业增产时所造成的以后的波及效果。

3. 价格波及效果分析

价格波及效果是指某一产业或某些产业的产品价格的变动对其他产业产品价格变化所造成的直接影响和间接影响。由于国民经济各产业间、产业部门间存在相互联系、相互影响和相互制约关系，因此，某产业部门中的产品价格发生变化，必然会引起与之有直接关联效应的产业部门产品价格的变动；这些产业部门产品价格的变化，又会引起与之有直接关联效应的产业部门产品价格的变动；如此，一直关联下去，最终会引起全部产业部门产品价格的变动。这种意义下的产品价格波及效果分析，就是分析某一个产业部门产品价格的变动会对其他产业部门产品价格产生直接和间接影响的程度。此外，价格波及效果分析还可以是指某一或某些产业的工资、利润、折旧、税金等因素的变动对与之直接关联的产业部门产品价格变动所产生的直接影响，这些产品价格的变动，又会因产品价格波及效果，最终引起全部产业部门产品价格的变动。这种意义下的产品价格波及效果分析，就是分析某个或某些产业的工资、利润、折旧、税金等因素的变动对其他产业部门产品价格变动所产生的全部影响。

第二节　投入产出分析

产业关联分析就是运用投入产出表从数量上分析产业之间在投入和产出上的相互依存关系。它是由美国经济学家列昂惕夫在20世纪30年代提出的，现已在世界范围内得到普遍运用。

一、投入产出原理

（一）投入产出分析的产生

众所周知，20世纪30年代，西方资本主义国家出现了严重的经济危机，许多经济现象是原有的经济理论无法解释的。于是，一些经济学家希望运用数学方法和统计资料对原有的经济理论加以改造。列昂惕夫于1931年开始研究投入产出分析，主要是用来研究美国的经济结构，从宏观角度研究美国经济的均衡发展问题。1936年，列昂惕夫发表了论文《美国经济体系中投入产出的数量关系》，后来先后出版了《美国经济结构 1919—1929》和《美国经济结构研究》两本书。在这些成果中，列昂惕夫阐述了投入产出分析的基本原理及其应用，并编制了美国经济 1919 年、1929 年和 1939 年的投入产出表。他把国民经济各部门的投入与产出用一个棋盘式表格，即投入产出表联系起来，并且计算了各部门的直接消耗系数。由此，投入产出分析是经济学和数学相结合的产物，除了具有数学模型的形式，还具有表格的形式，而且是其基本的分析形式。通过投入产出分析，可提供经济分析和政策分析的数据，作为预测和计划的依据。

（二）投入产出分析的含义

投入产出分析是通过建立投入产出模型，研究经济系统各要素之间投入与产出的相互依存关系的经济数量分析方法。其基本思路是：经济部门为获得一定的产出，必须有一定的投入。投入是指产品生产所需的原材料、辅助材料、燃料、动力、固定资产折旧和劳动力等，是任何产业从事某种经济活动都必须耗用的物质资料和必须使用的劳动力。产出是指各个部门生产的产品总量及分配使用的方向和数量，又称为流量，分为中间产品（用于生产消费）和最终产品（用于生活消费、积累和净出口）两大类，它是任何产业从事某种经济活动所得到的成果，即产品或劳务。

从国民经济各产业间的联系看，一个产业的产出就是另一个或一些产业的投入，一个产业的投入就是另一个或一些产业的产出。在市场经济条件下，经济系统各产业间的投入和产出的相互依存关系表现为商品交换关系，即作为商品的相互购买者、作为资源的占用或使用者、作为销售者出售给最终消费者等的相互关系。在经济系统中，各个部门既是消耗产品的单位，又是生产产品的单位，各生产部门的总投入应等于总产出。每个部门同时具有生产者和消费者的双重身份，它既产出产品，按社会需要分配，供其他部门和领域消费，又是消费其他产品的部门。国民经济中的生产和分配相互交织，就形成了所有部门相互消耗和相互提供产品的内在联系。

投入产出分析首先按照各个生产部门的投入来源和产出去向，纵横交叉地编制成投入产出表。然后，根据投入产出表的平衡关系，建立投入产出数学模型。最后，借助投入产出表和数学模型进行计划平衡、经济预测和经济分析。因此，投入产出分析既是一种进行部门（产品）间综合平衡的计划方法，又是一种对经济结构、经济效益、经济政策和产品价格等经济问题进行综合分析的经济分析方法，可以用于分析研究国民经济结构、地区经济活动，甚至企业的生产经营活动，是目前在世界各国进行产业结构分析时运用得最普遍的数学工具。

（三）投入产出分析的特点和局限性

1. 投入产出分析的特点

投入产出分析是一种定量分析方法。首先，投入产出表是投入产出分析的基本形式。投入产出表采用棋盘式，纵横互相交叉，从而使它能从生产消费和分配使用两个方面来反映产品在部门之间的运动过程，反映社会产品的再生产过程。其次，投入产出分析能深入分析部门间和产品间的各种复杂的相互依存关系以及主要的比例关系，揭示国民经济各种活动间的连锁反应，能分析国民经济复杂的因果关系和相互联系。再次，投入产出分析在投入产出表的基础上,利用线性代数等数学方法,建立数学模型,并利用电子计算机运算求解。最后,投入产出分析的应用具有很强的灵活性。利用投入产出分析,根据不同的经济问题,可以编制不同的投入产出表,以研究和解决具体的经济问题。

2. 投入产出分析的局限性

国民经济各部门间在投入与产出上存在着极其密切的生产技术联系和经济联系,这种联系可以用投入产出表综合反映出来。投入产出模型的一个重要用途是通过分析产业之间的关联度,为选择某一时期的产业发展重点提供依据。但利用投入产出模型进行产业结构分析时存在一定的局限性。

一是同质性假定。同质性假设是假设经济部门中一个产业只生产一种同质的产品,而且只采用一种生产技术进行生产,即每个产业只有单一的消耗结构,且一种产品不允许由几个产业生产,也不允许几个产业联合起来进行生产。也就是说一种产品的生产形成一个产业,有多少种产品就形成多少个产业。这一假设忽视了现代社会中企业生产的多样化与协作化趋势。现实中,每个产业都是多种产品的集合体,划分产业部门不可能按产品细分。此外,在应用产业关联度来选择重点产业时,不同的部门划分会得到不同的排列顺序。

二是比例性假定。比例性假设是假设各产业部门的投入和产出之间的关系是线性关系。每个产业部门各种投入的数量同该部门的总产出呈正比例变动,即各项消耗系数是不变的。现实中,各产业部门生产量与生产消耗之间存在两种不同的关系:一部分消耗会随产量的增加而以一定比例增加,如原材料、燃料、动力等消耗,在投入与产出之间存在固定的线性比例关系;而另一部分消耗并不随产量的增加而增加,而是基本保持不变,通常称为固定消耗。因此,在比例性假设下,不存在规模经济问题。

三是模型是静态的。投入产出分析没有考虑各产业部门生产时间先后的影响,这显然与现实的产业发展相悖。假设产品 X_2 生产的速度较慢又为 X_1 的生产所需,则 X_1 的生产速度显然会受到 X_2 的影响;如果 X_1 又为生产 X_2 所需,则 X_2 的生产又会受到进一步的影响。此外,没有考虑价格变动、技术进步与劳动生产率提高的因素。实际经济中,生产技术是不断发展变化的,价值型投入产出表中总是要包含价格因素,而价格是随市场供需而波动的。

因此,投入产出模型既是产业结构分析中的一个重要的理论工具,又有它的局限性。一般来说,它适用于短期而不适用于长期,适用于分析而不适用于预测。投入产出分析只是一种静态分析的方法,运用投入产出模型进行产业结构分析时应特别注意这点。

二、投入产出表

(一)实物型投入产出表

开展投入产出分析的第一步是要根据某一年份的实际统计资料编制一个投入产出表,实物型投入产出表是以实物为计量单位的投入产出表,见表 10-1。

表 10-1 实物型投入产出表

投 入		产 出								总产品
		中间产品		小 计	最终产品					
		1 2 … n			消 费	积 累	出 口	小 计		
物质投入	1	q_{11} q_{12} … q_{1n}		$\sum\limits_{j=1}^{n}q_{1j}$					Y_1	Q_1
	2	q_{21} q_{22} … q_{2n}		$\sum\limits_{j=1}^{n}q_{2j}$					Y_2	Q_2
	⋮	⋮ ⋮ ⋮ ⋮		⋮					⋮	⋮
	n	q_{n1} q_{n2} … q_{nn}		$\sum\limits_{j=1}^{n}q_{nj}$					Y_n	Q_n
劳动投入		q_{o1} q_{o2} … q_{on}		$\sum\limits_{j=1}^{n}q_{oj}$					Y_i	V

1. 实物型投入产出表的结构

实物型投入产出表的主栏是物质投入,包括被列入实物表的各类产品名称,它们都用实物单位计量。宾栏由中间产品、最终产品与总产品三部分组成,将实物表分割为两大部分。一是中间产品象限。该象限的主栏是物质投入,宾栏是中间产品,主宾栏下均设 n 种相同物质产品,排列顺序一致,构成 $n×n$ 维方阵。二是最终产品象限。该象限的主栏是物质投入,宾栏是最终产品,包括三种方式,分别是消费、积累和出口,该象限表示各种物质产品在本年度内作为最终产品使用的数量。为便于说明,令投入产出表的行下标为 i($i=1,2,\cdots,n$),列下标为 j($j=1,2,\cdots,n$),那么中间产品象限即为部门 j 与部门 i 之间的产品消耗流量,q_{ij} 表示 j 部门消耗 i 部门产品的数量。Q_i 和 Y_i 分别表示各部门的总产出量和最终产出量。表 10-1 中最后一行各数据之和 q_{oj} 表示 j 部门消耗劳动力数量,劳动力可用小时、日来表示,也可用货币表示,其总量用 V 表示。

2. 实物型投入产出表中的平衡关系与平衡方程

从表 10-1 中的纵列看,它表明了为生产部门的产品需要消耗各部门产品的数量和劳动消耗量。从横行看,它反映了各类产品的分配使用情况,其中一部分作为中间产品,提供给各部门生产使用;另一部分作为最终产品,提供给积累、消费和出口使用。这两部分之和表现为在一定时间内各类产品的生产总量,即产出总量。实物型投入产出表由于用实物单位计量,同一种产品横行分配流量可以相加,纵列产品计量单位不同,不能相加。因此,实物型投入产出表只能列出实物产出分配方程组,用数学式表示为:

$$\sum_{j=1}^{n}q_{ij}+Y_i=Q_i \tag{10-5}$$

总之,实物型投入产出表实际上是一张把许多种物资(包括生产资料和消费资料)有机联系在一起的产品生产与分配平衡表。

3. 实物型投入产出表的用途

实物型投入产出表从实物形态角度系统地反映了社会再生产过程,我们可以利用该表分析每类产品的简单再生产(中间产品的补偿和固定资产更新改造大修理)以及扩大再生产

（积累）的关系和比例,分析每类产品用作积累基金和消费基金的比例。由于实物表中各类产品是以实物量作为计量单位,因此可以避免价格变动与价格背离价值等因素的影响,能较确切地反映国民经济中各类产品生产过程中的技术联系。编制实物型投入产出表的主要目的是依靠它建立投入产出数学模型。

（二）价值型投入产出表

价值型投入产出表是以货币为计量单位编制的投入产出表,见表10-2。

表 10-2　价值型投入产出表

投　入			产　出										
			中间产品					最终产品					总产品
			消耗部门					固定资产更新改造	积累	消费	净出口	小计	
			1	2	…	n	小计						
生产资料转移价值	生产部门	1	X_{11}	X_{12}	…	X_{1n}	$\sum\limits_{j=1}^{n}X_{1j}$					Y_1	X_1
		2	X_{21}	X_{22}	…	X_{2n}	$\sum\limits_{j=1}^{n}X_{2j}$					Y_2	X_2
		⋮	⋮	⋮		⋮	⋮					⋮	⋮
		n	X_{n1}	X_{n2}	…	X_{nn}	$\sum\limits_{j=1}^{n}X_{nj}$					Y_n	X_n
	小　计		X_{i1}	X_{i2}		X_{nn}	$\sum\limits_{j=1}^{n}X_{in}$						
	折　旧		D_1	D_2	…	D_n	$\sum D_j$						
	合　计												
新创造价值	劳动报酬		V_1	V_2	…	V_n	$\sum V_j$						
	社会纯收入		M_1	M_2	…	M_n	$\sum M_j$						
	合　计												
总产品			X_1	X_2		X_n	$\sum X_j$						

1. 价值型投入产出表的结构

从水平方向看,说明各部门产品按经济用途的分配使用情况。各部门产品按经济用途可以分为中间产品和最终产品两大部分,中间产品产值与最终产品产值之和等于总产品产值。从垂直方向看,是各部门产品的价值构成。产品价值可以分为两大部分:一部分是生产资料转移价值,它是由所消耗的生产资料的价值构成的,包括劳动对象的消耗(如原材料、辅助材料和动力等的价值)和固定资产折旧(D);另一部分是新创造价值,包括该部门的劳动报酬(V)和社会纯收入(M)。生产资料转移价值与新创造价值的合计等于总产品的价值。用互相垂直的双线把整个表格分成左上、右上、左下、右下四个部分,分别称为Ⅰ、Ⅱ、Ⅲ、Ⅳ象限。

第Ⅰ象限是一个横行、纵列部门数目完全相同,排列也一致的表格,它反映各部门之间相互提供中间产品供生产过程消耗的情况。横行表示各部门的产品分配给其他各部门(包括本部门)产品的数量。若以 i 代表横行第 i 部门，j 代表纵列第 j 部门，则 X_{ij} 表示第 j 部门生产产品时消耗第 i 部门的产品数量，称 X_{ij} 为第 i 部门向第 j 部门的流量，简称部门间流量。

第Ⅰ象限主要反映国民经济各物质生产部门之间的生产与分配的联系，也即各物质生产部门之间的投入与产出的联系，这种联系主要是由各部门的技术经济联系所决定的。

第Ⅱ象限反映各物质生产部门的年总产品中，可供社会最终消费或使用的产品。它主要体现积累和消费的比例及构成，体现国民收入的实物构成，所反映的联系主要取决于社会经济因素。从横行看，各项数字小计是各部门的最终产品，用 Y_i 表示；从纵列看，各项数字说明最终产品是由哪些生产部门提供的。所有部门最终产品之和就是社会总产值或国内生产总值。

第Ⅲ象限说明最终产值即国内生产总值的价值形成过程，主要反映各物质生产部门净产出价值，即新创造价值，反映国民收入初次分配以及必要劳动和剩余劳动的比例。按其经济内容来说，第Ⅲ象限包括固定资产折旧和新创造价值两部分。注意，第Ⅲ象限和第Ⅱ象限从总量上来说应当相等。但对某个部门来说，最终产品的数量与该部门的新创造价值加固定资产折旧之和在数量上并不相等。

第Ⅳ象限从性质上是反映国民收入的再分配过程，如非生产领域的职工工资、非生产性企事业单位的收入等。由于这个象限的经济内容比前三个象限更加复杂，到目前为止，人们对它的研究和利用还很少，在编制投入产出模型时，常常把第Ⅳ象限略去不作讨论。

2. 价值型投入产出表中的平衡关系与平衡方程

价值型投入产出表中有以下几个平衡关系：

（1）第Ⅰ象限中物资消耗之和等于中间产品之和，说明生产过程中消耗的生产资料要以同量的中间产品来补偿。

（2）第Ⅲ象限的合计等于第Ⅱ象限的合计，说明社会最终产值与国民收入加上本年度的固定资产折旧额在数量上是相等的。

（3）每一列的合计等于每一行的合计，说明国民经济各部门生产的产品和分配使用在总量上是相等的。

从表的水平方向看，中间产品+最终产品=总产品，故可得平衡方程：

$$\sum_{j=1}^{n}X_{ij}+Y_i=X_i \qquad (i=1,2,\cdots,n) \qquad (10\text{-}6)$$

这组方程反映了各物质生产部门的分配使用情况，称为产品分配平衡方程组。

从表的垂直方向看，劳动对象消耗+固定资产折旧+劳动报酬+社会纯收入=产品总价值，故可得平衡方程：

$$\sum_{i=1}^{n}X_{ij}+D_j+V_j+M_j=X_j \qquad (j=1,2,\cdots,n) \qquad (10\text{-}7)$$

这组方程反映了各部门产品的价值构成，称为价值构成平衡方程组。

3. 实物型投入产出表与价值型投入产出表的区别

若将实物型投入产出表与价值型投入产出表作比较，就会发现两者在基本方面是相同的，但也存在一些差异。首先，价值表的计量单位是单一的，都是货币单位，而实物表中的计量单位一般各不相同。其次，价值表既可按行相加，又可按列相加，而实物表只能按行相加得到总产量,不能按列相加。最后,价值表中包括了全部物质生产部门的总产值,实物表中只包括若干主要产品的总产量。这是因为国民经济中产品种类繁多,但投入产出表的规模不能过分庞大,只能把那些生产量大、原材料消耗量大或与其他许多种产品在生产过程中有着密切联系的产品列入。

三、消耗系数与数学模型

(一)直接消耗系数

直接消耗系数反映某部门在单位产品生产过程中对各部门产品的直接消耗量,用投入产出表上各种产品的年总产量去除它对某种相应产品的消耗量,便可得出单位产品的消耗量,其计算公式如下:

$$a_{ij}=\frac{X_{ij}}{X_j} \qquad (i,j=1,2,\cdots,n) \tag{10-8}$$

式中,a_{ij} 表示第 j 部门一个单位产品对第 i 部门产品的消耗量。将 n 个部门的直接消耗系数用矩阵 A 表示,即:

$$A=\begin{bmatrix} a_{11}a_{12} & \cdots & a_{1n} \\ \vdots & & \vdots \\ a_{n1}a_{n2} & \cdots & a_{nn} \end{bmatrix}$$

各物质生产部门的直接消耗系数以部门间的生产技术联系为基础,所以直接消耗系数也称为技术系数。a_{ij} 的数值大,说明第 j 部门与第 i 部门联系密切;a_{ij} 数值小,说明第 j 部门与第 i 部门联系松散。$a_{ij}=0$,说明第 j 部门与第 i 部门没有直接的生产与分配关系。同理,可得直接物质消耗系数,计算公式如下:

$$a_{ej}=\frac{\sum_{j=1}^{n}X_{ij}}{X_j}=\sum_{j=1}^{n}a_{ij} \tag{10-9}$$

a_{ej} 表示第 j 部门单位产品中含中间投入价值的数量,即直接物质消耗系数矩阵 A 系列元素之和用向量表示为:

$$A_e=(a_{e1},a_{e2},\cdots,a_{en})$$

直接折旧系数:

$$a_{Dj}=\frac{D_j}{X_j} \tag{10-10}$$

a_{Dj} 表示第 j 部门单位产品中折旧数量,用向量表示为:

$$A_D=(a_{D1},a_{D2},\cdots,a_{Dn})$$

直接劳动报酬系数:

$$a_{Vj}=\frac{V_j}{X_j} \tag{10-11}$$

a_{Vj} 表示第 j 部门单位产品中劳动报酬数量,用向量表示为:

$$A_V=(a_{V1},a_{V2},\cdots,a_{Vn})$$

直接纯收入系数：

$$a_{Mj} = \frac{M_j}{X_j} \tag{10-12}$$

a_{Mj} 表示 j 第部门单位产品中社会纯收入数量，用向量表示为：

$$A_M = (a_{M1}, a_{M2}, \cdots, a_{Mn})$$

（二）完全消耗系数

直接消耗系数刻画了部门之间的直接联系，但在整个国民经济各部门之间，除直接联系外，还有各种间接联系。完全消耗系数是指第 j 部门生产一个单位最终产品对第 i 部门产品的完全消耗量，用 b_{ij} 表示。例如，坑道采矿，需要直接消耗电力、采掘设备、钢材和坑木等。在采掘过程中，采掘设备的运转需要直接消耗电力，即为直接消耗；采掘设备的制造、钢材的生产和坑木的采伐加工又需要消耗电力，这对采矿来说是间接消耗，是第一次间接消耗；而制造采掘设备、生产钢材和制造伐木工具，在其生产过程中还要消耗钢铁，炼钢也要消耗电力，对采矿而言是第二次间接消耗；依此类推，还有三次、四次以至更多次的间接消耗。将直接消耗系数与所有间接消耗系数求和就是完全消耗系数。可见，社会生产各部门之间存在着极其复杂的生产联系，计算直接消耗系数比较容易，要想全面测定各个部门之间的直接与间接联系即计算完全消耗系数就比较复杂。

设直接消耗系数矩阵为 A，单位矩阵为 I，当各部门都生产一个单位的产品时，需直接消耗各部门的产品总量为 $X(0) = AI$，这样第一次间接消耗应为 $X(1) = AX(0) = A_2 I$；第二次间接消耗应为 $X(2) = AX(1) = A_3 I$。依此类推，第 $k-1$ 次间接消耗应为 $X(k-1) = AX(k-2) = A_{k-2} I$，则完全消耗系数矩阵为：

$$B = A + A^2 + A^3 \cdots + A^k + \cdots \tag{10-13}$$

根据矩阵范数的性质，可知，当 $k \to \infty$ 时，$A^k \to 0$，式（10-13）变为：

$$B + I = I + A + A^2 + A^3 + \cdots + A^k + \cdots = (I-A)^{-1} \tag{10-14}$$

故：

$$B = (I-A)^{-1} - I \tag{10-15}$$

完全消耗关系在国民经济各部门之间都存在，如果能够精确地将它们计算出来，对于了解各部门、各种产品生产过程的内在联系，搞好国民经济综合平衡，都有极其重要的意义。总之，直接消耗系数是从总产品的角度出发考察产品的消耗关系，它说明生产一个单位产品对其他产品的消耗；而完全消耗系数则是从最终产品角度考察产品间的消耗关系，它说明为了生产一个单位最终产品对其他产品的消耗量。其他完全消耗系数如下：

完全物质消耗系数 $B_c = A_c (I-A)^{-1}$

完全折旧系数 $B_D = A_D (I-A)^{-1}$

完全劳动报酬系数 $B_V = A_V (I-A)^{-1}$

完全纯收入系数 $B_M = A_M (I-A)^{-1}$

（三）投入产出数学模型

1. 价值型投入产出型模型

由式（10-8），可得到：

$$X_{ij}=a_{ij}X_j \qquad (i, j=1, 2, \cdots, n) \tag{10-16}$$

带入式（10-6）变为：

$$\sum_{j=1}^{n} a_{ij}X_j + Y_i = X_i \qquad (i=1, 2, \cdots, n) \tag{10-17}$$

用矩阵表示，就是：

$$AX + Y = X \tag{10-18}$$

式中，A 为直接消耗系数矩阵，X 称为总产出量列向量；AX 就是各产品的中间消耗总量，即生产性消耗总量；Y 称为最终需求列向量。由此可见，投入产出表实际上是一套借助于直接消耗系数把最终需求和总产出联系起来的方程组。对矩阵形式的式（10-18）移项，得：

$$Y = X - AX \tag{10-19}$$

此式的含义是从总产量中减去生产性消耗总量，就可得到最终产品量。引入单位矩阵，可将式（10-19）转化为：

$$Y = (I-A)X \tag{10-20}$$

式中，I 是单位矩阵；$(I-A)$ 称为列昂惕夫矩阵，该矩阵的各列中，"正"号表示产出，"负"号表示投入（消耗）。式（10-19）的经济含义是当已知产品总产出量时，可求出能提供给市场的最终产品量。这就是"以产定销模型"，当产品市场处于短缺状态时，可按此模型制定产品生产销售计划。

两边都左乘 $(I-A)^{-1}$ 得到：

$$X = (I-A)^{-1}Y \tag{10-21}$$

式中，$(I-A)^{-1}$ 称为列昂惕夫逆阵，式（10-21）反映最终需求和总产出之间的函数关系，当已知最终产品量时，可求出其产品总产出量，这就是"以销定产模型"，当产品市场处于疲软状态时，应按此模型制订企业生产计划。

2. 价值型投入产出列模型

引入直接消耗系数，式（10-7）变为：

$$\sum_{i=1}^{n} a_{ij}X_{ij} + D_j + V_j + M_j = X_j \qquad (j=1, 2, \cdots, n) \tag{10-22}$$

记 $N_j = D_j + V_j + M_j$ 则为：

$$\sum_{i=1}^{n} a_{ij}X_{ij} + N_j = X_j \qquad (j=1, 2, \cdots, n) \tag{10-23}$$

直接物质消耗系数的对角线矩阵如下：

$$A_c = \begin{bmatrix} a_{c1} & 0 & 0 \\ 0 & a_{c2} & 0 \\ 0 & 0 & a_{cn} \end{bmatrix}$$

则式（10-23）的矩阵形式变为：

$$A_c \cdot X + N^{\mathrm{T}} = X \qquad 即 \quad N^{\mathrm{T}} = (I-A_c)X \tag{10-24}$$

四、投入产出分析的应用

结构分析是运用投入产出法来研究产业之间关系结构的特征及比例关系。

（一）各产业部门的投入结构和销路结构

各产业部门之间相互联系、相互依存、相互作用地进行社会化大生产,一个产业部门进行生产需要其他部门的产出作为其投入,这就是该产业部门的投入结构问题。同样,一个产业部门生产的产品都不仅仅是为了自己消费,还以中间产品或最终产品的形式提供给其他部门消费,这就是该产业部门的销路结构问题。

1. 投入结构

在投入产出表中,投入结构就是纵列的消费结构。它以中间产品的投入形式反映各个产业部门之间的生产技术联系,用"投入系数"或"直接消耗系数"来度量。通过某产业部门的投入系数,可以找到当该产业部门实现某一增长速度时,其他产业部门的中间产品相应地应该增长到某一程度的"量化"数据。可以用来判断现存的国民经济各产业部门的结构比例是否合理,作为产业结构调整的依据,为一国制订国民经济计划提供了重要的经济参数。对某一产业的产品生产投入系数进行纵向对比分析,可以看出各产业间生产技术联系的变动情况,反映产业结构的变动。

2. 销路结构

在投入产出表中,销路结构是各个产业部门产品的分配去向。它通过各产业部门的分配系数来度量,各产业部门产品的分配系数是该产业部门的产品在其他产业部门之间的分配比例,用分配系数 S_{ij} 表示第 i 部门的产品 X_i 分配使用在第 j 产业部门生产用途上的比例,X_i 表示第 j 产业部门的生产消耗第 i 部门的产品数量,则 $S_{ij}=\dfrac{X_{ij}}{X_i}$。$S_{ij}$ 分配系数反映了各产业部门的产品流向及其比例,从而反映出某产业部门的发展受其他产业部门发展的影响程度和制约程度。

（二）分析产业间的比例关系

社会生产中生产资料生产和消费资料生产两大部类的比例关系是整个国民经济中最基本的比例关系。因此,在安排社会生产时,两大部类的比例关系是首先考察和安排的一个基本的比例关系。生产资料生产的产品包括:用于生产性积累的产品、用于物质生产部门固定资产更新改造和大修的产品、用作劳动对象的中间产品。消费资料生产的产品包括:用于消费的产品、用于非生产性积累的产品。根据投入产出表很容易确定这两大部类的比例关系。此外,可以根据投入产出表分析社会总产品、中间产品、最终产品和国民收入的部门构成,分析国民经济各部门总产品的价值构成,分析各部门的中间产品率和最终产品率。

1. 各产业部门的中间需求率和中间投入率

分析各产业部门在社会再生产过程中的地位和作用,可以采用投入产出表中的"中间需求率"和"中间投入率"两个指标。

中间需求率是各产业部门的中间需求与该产业部门总需求之比。它反映了某一产业部门的产品中有多少作为其他产业所需求的原料。由于中间需求率+最终需求率＝1,因此,产业的中间需求率越高而最终需求率就会越低,说明该部门就越具有原料产业的性质;反之,产业的中间需求率越低而最终需求率越高,说明该部门越具有提供最终产品的性质。

中间投入率是各产业部门的中间投入与其总投入之比。它反映了各产业在其生产活动中为生产单位产值的产品,需从其他产业购进原料在其中所占比重。因为中间投入率+附加值率=1,所以,中间投入率越高,该产业的附加价值就越低,因而,高中间投入率产业就是低附加值部门。反之,中间投入率越低,该产业的附加值就越高,低中间投入率产业就是高附加值部门。

如果把中间需求率作为横轴,把中间投入率作为纵轴,建立平面直角坐标系,并依据投入产出表中的数据分别计算各产业的中间需求率和中间投入率,然后把它们归类至坐标中的四个部分,就可形成一个产业立体结构,见表10-3。其中,Ⅰ部分多为第一产业,Ⅱ和Ⅲ部分大体为第二产业,Ⅳ部分则是第三产业。

表10-3　按中间需求率和中间投入率划分的产业立体结构

产业立体结构	中间需求率小	中间需求率大
中间投入率大	Ⅲ 最终需求型产业 日用杂货、造船、皮革及皮革制品、食品加工、粮食加工、运输设备、机械、木材、木材加工、非金属矿物制品、其他制造业	Ⅱ 中间产品型产业 钢铁、纸及纸制品、石油产品、有色金属冶炼、化学、煤炭加工、橡胶制品、纺织、印刷及出版
中间投入率小	Ⅳ 最终需求型基础产业 渔业、运输业、商业、服务业	Ⅰ 中间产品型基础产业 农业、林业、煤炭、金属采矿、石油及天然气、非金属采矿、电力

○ 本章小结 ○

产业之间的投入与产出关系是产业关联的主要内容和方式,投入产出关系的发展变化会影响与之相关联部门的发展变化。通过投入产出表定量研究各产业之间供给推动和需求拉动的相互影响,可以揭示产业结构变动的内在机理。

根据产业关联方向,可以分为前向关联、后向关联和侧向关联;根据产业关联数量,可以分为单向关联和多项循环关联;根据产业关联与生产工序的关系,可以分为顺向关联和逆向关联;根据产业关联深度,可以分为直接关联和间接关联。

投入产出分析是通过建立投入产出模型,研究经济系统各要素之间投入与产出的相互依存关系的经济数量分析方法。投入是指产品生产所需的原材料、辅助材料、燃料、动力、固定资产折旧和劳动力等;产出是指各个部门生产的产品总量及分配使用的方向和数量,分为中间产品和最终产品。

投入产出分析首先按照各个生产部门的投入来源和产出去向,纵横交叉地编制成投入产出表。然后根据投入产出表的平衡关系,建立投入产出数学模型。最后借助投入产出表和数学模型进行计划平衡、经济预测和经济分析。

➤ 复习思考题 ◀

1. 产业关联方式有哪些类型?
2. 简述投入产出表中"中间产品""最终产品"的经济含义。
3. 你认为消耗系数能否反映产业中的科学技术水平?
4. 如何计算感应度系数与影响力系数? 它们的经济含义是什么?
5. 什么是生产诱发系数? 如何计算该系数?

延伸阅读

我国农业投入产出结构变化趋势[①]
——基于投入产出表的分析

作为国民经济基础的农业,在为制造业和服务业提供农产品的同时,也是制造业和服务业产品与服务的使用者。下面采用 2002、2007、2012、2017 和 2020 年《中国的投入产出表》的基础数据,在行业门类和细分行业门类两个层面分析农业各部门投入特征及变化趋势。

一、我国农业的总投入构成变化

(一)劳动者报酬占比稳定增加,中间投入波动上升

农业总投入分为中间投入和非中间投入两部分。表 10-4 显示,农业总投入主要依靠劳动者报酬,占比一直稳居 50% 以上,且呈现波动上升趋势。这一方面反映了农业具有劳动力密集的特征,另一方面也说明随着中国人口红利窗口期的缩小,劳动力成本开始上升。农业的中间投入所占份额仅次于劳动者报酬,且波动上升,表明各产业对农业的中间投入是农业增值的重要推动力量。总投入中其他各项所占比重较小。生产税净额从 2012 年变为负值,反映出农业税(2006 年取消)的减免和政府采取多种方式扶持农业发展对农业的补贴。固定资产折旧比重一直不高,表明农业固定资产投入不高。营业盈余在 2002 年之后降为 0,很可能是因为中国加入世界贸易组织后国际农产品对我国农业带来一定的冲击,2017 年有所回升,反映出农业生产效率一定程度的提高。

表 10-4　2002、2007、2012、2017 和 2020 年中国农业投入构成　单位:%

投入		不同年份农业投入构成比例				
		2002	2007	2012	2017	2020
中间投入		34.62	41.38	41.45	40.56	38.29
非中间投入	劳动者报酬	53.12	55.59	59.27	59.27	61.66
	生产税净额	2.09	0.1	−3.24	−3.10	−3.42
	固定资产折旧	2.70	2.92	2.53	2.08	1.73
	营业盈余	7.47	0.01	−0.01	1.19	1.74

---

① 资料来源:冯鹏飞,柳坤,王亚晨,等. 中国农业投入产出结构变化趋势研究:基于投入产出表的分析[J]. 河南科学,2023,41(6):913-920.

（二）前向产业关联强，后向产业关联弱

农业受其他部门的需求拉动作用普遍大于农业对国民经济其他部门的带动作用。表10-5显示，农业感应度系数各年份均大于或等于1.69，远高于全行业的平均水平，表明农业受民经济其他各产业部门的需求带动作用较强；而影响力系数均位于0.78及以下，低于全行业的平均水平，表明农业对其他各行业的生产需求波及效应较小。理论上农业的后向关联越强，越能带动农业辅助制造和配套服务产业的发展，从而促进农产品产量提高及农业从业者生产效率提升。然而，动态来看，我国农业影响力系数除2002年和2017年有小幅回升外，总体呈下降趋势，表明相关产业部门的投入不足是农业发展的薄弱环节。

表10-5　2002、2007、2012、2017和2020年我国农业的影响力系数和感应度系数

关联效应	2002	2007	2012	2017	2020
影响力系数	0.78	0.73	0.72	0.74	0.72
感应度系数	1.69	1.69	1.72	1.70	1.77

（三）中间投入以第二产业为主，但生产性服务业投入增长明显

农业中间投入三次产业比重存在较大差异。首先，第二产业比重最大，主要为制造业。2007—2020年，农业的制造业中间投入比重始终维持在42.2%以上，表明制造业是中国农业增收提质的重要推动力量。其次，农业对自身的中间投入占比排在第二位，在研究期虽略微下降，但稳定在三分之一的水平。最后，农业的服务业投入比重最小，但在2012年后持续增加，2020年其比重共增加了6.19%，主要是由于生产性服务业投入份额增大所致。2002、2007、2012、2017和2020年我国农业的中间投入构成见表10-6。

表10-6　2002、2007、2012、2017和2020年我国农业的中间投入构成　　　　单位：%

产业类别	中间投入构成				
	2002	2007	2012	2017	2020
农业	38.81	33.99	33.24	32.87	35.91
工业	42.20	50.71	54.60	48.81	45.74
*制造业	38.19	48.17	52.15	46.25	43.33
服务业	18.99	15.30	12.16	18.32	18.35
*生产性服务业	17.60	13.23	11.34	17.42	17.63

注：农业的所有中间投入由农业自身、工业、服务业构成，三者占比为100%，制造业和生产性服务业为本文重点分析产业，故单独列出。

二、我国农业的制造业投入结构及变化

通过计算各细分制造业部门投入农业中的份额占农业总中间投入的比重，可以比较农业对制造业各部门的需求程度，并分析变化趋势。鉴于制造业内部产业部门较多，这里仅列举和分析占比较大的前10个产业部门，见表10-7。

（一）农业的制造业投入具有较高的行业集中度，饲料加工业和肥料制造业居前

从计算结果看，农业对细分制造业部门需求除了次序的调整，结构相对稳定；尤其是农业中间投入最多的前7个制造部门，占农业制造业总中间投入的比重总体稳定，从2002年

的 83.31% 波动增长到 2020 年的 92.78%,表明农业的制造业投入具有较高的行业集中度。研究期内,农业的肥料制造业和饲料加工业投入最大,投入系数和占比始终保持在前两位。其中,农业的饲料加工业投入系数在研究期内整体显著上升,由 2002 年的 0.099 迅速增加到 2012 年的 0.217;同期,其占农业对制造业总中间需求的比重从 25.78% 增长至 41.64%,饲料加工业的主要需求部门为畜牧业,对饲料加工业需求的急剧增长反映了中国农业部门中畜牧业的高速增长。肥料制造业对农业的投入系数增长较为平缓,从 0.118 增加到 0.143,但其占农业制造业总投入的比重却略有下降,由 2002 年第一大农业制造业投入部门降至 2012 年的第二位。肥料是种植业产品产量的重要保证,农业对肥料制造业需求的变化可以反映出农民种植技术的进步以及相关政府对农业的支持。然而,随着中国人饮食结构的改变,以及环境保护的需要,农业对肥料制造业的需求份额呈下降趋势。

表 10-7　2002、2007、2012、2017 和 2020 年我国农业的制造业部门投入系数和结构

产业部门	2002		2007		2012		2017		2020	
	投入系数	占比/%	投入系数	占比/%	投入系数	占比/%	投入系数	占比/%	投入系数	占比/%
饲料加工业	0.099	25.78	0.181	37.47	0.217	41.64	0.184	39.85	0.1900	43.80
肥料制造业	0.118	30.97	0.138	28.58	0.143	27.40	0.127	27.44	0.112	25.83
石油及核燃料业	0.023	6.15	0.020	4.05	0.039	7.50	0.012	2.67	0.010	2.26
谷物磨制业	0.028	7.29	0.046	9.46	0.032	6.19	0.026	5.63	0.020	4.44
农药制造业	0.018	4.64	0.025	5.21	0.032	6.14	0.043	9.27	0.037	8.48
塑料制品业	0.016	4.14	0.011	2.29	0.018	3.41	0.018	3.94	0.017	3.91
农林牧渔机械业	0.017	4.34	0.014	2.91	0.016	2.99	0.018	3.88	0.018	4.06
医药制造业	0.005	1.25	0.008	1.66	0.011	2.02	0.012	2.56	0.012	2.75
植物油加工业	0.005	1.19	0.006	1.14	0.002	0.38	0.001	0.22	0.001	0.19
水产品加工业	0.000	0.00	0.000	0.01	0.002	0.29	0.000	0.06	0.000	0.07
其他	0.054	14.25	0.035	7.22	0.011	2.04	0.021	4.48	0.018	4.21
总计	0.383	100.00	0.484	100.00	0.523	100.00	0.462	100.00	0.434	100.00

(二)投入较高的制造业部门还有石油加工、谷物磨制、农药制造、塑料制品和专用机械

石油及核燃料加工业对农业的投入系数占农业制造业投入的比重呈波动下降,分别从 2002 年的 0.021 和 6.15% 下降到 2020 年的 0.010 和 2.26%。汽油是该产业的主要产品,虽然中国农业机械化使用程度趋于提高,但国家和地方政府对从事农业生产的农业机械实行优惠供油和补贴政策,大大降低了农用机械的用油成本。农业的谷物磨制业投入系数和占农业制造业的总投入比重在 2002—2007 年显著上升,在 2008—2020 年显著下降,但依然保持在前四位,反映出粮食加工业对种植业的支持作用较大,而随着生产效率的提高,其投入成本比重有减弱的趋势。农业的农药制造业投入持续加强,投入系数在 2002—2017 年增长了近 1 倍,同时间,其占农业制造业总中间投入比重也增加了 32.2%,表明农业的现代化水平增高,但由于农药投入迅猛增长也存在着生态和环境破坏的隐忧。2017—2020 年,随着环境规制政策的深入实施,农药制造业的投入系数和占比有所回落。农业的塑料制品业投入系数总体上呈波动上升趋势。农业种植用的塑料薄膜价格低廉,是搭建大棚、地膜覆盖的必

需品,也是农业生产科学化的体现,农业对该制造业产品的使用出现增长势头,反映出农业大棚及地膜技术应用普及度持续提高。

（三）医药制造业、部分初级农产品加工业对农业的投入强度和规模均很小,但增长较快

医药制造业投入系数 2002 年仅为 0.005,到 2020 年增加至 0.020,增长 3.14 倍,占农业制造业总投入的比重在 2020 年超过 2.5%。这是因为在畜牧业迅速发展的背景下,农业对兽用化学药品、兽用中草药、兽用疫苗的需求增加,从而带动相关医药制造业的发展。植物油加工业和水产品加工业均属于初级农产品加工业,对农业的投入系数均小于 0.005,两部门占农业制造业的投入总量不足 0.5%,但研究期内呈增长趋势。

三、我国农业的服务业投入结构及变化

在服务业各部门中,生产性服务业与农业具有更为紧密的关系。本文利用细分行业的投入产出表,重点分析农业的生产性服务业投入部门结构及变化,以寻找农业服务化率提升的薄弱环节。

（一）农业的服务业投入与农业发展效率存在正相关性

中国农业服务投入率与农业发展效率呈现一定的正相关关系。2002—2012 年,伴随着农业的服务投入率不断下降,农业的盈利率急剧降至 0,同时增加值率增长停滞。2012—2022 年,随着服务投入率的增长,农业的盈利率和增加值率均有所回升。这些变化反映出中国农业相关服务业的投入与农业生产效益存在正相关关系。

（二）生产性服务业各部门对农业的投入强度不大,主体部门构成稳定

生产性服务业各部门对农业的投入强度不大。研究期内仅批发零售业对农业投入系数相对较高,而其他生产性服务业部门的投入系数大多低于 0.02。生产性服务业各部门对农业的投入主体部门构成稳定,以批发零售业、金融业、道路运输业、铁路运输业、专业技术服务业以及科学交流和推广服务业为主。2002 年、2007 年、2012 年、2017 年、2020 年这 6 个部门加总所占比例分别为 76.89%、66.00%、83.44%、77.03% 和 74.70%,构成生产性服务业投入农业主体。

其中,批发零售业、金融业、道路运输业始终位于前三。批发零售业一直保持在首位,但投入占比从 2002 年的 45.31% 下降到 2020 年的 36.14%,反映了农业生产资料的获得、农产品的销售等环节有力地促进了农业的生产,但批发零售业的重要性有所下降。虽然金融业的投入强度略有下降,但其比重呈上升趋势（由 19.85% 至 25.07%）,反映出农业对金融业的依赖逐步加强,主要是因为农业的生产周期较长,且容易遭受自然灾害的影响,通常需要金融业的融资和担保等服务;此外农业金融的发展对促进农产品对外贸易和农民增收都具有显著的积极作用。道路运输业是物流服务业中对农业投入强度和占比相对较大的部门,研究期内其占比稳定在 12% 左右,这反映了农业点对点的运输方式以及短途快速的特征。

（三）生产性服务业各部门对农业的中间投入变化趋势存在分化

生产性服务业各部门对农业的中间投入变化趋势存在分化。物流服务业方面,水上运输业的重要性在研究期内较显著地降低,其投入系数由 2002 年的 0.013 降至 2020 年的 0.003。而铁路运输业的投入系数在 2002—2020 年间增长了 0.002,表明农业产品和生产资

料的运输方式更多地由水运转向铁路和公路运输。此外,其他物流类服务业部门中,装卸搬运和其他运输服务业、邮政业、城市公共交通业对农业的投入系数略有增长,说明农业装卸类、快递等物流服务投入有所增强。科技服务业方面,专业技术服务业投入虽然相对较高,但研究期内明显下降,对农业的投入系数和占生产性服务业对农业总中间投入的比重从 2007 年的 0.010 和 7.29% 下降到 2020 年的 0.008 和 4.52%。另外,科技交流和推广服务业的系数在 2007 年之后增长缓慢,反映出自 2007 年以来,农业对科技服务业的中间需求滞后于生产性服务业的平均投入水平。信息服务业方面,计算机服务与软件业对农业的中间投入占比和投入系数趋于增大,而信息传输服务业的占比波动下降,表明信息化背景下随着农业的通信成本下降,信息处理与应用技术服务与农业的融合逐渐加深。2002、2007、2012、2017 和 2020 年我国农业生产性服务业各部门的投入系数和结构见表 10-8。

表 10-8　2002、2007、2012、2017 和 2020 年我国农业生产性服务业各部门的投入系数和结构

产业部门	2002		2007		2012		2017		2020	
	投入系数	占比/%	投入系数	占比/%	投入系数	占比/%	投入系数	占比/%	投入系数	占比/%
批发零售业	0.062	35.37	0.036	26.98	0.036	31.23	0.053	30.45	0.064	36.14
金融业	0.035	21.18	0.014	12.69	0.028	26.07	0.026	15.98	0.024	14.65
道路运输业	0.020	17.65	0.015	17.61	0.014	17.92	0.028	19.94	0.018	14.47
铁路运输业	0.007	7.55	0.007	7.25	0.004	4.94	0.010	5.54	0.009	4.93
专业技术服务业			0.010	7.29	0.007	6.37	0.009	5.11	0.008	4.52
装卸搬运等运输业			0.001	0.88	0.003	2.90	0.003	1.41	0.008	4.40
邮政业	0.001	0.61	0.002	1.20	0.001	1.13	0.005	2.84	0.007	3.96
保险业	0.003	1.60	0.006	4.70	0.001	1.10	0.006	3.70	0.007	3.91
商务服务业	0.005	2.91	0.003	2.47	0.001	0.53	0.006	3.36	0.006	3.39
餐饮业	0.003	1.46	0.005	3.65	0.002	1.54	0.003	1.84	0.003	1.89
水上运输业	0.013	7.28	0.004	3.35	0.003	2.25	0.005	2.73	0.003	1.60
城市公共交通业	0.000	0.25	0.001	0.58			0.003	1.47	0.003	1.58
计算机服务软件业	0.000	0.02	0.000	0.05	0.000	0.01	0.001	0.83	0.003	1.51
信息传输服务业	0.004	2.08	0.009	6.43	0.002	2.08	0.002	1.22	0.002	1.14
航空运输业	0.001	0.37	0.001	0.87	0.001	0.44	0.004	2.05	0.002	0.98
住宿业	0.002	0.99		1.18	0.000	0.34		1.25	0.001	0.74
管道运输业	0.000	0.10	0.000	0.06	0.000	0.19	0.000	0.18	0.000	0.10
租赁业	0.000	0.25	0.000	0.04	0.000	0.19	0.000	0.10	0.000	0.09
研究与试验发展业	0.001	0.33	0.004	2.72	0.001	0.77	0.000	0.00	0.000	0.00
总　计	0.157	100	0.120	100	0.104	100	0.166	100	0.168	100

第十一章
产业布局与产业集群

本章导读

　　本章首先介绍产业布局的含义与基本理论,然后分析影响产业布局的主要因素,接着介绍产业集群的概念、特征、类型与主要理论,最后探讨产业集群的竞争优势。

第一节　产业布局的基本理论

　　产业布局与产业集群相关理论旨在研究产业在地理空间上的分布规律与集聚现象。产业布局是一国或地区经济发展规划的基础,也是经济发展战略的重要组成部分,还是实现国民经济持续稳定发展的前提条件。因此,产业布局是产业经济学研究的重要领域。

一、产业布局的含义

　　产业布局是人们对产业空间分布的规划,是指产业在一定地域空间的分布与组合。具体来说,产业布局就是通过市场机制和政府引导,使资源在不同地域、不同产业之间进行配置,从而实现资源在空间上的最优配置。

　　产业布局的内涵可从两个方面考察。一方面从纵向和横向来看。从纵向来看,产业布局是同一产业在各地区的配置与关联;从横向来看,产业布局是集聚于同一地域空间的各产业的关联和组合。另一方面从静态和动态来看。从静态方面考察,产业布局是指产业生产力在一定地域空间的分布状态;从动态方面考察,产业布局是产业生产力诸要素在空间上的安排部署和调整,是政府对产业在空间上的规划、部署、协调和组织。追溯产业布局的理论可以发现,产业布局从根本上是基于市场力量作用的结果,是追求利润的厂商的区位选择最终决定产业的空间布局。当然,政府规划对产业布局及其调整具有重要的引导作用。

　　产业布局是关系区域经济、社会与环境可持续发展的重要问题。长期以来,人们只注重从经济资源出发考虑产业布局,忽视从环境、经济、社会协调发展的角度合理地进行产业布局,结果造成三大系统的运行失调。深层次原因是对产业布局内涵理解的片面性,认为产业布局优化的根本评价标准是经济效益,实现经济效益的最大化是实现产业布局最优化的重要目标之一。作为产业布局对象的资源,不仅包含经济资源、社会资源,还包含自然环境资源。由于自然环境在与人类进行物质交换的过程中,一方面提供给人类所需的产品和服务,另一方面容纳、储存和净化生产、生活中的废弃物,因此,环境也是一种资源。产业布局所配置的资源应包括经济、社会、环境,只有把资源配置真正理解为经济、社会、环境总资源的配置,产业布局的结果才有利于经济、社会和环境的协调发展。完全意义上的产业布局优化应该是建立在经济、社会、环境可持续发展基础上的经济效益、社会效益、环境效益的最大化。

二、产业布局的区位理论

在长期的产业布局理论研究中,国内外学者探索并形成了不少有关产业布局的理论。这里重点讨论产业布局的区位理论及其相关的环境学、生态学理论。

产业布局的内涵决定实现产业布局的优化既要遵循经济学规律,以经济学理论为指导,又要遵循自然生态规律,以环境学、生态学理论为指导。产业布局的区位理论主要研究产业空间分布、组合与优化的规律,它的形成和发展是人类生产活动和科学技术发展到一定阶段的产物。根据发展时期与理论内涵的不同,产业布局区位理论大体经历了三个发展阶段。

(一)产业布局区位理论的形成阶段——古典区位理论

19世纪30年代至20世纪20年代是产业布局区位理论的形成时期。在这一时期,社会生产力的迅速发展和地区间经济联系的不断扩大,需要从理论上深入分析和重新解释产业空间布局、经济分布及地区间的经济差异问题,为经济活动提供指导。

1. 杜能的农业区位理论

德国经济地理学家冯·杜能(J. H. von Thünen)于1826年出版了农业区位理论专著《孤立国农业和国民经济的关系》(简称《孤立国》),是农业区位理论的开山之作,同时也是影响最大、最主要的农业区位理论。该理论的中心思想是农业经营方式并不完全取决于自然条件,还必须把运输因素考虑进去。杜能理论有以下几个主要假设:一是所分析的对象是一个简单的孤立国;二是唯一城市位于中央;三是农业土地经营方式与农业部门地域分布,随距离城市市场的远近而变化,其变化取决于运费的大小;四是市场的农产品价格、农业劳动者工资、资本利息在孤立国中是均等的;五是交通费用与市场远近成比例变化。

杜能主要分析在"孤立国"内如何分布农业才能从单位面积土地上获得最大利润,以及合理经营农业时,距离城市的远近将对农业产生怎样的影响。

给定农业单位生产利润 $\pi = P - (C + T)$,其中 P 为农产品价格,C 为农业生产单位成本,T 为单位运费。显然,对不同农业生产而言,P、C、T 均不相同,因此,对相距城市任何一距离而言,不同农业生产的利润不同,从而对土地的报价(即地租价格)也不同,报价最高者获得使用权。计算所有农业生产方式的土地利用报价,并选择每个区间的最高地租报价,就可以确定给农场主带来最大地租收入的农业生产布局区间。一般在城市近处种植相对其价格而言笨重而体积大的作物,或者生产易于腐烂或必须在新鲜时消费的产品。而随着与城市距离的增加,则种植相对农产品的价格而言运费低的作物。因此,在城市的周围,将形成某一圈层以某种作物为主的同心圆结构,即"杜能圈"。杜能认为农业的组织形式,以城市为中心,由里向外依次形成六个杜能环。离城市最近的第一圈为自由式农业圈,主要生产易腐烂、难运输的产品,如蔬菜、鲜奶等;第二圈为林业圈,主要生产建筑用材、木炭等;第三圈为轮作式农业圈,主要生产轮作谷物、饲料作物等;第四圈为谷草式农业圈,主要生产谷物、畜产品,以谷物为重点;第五圈为三圃式农业圈,主要生产谷物、牧草,以畜牧为重点;第六圈为畜牧业圈,主要生产畜产品。如图 11-1 所示。

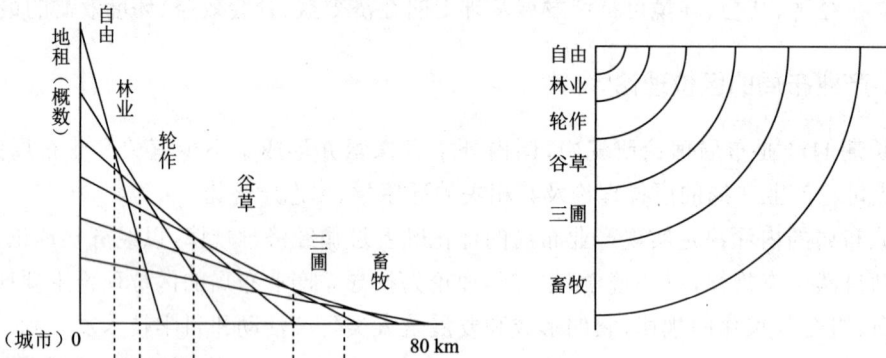

图 11-1 杜能圈与杜能环

2. 韦伯的工业区位理论

德国经济学家阿尔弗雷德·韦伯(Alfred Weber)是古典区域理论的杰出代表,是工业布局理论的创始人。韦伯在 20 世纪初提出工业区位理论。该理论的中心思想是工业分布地理位置(工业区位)的选择取决于生产成本费用的大小。任何一个理想的工业区位都应该选择在生产费用最小的地方。

韦伯考虑的生产成本费用包括劳动力费用、运输费用、地租等。该理论假设所分析的对象是一个孤立的国家或特定的地区,对工业区位只探讨其经济因素,运输费用是重量和距离的函数。该理论的核心观点是工业布局主要受到运费、劳动力费用和聚集力三方面因素的影响,其中运费是起决定性作用的因素,工业部门生产成本的地区差别主要是由运费造成的。

韦伯的工业区位理论包括以下三个法则:

(1)运输区位法则。企业生产成本最低的地点,首先是运费最低的地点。为了寻找最小运费点,该法则将原料、燃料和消费地的分布作为决定工厂区位的基本图形。当多个原料、燃料产地和消费地不重合时,区位图形为一多边形,如图 11-2 所示。据此多边形,可推求最小运费点 $P(X, Y)$。

(2)劳动力区位法则。当原材料和成本的追加运费小于节省下来的劳动力费用时,可使一个工厂选择离开或放弃最小运费点,转向有廉价劳动力的地区。运输定向的工业区位系统模式产生第一次"偏离"。

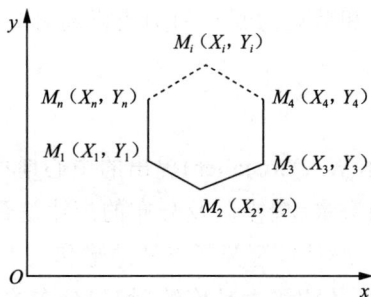

图 11-2 区位多边形

（3）集聚法则。如果企业因集聚所节省的费用大于因离开最小运费点或劳动力费用最小的位置需追加的费用，则工业区位由集聚因素决定。集聚作用使运输与劳动力定向的区位系统模式产生第二次"偏离"。

韦伯用等费线法分析以上三个法则。等费线是指单位原料或产品运费相同的点的连线，决定等费线就是运费增加额、劳动力费用、集聚节约额等同的相切线。在决定等费线内是工业最佳区位。

杜能的农业区位理论和韦伯的工业区位理论共同构成了古典区位理论，共同点在于以最低成本或最节省运输费用的方法来实现产业利润最大化，但他们均没有考虑市场销售因素和消费因素等问题，所以古典学派又被称为西方产业区位理论的最低成本学派。

（二）产业布局区位理论的发展阶段——近代区位理论

20世纪30—60年代是西方产业布局理论的发展时期。在这一时期，随着科技革命和社会生产力的发展及国际经济联系的加剧，第二产业、第三产业先后取代第一产业成为国民经济的主导产业，使得市场成为决定产业发展的关键因素。于是，工业区位就由立足于单一的产业中心转变为立足于城市或地区，由生产成本和运输费用因子分析转变为生产成本、运输费用和市场因子分析。这种条件下发展起来的产业布局理论，统称为近代区位理论。近代区位理论包括市场区位学派和地理区位学派，该理论从对工业区位进行探讨发展为对贸易区位、城市区位进行探讨，将研究对象从第一产业转向第二产业、第三产业和城市，将研究目标从追求生产成本、运输费用最低转向追求市场最优，这为产业区位理论的多样化发展奠定了基础。

1. 一般区位理论

瑞典著名经济学家俄林（B. Ohlin）的一般区位理论认为，地区是分工和贸易的基本地域单位。从一国范围来看，国内各地区生产要素价格的差异既导致区位贸易的开展，又决定国内工业区位的形成；从国际上看，各国生产要素价格的差异既导致国际贸易的开展，又决定国际范围内工业区位的形成。在资本和劳动力可以在区际范围内自由流动的情况下，工业区位取决于产品运输的难易程度及原料产地与市场之间距离的远近。在资本和劳动不能自由流动的情况下，工业区位取决于各地区人口增长率、工资水平、储蓄率和价格比率变化等，这些因素会导致有差异的地区生产要素配置状况发生变化，引起工业区位的改变。工业区位的变动既与已经形成的资本和劳动力配置的历史格局有关,也是生产要素在各地区间重新配置和均衡关系变动的结果。

2. 中心地理论

德国地理学家克里斯塔勒(W. Christaller)提出的中心地理论是近代区位论的核心。该理论的目的是探索决定城市的数量、规模以及分布的规律是否存在;如果存在,是怎样的规律。该学说假定地域是一个均质平原,避开了自然地形和人工障碍的影响;经济活动可以常年在任何一个方向进行,居民及其购买力是连续、均匀分布的,生产者和消费者都属于理性经济人。克里斯泰勒运用演绎法研究中心地的空间秩序,提出了聚落分布呈三角形,市场区域呈六边形的空间组织结构,并进一步分析了中心地规模等级、职能类型与人口的关系。该理论具体内容如下:

(1)中心地等级序列。在某一区域内,城镇作为"中心地"向周围地区提供商品和服务。中心地的规模和等级与服务半径成正比,与其数量成反比。规模大、等级高的中心地还含有多个较其低级的中心地。

(2)中心地模式。该理论模式是指在一个平原地区,各处自然条件、资源都一样,人口均匀分布,人们在生产技能和经济收入上均无差异,购物是以最近为原则,则这个平原上的中心地最初是均匀分布的,每个中心地的理想服务是圆形服务面。

(3)两种中心地模式。在市场作用明显的地区,中心地分布要以最有利于物质销售为原则,即形成合理的市场区。一个高级中心地的服务能力可辐射到相邻的6个次一级中心地,因而一个高级中心地所拥有的市场范围就是$1+6\times1/3$,即相当于3个次一级中心地。也就是说,高一级中心地的市场区域是低一级中心地的3倍。假设上一级中心地所支配的下一级中心地市场范围的总个数为K,则在市场作用明显的地区,就构成$K=3$系统中心地等级序列的空间模式,即各等级中心地的市场区域数具有1,3,9,27,81,…这样的排列关系。在交通作用明显的地区(如交通枢纽区),中心地区部分应以便于交通为原则,即各级中心地均应分布在上一级中心地六边形市场区边界的中心点。一个高级中心地相当于4(即$1+6\times1/2$)个次一级中心地,因此就构成了$K=4$系统中心地等级序列的空间模式。

可见,该理论是关于城市内和城市间的社会和空间模型,是关于城市区位、规模以及以职能为媒介的城市时空分布的研究,对研究区域结构具有重要意义。

3. 市场区位理论

廖什的市场区位理论是利用克里斯泰勒的理论框架,把商业服务业的市场区位理论发展为产业的市场区位理论。该理论认为,由于产品价格随距离的增大而增大,造成需求量的减少,因而单个企业的市场区最初是以产地为圆心,以最大销售距离为半径的圆形。通过自由竞争,圆形市场被挤压,最后形成了六边形产业市场区,构成整个区域以六边形地域细胞为单位的市场网络。上述网络在竞争中不断调整,会出现两种地域差异:

第一种,在各种市场区的集结点,随着总需求的滚动增大,逐步成长为一个大城市,而且所有市场网络又都交织在大城市周围。

第二种,大城市形成后,交通线将发挥重要作用。距离交通线近的扇面条件有利,距离交通线远的扇面条件不利,工商业配置大幅减少,这就形成了近郊经济密度的稠密区和稀疏区,从而构成一个广阔的地域范围内经济景观。

(三)产业布局区位理论的多样化发展阶段——现代区位理论

20世纪60年代至今是西方产业布局理论的多样化发展时期。在这一时期,现代科技革命的深化和经济全球化趋势的加强,不仅使近代区位理论得到了进一步修正和发展,而且产生了各种不同的区位理论流派。这些在现代市场经济和国际竞争格局下发展起来的产业布局理论统称为现代区位理论,它们是在世界范围内的工业化、城镇化进程加快的历史背景下产生的。现代区位理论是立足于国民经济,以空间经济研究为特征,着眼于区域和城市经济活动最优组织,注重宏观经济平衡的新的产业布局理论,包括成本-市场学派理论、地理学派理论和发展经济学理论。其中,发展经济学的兴起和发展为西方产业布局理论的发展提供了新的理论基础,形成了以增长极理论、点轴布局理论、网络(或块状)布局理论、梯度发展理论和地理性二元经济结构理论等为代表的新理论体系。以下详细解释发展经济学相关理论。

1. 增长极理论

增长极理论由法国经济学家佩鲁于20世纪50年代提出,后经法国地理学家布德维尔和美国发展经济学家赫希曼进一步发展完善。该理论的核心内容是:在经济增长过程中,某些主导部门或有创新能力的企业(产业)在某些特定的地区或城市集聚,使这一特定区域的经济比周边地区发展得更快,就形成了所谓的增长极。增长极具有极化效应和扩散效应。极化效应是指增长极对周边地区的劳动力、资源、原材料、资金、技术和建设项目产生强大的吸引力,使生产要素集中并产生集聚经济效益,从而使增长极的经济实力和人口规模迅速扩大。扩散效应是指增长极的企业、人口、资金和技术等经济因素向外围地区扩散,并由此带动周围区域的经济发展。在发展初期阶段,极化效应是主要的,当增长极发展到一定程度后,极化效应削弱,扩散效应加强。

增长极的形成主要有两种途径:一是政府通过规划和重点投资来主动建立增长极;二是市场机制的自发调节引导企业和产业在某些城市或发达地区集聚发展而自动产生增长极。可见,在此理论下,经济增长被认为是一个由点到面、由局部到整体依次递进、有机联系的系统。产业布局尤其是主导产业的布局至关重要。

2. 点轴布局理论

点轴布局理论是增长极理论的延伸。该理论将区域经济看成是由"点"和"轴"构成的网络体系。"点"是指具有增长潜力的中心地域或主导产业,"轴"是将各中心地域或产业联系起来的基础设施带。从产业发展的空间过程来看,产业,特别是工业,总是首先集中在少数条件较好的城市发展,呈点状分布。这种产业(工业)点就是区域增长极,也就是点轴模式中的点。随着经济的发展,产业(工业)点逐渐增多,点和点之间,由于生产要素流动的需要,要建立各种流动管道,因此各种交通道路、动力供应线、水源供应线等各种管道线就发展起来,这就是轴。这种轴线,虽然主要目的是为产业(工业)点服务,但是一经形成,其两侧地区的生产和生活条件就会得到改善,从而吸引周边地区的人口、产业向轴线两侧集聚,并产生出新的产业(工业)点。点轴贯通,就形成了点轴系统。点轴布局理论指导产业有效地向增长极轴线两侧集中布局,从而由点带轴、由轴带面,最终促进整个区域经济的发展。

与增长极理论不同,点轴布局理论所形成的是一种地带开发,它对于区域经济发展和布局展开的推动作用要大于增长极模式。我国国土规划纲要中所制定的总体布局思路就是"T"型轴线模式,即把沿海和沿江(长江)作为国家重点开发的一级轴线,以此带动全国经济的全面发展。在此总构架的基础上,再分别安排次级点轴系统的开发。

3. 网络(或块状)布局理论

网络布局是点轴布局的延伸。一个现代化的经济区域,其空间结构必须同时具备三大要素:一是"节点",即各级各类城镇;二是"域面",即节点的吸引范围;三是"网络",即商品、资金、技术、信息、劳动力等各种生产要素的流动网。网络布局理论就是强化并延伸已有的点轴系统,通过增强和深化本区域的网络系统,提高区域内各节点之间、各域面之间,特别是节点与域面之间生产要素交流的广度和密度,使"点""线""面"组成一个有机的整体,从而带动整个区域的发展,促进区域经济一体化发展。同时通过网络的向外延伸,加强与区域外其他区域经济网络的联系,并将本区域的经济技术优势向四周区域扩散,从而在更大的空间范围内调动更多的生产要素进行优化组合。这是一种比较完备的区域产业布局模式,适用于布局框架已经形成,点轴系统比较完善,经济比较发达,城市密集度大的地区,以进一步完善区域经济的现代化空间结构。

4. 梯度发展理论

梯度发展理论的形成渊源是产业生命周期理论。根据产业生命周期理论,不同生命阶段的产业有不同的最优区位。对于处于生命周期萌芽期与成长期的产业来说,由于从研发、生产到营销整个产业链都不成熟,且面临高风险,需要比较成熟的各环节配套体系支持,这往往只有经济发达地区才能提供。因此,产业区位往往集中于发达国家或地区。对于处于生命周期成熟期的产业来说,市场比较成熟,生产开始标准化,知识密集度开始下降,生产于是开始向具有成本优势的相对落后地区转移。随着产业进入衰退期,产业区位进一步向经济落后地区转移。由于不同地区存在经济技术发展水平的差异,即经济技术梯度,产业的空间发展规律是从高梯度地区向低梯度地区转移的,因此发展中国家应该优先发展高梯度地区,让有条件的高梯度地区优先发展新技术、新产品和新产业,然后将这些技术、产品和产业逐步向中梯度和低梯度地区转移,从而逐步实现经济发展的相对均衡。

改革开放初期,我国产业布局实践中采用了梯度发展模式,按照经济技术发展水平将我国划分为高梯度的东部沿海地带、中梯度的中部地带和低梯度的西部地带,以此作为产业空间发展的依据,优先发展东部沿海地区,东部沿海地区发展起来后,劳动密集型产业和部分资本、技术密集型产业向中西部转移。

5. 地理性二元经济结构理论

地理性二元经济结构理论是瑞典经济学家缪达尔提出的。该理论的主要内容是:在不发达国家(地区)的发展过程中,发达国家(地区)与不发达国家(地区)的差距不断拉大,形成地理上的二元经济。发达国家(地区)的产业集中超过一定限度后,通常会出现规模收益递减现象。这时发达国家(地区)的人力、资金和技术等生产要素向不发达地区转移,以降低生产成本,提高收益,增强竞争力,从而为不发达地区带来发展机遇。不发达地区充分利用后发优势承接发达地区转移的产业和生产要素,从而加快经济发展。

根据地理性二元经济结构理论,发展中国家应先采取非均衡发展战略,鼓励和促进一部分地区先发展起来,然后以先进带后进,最后二元经济转为一元,实现均衡发展。

三、产业布局的环境与生态学理论

进入 21 世纪,随着人类活动范围的扩大以及现代工业发展的影响,经济活动与自然、生态环境的冲突日益加剧。经济活动面临着新的挑战和需求,包括产业布局活动。如何在产业布局与优化过程中充分满足和适应环境承载力的基础性需求,促进产业布局生态化,实现经济、社会、环境协调发展,成为产业布局理论的重要内容。在这样的背景下,形成了产业布局的环境承载力理论和产业生态学理论。

(一)环境承载力理论

环境承载力理论认为,在产业布局优化中,必须将产业活动安排在环境承载力限度内。环境承载力是指一个区域环境在某一特定时期维持某种环境状态条件下所能提供的对人类活动支持能力的阈值,是描述环境状态的一个重要参数,反映了人类与环境相互作用的界面特征,是研究环境与经济是否协调的一个重要判据。由区位理论和区域产业布局理论可知,区域产业的合理集聚可产生较高的经济效益,产业集聚是时空发展的重要特征,是经济资源、社会资源实现高效配置的方式。但是,并非产业的集聚程度越高,产业的经济效益就越高。国内外大量实践证明,在一定的基础设施和生产力水平下,集聚程度超过一定限度时,集聚带来的优越性和效益就会消失,甚至走向反面。而且,产业高度集聚对环境的不良影响会累积,当超过该区域的环境承载力时,会造成环境质量急剧下降,影响环境的可持续发展,同时降低环境对产业发展的支持能力。

(二)产业生态学理论

产业生态学理论认为,合理的产业布局要使各产业的地域聚集在结构上有利于形成良性的物质循环和能量流动,形成各产业主体间相生相克的局面,使产业集聚群落里每个单位都占据一定位置,具有特定作用,各产业主体之间相互依存、相互制约,形成一种协同进化的局面。产业生态学要求人类在经济、文化和技术不断发展的前提下,维持可持续发展。

建设生态产业园区是实现这种产业布局优化的重要方式之一,其实质是根据一定地域内的资源优势、产业优势和产业结构,通过模拟自然生态系统,进行产业间的组合、链接和补充,使之形成互为关联和互动的产业生态链或生态网;采用废物交换、清洁生产等手段把一个产业主体产生的副产品或废弃物作为另一个产业主体的投入或原材料,实现物质闭路循环和能量多级利用,达到物质能力利用最大化和废物排放最小化的目的。

第二节 产业布局的影响因素

由于产业布局问题实质上就是企业的区位问题,因此影响企业布局的因素也是影响产业布局的因素。运输成本是影响企业区位的一个关键因素,考虑到产业布局时涉及多个企业,多个企业的相互作用值得关注,这种作用就是马歇尔所说的外部规模经济效应。另外,政府政策也是影响产业布局的重要因素。

一、运输成本

从产业布局理论的讨论可以发现,产业区位决定过程中,运输成本是最为重要的决定力量。可以考察两种极端的模式:一是企业生产所需要的原材料以及生产的产品运输都不需要运输成本,那么对于企业来说,选址问题将变得不重要,无论在哪里,都可以无成本地获得原材料,并无成本地将产品销售出去;二是企业所生产的产品运输成本无限大,此时,对于企业来说,其产品只能本地销售,企业选址将没有自由,只能在人口居住地进行生产,如果人口居住地完全分散,产业的布局也呈分散状态。

当然,这两种情形都是不存在的。现实的情形是,企业原材料、劳动力、产品等在运输或流动过程中都需要消耗一定的成本,可分为投入运输成本、产出运输成本等。不同产业的投入产出比例与特征差异明显,导致不同产业的区位呈现不同的类型,一般对一个产业来说,哪一部分成本构成占据主导地位,布局往往容易指向该部分运输成本低的地区。

(一)自然资源决定产业布局

自然资源、气候条件等决定着一个地区的资源禀赋,对于该地区在国际贸易或区际贸易中的分工角色有重要影响,它不仅影响农业生产的布局,还会在一定程度上影响制造业的布局。

一些产业生产过程中需要消耗大量的自然资源作为原料,只有少部分转化为最终产品,因而企业为了节省运输成本,需要将生产地选在靠近自然资源富集的地区。这些产业具有"原料的指向型"特征。例如,水泥生产中需要大量石灰石,因此,一般水泥厂就分布在富含石灰石矿地带附近,以便降低原材料运输成本,尽管会导致水泥运往销售地的运输成本上升,但综合权衡,仍然是经济的。其他一些产业,如金属冶炼产业、制糖业、木材加工业等都具有比较类似的特征。

另一些产业的原材料运输因不方便,或者易腐坏,导致高运输成本,也使得这些产业布局体现出"原料地指向型"特征。例如,一些食品加工与制造业、竹制品加工业,也往往集中分布于原料地附近。

当然,随着科技的发展,越来越多的产业所需的自然资源投入比重不断下降,导致产业布局对自然资源的依赖不断降低。

（二）消费地指向型产业布局

在一些产业的生产或服务过程中,投入原材料的运输成本并不高,但产品或服务的运输成本较高,使得这些产业局部集中于消费者密集的地方。如面包、啤酒等食品与饮料加工企业一般分布在人口密集的大城市或城市群,而在城市的各个小区中,总能看到理发店、便利店、洗衣店等服务类企业。由于消费市场规模一般与人口规模正相关,因此,这一类产业布局也与人口分布密切相关。

（三）劳动力指向型产业布局

在一个劳动密集型产业,劳动投入是重要的成本构成。与原材料不同,劳动力似乎是可以自由流动的,因而劳动力似乎对产业的区位选择并不重要。然而,现实中,劳动力的流动并不是无障碍的。首先,跨国的劳动力流动是受限制的,这使得一些劳动密集型产业,如服装业,从劳动力相对贫乏的国家向劳动力资源相对富裕的国家转移。其次,在一国内部,劳动力流动也不是没有成本的。在我国户籍制度管理下,劳动力无法自由迁移,异地务工将增加额外的往返交通费、探亲费等。改革开放初期,这种劳动力流动的成本对服装业布局并未产生决定性作用,服装制造业主要集中在浙江等沿海省份,但随着沿海经济发展水平提高,成本压力加大,劳动力流动的限制使得服装业的劳动力指向型开始显现,不少劳动密集型产业如服装业开始由沿海省份向内地转移。

二、外部规模经济与外部规模不经济

一个产业包含大量同类企业,与单个企业相比,分析产业区位的影响因素有必要考虑企业之间的相互影响。这种影响大体上分为正影响和负影响,正影响表现为外部规模经济,负影响表现为外部规模不经济。

（一）外部规模经济

外部规模经济是指同类企业集聚会带来正的外部性效应,这种效应来自著名的经济学家马歇尔。他认为产业在地理上的集中具有三个方面的优势:劳动力市场优势、专业化服务提供优势和知识溢出效应。劳动力市场优势意味着,当较多同类企业在某个地区从事经济活动时,企业获得劳动力要素的成本会相应降低。专业化服务提供优势在于,更多企业扎堆布局有利于扩大中间投入产品与专业化服务的市场容量,从而可以发挥中间投入品或专业化服务生产的规模经济效应,降低企业的投入成本。知识溢出效应同样被认为是有利于同类企业形成集聚的布局特征,因为企业在空间上的集聚有利于促进知识、创意等思想的快速传播,进而使企业更容易接收到行业最新的技术、市场等方面的信息。

以上这些多个企业共同布局的正效应,对于产业形成集聚特征的空间布局具有重要影响。当一些地区由于自然条件、人力资本或历史因素的优势,在某个产业布局方面具有一定的领先优势时,其外部规模经济优势往往容易吸引更多的企业入驻,进而形成集聚式的产业布局特征。

（二）外部规模不经济

产业生产总是伴随着土地、水等资源的消耗。随着区域内产业规模的扩大、人口数量不断膨胀，土地、水等资源愈发显得稀缺，从而导致房价或者租金不断上升，交通拥堵加剧，这些负面效应便是外部规模不经济。在产业集中的外部规模经济效应处于主导地位，房价上升、交通拥堵等负面效应处于次要地位时，产业布局呈现集中化趋势。随着时间推移，产业进一步集中的外部规模经济效应开始下降，而高房价、交通堵塞等负面效应开始显现，这就驱使一些老企业或新企业重新审视企业的区位选择，可能将企业迁移至土地与环境资源等承载力容量较大的地区，推动产业空间布局发生变化。

一般来说，土地、环境等资源利用比较粗放的产业，外部规模不经济效应更容易出现，而一些高新技术企业，对土地、环境等资源的依赖程度比较低，外部规模不经济效应相对不容易出现。

三、政策等其他外在因素

交通运输成本、外部规模经济与外部规模不经济都是产业布局过程中，追求利润的企业在面临各种成本约束时决定企业区位需要考虑的内在因素。其实，这些因素不是一成不变的，而是与一些外在因素密切相关的，如政府的政策法规与行政绩效、区域基础设施、区域技术创新环境、区域生产环境等因素。这些外部因素都会对交通运输成本、外部规模经济和外部规模不经济等施加影响，进而影响产业的空间布局。

（一）政府的政策法规与行政绩效

政府的政策法规对产业投资及其运行有着较强的引导作用。差别化的区域税收政策、环境管制严格程度差异、区域性产业政策等能改变企业的生产运行成本，影响企业在不同地区的预期利润，从而影响企业投资的区位决策。一个典型的例子是，由于发展中国家比发达国家采取更为宽松的环境管制法规，使得一些污染密集型产业由发达国家向发展中国家转移。

政府的行政管理水平对于一个地区的投资吸引力也非常重要。高效廉洁的办事作风、科学民主的决策方式、透明公平的市场环境、安全稳定的治安状况等都可以降低企业的运行成本和交易成本，从而有利于吸引相关产业进行投资。

（二）区域基础设施

基础设施是产业发展的硬环境，包括交通条件、通信网络系统、能源与水资源供应系统等方面。基础设施具有较强的公共品特征，是影响产业布局的基础性因素。基础设施不完善对产业布局的制约作用非常明显。其中，交通条件对产业布局的影响尤为显著。近些年，我国交通基础设施建设取得了令人瞩目的成绩，高速铁路的大规模建成通车、全国高速公路网络初步形成，使得我国区域间交通条件大大改善，运输成本大大降低，这促使一些沿海省份的企业开始向中西部地区转移。

（三）区域技术创新环境

技术创新是推动产业发展的根本动力。技术创新环境则是各种技术创新要素相互作用编织起来的网络。这些要素包括技术创新主体（企业、大学、科研院所、中介机构等）、创新基础设施（技术标准、数据库、信息网络和科研设施等）、创新资源（人才、专利、风险资本等）、创新支撑体系（政策法规、管理体制、市场与服务等）。充满活力的技术创新环境可以激活技术创新的各类要素，为技术创新提供配套的法律体系、中介支持与市场交易支持等，形成一个共同分担风险的协同创新机制。技术创新环境对于高新技术产业布局非常重要，例如，美国硅谷高新技术产业区邻近斯坦福大学，有一批富有创意的高素质创新人才、完善的风险投资体制、大量专业的风险投资者、完善的知识产权保护制度以及开放的创新文化，以这些要素为基础的良好创新环境是硅谷高科技产业发展的保证。

（四）区域生产环境

随着技术的发展，一些现代制造业或高新技术产业对资源的依赖度越来越低，所生产的产品或服务的运输成本也不断下降，产业布局表现出"松脚型"特征。由于高素质人才对生活与环境的舒适度往往有着较高的要求，一些高新技术产业选址纷纷远离工业区，转向自然条件舒适宜人的地段布局，如美国硅谷、德国慕尼黑、印度班加罗尔等地的生态环境都很优美。此外，高精密、低能耗、低污染的高技术产业本身的生产也需要一个清洁、无噪声、无污染的内部环境，如微电子工业环境的空气清洁要求是每立方米空间中直径 0.5 μm 的颗粒不能超过 100 个。

上面分析了影响产业布局的许多因素，必须强调一点，这些因素并非各自独立起作用，而是共同作用于某一地域。而且这些因素的作用也不完全相同，它们之间有一定的层次性，自然因素和经济因素基本属于物质因素，社会因素则属于精神因素。虽然社会因素的形成受物质因素的影响，如一个地域的社会意识形态会受到该地自然条件和经济发展水平的影响，但它依然具有相当大的独立性。且社会因素对产业布局的作用属于间接作用，最终要通过物质因素体现出来。在物质因素中，交通运输因素是其他因素发挥作用的平台，因此，其他物质因素对于产业分布的影响都必须结合交通条件来加以考虑。交通运输对不同物质因素的影响并不相同，其影响程度取决于该因素的流动性。对于流动性好的因素，交通运输条件的影响比较大，对于流动性差的因素，交通运输条件的作用比较小。由于社会因素的流动性极差，因此，交通运输条件对其的作用就微乎其微。

在现实中，企业当然希望布局在各因素条件都比较好的地域，但由于地域间交通网络不够完善，运输成本以及各种因素流动性等问题，企业所要求的各种要素或者无法在某个地域上组合在一起，或者是组合成本太高。由于诸因素综合作用的定量分析比较困难，不具有可操作性，因此，对诸要素的综合分析往往简化为突出单一要素的方法，形成所谓的指向性原则，即在考虑其他因素的条件下，突出其中一个起决定性的因素，将企业布局在具有该因素优势的地域。在具体的企业布局中有原材料指向、燃料动力指向、运输指向、劳动力指向、市场指向等布局原则。在运用这些原则时一定要具体问题具体分析，在整体把握诸因素的综合作用的基础上加以运用。

第三节 产业集群及其理论

产业集群(industrial cluster)是一种典型的产业布局形式,是产业布局的新发展,是经济活动最突出的地理特征,也是一个世界性的经济现象。20世纪70年代,随着意大利北部传统产业群的发展,这种产业布局形式凸显的优势引起人们的关注。20世纪80年代后期,以美国硅谷为代表的高新技术产业园的发展成为各国政府和学术界关注的焦点。20世纪90年代中后期,为了促进中小企业发展,一些国家开始制定政策,有意识地促进产业集群发展。

一、产业集群的概念、特征、形成与类型

(一)产业集群的概念及特征

产业集群的概念最早可以追溯到100多年前著名经济学家马歇尔的论述。马歇尔在《经济学原理》一书中分析工业的地理分布时指出,包括自然资源在内的许多因素会使得大量专业化的中小企业在地理上呈集中分布特征。1990年,迈克尔·波特在《国家竞争优势》一书中首先提出产业集群概念。他认为,产业集群是工业化进程中的普遍现象,是在特定区域中具有竞争与合作关系,且在地理上集中,有交互关联性的企业、专业化供应商、服务供应商、金融机构、相关产业的厂商及其相关机构等组成的群体。也就是相同、相近与相关产业的企业聚集某地,从而吸引为其提供服务的相关机构进驻该地,共同构成的群体。

因为各个区域的产业集群发展状态不同,产业类别、规模、复杂性等方面也存在差异,所以具体构成因素也不一样。但是,一个典型的产业集群应该包括最终产品生产商、供应商、客户、市场中介服务机构、规制管理机构等五大基本构成要素,如图11-3所示。最终产品生产商是提供资本品或最终消费品的企业;供应商包括原材料供应商、零部件供应商、机器供应商;客户是最终产品的销售者和售后服务者;市场中介服务机构是为生产商、供应商、客户提供运输、保险、金融、信息咨询、教育、培训、研究和技术支持等服务的机构;规制管理机构是为集群内各种企业以及机构提供公共服务的政府部门和行业协会等民间团体。

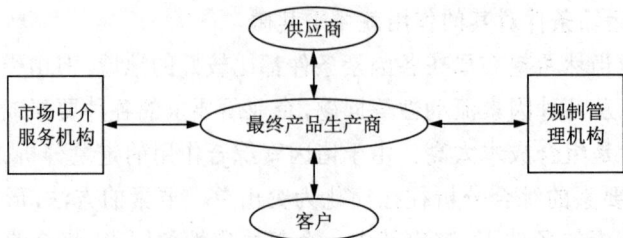

图11-3 产业集群的构成要素

典型的产业集群具有三个基本特征:

一是空间集聚特征。在产业集群中集聚着大量相关企业、中间组织和支撑机构,被共同

"锁定"在一定区域,各个企业和机构之间具有紧密的经济联系。特定的区域范围可以是行政区域,也可以是经济型区域。这是集群的产业特征和地理特性。

二是专业化特征。产业集群的生产经营具有很强的专业化特征,企业成员之间围绕产业链及其服务性机构、行业组织实行精细的专业化分工,有机联系、合作互助,形成一定的社会化分工网,这是产业集群的社会特性。

三是根植性特征。所谓根植性,是指通过集体性组织来建立信任和承诺,使得不同利益各方协同作用,从而获得好处,同时保持高度的灵活性。共同的社会文化环境使集群内企业之间产生信任、理解和相互合作,并形成集群内企业间的一种特殊黏合剂,使众多企业黏结在一起,既营造了区域创新环境,又使产业深深扎根于当地。

这三个特征既是产业集群的基本特征,也是界定产业集群的具体依据。

需要说明一下,产业集群与产业集聚是两个既有区别又有联系的概念。产业集聚是指某一特定区域内,大量产业联系紧密的企业及其相关支撑机构在空间的集聚,并形成强劲、持续竞争优势的现象,是产业由分散走向集中的全过程。产业集群则侧重于某个产业的区域分布与工业整体的区域分布的对比,描述某个产业的空间分布状态,是地域集约化经济的高级阶段。产业集聚是产业集群形成和发展的基础,但并非所有的产业集聚都一定能够发展成产业集群。产业集群是产业集聚向纵深程度分工发展的结果。

(二)产业集群的形成与类型

1.产业集群的形成条件

从产业集群和产业集聚的区别可以看出,不是所有的产业集聚都能形成产业集群,产业集群的形成需要一定的条件,可以分为供给条件和需求条件两个方面。

(1)供给条件。

产业集群形成的供给条件主要包括五个:产品存在技术可分性、集聚的产品存在丰富的产品差异化机会、集聚的关联企业能对市场进行迅速反应、地区文化和制度环境提供的社会条件及优势地区提供的经济条件。

产品存在技术可分性是指一般情况下,一个制造业的最终产品的形成需要经历很多道工序,每道工序都会产生中间产品。这样,不同的工序可以分别由专业化企业进行生产,从而降低创办企业的资本门槛,出现大量关联的企业在一个区域的集中布局。

集聚的产品存在丰富的产品差异化机会是集群能顺利发展扩大的条件。生产同种产品的企业集聚在一起,如果产品之间不存在任何差异,就会导致恶性竞争,为了争夺市场打价格战,或者以比较低的成本进行模仿,生产低质伪劣产品,不利于企业的长远发展和集群的扩大。集群的最终产品一般存在品种、规格、色彩、造型、等级、品牌、材质、实质功效、效率等方面的区别。

集聚的关联企业能对市场作出迅速反应是集群长期持续发展的条件。大量的企业集聚在一起,由于正式和非正式的交流,信息传递速度远远超过孤立布局的单个企业。一旦市场出现新的需求,信息源会通过经济网络和社会网络将市场信息扩散开来。这些集聚的企业不仅在接受市场信息,快速占领市场上有显著的优越性,而且可以利用不同组织的资源和差异化的技术能力,在新产品的研发上分担风险,迅速创造市场需求,共享创新带来的巨大利润。

地区文化和制度环境为产业集群提供社会条件。根据制度经济学,良好的制度环境能够降低市场经济交易成本。一些地区由于历史或者社会制度的长期孕育,存在一种共同的文化传统、行为规则和价值观,创业和创新蔚然成风,这种社会文化氛围能够促使最初诞生的企业慢慢形成一种集聚核心以及在它们之间形成一种基于信赖基础的网络关系,极大地促进集群最终形成。

优势地区可以为产业集群的形成提供优良的经济条件。自然资源、人力资源丰裕的地区,区位优势明显的地区,产业历史基础好的地区都可以为产业集群的形成提供良好的经济条件。比如,自然资源丰裕的地区资源型产品的种类繁多,可以形成条条互相补充的产业链。这类产业技术水平要求不是太高,但是往往需要大量的资金投入,一旦有大型企业起到核心带动作用,就会慢慢形成对自然资源的开采、加工以及废料、废气的循环利用等,实现企业的聚集,通过深度专业化分工,形成完整的价值链条。而人力资源丰裕的地区则有利于发展高端产业集群。在高新技术产业领域,高层次的技术人才和管理人才对产业的发展至关重要。因此,高新技术产业集群基本位于智力密集的科研院所和大学所在区域,例如硅谷所在的区域有著名的斯坦福大学、加州大学伯克利分校。

（2）需求条件。

产业集群形成的需求条件可从两个角度看。从整个市场看,需求对新产品的产生和新的生产组织形式的诞生起着重要的导向作用。当人类满足了基本生存需求之后,就会提高对消费品美感、造型、功用、质量等方面属性的要求。同时,信息技术和经济全球化扩大了消费者的消费视野,使产品的消费日趋个性化。所以在消费品领域,甚至在资本品、服务产品领域,产业或服务的品种、质量的差异化需求越来越大,小批量、多品种的柔性生产组织模式应运而生。从地区市场看,当地市场的巨大需求会刺激地方产业集群的产生。多样化、个性化的需求给当地企业带来机会和创新的压力,如果没有比较有效的生产组织方式,当地的生产商必然面对来自世界其他企业的激烈竞争。

2. 产业集群的形成途径

（1）大企业裂变形成的集群。

通过关键企业的衍生、裂变、创新逐步形成产业集群。大企业分裂或衍生出的企业都处在相同产业链的不同位置,而在地理位置上又相互邻近,通过彼此分工、合作很容易产生集聚效应形成产业集群。如美国硅谷 IT 产业集群发展成今天的规模,与当初的仙童半导体公司有着密不可分的关系。

（2）龙头企业为主体形成的集群。

龙头企业为主体形成的集群是一种以大企业为核心的产业集群,集群内以一个或多个大企业为核心,带动附近衍生出许多相关企业,这些企业的存在又促使其配套企业为了降低成本在大企业周围扎堆,当发展积累到一定程度,便形成以龙头企业为主导的产业集群。如江西九江星火工业园区就是在星火化工厂的带动下发展起来的。

（3）以大学和科研机构为依托而衍生的产业集群。

这种经济模式是通过企业、高校和科研机构建立起密切的战略联盟,产学研结合而形成。以创新为特征的产学研合作过程是一个从新思想的产生,到产品设计、试制、生产直到营销和市场化的一系列活动过程,也是知识的创造、流通和应用过程,实质是高科技的产生和商业化的应用。具有代表性的有世界知识经济中心的硅谷、北京中关村电子信息产业的企业集群等。

（4）政府引导和规划而形成的产业集群。

政府通过政策引导和投资引导,将一定范围内的产业企业聚集在一起形成产业集群,同时吸引相关产业的上下游企业和支持服务企业入驻,形成完整的产业链。这是一种典型的在外力推动下形成的产业集群。如广东省东莞市政府通过对华为的引入,打造了智能制造、通信等产业集群。

从以上产业集群形成路径可以看出,产业集群的形成往往是多种因素共同作用的结果。

3. 产业集群的类型

产业集群可以从很多角度进行分类。从产业集群内部企业规模结构来看,集群有三种典型类型:马歇尔式新产业区集群、中心辐射式集群、卫星平台式集群。

马歇尔式新产业区集群(图 11-4)是指由大量规模经济要求不高的小企业组成的集群,即小企业集群,我国东部沿海地区有许多这样的产业集群。这类产业集群有六个典型特点:一是大量小企业集中;二是企业投资和生产决策高度本地化;三是集群内部企业之间根据投入产出链条形成紧密而多样的长期合作关系,但与外部企业的联系相对较少;四是集群内劳动力有着高度流动性,员工可以自由变换工作;五是具有高度专业化的金融与技术等服务体系;六是集群往往具有独特的文化纽带功能。

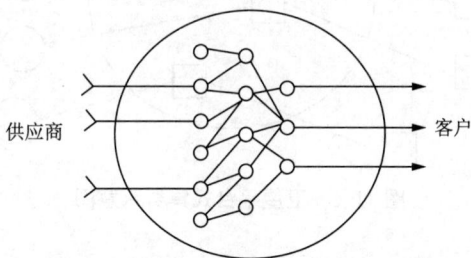

图 11-4 马歇尔式新产业区集群示意图

中心辐射式集群(图 11-5)是以大型企业为中心或主导,周围密集分布着许多与中心企业在业务上有密切关联的小企业。这类产业集群的典型特点是有主导能力的大企业且大企业处于网络中心。中心企业通常规模较大,拥有全球视野,与本地区以外的分厂、供应商、客户及竞争对手都保持着联系。中心企业与小企业之间通常通过供应合同的形式相互联系。中心企业与其他企业在规模上的差距意味着中心企业在集群内部起着主导作用。作为主导力量的中心企业的成长性及其对其他企业发展的支持与帮助决定了该类集群的发展水平。

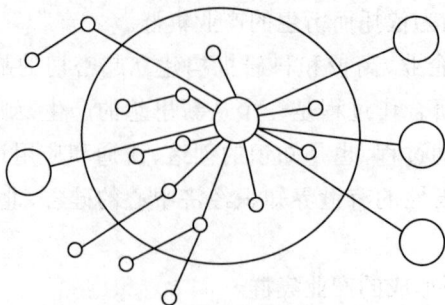

图 11-5　中心辐射式集群示意图

卫星平台式集群(图 11-6)是由一些总部不在当地或由外部力量控制的企业集中形成的产业集群,其特征与马歇尔式新产业区集群几乎相反。该类集群对规模经济要求较高,因此集群内企业规模相对较大。由于卫星平台式集群内部企业的总部都不在当地,投资等重大决策通常由外部控制,财务、技术人员以及商业服务等也往往来自该地区之外。集群内企业之间贸易联系与长期合作关系很少,企业主要与外部企业进行联系与合作,因此集群内部企业联系不紧密,集群凝聚力较低。这是一种"嵌入型"产业集群,依靠当地的区位优势和成本优势,借助外部资金、技术、市场起步并发展起来,如"外商接单、区域内生产、产品全部或部分出口"这样的运作模式。我国广东省的大批产业集群就属于这种类型,如东莞厚街的家具、南海的内衣、里水的鞋业等。

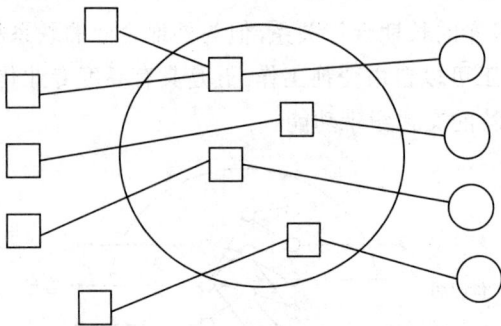

图 11-6　卫星平台式集群示意图

4. 产业集群成长的阶段性

类似于生态学中的生态部落,产业集群作为产业群落也有一个出现、增长和发展的逐步演变的过程。阿霍坎加斯和拉萨宁于 1999 年提出了一个产业集群演化模型,从时间维度将产业集群的成长过程分为起源和出现阶段、增长和趋同阶段、成熟和调整阶段。

(1)第一阶段:起源和出现阶段。

在产业集群演进的起始阶段,具有创新精神的创业者最初利用其独特的私人关系加强与现有网络的联系。由于一批快速增长的新企业的建立,并在某一地点相互集聚,需要解决新活动的合法性问题。随着各种新企业不断进入集群,大量企业的集聚带来集聚经济效益。同时,企业集聚的增长将导致企业家阶层和各类人才市场的形成。此外,随着市场竞争的不断加剧,区域内将出现一些为相同消费者提供服务的活动,供应商也将逐步发展起来。

（2）第二阶段：增长和趋同阶段。

一旦确立了合法地位,如设立相关产业园区和组织结构等,集群将进入实质性增长阶段。在这一阶段,创业的成功将取决于以迅速增长和变化为特色的外部环境的完善能力。这就需要一个广泛的、高质量的连接网络,以及差别化的企业经营战略。这种社会网络和差别化战略,对集群中的小企业能否取得成功至关重要。

同时大量企业在空间上相互接近,将导致各种思想、技术和信息传播的加快,由此促使企业经营活动出现模仿和同构化。随着这种相互模仿和同构化的持续,集群将进入趋同阶段。在趋同阶段,新进入集群的企业数量和企业增长率将呈现下降趋势。

（3）第三阶段：成熟和调整阶段。

在成熟的集群环境中,迅速增加的资源竞争将导致成本增长,出现集聚不经济,由此带来集聚经济的损失。同时,在现有集群中,各种创业活动变得更加保守,也更带有模仿性。如果这种集聚不经济持续下去,随着模仿和同构化的增加,集群内企业的数量将会下降,创业和创新开始出现在集群以外的地方。

显然,如果这种模仿不能向创新方向转化,甚至发展成仿冒、造假,将会产生类似"劣币驱逐良币"的效应,由此导致整个产业集群出现衰败,严重时甚至走向毁灭。为了使集群能够持续下去,需要适时进行战略调整和再定位,如及时调整结构,促进产业升级;鼓励并强化创新,营造良好的创新氛围,完善市场组织网络,对造假行为进行制裁等。通过战略调整和再定位,促使集群重新进入快速增长的轨道,并保持较强的竞争力和创新能力。

当然,并非任何一个产业集群都是可持续的,只有那些能够成功进行战略调整的集群,才能始终保持较高的竞争力,实现可持续发展。具备一个完善的自我调整机制,是产业集群最终取得成功的关键所在。

二、产业集群的主要理论

（一）马歇尔的产业区理论

马歇尔的产业区理论是产业集群理论的理论渊源。1890 年,马歇尔基于英国当时斯塔尔福德的陶器产业、白金汉郡的陶器生产,在《经济学原理》一书中,将产业区定义为一种由历史与自然共同限定的区域。区域内中小企业相互作用,劳动分工不断细化,企业群与社会趋向融合。

马歇尔认为这种产业区具有以下特点:一是与当地社区同源的价值观念系统和协同创新环境;二是生产垂直联系的产业群;三是最优的人力资源配置;四是产业区不完全竞争的市场;五是竞争与协作关系;六是富有特色的本地信用系统。具有上述特点的产业区具有外部经济的特征,表现为劳动力市场的共同分享,中间产品的投入与分享和知识技术外溢。

大量从事相似产业的企业集聚在产业区,使得该地区聚集了大量高技能劳动力,形成一个劳动力市场的蓄水池,这使产业区内企业既能以更低的成本更快捷地获得劳动力资源,也能方便地解雇员工,从而降低了劳动力使用成本。劳动力市场的共享是产业区的第一个优势。

产业集聚可以扩大地区市场容量，使该地区一些作为辅助工业的专用性中间投入品生产得以实现规模经济，从而保障了中间投入的供应。中间产品的投入与分享是产业区的第二个优势。

知识技术溢出效应是产业区的第三个优势。在产业区内，知识技术甚至可以通过"空气"传播，一个人甚至可以在无意中获得一些关于技术、市场方面的有价值的信息，这种知识技术溢出对于企业尤其是小企业来说非常宝贵。

（二）新产业区理论

信息时代的制造业与传统的制造业有许多不同的特点，比如产品的生命周期越来越短，产品的技术含量越来越高，同类产品的竞争越来越激烈，产品品种越来越多，以及中小批量的产品在生产中所占的比重越来越大。20 世纪 70—80 年代，世界性的经济危机导致发达国家的绝大部分地区出现经济衰退，但是，在美国的硅谷、意大利和德国的某些地区，却出现了经济增长稳中有升的现象。为了研究这些现象，一些经济地理领域的学者们在传统产业区理论的基础上，考虑了产业集群的环境与制度因素，提出新产业区理论。

意大利学者巴格纳斯科在研究了意大利东北部和中部地区小型企业分布区后，于 1977 年首次提出新产业区的概念。他认为新产业区是具有共同社会背景的人和企业在一定自然区域上形成的"社会地域生产综合体"，是一个在自然和历史所限定的区域中的人和企业组成的集合。

新产业区主要有四个特征。一是因企业集聚而形成的高度专业化分工，在信赖与信任的基础上，形成长期稳定关系。二是地方化网络，这是新产业区的核心内容。集群内的企业与相关机构有选择地与其他行为主体进行长期正式或非正式合作，形成长期稳定的具有网络特征的关系模式。这种网络是企业发展和区域经济发展的一种制度性手段，可以活化资源、扩大信息交流、增强柔性、减少不确定性。三是根植性特征。产业区内企业活动深深植根于企业所在区域和环境，任何经济活动都离不开当地的社会文化环境。在新产业区里，人们虽然在不同的企业里工作，但由于区域的一种氛围，人们具有相同的价值观和行为规范。四是行为主体的对称关系。在新产业区各企业都是相对独立平等的，没有支配和依附关系，都以平等的地位参与本地经济活动。

总之，新产业区理论的核心就是依靠内源力量发展区域经济。在后工业化和知识经济时代背景下，新产业区理论从更宽泛的角度重新审视了产业区的形成及其优势，使产业集群理论有了更强的解释力，新产业区理论正式进入了现代产业集群理论的范畴。

（三）新经济地理理论

克鲁格曼将运输成本与企业层次的递增报酬引入产业组织分析模型，研究了制造业空间集聚的一般形成机理，从而开创了新经济地理学派。该学派运用主流经济学的垄断竞争框架，分析了运输成本等一系列外生参数导致的制造业空间集中问题。

新经济地理理论为产业集群的形成提供了一个新的解释框架，认为即使不同地区的区位、自然资源、人口等初始条件完全相同，但当运输成本等一些外部参数满足一定条件时，缪尔达尔式的累积因果效应也会导致产业在某个地区集聚，从而形成典型的中心－外围空间经济结构。也就是说,产业集群的形成原因具有偶然性特征。新经济地理理论的确更加全面地考察了产业集聚一般意义上的形成机理,但对于产业集群中企业的内在联系与规律等无法提供进一步的解释。

(四)新制度经济学理论

科斯在 1937 年发表的论文《企业的性质》中首次提出交易费用的概念,认为企业正是为了节约市场交易费用而形成科层组织。威廉姆森分别于 1975 年和 1985 年出版的《市场与科层》和《资本主义经济制度》两本书中进一步拓展了交易费用分析范式,用不确定性、交易频率和资产专用性等解释经济活动的组织结构。从交易费用角度看,产业集群是由基于专业化分工和协作的众多企业集合而成,介于纯市场组织和纯科层组织之间的过渡性组织形式。这种组织形式的好处主要有:一方面,产业集群内企业有着长期稳定合作关系,比市场稳定,能节约交易费用;另一方面,集群内企业的合作关系与交易是通过市场实现的,比科层组织更为灵活,有利于节约管理成本。因此,产业集群是在对高管理成本和高交易费用进行权衡后形成的一种特殊组织结构。可见,新制度经济学为分析产业集群提供了一个独特的视角。

(五)波特的竞争理论

波特在 20 世纪 90 年代从竞争力角度分析并研究了产业集群问题。他认为,国家竞争优势主要不是体现在比较优势上而是体现在产业集群上,产业集群是国家竞争优势的主要来源,国与国在经济领域的竞争主要表现在产业集群的竞争上。波特指出,创新是企业获得竞争优势的根本途径,也是企业保持持续竞争能力和国家保持竞争优势的核心,而产业集群是企业实现创新的一种有效途径,因为产业集群本身就是一种良好的创新环境。

对于如何培育一个国家的竞争力,波特提出了著名的企业集群钻石模型。波特认为,决定国家竞争力的关键因素主要有:生产要素、需求条件、相关及支持产业、企业战略、结构和竞争状况。产业集群将钻石模型中各个要素整合在一起,通过组织变革、价值链、柔性生产等方面的优势提高竞争力。

第四节　产业集群的竞争优势

产业集群之所以在激烈的全球经济竞争中表现出良好的竞争态势,在于产业集群作为一种大量企业及相关支撑机构在地理空间的集聚,能够形成其他区域没有的强劲而持续的竞争优势。产业集群的竞争优势是指集群内企业能领先集群外竞争对手,通过持续不断地创新,实时推出差异化、高品质、具有价格竞争优势的产品和服务,以更好地满足顾客多样化的需求。产业集群的竞争优势主要包括外部竞争优势、社会资本优势、创新优势、创新网络优势等。

一、外部竞争优势

产业集群的外部竞争优势包括规模经济、范围经济和劳动力市场共享的优势。通过这三种外部竞争优势之间的相互作用，降低了产业的生产成本，有利于集群采用低成本战略参与市场竞争，并通过区域品牌获取整体营销优势。

（一）规模经济优势

产业集群通过企业间的专业分工和共同使用外部基础设施、服务设施、公共信息资源和市场网络，共同利用某些辅助企业，可以享受到规模经济。集群生产规模的扩张可以带来单位固定成本的降低，地理位置的集中可以减少能源和原材料损耗，缩短原材料和产品运输距离，从而节约生产和运输成本，提高产业集群的竞争优势。

（二）范围经济优势

外部范围经济是由集群内企业间的分工与合作而形成的。集群内专业化程度很高，围绕某一主导产业的多种产品的共同产出，企业往往集中生产某一专门的产品，同时利用自身的技能与其他企业紧密合作，协同参与价值链的全部增值活动。在这种情况下，生产系统被肢解为许多部分，分散在许多小企业中，企业之间再通过建立合作的网络关系进行交易。这些专业化的企业联合起来进行多样化产品的生产，可以形成集群的范围经济优势。

（三）劳动力市场共享优势

随着集群的扩大，集群内的人才机制会逐步完善，吸引大量本地或外地的专业技术人才和管理人才涌入，形成劳动力供给充足的区域性市场。集群内企业可以根据自身生产的需要，及时调整工人的数量，减少工资成本和工人劳动保障方面的费用。同时，人才在集群内企业间自由流动，促进了信息、思想的传播和扩散，提高了劳动力供给的效率。

二、社会资本优势

社会资本通过行为人之间相互关系的变化而产生，将交易的社会环境赋予经济含义，其功能体现在作为社会结构的资源，为行为人获取收益。社会资本优势在产业集群中主要体现在以下几个方面：

（一）基于信任与承诺的合作关系

集群内企业具有地理根植性，如许多企业家相互熟悉，往往形成企业家社会网络关系。企业之间的相互联系如承包、转包、产品的质量、交货时间、资金结算等本身建立在信任的基础上，声誉对企业的生产和发展非常重要。所以，企业必须遵守信用，避免机会主义倾向。这有利于企业间建立以信任和承诺为基础的社会网络，通过网络关系降低交易成本，加强相互合作。

（二）创业资源优势

社会网络将集群内利益各方紧密连接在一起，投资者更容易了解创业者的情况，创业者也更容易获得资金、技术的支持。社会网络中的中介机构如创业服务中心等,可提供相关技术指导,进一步促进创业企业的发展。

（三）共同的文化基础

产业集群往往基于共同的区域文化背景。在共同的区域文化背景下,崇尚创新的奋斗精神深深扎根于产业集群中,这种精神不仅促进了集群内企业的创新和发展,还增强了集群的整体竞争力。

三、创新优势

随着产业集群规模的扩大,大量企业聚集在一个地区,既加强了彼此的竞争,又可以产生互相学习的效应,使原来基于资源禀赋的比较优势发展为创新优势,大大加快了企业的技术创新步伐。具体表现为:

（一）创新的激励效应

由于在一定的区域内集中了大量的竞争对手,集群内的竞争更加激烈。强大的竞争压力迫使企业加快技术创新步伐,或者提升产品质量与企业层次,提高服务质量;或者将同质性竞争转变为差异化竞争,另辟蹊径,开发新的产品品种和工艺,将竞争压力转化为集群创新的动力。

（二）创新的学习效应

学习效应通过集群内部知识和经验的共享实现效率的提高和成本的降低。在知识和经验的共享过程中,这些无形的财富资源得以碰撞和升华,为创新提供思想源泉和动力。

（三）创新的服务体系

产业集群的发展壮大吸引大量的服务企业及支持机构入驻,如科研单位、管理咨询机构、技术开发机构、行业协会等。这些机构加强技术的研发、交流和扩散,为企业创新提供广泛的机会,同时又便于企业人员提高学习能力,有利于知识和信息的传播和积累,有力地支撑了集群企业的创新。

四、创新网络优势

创新网络是指多个企业特别是中小企业为了获得和分享创新资源而达成的共识和在默契基础上相互结成的合作创新体系。产业集群作为一种地方根植性网络,一个关键性特征就是内部企业、供应商、顾客和其他机构间的互动、互补,形成了基于地方化知识和能力体系的创新网络系统。

（一）资源、能力互补优势

网络环境为集群内企业提供了一个信息交流的平台,集群内企业以较低的成本获得大量有价值的专业信息。产业集群中单个企业的资金、人才和技术等创新资源有限,难以取得技术突破。通过创新网络形成专业化分工,每个企业集中精力于自己的核心特长,并形成企业间能力互补,产业集群的整体技术创新能力大大提高。

(二)集体学习机制

在创新网络中,企业不仅能够利用知识外溢效应得到个体难以获得的知识,而且可以通过交互的沟通建立互利的思维方式和交易规则,增加彼此之间的信任和默契。这种信任使得产业集群内企业能够分享创新带来的未来收益,而不是简单地要求创新的现期回报。

(三)降低创新的风险

由于技术创新过程存在着诸多不确定性,在技术开发和商业化之间会存在很长的时间差,一些领域的技术改变非常迅速,产品生命周期很短,因此企业进行创新需要承担较大的风险。在网络环境下,由网络承担了创新的组织功能,通过企业间分工协作,减少了创新的不确定性,降低了企业参与创新过程的风险。

产业集群强劲而持久的竞争优势是国家或地区竞争力的主要来源。集群内的企业相对于集群外的企业而言,竞争优势主要来自两个层面:由集聚经济产生的成本优势和由创新网络带来的技术创新优势。在集群发展的初期,集群内的企业通过彼此之间的协作和专业化分工可以获得生产效率上的改进,这种竞争优势是基于集聚经济而形成的。集聚经济优势归根结底是基于要素资源集中所获得的低成本优势,这种优势很容易被削弱和模仿,难以持久。因此,随着产业集群的成长,必须转变竞争优势的基础,提高产业集群的学习与创新能力,发挥政府的服务功能,积极营造良好的创新环境,以赢得动态网络的竞争优势。

◁ 本章小结 ▷

产业布局是产业在一定地域空间上的分布与组合。产业布局问题实质是企业的区位选择,影响企业布局的因素也是影响产业布局的因素,运输成本是影响产业布局的关键因素,外部规模效应和政府政策是影响产业布局的重要因素。

产业集群是一种典型的产业布局形式,是相同、相近与相关产业的企业聚集在特定区域内,进而吸引为其提供服务的相关机构进驻,从而共同构成的群体。产业集群的形成往往是多种因素共同作用的结果,主要有大企业裂变形成、龙头企业为主体形成、以大学和科研机构为依托形成、政府引导和规划形成等几种途径。

从产业集群内部企业规模结构来看,主要有马歇尔式新产业区集群、中心辐射式集群、卫星平台式集群三种。马歇尔式新产业区集群是指由大量规模经济要求不高的小企业组成的集群;中心辐射式集群是以大型企业为中心或主导,周围密集分布着许多与中心企业在业务上有密切关联的小企业;卫星平台式集群是由一些总部不在当地或由外部力量控制的企业集中形成的产业集群,是一种嵌入型集群。

产业集群作为一种大量企业及相关支撑机构在地理空间的集聚,能够形成其他区域没有的强劲而持续的竞争优势。产业集群的竞争优势主要包括外部竞争优势、社会资本优势、创新优势、创新网络优势等。

➤ 复习思考题 ◅

1. 简述古典区位理论的基本思想。

2. 阐述现代区位理论。

3. 影响产业布局的主要因素有哪些?

4. 产业集群是如何形成的,有哪些形成途径?

5. 产业集群有哪些主要类型?

6. 阐述产业集群的竞争优势有哪些?

延伸阅读

我国新能源汽车行业的四大产业集群及特征 [①]

根据火石创造发布的《2022 年度中国新能源汽车产业发展洞察报告》,中国新能源汽车四大产业集群格局凸显,形成以上海为龙头的长三角集群,以广深为龙头的大湾区集群,以北京为龙头的京津冀集群,以成渝西安为龙头的西三角集群。四大集群以主机厂所在的核心城市为圆心,以周边 200 km 半径范围的经开区、高新区等产业园区为载体布局零部件配套企业,形成企业、人才、资本的超强引力场。

一、京津冀集群

京津冀地区共聚集了 91 家新能源汽车重点企业,其中,近半数为驱动电机及电控企业,动力锂电池企业数量占 26%,乘用车整车生产基地数量占 24%。京津冀新能源汽车重点企业主要分布在北京、天津两地,数量分别为 44 家和 24 家。北京的企业构成中,半成以上为电机及电控企业,整车生产及电池企业各占约四分之一,已形成完备的整车生产体系和相关产业链布局。天津的整车生产、电机及电控、电池企业数量分布较平均,但相比北京,企业总量及关键零配件本地配套率差距明显。三类企业在河北保定均有布局,但数量偏少;整车基地在石家庄、张家口、沧州、邢台有零星分布,但"三电"产业配套不足,唐山、邯郸、廊坊则仅有电机及电控或电池企业中的一种。

二、长三角集群

长三角地区共有 424 家新能源汽车重点企业,其中,聚集了大量的零部件企业,"三电"企业合计占比约 85%。多地具备较完整的产业链布局,多点开花,城市间空间、经济联系强度高,区域协作关系深。上海、苏州两地的重点企业数量明显高于长三角其他城市,分别为69 家和 48 家。上海新能源汽车产业链完备,整车生产企业实力雄厚,关键零部件企业规模大,电机及电控企业占比过六成。苏州的企业以"三电"零部件供应企业为主,合计占比达96%,但缺少实力强的整车企业,产业链进一步发展受限。

无锡、南京、合肥的企业总量在长三角地区排名靠前。合肥整车生产基地数量占优,龙头企业集聚,新能源汽车产业链结构完整、布局合理。常州、宁波、杭州等地也有完备的包括"三电"、整车生产在内的生产制造环节,整车生产基地优势强,产业快速发展。

---

① 选自火石创造《2022 年度中国新能源汽车产业发展洞察报告》。

三、大湾区集群

大湾区共有119家新能源汽车重点企业（不包括香港、澳门），在四大城市群中排名第二，产业集中度高，企业主要分布在广州和深圳两地。深圳分布了大湾区近半数企业，数量在全国排名第二，产业链完整，龙头企业引领作用强，"一超多强"企业格局初步形成。

广州新能源汽车产业体系完整，整车生产基地数量多，全国排名第一，集聚效应明显，链主企业发挥生态主导优势，强化全产业链布局。

佛山、肇庆两地均已引入整车生产基地，带动全产业链发展。东莞、惠州、珠海等地主要以关键零部件企业为主。

四、西三角集群

西三角地区共有74家新能源汽车重点企业，在四大城市群中数量最少，但整车生产基地数量占优，仅次于长三角。企业主要集中于重庆、成都、西安三大主要城市。成渝两地的重点企业构成比例极相似，整车生产基地数量高于"三电"配套企业。但在本地龙头企业数量和产业配套能力两方面，成都与重庆之间尚有差距。

西安虽已形成相对完整的产业链条和产业集聚格局，但产业总体规模相对较小。省内其他城市产业体系水平不高，无法形成互利共赢的整体。与成渝地区相隔较远，产业链在其他地区分布稀疏，难以形成与其他城市群内部产业环节联系紧密、企业协作关系深的抱团发展态势。

第十二章
产业竞争力

本章导读

　　本章首先阐述产业竞争力的概念、实质,介绍产业竞争力的理论基础,然后分析产业竞争力分析模型及其发展,介绍产业竞争力评价体系与评价方法,最后指出提升产业竞争力的途径与对策。

第一节　产业竞争力的相关概念

　　随着全球经济一体化进程的加快,世界各国之间的经济竞争日趋激烈。为了在竞争中争取主动,寻找存在的问题与解决对策,许多国家都对竞争问题非常重视,将国家竞争力、区域竞争力、城市竞争力、产业竞争力、企业竞争力等相关问题纳入经济研究的范围,同时构成产业经济理论的重要内容。

一、竞争力的起源与发展

　　竞争力是一个古老却又崭新的概念。早在古代,随着民族和国家的出现,这一概念就已经出现。国家之间的利益冲突及其政治、军事等方面的解决方式与结果,构成了人们对这一概念的直观理解。正因如此,这一概念最初多集中在军事力量方面,涉及军队的组织、战略的谋划与战术的运用等,军事力量的强弱是国家竞争中的一个主要方面。不可否认的是,经济因素在这里也起着重要作用,一国军队是否强大归根结底依赖于经济实力。随着时间的推移,竞争力的内涵逐步扩大,经济因素在竞争中的地位日趋提高。

　　18世纪后,随着第一次工业革命在欧洲的完成,经济力量的壮大与竞争力的增强之间的联系变得日益简单明了。发达国家凭借其强大生产力所创造的坚船利炮横扫全球,把战火燃烧到大洋彼岸的别国领土,同时也把经济发展机遇与民族生存的严酷事实带到世界各个角落。“落后就会被动、挨打”的道理奠定了不发达国家建立民族工业的决心。

不发达国家工业化的出现及其进程的加速,使竞争力具有了现代意义。首先,由于工业化,各国的经济和社会,特别是经济出现了统计学意义上的均值化,具有了可比较的共同基础。诸如国内生产总值、国民收入、国际收支等经济度量单位成为普遍接受的标准,出现了现代会计基础上的国民经济核算。其次,由于工业化,产出规模呈直线增长趋势,经济活动也超越了国界,成为国际经济活动。各民族、各个经济体之间的联系呈现出前所未有的亲密化,出现了相互竞争合作的局面。显然,前者使竞争力的度量与比较成为可能,后者使这种度量与比较变得必要。

第二次世界大战后,特别是 20 世纪六七十年代后,随着科技的进步以及不发达国家工业化进程的加快,一方面各国经济间的联系日益紧密,出现了世界经济一体化的趋势;另一方面,各国之间的竞争与摩擦也日趋尖锐。为协调这些利益关系,出现了一系列诸如国际货币基金组织、世界银行等国际性及区域性国际组织。这些国际组织纷纷成立了专门的研究部门或机构,组织专家,致力于对各国状况进行研究与分析,不仅形成了一批统计指标与分析工具,而且取得了一批理论成果,使对竞争力的研究大大深化。

二、竞争力及其相关概念

目前,竞争力的概念在很多领域和不同层面上被广泛使用,既有经济的,也有政治的;既有国家层面的,也有组织和个体层面的。在经济学领域,竞争力的概念侧重于对不同主体经济实力或竞争优势的理解,形成了宏观、中观和微观三个层次的概念。宏观层次的竞争力包括国际竞争力和国家(或地区)竞争力,中观层次的竞争力包括区域竞争力、城市竞争力、产业竞争力等,微观层次的竞争力包括企业竞争力和产品竞争力等。这里,按照这三个层次,只介绍国际竞争力、国家竞争力、产业竞争力、企业竞争力和产品竞争力的概念。

(一)国际竞争力和国家竞争力

国际竞争力是 20 世纪 80 年代出现的概念,目前还没有一致性定义。世界经济论坛认为,国际竞争力是一国能够实现持续高速经济增长的能力。瑞士洛桑国际管理开发学院认为,国际竞争力是指一国创造增加值,从而积累国民财富的能力,并且通过协调四对关系而实现其国际竞争力。这四对关系是:资产条件与竞争过程、引进吸收能力与输出扩张能力、全球经济活动与国内家园式经济活动、经济发展与社会发展。美国在《关于国际竞争能力的总统委员会报告》中提出:国际竞争力是在自由、公正的市场条件下,能够在国际市场上既提供好的产品、好的服务,同时又提高国民实际收入的能力。经济合作与发展组织(OECD)在《科学、技术与竞争能力》报告中指出:国家经济的竞争能力是建立在国内从事外贸企业的竞争能力之上的,但又远非国内企业竞争能力的简单累加或平均的结果。

从上述对国际竞争力的界定来看,国际竞争力主要是指一个国家(或地区)作为经济主体参与国际市场竞争并获取相关经济利益的能力。显然,这里的国际竞争力基本与国家竞争力是同一用语。国家竞争力的主体是国家或地区,竞争范围是国际市场,竞争对象是国际资源与要素,竞争目的是获取国际经济利益。当然,国际竞争力不等同于国家竞争力,因为参与国际市场竞争的主体不仅仅有国家,还有产业、企业或产品等。因此,国际竞争力从层次上分为产业国际竞争力、企业国际竞争力和产品国际竞争力等。

（二）产业竞争力

产业竞争力是从中观经济角度对竞争力概念进行解释。迈克尔·波特在《国家竞争优势》中认为，产业竞争力是在一定贸易条件下，产业所具有的开拓市场、占据市场并因此而获得比竞争对手更多利润的能力。可见，产业竞争力与产业的最终利润潜力或产业利润率是相一致的。中国社科院工业经济研究所的金培博士则把产业竞争力定义为：在国际自由贸易条件下，一国特定产业以其相对于他国的更高生产力，向国际市场提供符合消费者或购买者需求的更多产品，并持续地获得盈利的能力。

可见，产业竞争力是指国民经济体系中某一产业作为一个整体参与市场竞争，并与其他同类产业相比能获取较高经济绩效的能力。参与主体是中观层次的产业，竞争范围既可以是一个国家内部的区域间市场，也可以是国际市场；竞争对象既可以是国内资源与要素，也可以是国际资源与要素；竞争目标是获取比其他国家（或地区）的同类产业更高的整体绩效。根据产业竞争的范围，产业竞争力可以分为产业国际竞争力和产业国内竞争力。一般情况下，产业竞争力主要是指产业的国际竞争力，隐含的竞争主体是国家。

（三）企业竞争力和产品竞争力

企业竞争力和产品竞争力是从微观角度对竞争力进行的界定。世界经济论坛提出，竞争力是指企业目前和未来在各自的环境中以比他们在国内和国外的竞争对手都更具吸引力的价格和质量来进行设计、生产并销售货物以及提供服务的能力和机会。企业竞争力是指在竞争市场中，一个企业所具有的能够持续地比其他企业更有效地向市场提供产业或服务，并获得盈利和自身发展的综合能力。经济学家樊纲提出，竞争力是指一国产品在国际市场上所处的地位，最终可以理解为"成本"概念，即如何能以较低的成本提供同等质量的产品，或者反过来，以同样的成本提供质量更高的产品。事实上，企业竞争力和产品竞争力不仅体现在国际市场中，而且也体现在国内市场中，因此企业竞争力和产品竞争力也分别有国际竞争力和国内竞争力之分。

综上所述，竞争力实际上是经济主体参与市场竞争而获取经济利益的能力。这种能力因经济主体的层次不同而区分为国家（或地区）竞争力、区域竞争力、城市竞争力、产业竞争力和企业竞争力等，因市场竞争的范围不同而区分为国际竞争力和国内竞争力。在大多数研究文献中，竞争力主要是针对国际市场竞争而言的，强调的是国际竞争力。因此，竞争力的概念主要是指国际竞争力。

迈克尔·波特认为产业竞争力决定国家竞争力，同时，国家通过制度与政策影响产业竞争力。在讨论产业或产品竞争力时，其隐含的主体是国家或企业。因此，产业竞争力和产品竞争力分析与国家和企业竞争力分析具有同等价值。就产业竞争力与企业竞争力的关系而言，一般认为，产业内企业竞争力的增强是该产业竞争力增强的基础，因此没有企业竞争力，产业竞争力就无从谈起。但是，产业竞争力不是企业竞争力的简单相加，而是许多企业的个别竞争力通过"力的合成"而形成的综合竞争力。如果一国某产业范围内的各企业之间没有协调与合作，只是无序竞争，那么该产业竞争力不能得到提升；反之，如果企业之间能够做到分工协作和有序竞争,则有利于产业竞争力的提升。就产业竞争力与产品竞争力的关系而言,由于产品竞争是产业或企业竞争的载体,任何产业(或企业)竞争都是通过产品竞争表现出来的,因此,可以认为产品竞争力是产业或企业竞争力的基础与源泉,产业或企业竞争力是产品竞争力的综合体现。

综上所述,不同层次的竞争力之间存在着一定的逻辑关系:产品竞争力→企业竞争力→产业竞争力→国家竞争力。

三、产业竞争力的实质

产业竞争力的中心问题是各地各国各产业的竞争优势比较。竞争优势和比较优势的区别在于前者所涉及的是各地或各国同一产业的比较关系,后者涉及的是各地或各国不同产业间的比较关系。各地或各国要识别本地或本国具有竞争力的产业,就要把本地或本国的产业与国内区域间或国家间相同的产业进行比较,找出竞争优势。因此,产业竞争力是基于同一产业比较的概念、比较的差异,最终从产品、企业或产业的市场实现中表现出来。

因此,产业竞争力的实质是产业的比较生产力。所谓比较生产力,是一个产业能够以比其他竞争对手更有效的方式持续生产出消费者愿意接受的产品,并由此获得满意的经济收益的综合能力。具体表现在:

(1)比较生产力是与其他竞争对手相比较的生产力。在市场竞争中,生产力的高低只有与其他竞争对手相比较才有意义,因此,比较生产力是一个相对的概念。

(2)比较生产力是以一定技术条件和管理水平为基础的,其最终的实现形式是企业产品(包括与之相联系的服务)。

(3)比较生产力是一种综合性的供给能力,它不仅表现在生产环节,而且体现在产前产后的各个环节中。

(4)检验比较生产力高低的最终指标是所生产出的产品是否能在市场上实现,即被消费者接受,并使其生产者获得满意的经济收益。

第二节 产业竞争力的理论基础

有关产业竞争力问题的研究可以追溯到马克思的价值及价值增值规律理论和古典经济学的比较优势理论及其在近现代的发展。这些理论虽然未明确竞争力命题,却清晰地解释了竞争力的形成机理,是产业竞争力理论的重要组成部分和理论基础。

一、马克思的竞争和竞争力理论

马克思的经济竞争理论体现在他的价值理论和剩余价值理论中。马克思认为,经济竞争主要从三个层面展开:单个资本家为追逐超额剩余价值不断提高劳动生产率而进行的成本竞争,为实现商品价值不断提高使用价值、提高商品质量而进行的质量竞争,为瓜分剩余价值不断提高资本流动性而进行的部门之间的竞争。这三种竞争形式分别围绕价值决定、价值实现和剩余价值的分配展开,它们构成了马克思竞争理论的基本内容,同时也构成了其竞争力理论。

马克思最先解释了商品竞争力的来源。马克思认为,社会必要劳动是竞争力的最终规定性,只有当个别劳动耗费低于社会必要劳动耗费最大时,个别商品生产者才能以最低的价格销售同质量的商品。在一定的市场价格条件下,存在这样的过程:个别企业提高生产率→个别商品价值下降→个别价格低于市场价格→竞争→该部门生产率普遍提高。在这里,竞争力的来源是劳动生产率的提高和个别劳动耗费的减少。同时,在对剩余价值生产的分析中,马克思直接把劳动生产率的提高与相对生产价值的生产相联系,认为提高工人的劳动强度和劳动生产率是资本家增强自己的竞争能力的基础,从而揭示了劳动生产率的提高对于单个资本(企业)在市场竞争中的重要意义。

马克思通过对资本再生产、生产集中和资本集中的分析,还揭示了生产规模对生产过程效率的影响。他认为,剩余价值的资本化即积累,将导致资本再生产规模的扩大。并且,竞争还会导致资本集中和垄断的产生及市场结构的变化,从而探寻了资本竞争力的另一个重要来源,使竞争力的来源多样化。

另外,需要指出的是,马克思竞争理论中涉及竞争力问题的内容十分丰富,在马克思有关市场竞争的任何一个范畴中,都可以得到有关竞争力来源及其形成机制的启示,而其中有关社会必要劳动规律的相关论述,则直接奠定了关于商品生产者竞争力来源的科学基础。

二、比较优势理论

(一)静态比较优势理论

古典经济学家亚当·斯密于 1776 年首次提出了绝对优势理论。在此基础上,大卫·李嘉图于 1871 年提出了比较优势理论。根据该理论,商品的相对价格差异或要素的相对生产率,即比较优势,是国家之间进行贸易的基础。一个国家应专门生产那些具有相对较高生产率的商品,去交换那些具有相对较低生产率的商品,使两国都能获得贸易的好处。由于李嘉图理论中的一些假定条件(如技术和规模报酬不变假设)不再适合于国际贸易的新变化,在此基础上又产生了一个新的比较优势理论,即人们熟知的赫克歇尔-俄林(H-O)理论。其基本内涵是:所有国家可以具有同等技术,但要素禀赋不同,而国家之间的这种要素禀赋差异决定了国家间的要素流动和贸易格局。由此,许多学者认为,研究产业竞争力应当遵循比较优势原理。

(二)动态比较优势理论

由于历史的局限,古典比较优势理论描述的只是“静态”比较,当加入规模经济、技术进步、国际资本流动等因素时,理论明显不再适用。从 20 世纪 50 年代开始,一些经济学家提出了动态比较优势理论,包括动态优势说、技术差距论、产品生命周期理论和内生增长理论。内生增长理论又包括“干中学”“技术外溢”“内生比较优势论”等,这些理论都为产业竞争力研究提供了理论依据。

日本经济学家筱原三代平 1955 年从动态和长期的角度出发,把生产要素的供求关系、政府政策、各种可利用资源的引进、开放等因素综合到贸易理论中,从而将传统的比较优势理论动态化。他认为每个国家的经济发展过程都是一个动态过程,在这一过程中包括生产要素禀赋在内的一切经济因素都会发生变化。后起国的幼稚产业经过扶持,可以由劣势转化为优势,即形成动态比较优势。

美国经济学家波斯纳(M. V. Posner)于 1961 年提出了技术差距理论与模仿滞后假说。他放宽了赫克歇尔-俄林模型的相同技术假定,认为虽然技术处于领先的国家具有出口技术密集型产品的比较优势,但由于这种技术会通过专利转让、直接投资和国际贸易的示范效应等逐步传播和扩散到其他国家,因此,随着时间的推移,新技术终将被其他国家掌握。

美国哈佛大学教授弗农于 1966 年创立了产品生命周期理论。他将产品的不同阶段与研究开发、技术投入、资本投入以及劳动等要素流动结合起来,认为当一种产品在它的生命周期中运动时,生产要素的比例会发生规律性的变化,由技术密集型产品转化为资本密集型产品,再转化为劳动密集型产品。比较优势也随之从技术力量雄厚的创新国转移到其他发达国家,最后转移到发展中国家,从动态的角度揭示了发达国家与发展中国家之间比较优势不断转化的过程。

以阿罗、克鲁格曼和卢卡斯为代表的经济学家们在 20 世纪 80 年代先后提出了"干中学""技术外溢"等学说,形成了新增长理论(内生增长理论)。新增长理论从技术进步的角度研究了比较优势的内生性与动态转移问题。该理论认为技术和比较优势可以通过后天的专业化学习获得或通过投资创新与经验积累而人为地创造出来,强调规模报酬递增、不完全竞争、知识创新与经验积累。这些理论明确了技术的来源和传播扩散途径,阐释了技术创新、技术外溢、边干边学等经济活动对比较优势的影响,以及后进国如何通过技术引进和模仿创新逐步缩小与先进国的差距,从而突破了传统比较优势理论静态分析的框架,也克服了将技术视为外生变量的缺陷,从而将动态比较优势理论的发展推向一个新的阶段。

三、现代竞争和竞争优势理论

(一)现代竞争理论

现代竞争理论是从古典和新古典竞争理论发展而来的,是对以往竞争力的超越,也是现代产业竞争力研究的理论基础。与传统竞争理论不同,现代竞争理论把竞争看作是一种动态变化的过程而不是一种静止的最终状态,从而抛弃了把完全竞争作为现实的或理想的竞争模式的框架。

现代竞争理论源于张伯伦、罗宾逊的"不完全竞争"理论和克拉克的"有效竞争"概念,其中最具影响力的两个学派理论是哈佛学派的产业组织理论和芝加哥学派的产业组织理论。哈佛学派具体分析了市场结构、市场行为和市场绩效之间的相互关系,进一步充实并发展了克拉克提出的有效竞争理论,从规模经济、进入与退出壁垒等方面实证分析了产业市场绩效,为产业竞争力研究提供了基本理论依据和重要方法。芝加哥学派主张市场自由竞争,减少国家干预,对 20 世纪 80 年代以来美国竞争政策的转变起到了重要作用。尽管这两个学派间的理论存在一些差异,但都强调市场竞争,因而对分析产业竞争力的形成具有很强的指导意义。

(二)竞争优势理论

20世纪90年代初,迈克尔·波特在比较优势的基础上,革命性地提出了竞争优势的概念。在竞争优势理论中,波特认为,自然资源禀赋差异是潜在的比较优势,表现的是各国在资源禀赋上的有利地位;而竞争优势才是各国在国际贸易格局中的现实态势,是在比较优势的基础上多种要素综合作用的结果。拥有比较优势未必就有竞争优势,而只有获得竞争优势才能最终实现国际分工利益。波特的竞争优势分为企业和产品竞争优势、产业和区域竞争优势、国家竞争优势,都是国际竞争力的重要源泉。因此可以说,竞争优势理论拉开了竞争力研究的序幕。

第三节　产业竞争力的分析模型

竞争力是一种相对指标,需要通过竞争比较后才能表现出来。竞争力分析属于外部环境分析中的个体环境分析,主要用来分析本产业的企业竞争结构以及本产业与其他产业之间的关系。产业竞争力的分析模型是根据产业竞争力的影响因素和其他相关关系所建立的分析框架,目前国内外学者大多认同波特的"钻石模型",并在此基础上进行了拓展。

一、波特的"钻石模型"

"钻石模型"由迈克尔·波特于1990年在《国家竞争优势》一书中提出,目的是解释国家在市场上取得竞争优势的途径。波特认为,产业竞争力由生产要素,需求条件,相关与支持性产业,企业战略、企业结构和同业竞争,机会,政府六个要素共同决定。其中,影响最大、最直接的因素是前四个因素,是竞争力的决定因素,后两个是辅助因素,是两个外生变量。这些因素之间彼此互动,双向作用,构成钻石体系,共同决定着产业竞争力。波特"钻石模型"如图12-1所示。

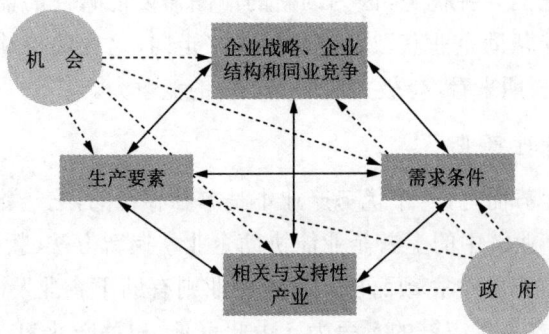

图12-1　波特"钻石模型"

（一）生产要素

生产要素是指一个国家在特定产业竞争中有关生产方面的表现，包括自然资源、人力资源、知识资源、资本资源、基础设施等。生产要素是产业互通有无的根本，是任何一个产业最上游的竞争条件。竞争力的强弱与生产要素所发挥的效用相关。社会生产力的发展可以生产出用于交换的剩余商品，这些剩余商品在国家之间交换，使生产要素得以在国际市场上流动，产业活动逐渐趋于全球化，但产业活动全球化的目的不仅仅停留在要素层面，要素不是经济的直接驱动，需通过要素重组提高其使用效率，从而增进产业竞争力。

生产要素分为基本要素和高级要素。基本要素包括天然资源、气候、地理位置、非技术与半技术劳动力和资金等，通常只需要被动地继承或通过简单投资就能拥有。基本要素在产业国际竞争力创造过程中的重要性不断降低。高级要素包括现代化通信基础设施、受过高等教育的人力资源以及教育研究机构等，逐渐成为新产品开发、新工艺设计的必要条件，需要国家的长期人力资本投资。高级要素在产业国际竞争力创造过程中的重要性越来越高。

从另一个角度看，生产要素可以分为一般生产要素和专业生产要素。一般生产要素包括公路系统、融资和受过大学教育的员工等，可以被用于任何专业。专业生产要素则指高级专业人才、专业研究机构和专业的软硬件设施等。建立在专业生产要素上的产业竞争力比建立在一般生产要素上的产业竞争力更加持久，但是专业要素的投资风险更高。越是精致的产业越需要专业生产要素，而拥有专业生产要素的企业也会产生更加精致的竞争优势。

一个国家如果想通过生产要素建立起产业优势，就必须发展高级要素和专业生产要素，否则产业竞争优势将是不稳定的。

（二）需求条件

需求条件是指本国市场对该项产业所提供产业或服务的需求状况。一方面，在任何一种产业中，本国市场需求是一个行业或一种产品是否具有竞争力的重要影响因素。就产业国际竞争力而言，规模经济对市场需求的影响显而易见，但对于本国企业，国内市场的素质比其规模还要重要。波特着重指出国内需求市场对产业发展的强大推动作用。本国企业所建立的生产方式和营销模式是否适应国内和国际市场的需求、是否有利于国际竞争，是产业具有竞争力的重要影响因素。另一方面，是预期需求。如果本国市场需求领先于其他国家，这也可以成为本地企业的一种优势，因为创新的产品需要前瞻性的需求给予支持。掌握本地需求的特征和变化能帮助企业获取新产品的未来走向，这样的持续观察与变化将会促进企业的产品迭代升级，长期来看，会极大地增强企业的竞争力。

（三）相关与支持性产业

对形成国家竞争优势而言，一个优势产业不是单独存在的，它一定是同国内相关优势产业一同发展起来的。产业链中的上游企业能协助企业掌握新方法、新技术和新产品研发，使企业的产品在其他所有产品中脱颖而出。下游企业则有助于企业及时接收市场信息，提升和改进产品质量，增强整个供应链的竞争力。由此可见，相关产业和支持性产业之间的高度合作对于一个产业的结构优化升级是很有必要的，有竞争力的本国产业通常也能通过合作带动相关产业的发展。相关产业的发展同样会促进企业竞争优势的形成,具有竞争优势的产业也会促进相关产业的竞争水平,二者之间可以开展合作和分享信息,形成互补关系。

(四)企业战略、企业结构和同业竞争

企业战略、企业结构和同业竞争是指企业的组织结构、管理形态和所处的市场竞争环境状况。不同国家和不同的行业在企业目标、策略、组织、管理和竞争状态上有很大的差异,这些差异来源于特定产业中各个竞争优势能否将产业竞争力恰当地运用于相互匹配的企业中。竞争环境对人才流动、企业战略和结构的影响决定了该行业是否具有竞争力,竞争迫使企业降低成本、提高质量和服务、研发新产品和新工艺。此外,国内市场竞争加快了企业参与国际竞争的步伐。

(五)机会

机会是那些超出企业控制范围内的突发性因素,如技术上的重大突破、金融市场或汇率的重大变化、市场需求的剧增、政府的重大决策、战争等。机会可以打破现存的竞争环境、竞争秩序,创造出"竞争断层"。机会一般与所处国家环境无关,既非企业内部的能力,也不受一国政府的影响,但引发机会的事件一旦出现,对形成和提升产业的竞争力就非常重要,尤其是发明创造活动的重大突破性技术的出现等,这些机会都能够调整产业结构,影响产业竞争力。

(六)政府

政府是指政府的政策干预及相关因素。波特指出,从事产业竞争的是企业,而非政府,竞争优势的创造最终必然反映到企业上。理想的政府应该在干预与放任中取得平衡,政府要做的是为本国企业提供大到市场环境,小到生产要素等的资源条件。从政府对四大要素的影响看,政府行为通过其在资本市场、外资、生产标准、竞争条例等方面的政策直接影响企业的竞争力。政府政策既会影响生产要素,也会受到环境中其他要素的影响。而政府政策的影响可能是积极的,也可能是消极的。在产业发展进程中,政府要尽力保证国内市场处于积极的竞争状态,规制相关行业的竞争环境。

波特"钻石模型"从四大要素和两大变量的角度阐述了影响产业竞争力的重要因素,从各个方面分析各要素对产业竞争力的消极或积极影响,从而有效地发现问题、解决问题,为产业发展作出合理的产业规划。

二、波特"钻石模型"的扩展

(一)波特-邓宁模型

20世纪90年代以后,经济全球化、国际资本流动和跨国公司的行为对各国经济发展的影响日益突出。1993年,英国学者邓宁对波特"钻石模型"进行了改进。他认为,波特没有充分讨论跨国公司与"国家钻石"之间的关系。在跨国公司的技术和组织资产受到"国家钻石"配置影响的同时,跨国公司会冲击国家来自资源和生产力的竞争力。因此,他将跨国公司商务活动作为另一个外生变量引入波特"钻石模型"。这一理论后来被学术界称为波

特-邓宁模型,也被称为国际化钻石模型,如图 12-2 所示。

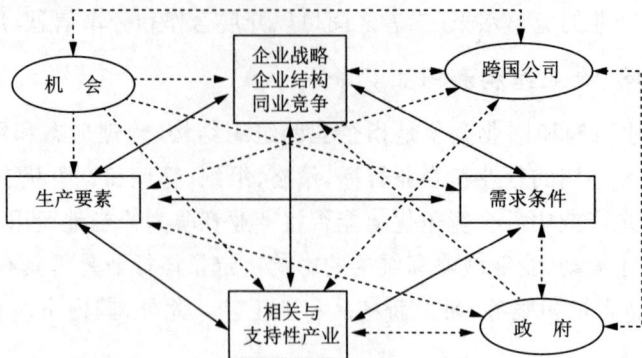

图 12-2　波特-邓宁模型

(二)对外开放模型

我国学者认为,对外开放对产业的国际竞争力具有重大影响,因此,波特"钻石模型"中应加上对外开放的因素,从而提出了对外开放与产业竞争力模型(图 12-3)。该模型将各要素分成三个层次,最上层的是产业国际竞争力,由中间层的波特因素支撑,最下层的是对外开放,包括外贸、外资和技术转让等方面。从实质上看,这个模型与波特-邓宁模型基本相同,都强调对外经济交往因素的重要影响。

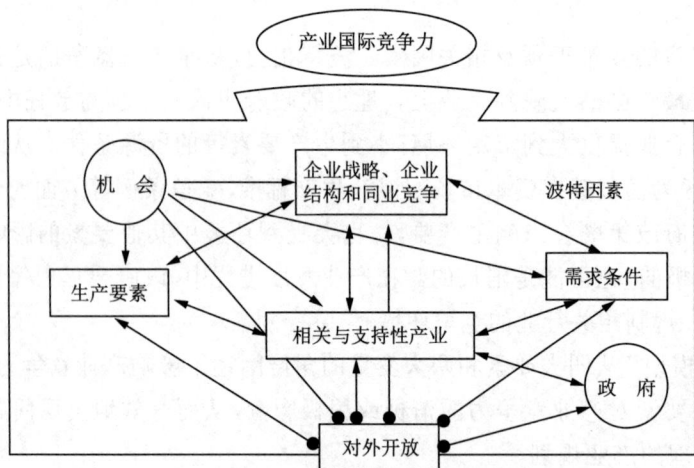

图 12-3　对外开放与产业竞争力模型

(三)一般化双重钻石模型

1998 年,穆恩、鲁格曼和沃伯克提出了一个一般化的双重钻石模型。穆恩、鲁格曼和沃伯克在研究新加坡、韩国这些国家时,发现波特"钻石模型"存在问题。应用钻石模型研究后,波特认为韩国的经济前景非常乐观,他认为韩国在此后的 10 年可以达到真正的发达状态。相比之下,新加坡的前景预测则稍差一些,他认为新加坡还处于经济发展的早期阶段。但实际情况却是新加坡已经表现得比韩国更加成功。其重要原因是实际情况与波特的前提条件不符。对于小国产业而言,其资源和市场不仅仅在国内,更多的是依赖国际市场。因此,其国家竞争优势部分依赖国内的钻石体系,部分依赖于与产业相关的全球钻石体系。为了能够适应所有的小规模经济,穆恩、鲁格曼和沃伯克对双钻石模型的框架进行了修正,将模型变为图 12-4 所示的一般化双重钻石模型。

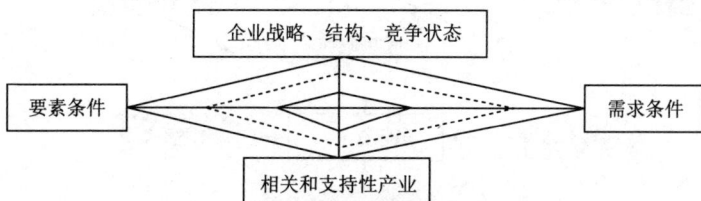

图 12-4 一般化双重钻石模型

在对该模型的有效性进行检验时,穆恩等发现,韩国比新加坡有"更大"的"国内钻石",但新加坡比韩国有"更大"的"国际钻石"。因而只考虑"国内钻石",韩国比新加坡更具有国际竞争力,但如果综合考虑"国内钻石"和"国际钻石",新加坡比韩国更具有国际竞争力。这也表明像韩国和新加坡这样的小国经济的国际竞争力既受"国内钻石"的影响也受"国际钻石"的影响,从而验证了"一般化双重钻石模型"在运用到小国经济中比波特"钻石模型"更有解释力和适应性。

(四)九因素模型

波特的钻石模型很好地解释了发达国家经济的国际竞争力来源,然而,对于欠发达国家或发展中国家而言,它们并不必然地具备与波特"钻石模型"相称的国内经济环境,不得不依靠自身不断地为提高本国国际竞争力创造条件。20 世纪后半叶,韩国和我国台湾地区经济发展的实践就表明了这一点。因此,这对国际竞争力研究提出了挑战:欠发达国家或发展中国家的国际竞争力是由什么因素决定的?这些国家在经济发展中应如何去提高本国的国际竞争力?

韩国汉城国立大学学者乔东逊以韩国经济发展为实例,对此作了初步研究。研究指出,韩国经济增长的关键动力在于具有良好教育的、充满活力的和富有献身精神的"人力"要素(乔东逊认为,韩国人口可以划分成四种类型:工人;政治家和官僚,他们制订和实施经济发展计划;企业家,他们能够作出正确的投资决策;职业经理人和工程师,他们负责生产运作和开发新技术),他们是韩国经济国际竞争力的决定性因素,在韩国经济起飞过程中起着中心作用。然而,韩国经济的劣势在于缺乏资本、技术和足够大的国内市场等"物质"要素,这要求政府和企业从国外引进资本和技术,去开拓国外市场,去创造影响经济增长的资源要素和其他方面的要素,即"人力"要素去创造"物质"要素。由此,乔东逊构建了"九要素模型",以更好地解释韩国经济发展的事实。

依据乔东逊的"九要素模型",国际竞争力的决定因素可分为两大类,即物质要素和人力要素。"物质"要素包括资源禀赋、商业环境、相关和支持性产业、国内需求,这些要素相互作用,共同决定特定时间内一国的国际竞争力水平。"人力"要素包括工人、政治家和官僚、企业家、职业经理人和工程师,他们创造、激发和控制4个"物质"要素,促使一国经济的发展和国际竞争力的提高。此外,机会作为一个外部要素与上述八大要素共同构成一国国际竞争力新的经济分析范式。九因素模型如图12-5所示。

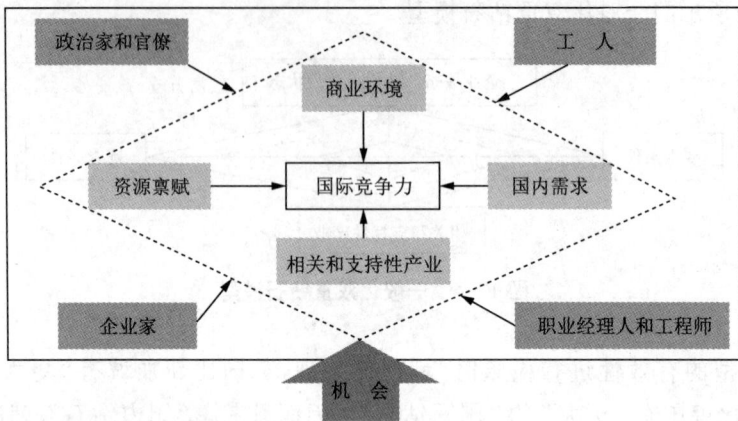

图 12-5　九因素模型

第四节　产业竞争力的评价体系与方法

一、产业竞争力的评价体系

目前国际上应用比较广泛的竞争力评价体系有4个,包括瑞士洛桑国际管理发展学院(IMD)评价体系、世界经济论坛(WEF)评价体系、荷兰格林根大学评价体系和联合国工业发展组织(UNIDO)评价体系。在这些评价体系中,瑞士洛桑国际管理发展学院评价体系和世界经济论坛评价体系侧重于国家竞争力的评价,而荷兰格林根大学评价体系和联合国工业发展组织评价体系则侧重于产业竞争力的评价。

(一)瑞士洛桑国际管理发展学院评价体系

国际权威机构瑞士洛桑国际管理发展学院认为国际竞争力是一个国家在世界市场经济竞争的环境和条件下与世界各国的竞争比较,是所能创造增加值和国民财富的持续增长和发展系统能力的水平。基于这一概念,洛桑国际管理发展学院于1996年设计了国际竞争力评价体系,由八大竞争力评价要素、46个方面、290项具体指标构成,见表12-1。

表 12-1　IMD 的国际竞争力评价体系

评价要素	评价目标	评价内容与指标
国内经济	国内经济实力	分为7个方面:增加值、资本形成、私人最终消费、生活费用、经济部门、经济预测和储蓄积累量,共30个具体指标

续表

评价要素	评价目标	评价内容与指标
国际化程度	参与国际贸易与国际投资的程度	分为 8 个方面:对外贸易、商品和劳务出口、商品和劳务进口、国家保护、外商直接投资、文化开放、汇率和证券投资,共 45 个具体指标
政府作用	政府政策对增强竞争力的作用程度	分为 6 个方面:国债、政府开支、政府参与经济、政府效率和透明度、财政政策和社会政治稳定,共 46 个具体指标
金融环境	资本市场的发育状况和金融服务业的质量	分为 4 个方面:资本收益、金融效率、证券市场和金融服务,共 27 个具体指标
基础设施	基础设施能力和满足企业发展需求的程度	分为 4 个方面:能源自给、技术设施、交通设施和环境,共 37 个具体指标
企业管理	企业管理在创新、盈利和责任方面的有效程度	分为 5 个方面:生产率、劳动成本、公司经营、管理效率和企业文化,共 37 个具体指标
科学技术	与基础研究和应用研究密切相关的技术能力	分为 5 个方面:研发人员、科学研究、专利、技术管理和科学环境,共 25 个具体指标
国民素质	国民素质和生活质量	分为 7 个方面:人口、劳动力、就业、失业、教育结构、生活质量和劳动态度,共 43 个具体指标

以上八大要素基本构成了产业国际竞争力分析的指标框架。其中,国内经济、国际化程度、政府作用、金融环境、国民素质和基础设施等要素是产业国际竞争力的支持性条件。企业管理和科学技术开发,以及国际化程度中的商品与劳务进出口、外商直接投资、基础设施、能源供应及技术设施等是产业国际竞争力的基础条件。

该分析框架用于产业国际竞争力分析的不足之处是缺乏对典型的产业结构和产业组织特征的反映,而世界经济论坛的评价体系正好弥补了这一缺陷。

(二)世界经济论坛评价体系

世界经济论坛是以研究和探讨世界经济领域存在的问题,促进国际经济合作与交流为宗旨的非官方国际性机构,总部设在瑞士日内瓦。该论坛因每年年会在达沃斯(瑞士东部的一个小镇)召开,故被称为达沃斯论坛。1997 年,世界经济论坛设计的国际竞争力评价指标体系包括三个评价方面和三大分析指数。

三个评价方面包括:第一,国际竞争力综合水平,主要指标包括实际国内生产总值增长率、通货膨胀率、实际出口增长率、直接利用外资占国内生产总值的比率以及失业率;第二,国际竞争力的实力水平,主要包括市场总水平、经济运行稳定性和国际交换;第三,潜在国际竞争实力,含经济衰退的可能性和未来世界最具国际竞争力的国家两类指标。

三大分析指数包括:第一,国际竞争力指数,该指数由国际贸易和国际金融的开放,政府预算、税收和管理,金融市场发展,运输、通信、能源和服务型基础设施,基础科学、应用科学和技术科学,企业组织、企业家、企业创新和风险经营的管理,劳动力市场及流动性,法规和政治体系八个方面的因素构成;第二,经济竞争力指数,该指数是在国际竞争力指数的基础上加入了人均国民收入水平对未来增长前景的影响;第三,市场化增长竞争力指数,该指数是在经济竞争力指数的基础上增加了对全球统一市场可比基础的测度。

1998 年,世界经济论坛引入微观竞争力指标,主要由商业环境、企业内部管理水平与经营战略的成熟程度两个因素构成。其中,商业环境包括要素投入的质量、需求条件、相关的支撑产业、公司竞争环境等四个方面 48 项指标;企业内部管理水平与经营战略包括公司的竞争战略、人力资源建设、研究开发、从国外获得技术许可等 15 项指标。2000 年,对竞争力指标的构成又进行了调整,国家和地区的综合经济竞争力分为经济成长竞争力和当前竞争力两部分。经济成长竞争力主要由反映居民储蓄率和国民投资率的金融指标,反映国内市场开放、竞争程度的经济开放程度指标,以及经济创造力指标等三大指标构成。此外,为了反映知识经济时代特征,世界经济论坛还在经济成长性指标的构成中加大了科技创新能力影响度的权重,引入了反映国家和地区技术能力和创业难易程度的经济创造力指标。经济创造力指标由两部分构成:一部分是反映一国创新能力和技术水平的"技术指标",该指标主要由自主创新能力和从国外获得技术的能力确定;另一部分是反映新企业创业难易程度的"创业指标"。

世界经济论坛的评价体系是较具代表性的多指标产业竞争力评价指标体系之一,综合考虑了产业竞争力的主要影响因素,可以比较全面地评价产业竞争力。但是指标权重的确定具有一定的主观性或随机性,难以保证评价结果的客观性和准确性。

(三)荷兰格林根大学评价体系

荷兰格林根大学评价体系在进行产业产出与生产率的国际比较时,强调产业竞争力可以由价格水平、生产率水平及质量水平等三方面因素反映。在进行评价时,对不同地区和不同行业按同一分类体系标准化,得到可比数据,然后根据这些数据计算出反映产业国际竞争力的主要参数。

这些参数包括:一是相对价格水平,包括产出相对价格水平、投入相对价格水平或相对单位劳动成本水平;二是生产率,包括劳动生产和资本生产率等单要素生产率以及全要素生产率;三是质量水平,用于反映产品附加值水平的指标,间接反映产品的质量水平;四是品牌竞争力,主要包括品牌开拓和占领市场的能力、品牌的超值创利能力及品牌的发展潜力等三个要素。

荷兰格林根大学评价体系与前两个体系最大的区别在于实现了各国(各地区)的产业分类按同一体系进行标准化,保证了数据指标的对称性。这一特点是通过用单位价值率将各国产业产品的数量、价格折算为国家可比价格,再根据有关数据计算劳动生产率、资本生产率、全要素生产率、单位劳动成本和价格水平等指标,作为衡量产业竞争力的主要参数。

(四)联合国工业发展组织评价体系

联合国工业发展组织成立于 1966 年,总部在奥地利维也纳,其使命是针对当今各国面临的工业问题,特别是在有竞争力的经济、良好的环境和有效的就业三个方面,面向政府、机构和企业三个层次,提供一揽子服务方案。2002 年,联合国工业发展组织发布了《2002—2003 年工业发展报告》。报告评估了全球工业发展的多样性和差异性,并引入了发展排行榜,揭示了各国工业发展水平的巨大差异和结构因素的显著差别。报告建立了一套分析各国工业竞争力的指标体系,并以87个国家的统计资料为基础,计算各国工业的竞争力指数。

这套指标体系选择了4个指标测量国家或地区生产和出口制成品的竞争能力,即人均制造业增加值、人均制成品出口、制造业增加值内中高技术产品的比重和制成品出口中高技术产品的比重。前两个指标反映工业能力,后两个指标反映技术的层次和工业的升级。将4个指标量化为分指数,按照各自的权重,就可以得到各国的工业竞争力指数。

与IDM和WEF国际竞争力评价体系相比,UNIDO工业竞争力评价体系专注于产业竞争力层面。但由于该工业竞争力评价体系建立的时间较短,指标体系尚未成熟,缺陷也比较明显。例如,按照制造业增加值进行技术水平分类仍不完善,主要原因是缺少进行细致的技术水平分类所需的连续国别数据系列。

二、产业竞争力的评价方法

(一)以竞争结果为基础的评价方法

以竞争结果为基础评价竞争力时,可以将产业竞争力评价方法分为两类,包括可比性指标和代表性指标。

1. 选择具有可比性的指标

评价国家产业竞争力,往往会用一个国家的经济表现、政府效能、企业效益和国家基础结果等综合评价指标来衡量。克拉维斯等专家曾用153组商品的购买力评价来计算各个国家的GDP或人均GDP,认为这种方法确定的GDP更能反映各个国家的真实经济实力和生活水平。1986年,希尔提出用某一年各国购买力平价汇率除以当年其相对于美元的汇率来进行GDP的计算和比较更为准确。世界银行、联合国等国际组织每年定期公布各国以购买力平价计算的GDP数据,用于进行比较。

2. 注重指标的代表性

由于各个指标的准确性、解释力不一样,因此在选择指标时,确定最具代表性的指标对评估竞争力非常重要。比如在使用进出口数据进行国际竞争力比较时,卡迈克尔于1978年用贸易竞争指数作为国际竞争力变化的评价指标,该指数是进出口之差和进出口贸易总额的比值。而伦德博格使用相对国际竞争力指数进行国际竞争力的评价,该指数是指某个产业或产品的国内生产与消费之差和整个国内生产总额和消费总额之差的比值。相比而言,相对国际竞争力指数比贸易竞争指数更加准确,因为前者考虑了国内消费的影响。

(二)以竞争力决定因素为基础的评价方法

以竞争力决定因素为基础的产业竞争力评价方法包括以单项因素为基础的分析和用多因素进行的综合分析。

1. 以单项因素为基础的分析

在以单项因素为基础的分析中,以生产率为基础来评价竞争力高低一般争议不大,但如何计算具有可比性的生产率有着不同的方法。围绕技术创新能力进行的国际比较,以申请专利数和申请商标数为基础的比较来评价产业竞争力,经许多学者检验是比较准确的。而使用工程师、科学家占总人口或产业工作者的比例来评价竞争力时,有时被认为是不准确的。以新增投资规模为基础进行竞争力比较被证明是有说服力的,而以企业规模为评价标准在大多数情况下说服力不强。单项比较的优点是比较简单,数据也较易获得,缺点是难以避免以偏概全。

2. 用多因素进行的综合分析

用多因素综合分析产业竞争力使得分析更加全面,弥补了单项因素分析的不足。世界经济论坛的《全球竞争力报告》、瑞士洛桑国际管理发展学院的《世界竞争力年鉴》和世界银行的国家竞争力数据库对国际竞争力的评价主要采取综合评价方法。波特对竞争力的评价,既考虑宏观国际因素,又考虑产业与政策因素,还考虑政府和企业因素,也是综合分析方法。有些政府机构或行业协会、咨询公司采用标杆测定法,首先经过调查研究确定决定竞争力的关键因素,然后实地调查并确定出关键因素,再与国家或企业的最佳实践进行比较,以此确定竞争力差距。用多因素综合法进行分析的优点是分析比较全面,缺点是在确定各个指标权重时会受到主观因素的影响,另外,各个国家统计的差异数据也较难获得。

第五节　提升产业竞争力的途径与对策

一、打造产业集群,提升产业竞争力

(一)产业集群是提升产业竞争力的有效组织形式

首先,产业集群具有空间集聚特征,使得大量相关企业和服务机构共同被"锁定"在特定区域,促使市场结构趋于集中。产业集群作为一个整体,通常具有很高的市场集中度,使得其无论作为购买生产要素的买方,还是提供制成品或服务的卖方,都具有很强的议价能力和市场地位,从而保证集群内企业能获取超额利润。

其次,产业集群具有专业化特征,在产业集群内部、企业成员之间围绕产业链及其服务性机构、行业组织实行精细的专业化分工,有机联系、合作互助形成一定的社会化分工网络,可以降低内部交易成本,降低服务机构和设施的使用成本,并能有效促进创新。

最后,产业集群内外不同的市场环境形成一定的进入和退出壁垒,强化了产业集群的市场垄断地位。产业集群的形成可以降低集群内部企业进入、退出壁垒的成本。集群内良好的基础设施、信息服务、专业劳动力、市场资源等优势有助于企业的创建和衍生。同时,集群内部分企业退出所产生的就业、养老、失业保险等社会制约因素,将因集群内其他同业企业的存在得到有效的分担,并弱化相应出现的社会负面效应。加上集群内生产性企业配套服务的咨询、金融等服务机构较为健全,产权交易、企业并购等退出渠道畅通,可以降低集群内企业退出的经济成本和社会成本。集群内企业在绝对成本优势、产品差异化、隐含经验和学习能力、品牌认同度等方面的优势,进一步提高了集群外企业的进入壁垒。

（二）产业集群促使市场行为效果明显

1. 产业集群形成对外的价格竞争行为优势

产业集群由于成员企业在空间上接近，通过集聚效应，有效降低企业的交易费用，从而形成绝对价格优势。交易费用包括内生交易费用和外生交易费用。降低内生交易费用的机理如下：

一是集群特殊的信任机制可以降低内生交易费用。处于产业集群内的企业因地理位置靠近，会产生频繁的交流，它们不断博弈形成信任自律机制。假如一个新企业加入这个社会，它在与其他企业进行交易时实施了机会主义行为，一旦被合作方发现，会受到相应的惩罚，内容包括基于交易契约约定的惩罚、改变合作方以及警告等。由于集群各个企业和相关机构空间邻近，这个事件会通过不断的市场交易以快速、广泛的信息交流渠道在整个集群内部广泛传递。这个新企业在集群中会处于极为不利的位置，在日益激烈的市场竞争中容易败下阵来。在这种情形下，集群企业间的"集体惩戒"机制会演变成一种信任自律机制。这种信任自律机制使得集群内的企业和企业、个人和个人之间容易产生相互信任，降低交易成本。

二是集群内共享劳动力市场可以降低内生交易费用。一般的劳动力市场，由于雇主和劳动力的信息不对称，机会主义行为容易发生，从而导致效率损失。而产业集群的劳动力市场具有两方面的特征。一方面，集群内劳动力市场具有较强的专业性。劳动力在企业之间流动更加容易，这使得劳动力在集群内的替代性更强，加大了劳动力利用信息不对称而采取欺骗、偷懒等机会主义行为的风险。另一方面，集群内劳动力市场的信息流动非常便捷，一旦某个劳动力个体实施了机会主义行为被发现，这个信息会迅速传递到整个集群，最后的结果很可能是被整个集群企业所抛弃。所以集群的劳动力市场在降低交易费用、配置劳动力资源方面具有很高的效率。

三是集群的专业市场可以降低内生交易费用。专业市场是集贸市场发展到一定阶段的产物，指某类或某几类相关或相近产品集中交易的场所。这种专业市场不仅具有市场商家摊位固定的特点，承办者起到交易监督作用的特点，而且也具有一般市场不具备的特点。专业市场提供充分的市场信息。专业市场存在大量的相似产品以及互补产品，客户对商品的信息可以了解得比较充分，货比三家，使得整个市场近似于古典的完全竞争市场。在这种情况下，虚假、欺瞒的信息会比较容易被识别，实施机会主义的风险很大。

四是集群特定的制度和人文因素可以降低内生交易费用。因为历史或者社会制度的长期孕育，一些地区存在一种共同的文化传统、行为规则和价值观，这种社会文化环境氛围与相关制度能够促使集群中的企业形成社会网络关系，这是非常重要的社会资本。现实的经济行为不能脱离社会网络，在一定的社会网络中发生市场交易会增强交易双方的信任感。集群文化传统、行为规则、共同的价值观、相关的制度都会促使交易更加顺利。

降低外生交易费用的机理如下：

一是共享的市场信息可以降低外生交易费用。集群中支持机构提供的交流平台、社会网络、生产网络为企业间提供了大量的信息交流机会，大量的市场信息近距离地在企业间扩散，成为一种共有的资源。正因如此，企业决定生产时因掌握了各种差异化上游产品的质量、型号、美感、价格等相关信息，找到生产合作伙伴比孤立布局的企业要容易得多。

二是交易双方签订相关合约一般来说需要面对面交流，特别是现代经济中投入需求的高度非标准化，合作的双方更需要面对面沟通，空间的邻近提供了很大的便利，节约了大量的时间成本和物质成本。

三是在合约签订时，企业的集聚不仅仅方便需求方的监督执行，而且节约了大量执行交易的时间成本和供应方相关的运输费用。特别是那些资本密集型的产业集群，成品占原材料的重量比例比较小，企业间交易产生的运输费用可以大大减少。

2. 产业集群形成对外的非价格竞争优势行为

首先，产业集群的非价格竞争优势体现在产品的差异化上。大量同行或相关行业的集聚使得集群内企业在保证质量的前提下，还要面对维持或扩大市场份额的目标。为了实现这个目标，仅仅依靠压缩成本、降低价格所产生的作用十分有限，只有做到产品的差异化，才能满足消费者的"新需要"。

其次，产业集群的非价格优势还体现在共有品牌的创建和使用上。产业集群的发展过程中，势必会带动集群共有品牌的诞生。例如，我国存在着不少如金华火腿等带有地域名称的产品，每一个此类产品的背后通常存在着为数不少的行业企业。产业集群共有品牌同时关系到集群内部企业经营的连续性和持久性。一个成功的产业集群，作为其整体形象代表的集群共有品牌会给公众留下很深的印象，将扩大集群产品潜在的消费群体。

（三）产业集群促使市场（空间）绩效稳步提升

产业集群的市场空间绩效主要表现在企业生产资源及公共品资源配置效率、规模经济效率和技术进步等方面。

1. 产业集群提高资源配置效率

产业集群在一定程度上可以规避市场失灵和政府失灵的缺陷，拥有混合组织优势。一方面，产业集群内部的企业通过外部的社会分工关系规制各自的活动方式和行为活动，彼此相对独立，成员企业间的信息相对市场组织更为顺畅、对称，一定程度上解决了委托－代理关系的局限性。另一方面，成员企业之间价格相对透明，各企业能够更为直观地在交易成本和管理成本之间作出选择，采用集群内专业化分工形式，或是企业内部垂直整合形式，从而带来企业内部科层结构的简化和在既定信息对称下管理成本的下降。

2. 产业集群实现规模经济效率

企业在追求规模经济的过程中，通过实行垂直或水平一体化的整合，不可避免地会导致企业组织结构日趋复杂和随之带来的企业内部沉淀资本的冗积、组织活力的衰退。而产业集群的组织形式则使企业在获得规模效率的方式上，从个别企业"大而全"式的发展向凭借整个集群"联合舰队"式的发展转变，以此提高企业生产的柔性和抵御市场波动的能力，为克服"小企业病"和"大企业病"提供了一条有效的解决途径。

3. 产业集群促进技术创新

西方学者认为，技术创新与市场结构之间存在着紧密关系，垄断竞争的市场结构最有利于技术创新。这是因为在完全垄断条件下,企业因缺乏市场竞争对手的威胁,企业自身创新的内在动力和外在压力太弱。在完全竞争条件下,企业规模一般偏小,缺乏保障技术创新的资金和人才等研发资源。而对外具有垄断市场地位,对内呈现市场竞争的产业集群则是积极推进技术创新的产业组织形式。

二、产业链式发展,提升产业竞争力

产业链是指某种产品从原料、加工、生产到销售等各个环节的关联,主要侧重于产业间联系。这里主要介绍两种产业链式发展:一种是未形成产业集群的某产业上下游企业之间相互在一定区域内布局或不同区域之间融合发展;另一种是产业集群之间的链式发展。

(一)未形成产业集群的某产业上下游企业之间相互在一定区域内布局或不同区域之间融合发展

特定区域的产业链发展主要考虑产业链的构建、延伸、整合等问题,必须与区域内宏观产业环境和比较优势相吻合。但是受到产业链对区位追逐、要素禀赋指向性以及国家宏观产业布局政策的影响,全球产业链表现出明显的非集中分布的特征。因此,处于产业链不同链环的区域相互之间协作、融合发展可以提升产业竞争力。

首先,产业链的整合能提高企业的核心竞争力。产业链整合一方面有利于加快物流速度,减少各环节的库存数量,消除非产业链合作关系中的上下游之间的成本转嫁,从整体上降低企业成本;另一方面有利于企业比竞争对手更及时地了解顾客的需求,打破企业间及企业内部各部门间人为的分割,优化产品或服务流程,提高企业的营运效率。通过成本的降低和企业效率的提升,企业能够在同类企业中形成成本和效率优势,构建核心竞争力。

其次,产业链的接通会增强区域产业部门的抗风险能力。通过培育产业链的断环,增强产业链的完整性,可以使产业链中的某一产业环节在受到外部环境打击或遭遇市场不景气的影响时,通过产业链的利益和风险传导机制在各环节之间传递并逐层分散风险,减少风险带来的损失。同时,各个产业环节在市场信息方面的共享能够降低未来发展中的不确定性,避免危机的产生。

最后,产业链的延伸会增强区域经济的整体实力。产业链在区域和产业二维空间的延伸有利于新的产业部门的形成,并在此基础上提高区域内产业的资本有机构成,增强产业的技术水平,深化区域产业分工,使产业链的附加值最大化。

需要注意,区域产业链式发展是一个动态过程,以产业链的构建为起点,以产业链自我发展能力的形成并且形成区域产业竞争力为目标。在这一过程中,政府需要不断完善产业链发展的宏观环境,优化产业链结构,使产业链产生基于区域比较优势的根植性。

(二)集群间产业链整合

产业集群的一个重要特征是空间集聚,而任何特定空间范围内的要素条件都是有限的,这就严重制约了一条完整产业链在同一区域内的形成和发展。由于某一产业集群往往专注于某产业的一个或几个环节,因此集群间产业链协作发展成为必然。集群间产业链的内涵更加丰富。

一方面,这种产业链存在着区域间生产层次的表达,要素资源通过在不同的区域集群间集中、运输、处理和加工,使其吸收不同的区域文化,从而增加知识含量,提高效用,最终成为消费者所需的产品和服务。

另一方面,这些集群分布在不同的区域内,区域的链接则构成了产业链条,这些区域之间联系的紧密程度反映了产业关联程度的大小。集群间产业链更能反映供求关系和技术的关联性、层次性。从供给角度看,资源在产业链的各个集群间进行传递,并伴随着其效用在原来基础上的不断增加;从需求角度看,产业链是一种满足不同需求的传递方式。连接在产业链上的各个集群既对其上游节点提出需求,又对其下游环节提供供给。这种集群间上下游买卖关系的存在,更能产生资源的流动和技术要素的互动,从而使得区域间资源和技术的关联性增强。集群间产业链还具有多层次结构的特征。产业集群是一种本地网络,根植于本地文化,而集群间产业链是一种跨区域网络,镶嵌于各区域文化之内,这种整合方式是基于产业在区域间高度发达的分工协作而形成的较为完整的供应链组织体系。

同时,位于链条产业链上的每个集群根植于本地的近似完整的供应链体系。这种产业链模式内存在着一种集群和供应链相互交织的网络结构。集群间产业链能提高资本的利用效率。客观上,产业链的各个环节对要素条件的需求存在差异性,不同的环节对于技术、资本、人才、规模等的要求不同,因而每个环节都有自己的最优区位。充分利用区位条件,能够最大限度地发挥各区域的资源优势,使其达到最合理的配置。典型例子是我国计算机制造业产业链各个环节的布局,见表 12-2 和表 12-3。

表 12-2　我国沿海地区计算机、通信设备制造产业链部分环节的最优区位

产业链环节	类　型	关键生产条件	最优区位
设计环节	技术密集型	高层次的技术、研发人员	拥有全国最大技术研究地的北京
晶片制作环节	资本密集型	生产的规模性、洁净的生产环境	已拥有一定规模的苏州和东莞
装配和包装环节	劳动密集型	普通劳动力	劳动力低廉又丰富的中西部地区
销售环节	资本、劳动密集型	丰富的市场资源、便利的交通条件	拥有完备的金融、贸易服务体系的上海

表 12-3　计算机制造业集聚的具体分布情况

区域	占国内总产量的比重/%	主要城市	主要生产产品
珠江三角洲	45.5	以深圳为龙头,包括珠海、东莞、中山、惠州、顺德	东莞的 PC、电脑磁头、机箱、扫描仪、电路板、光盘驱动器及键盘
长江三角洲	23.3	以上海为龙头,包括苏州、无锡、杭州、宁波	上海的笔记本,苏州的鼠标器、主板机、显示器、扫描仪和液晶板
环渤海地区	17.4	以北京为龙头,包括天津、烟台	北京和天津的显示器

三、加强品牌建设,提升产业竞争力

从纵向角度看,品牌建设可以使产业获得持续的竞争优势。从根本上说,产业竞争力取决于成本和产品服务的差异性,成本的差异也是产品差异的一个方面,因此归根结底还是差异的竞争。产品服务有无差异以及保持差异时间的长短,决定了一个产业的竞争力。在一

般情况下,随着市场竞争的加剧,价格竞争成为次要竞争手段,而非价格差异就成为竞争的主要手段。非价格差异主要是指质量、品牌、服务能力,其中最大的差异以及最持久的差异就是品牌的差异。品牌是产业个性的表现,其主要内涵在于该产业产品或服务质量和产业或企业的信誉和形象,是产业或企业多年的营销活动以及使用产品的经验在消费者心目中持久积累的印象,一旦在公众心目中形成,很难改变。品牌建设可以使产业获得差异化竞争优势,它是一种可持续的竞争优势。

从横向角度看,品牌建设是产业竞争力的载体。以知识、资本为基础构成的企业技术创新能力、组织管理能力等核心能力不会直接显示出来,必须通过优质的产品或服务来体现,而品牌是产品或服务的标志。首先,竞争力的难模仿性是通过品牌实现的。在企业经营实践中,核心竞争力是通过多方面如技术应用、服务创新、客户服务等来体现的。某一具体竞争力往往容易模仿,但当所有的竞争力通过品牌整合成一个整体时,就很难模仿。因为品牌是市场竞争的结果,品牌的内涵是独特的。其次,在竞争条件下,品牌成为产品竞争力的综合表现,品牌在消费者心目中最直接地代表了产品或服务的质量、信誉等特征。最后,品牌竞争力也是产业综合实力的表现,是企业实力的象征。加强区域产业品牌建设,加强产业集群品牌建设,可以提升产业竞争力。

本章小结

产业竞争力是指国民经济体系中某一产业作为一个整体参与市场竞争,并与其他同类产业相比能获取较高经济绩效的能力。产业竞争力的中心问题是各地各国各产业的竞争优势比较,是一个产业能够以比其他竞争对手更有效的方式持续生产出消费者愿意接受的产品,并由此获得满意的经济收益的综合能力。

波特"钻石模型"认为产业竞争力由生产要素,需求条件,相关与支持性产业,企业战略、企业结构和同业竞争,机会,政府六个要素共同决定。其中,影响最大、最直接的因素是前四个因素,是竞争力的决定因素,机会和政府是两个外生变量,这些因素之间彼此互动,双向作用,构成钻石体系。

可以通过打造产业集群、促进产业链式发展、加强品牌建设等途径提升产业竞争力。

➤ 复习思考题 ◄

1. 阐述波特的"钻石模型"。
2. 阐述产业竞争力与产品竞争力、企业竞争力和国家竞争力的逻辑关系。
3. 提升产业竞争力的途径有哪些?
4. 如何评价产业竞争力? 不同评价体系之间有何异同?

中国新能源汽车产业的国际竞争力分析[①]

自 2015 年开始,我国新能源汽车产业发展迅猛,已成为全球最重要的新能源汽车生产和消费市场。新能源汽车主要包括纯电动汽车和插电混合动力汽车,绝大多数为纯电动汽车。2021 年,我国新能源汽车总销量达到 333.4 万辆,占汽车总销量的 16%。其中,新能源汽车出口量达到 58.8 万辆,在全球新能源汽车市场的份额达到 67%。中国成为世界新能源汽车市场的主力军。为了更好地认识我国新能源汽车产业的国际竞争力状况,以下运用波特"钻石模型"从六个方面进行定性分析。

一、新能源汽车产业国际竞争力的定性分析

(一)生产要素分析

自然资源:新能源汽车产业的发展需要大量的钠、锂、镍、钴等稀土金属。我国拥有丰富的稀土资源,稀土矿石 4 400 万吨,占据世界三分之一的储备量。但锂、镍、钴这些核心金属相对匮乏,很大程度上依赖进口。相比之下,钠资源比较丰富,但目前钠电池技术仍待发展。

资本资源:我国资本市场发展迅速,2021 年末,股票市场规模达到 93 万亿元,债券市场规模达到 130 万亿元,已有 4 000 多家上市公司。2023 年,股票发行全面实施注册制,使得股票市场得到进一步扩容。资本市场的发展能够为科创企业和战略性新兴企业,包括新能源汽车企业提供更好的支持。另外,我国放宽了外商直接投资的准入门槛,取消了中方股份占比 50% 及以上的要求,这为新能源汽车的发展提供了更多的资金来源。

受高等教育的人力资源:我国已形成全球规模最大的高等教育体系,截至 2022 年 5 月,我国高校数量达到 3 013 所,拥有 234 个培养研究生的科研院所,各类高等学校在校生总数达到 4 655 万人,高等教育毛入学率在 2021 年达到 57.8%。同时,我国理工科院校数量不断提升,2021 年占比增至 35%,这为新能源汽车和其他先进技术行业发展提供了丰富的高质量劳动力。

(二)需求条件分析

5G 技术、特高压电网、新能源汽车及充电桩、数据中心、人工智能、工业互联网等"新基建"领域是近几年投资的热门领域。充换电基础设施建设全面提速以及丰富和多元化的新能源汽车产品不断推出。在新能源汽车使用环境的日趋完善下,新能源汽车越来越受到消费者的认可。在《新能源汽车产业发展规划(2021—2035 年)》的大力推动下,政府采取一系列优惠政策,新能源汽车市场销量稳步增长,市场潜力巨大,市场结构不断优化,推动新能源汽车产业的规模发展。消费者对产品的多样化和高品质要求,成为行业竞争的驱动力,促进新能源汽车的技术创新、产品转型升级和服务创新,提升国际竞争力。

(三)支持及相关性产业

新能源汽车的支持及相关性产业主要包括动力电池、驱动电机、电控三大系统以及后期市场服务。我国动力电池产业全球领先,2022 年占据全球动力电池行业总装机容量 60% 的

---

① 资料来源:魏佳东. 中国新能源汽车产业国际竞争力分析[D]. 济南:山东财经大学,2024. 有改动。

份额,尤其是动力电池制造商头部企业宁德时代占比达到 37% ,稳居世界第一。在电机领域,国外企业占据主导地位,国内企业的份额相对分散。乘用车和客车制造商越来越重视自主配备电机,第三方公司在中小型客车及特殊汽车领域的技术优势突出。在电控领域,随着特斯拉的国产化和海外汽车制造商的扩张,国内电子控制系统的供应商正在逐渐转向更多的外包商,导致整个行业的配套集中度和市场份额的分散,国内汽车制造商面临更多的竞争压力。国内电机技术起步较晚,但技术不断进步,电机控制器的公里密度水平显著提升,与国外差距逐步缩小。此外,充电桩数量不断增加,私人充电桩快速发展,但仍然有巨大的发展潜力。2021 年,我国充电桩共计 175.1 万台,其中私人充电桩 87.4 万台。企业会继续研发新型换电和换电技术,以满足"供不应求"充电桩的要求,进而提高社会充电效率。

（四）产业结构和竞争

发展初期,国内新能源汽车企业采取低成本策略来扩大市场份额,但这种做法不能提高国际竞争力。随着新能源汽车行业日益激烈的竞争,新能源汽车公司纷纷确定适合自己的发展策略。传统的汽车制造商努力扩大产品线,以应对日益增长的市场需求。新兴汽车制造商采取高端产品为主要战略来拓展市场,而其他汽车公司则采取差异化发展策略。通过精准定位市场,比亚迪、蔚来、上汽通用等企业推出高低端车型,增强企业竞争力和品牌影响力。随着新兴汽车制造商和外资公司的加入,中国新能源汽车产业竞争格局发生了重大调整,形成一个多元化的竞争环境,包括传统的自主品牌、本地的汽车制造商和外国投资公司,未来竞争会更加激烈。中国的新能源汽车在中低端市场表现良好,但在高端市场的竞争力有待提升。

（五）政府政策

为了推动新能源汽车的发展,国家采取了一系列积极的措施,包括提供购买补贴、实施节能减排、推广电池充电桩等,这些措施取得了显著的成效,我国新能源汽车不断发展,从以往的政府推动转变为以市场需求为导向的发展模式。我国采取的关于新能源汽车的政策见表 12-4。

表 12-4　我国采取的关于新能源汽车的政策

时　间	政策名称	重点内容
2017 年 4 月	《汽车产业中长期发展规划》	重点围绕电动汽车智能化技术、燃料电池动力系统、插电、增程式混合动力系统和纯电动力系统等 6 个方面进行任务部署
2018 年 12 月	《提升新能源汽车充电保障能力行动计划》	力争用 3 年时间大幅提升充电技术水平,提高充电设施产品质量,加快完善充电标准体系,显著增强充电网络互联互通能力
2020 年 11 月	《新能源汽车产业发展规划（2021—2035 年）》	提高新能源汽车技术创新能力,推动新能源汽车与能源、交通、信息通信的深度融合,加快充换电、加氢等基础设施建设
2021 年 2 月	《国务院关于加快建立健全绿色低碳循环发展经济体系的指导意见》	积极打造绿色公路、绿色铁路、绿色航道、绿色空港。加强新能源汽车充换电、加氢等配套基础设施建设
2021 年 3 月	《中华人民共和国国民经济和社会发展第十四个五年规划和 2035 年远景目标纲要》	聚焦新一代信息技术、生物技术、新能源、新材料、高端装备、新能源汽车、绿色环保以及航空航天、海洋装备等战略性新兴产业

时　间	政策名称	重点内容
2022 年 1 月	《国家发展改革委等部门关于进一步提升电动汽车充电基础设施服务保障能力的实施意见》	积极推进试点示范，探索新能源汽车参与电力现货市场的实施路径，研究完善新能源汽车消费和储放绿色电力的交易和调度机制
2022 年 12 月	《扩大内需战略规划纲要（2022—2035 年）》	倡导智能电动汽车和中高级新能源汽车销售，推进汽车动力电池回收的规范化和规模化，加快发展新能源产业
2023 年 5 月	《国家发展改革委 国家能源局关于加快推进充电基础设施建设 更好支持新能源汽车下乡和乡村振兴的实施意见》	在创新农村地区充电基础设施建设运营维护模式、支持农村地区购买使用新能源汽车、强化农村地区新能源汽车宣传服务管理等方面提出各项措施
2023 年 8 月	《新产业标准化领航工程实施方案（2023—2035 年）》	聚焦新能源汽车领域，研制动力性测试、安全性规范、经济性评价等整车标准，驱动电机系统、动力蓄电池系统、燃料电池系统等关键部件系统标准，汽车芯片、传感器等核心元器件标准，自动驾驶系统、功能系统、信息安全等智能网联技术标准，以及传导充电、无线充电、加氢等充换电基础设施相关标准

（六）机遇

随着居民环保意识的提升、新能源汽车技术的不断完善和新能源汽车的飞速普及，中国的新能源汽车需求量将会大幅攀升，未来的发展潜力巨大。"双碳"的推行以及我国实现制造业强国的目标背景下，各级政府机构纷纷采取多项有力的政策举措，为实现这一目标创造有利的环境。随着技术的不断进步，新能源汽车已成为消费升级和新兴行业的典范，它不仅可以提高消费者的生活品质，而且还可以促进经济的可持续发展，同时伴随着"一带一路"的实施，中亚、阿拉伯国家、东南亚、南亚等地区的新能源汽车需求量不断增加，为中国新能源汽车企业"走出去"提供了巨大的发展机遇，开拓了更多的国际市场。基于国家政策的支持，各地方政府纷纷出台了多项优惠政策和补贴措施，为新能源汽车行业提供了全面的支持，从研发、生产、购买、使用到基础设施等方面都得到了有效的保障，为新能源汽车产业链及上游电池精密安全结构件等行业的发展提供了有力的支撑。

二、新能源汽车产业国际竞争力的定量分析

根据以上定性分析，从钻石模型的 6 个要素构建包含 13 个具体指标的新能源汽车产业国际竞争力评价指标体系，采用因子分析法对中国、德国、美国、英国、法国等 21 个国家进行比较分析，数据主要来源于 2021 年世界银行网站数据、德温特数据库、中国高等教育质量报告、中国汽车工业年鉴、国家统计局网站以及中国汽车工业年鉴等。表 12-5 是基于钻石模型构建的新能源汽车产业国际竞争力评价指标体系。

表 12-5　新能源汽车产业国际竞争力评价指标体系

一级指标	二级指标	单　位
生产要素	受高等教育就业人数占比 外国直接投资净流入 物流绩效指数	% 百万美元 /

续表

一级指标	二级指标	单 位
需求条件	总人口数量 国内生产总值	百万人 百万美元
相关及支持产业	高科技出口值所占比重 新能源汽车销量	% 辆
产业结构和竞争	全球市场占有率 新能源汽车专利申请 研发人员占比	% 件 %
政府政策	研发投入占 GDP 比重 全球清廉指数	% /
机 遇	新能源汽车渗透率	%

采用因子分析,根据特征值大于 1 的原则,提取出 4 个主成分,累计方差贡献率达到 82.502%,进行因子旋转后,得到 4 个主因子,分别命名为环境成长因子、技术创新因子、制度保障因子和产业支撑因子。在 21 个国家中,中国这 4 个因子的排名分别是 1、15、18 和 5,见表 12-6,新能源汽车产业国际竞争力的综合排名第一。虽然中国新能源汽车产业的综合竞争力世界第一,但实际优势相对较小,且只有在市场份额、经济总量和外商投资流入等方面具有一定的优势,在研发人员、研发投入和制度保障等方面相对薄弱。

表 12-6 因子分析结果

因子名称	包含原始指标	我国排名
环境成长因子	新能源汽车专利申请、新能源汽车销量、全球市场占有率、总人口数量	1
技术创新因子	研发支出占 GDP 的比重、研发人员比	15
制度保障因子	全球清廉指数	18
产业支撑因子	物流绩效指数、高科技出口值占比	5

第十三章
产业组织政策

本章导读

产业组织政策是指为了获得理想的市场绩效,由政府制定的干预和调整产业的市场结构和市场行为的公共政策。产业组织政策主要是解决"马歇尔困境",使产业发展能实现"有效竞争"。本章主要介绍产业组织政策的目标、产业组织政策导向,接着分别分析反垄断政策和中小企业促进政策。

第一节 产业组织政策概述

一、产业组织政策目标

产业组织政策是指政府为优化产业内资源的合理配置,处理产业内企业间的关系,实现资源的有效利用,从而推进产业发展所采取的政策的总和。产业组织政策的目的主要是:在产业内形成有效的竞争环境,用竞争促进企业提高经济效益,从而提高产业的整体效益。

(一)有效竞争

实现产业组织合理化,就要在产业内形成有效竞争秩序,既保持充分的市场竞争活力,又充分利用规模经济。

市场竞争主要指企业之间为了争取各自的经济利益所采取的相互抗衡、较量、各尽所能的行为和过程。竞争是市场经济必然存在的现象,竞争作为市场上一般外在的强制力量,促使企业革新生产技术、改善经营管理和按照市场需求组织生产,协调比例关系,促进经济的发展。竞争还使企业优胜劣汰,实现资源利用效率的优化。

有效竞争必须维护市场的竞争环境。产生市场竞争的基本条件有两个:一是提供同类产品的企业不止一个;二是每个企业都追求各自经济利益的最大化。市场上的企业越多,企业之间就越难以协调和保持长久的一致性,为了各自的经济利益,互相竞争就成为企业必然的行为。因此,市场上有多个提供同类产品的企业分散存在是形成竞争和维持竞争的前提。另外,由于竞争强度不仅与现有企业的数量有关,而且与是否存在潜在的竞争企业有关,因此,维持竞争必须消除人为的阻碍资源流动的限制。此外,充分竞争的市场应该是透明的,每个竞争者能够了解其他竞争者的技术和成本,了解市场的发展方向,消费者也应当具有丰富的知识,可以准确地评价商品,经济地定位自己的选择。

(二)组织的经济性

有活力的竞争迫使企业尽可能地按照最优组合方式利用经济资源,以便达到一定产出条件下的投入最小化。产业组织政策应保障市场在向需求倾斜配置和向效率倾斜配置的同时,实现企业组织的经济性。

1. 追求规模经济

在市场经济条件下,具有独立经济利益的企业必然要通过扩大规模追求生产经营的规模经济和范围经济,只有充分利用了规模经济和范围经济的企业,才能比其他竞争者拥有更高的效率,才可以把更大的收益转为积累,然后通过内部成长和外部成长进一步扩大规模。也就是说,市场配置使最有效率的企业获得和占有了更多的资源,因而可以更快地发展起来。企业规模扩张的过程也是淘汰低效率企业的过程。

2. 追求范围经济

企业为获取范围经济而拓展经营领域时,往往向产品的市场相关领域或技术相关领域发展。这样,企业在一个产品或市场上的投入效应,可以被其他的产品借用,从而改变相关产业市场的竞争条件。例如,一个拥有著名冰箱品牌的企业,向电视、空调市场发展时,可以共同使用已经享有盛誉的商标。由于该企业在新的市场上不必投入大规模的广告费用树立产品形象,企业新产品的平均成本就会比同类产品的其他企业低,它就在竞争中处于更为有利的地位。如果一个企业向产品相关领域发展,那么,它在一个产品上获得的技术成果可以扩散应用到新产品上,使新产品在平均技术成本方面更具有竞争优势。无论开发市场的成本还是技术成本的"共同分摊",都会增加实现范围经济的企业在竞争中的有利条件。

(三)产业发展

发展产业需要具备一系列的条件,产业组织合理化是其重要方面。产业组织政策必须把产业发展作为目标,设计相关政策。

产业发展政策是指扶植各个时期不同重点产业(或产业群)的发展,最大限度地享用后发优势,实现国家工业化发展目标,赶超先进国家的政策。产业发展的先决条件:一是国家要提出优化产业结构的方向、目标和实施方案,选择和发展重点产业,组织对衰退产业的资源转移,把有限的资源投入重点产业和新兴产业;二是国家要通过一系列政策措施促进那些宜于大规模生产或服务的产业实现集中和专业化生产,实现企业组织优化,从而得到更高的经济效益;三是国家要根据产业的发展目标,对产业技术结构中采用、发展和限制、淘汰的技术作出明确规定,旨在通过技术进步、技术革新,促进高技术产业的形成,推动产业的发展。因此,从广义上来说,上述三个方面所采取的政策都是围绕产业发展这个总目标的。产业组织政策是在重点产业确定后,通过对产业市场环境的规范和有目的的调整,促进这些重点产业的发展,如针对机械工业、汽车工业、电子工业等产业的组织政策。

二、产业组织政策目标侧重

由于不同国家的社会经济制度、经济发展阶段、政治经济环境、经济发展目标等不同,因而各国产业组织政策的侧重点也不完全一致。西方各国的产业组织政策,有的侧重于保护竞争、反对垄断的政策,有的侧重于促进有效竞争、利用规模经济、鼓励合理化卡特尔的政策,有的介于两者之间,采取既反对垄断又鼓励一定垄断的政策。中小企业政策则为各国所共有,但内容上各有不同。西方各国的产业组织政策,反映了在市场经济基础上国家对经济的干预。我国正在完善市场经济体制,这就为实施产业组织政策提供了良好的条件,为合理配置资源和产业组织合理化开辟了广阔的前景。

实施产业组织政策是发展市场经济的要求。在市场经济条件下,技术进步和不断满足需求的目标都是通过竞争机制实现的。竞争的对立面是垄断。企业对于竞争机制的反应,与它是否处于垄断地位具有直接联系。在垄断条件下,市场机制的功能被限制,处于垄断地位的企业往往漠视技术变革和需求变革,这就在客观上要求采取反对垄断、保护竞争的政策。

实施产业组织政策也是促进我国产业组织合理化的需要。改革开放以来,我国产业组织状态发生显著变化,"小而全""大而全"的组织结构开始向提高专业化协作水平的方向发展,竞争机制加强。一方面,技术进步、需求导向和市场经济的发展推动了组织的调整。另一方面,由于受资源配置历史格局的制约和体制的影响,我国产业组织的现状仍不理想,主要是企业组织结构分散,生产集中度低,专业化水平有待进一步提高。因为这些问题既影响经济资源的合理利用和配置,又妨碍经济的稳定发展和效益的提高,所以,必须从我国的实际出发,合理制定产业组织政策,在优化市场结构和企业组织的基础上提高产业经济的素质和效益。

第二节 反垄断与反不正当竞争政策

反垄断是指国家为了保护市场公平竞争,提高经济运行效率,维护消费者利益和社会公共利益,促进社会主义市场经济健康发展,预防和制止垄断行为而采取的一系列措施。在互联网平台经济的迅猛发展下,越来越多的新型垄断现象不断出现,对于垄断和反垄断的认识显得更加重要。本节主要介绍垄断的含义、垄断的危害及反垄断政策。

一、垄断的含义和垄断的危害

垄断也称"独占",是指对市场的控制,以及对竞争过程的阻滞。人们认为,在市场组织资源配置的环境中成长起来的垄断势力,会削弱市场价格机制发挥作用。垄断企业提高和改变市场价格,会影响资源的配置方向,也会对资源的配置效率产生影响。

一般来说,垄断企业所在的市场具有限制资源流动的障碍,而且垄断企业的产品往往与其他企业的产品之间有较大的差异,没有可以密切替代的其他产品。这两个条件保证了垄断企业可以在一定的价格范围内作为唯一的供给者存在。因此,垄断企业所面临的需求曲线是向右下方倾斜的需求曲线。

由于垄断市场的价格高于竞争性市场的价格,产出低于竞争性市场的产出,因此社会需求不能得到最大限度的满足。按照帕累托最优的标准分析,如果有的需求不能得到满足,就存在供给过剩的问题,资源的配置效率就没有达到最大化,也就是说存在着资源配置的低效率。

除资源配置的损失以外,垄断还会导致资源利用的低效率。

经济学分析垄断或竞争的市场效率时,假设企业是根据生产函数和成本函数确定产量。生产函数是在一定技术条件下,一组投入与最大产出之间的函数关系。成本函数是产量与成本之间的函数关系。依据生产函数,企业投入一组确定的要素,就可以得到最大产出。依据成本函数,企业的产量一经确定,成本水平也就确定了。但是有些经济学家发现,有的企业规模非常大,成本水平却没有按照理论成本函数实现了最低生产成本;也有的企业只要将内部组织进行一些调整,产量就会增加。这些现象表明,企业中存在着某种导致低效率的因素,在没有弄清是什么性质的低效率时,姑且称之为“X 非效率”。

莱宾斯坦率先提出了 X 非效率的概念。他经过调查指出,现实中企业没有达到利润极大化。许多企业的生产率和成本水平都没有达到应当达到的水平,企业没有按照边际分析的方法经营;企业内部存在低效率,只要将内部组织进行简单的变动,就能增加它们的产量;存在着劳动和资本以外的某种东西,影响着增长率。

X 效率理论认为,生产活动不只是可以定量描述的一种技术决定关系,在一定程度上也与集体的努力行为、与激励和压力有直接的关系。罗杰·弗朗茨指出,竞争对企业成员会产生更大的压力。这个效应是通过市场或价格机制产生的。在竞争性市场上,如果一家企业降低价格,那么所有的企业就必须跟着降低价格,不然就会被淘汰。企业必须尽可能地降低成本以维持生存,它不但要利用所有的规模经济,而且还要能在长期平均成本函数(曲线)上进行生产。竞争减少了包括专断的、草率的、官僚主义的、傲慢的和不作为的机会。但是在垄断的条件下,由于企业可以通过制定较高的价格获得超额利润,因此成本增加不会威胁到垄断企业的生存。垄断企业的管理者之所以会允许平均成本水平上升,是因为降低成本要付出代价。

因此,抑制企业规模过大导致的效率低下和对竞争的阻碍成为产业组织政策的重要内容之一。

二、反垄断政策

各个国家的反垄断措施可以分为控制市场结构和控制市场行为两个方面。

(一)控制市场结构

控制市场结构主要是通过降低过高的市场集中度或抑制集中度上升;降低进入壁垒或

抑制其上升;在产品差别化特别显著时,采取降低差别化措施等。

(二)控制市场行为

控制市场行为包括禁止限制交易的契约、结合与合谋,禁止垄断或企图垄断的结合与合谋,禁止对不同销售对象实行差别价格、签订搭配合同和排他性的交易协定,禁止采取不公正的竞争方法、不公平的甚至欺骗性的行为。从更广的范围上说,反垄断措施还包括制定行之有效的反垄断法,采取事后处理和预警性的事前处理等。依据我国的现实情况,也需要制定反垄断措施。如对垄断产品进行价格限制,规定统一价格和最高限价;通过税收调节,消除利润垄断;打破各种形式的壁垒和封锁,发展统一市场;在一些产业中规定生产经营规模的极限;消除人为地排斥竞争和新竞争者进入的障碍;限制价格歧视、搭卖、哄抬物价和横向联合结成的价格卡特尔等。

第三节 中小企业政策

中小企业政策是指影响中小企业发展的一系列方针、措施和规定。中小企业政策分为限制性政策和支持性政策两大部分。由于中小企业同大企业相比在经济发展中占据相对不利的地位,因此中小企业政策的重点是研究制定扶持中小企业发展的方针措施。

一、制定中小企业政策的依据

制定中小企业政策是为了实现产业组织合理化,形成在大企业与中小企业之间既有分工又有协作的企业规模结构,使资源能够得到有效的利用。其具体依据是:

(一)中小企业的不可替代性

首先,中小企业规模小,所需投资少,易于创办,经营上灵活性强,易于适应消费者的需求变化,能够及时地进行设备更新和技术改造,为发展专业化协作创造有利条件。其次,中小企业的生产经营范围主要是为生活消费服务及为生产消费服务的制造业。就消费品而言,由于需求的多样性,要求这类产品的生产批量不能过大,因此也就要求企业的规模是有限的。特别是一些由有限地域决定的、狭小的市场容量,只有中小企业才能适应。最后,就生产性消费而言,随着生产的发展,大企业越来越依赖于中小企业。社会化大生产一方面要求工业生产过程按一定的、内在的技术经济联系在专业化基础上进行分解;另一方面又要求工业生产过程在专业化分解的基础上进行协作。这是社会化大生产的一般趋势,分解的方向是形成许多小而专、小而精的中小企业。可见,现代经济运行发展中,无论从生活需要还是从生产需要,以及从社会化大生产发展的要求来看,中小企业都是必不可少的。

(二)中小企业的不利地位

中小企业与大企业相比处于不利地位,是由它在人力、物力、财力以及由此决定的信息的获取与使用能力等方面的不同造成的。中小企业在人、财、物几方面的能力相对较弱,由此造成的社会环境对中小企业也不利,如筹资困难和资产不稳定等。如果不对中小企业采取恰当的保护性政策措施,则中小企业的发展将十分艰难。当然,由于中小企业的不可替代性,即使没有政策扶持,最终也会有一批中小企业在社会中生存下来并发挥作用,但这样一种自然发展的过程往往伴随着激烈的竞争而造成资源浪费,甚至会引发一系列社会问题。为此,需要针对其存在的困难采取一定的扶持性措施,帮助其增强实力。例如,在金融方面采取特别信贷措施,帮助中小企业培养人才,提供技术、市场、经营等信息,在中小企业与大企业的交易中,采取限制大企业市场支配能力的政策和提高中小企业对抗能力的组织政策等。

(三)保持产业组织内部的竞争活力

在产业内部,保持一定数量中小企业的健康发展,使大、中、小企业并存,有利于增强产业组织内部的竞争活力。由于自身条件的限制,中小企业在同大企业的竞争中一般处于不利地位。在这种情况下,仅仅引进竞争理论而不改善中小企业的经济劣势,不可能形成一个有效的竞争环境。因此,中小企业政策除鼓励中小企业努力改善自身的经济劣势,从而具有与大企业竞争的能力外,还要积极利用政府的力量,为中小企业提供各种援助,给予中小企业在市场上得不到的经济条件,组织中小企业避开大规模生产经营优势领域,利用中小企业的特点,寻求和保护中小企业利于生存的空间,并帮助中小企业创造一个与大企业在平等基础上进行竞争的环境,从而通过中小企业的发展,使产业组织内部保持竞争的活力。

二、中小企业政策的内容

(一)以全体中小企业为对象的一般政策(或称基础政策)和以特定的中小企业群为对象的特定政策

所谓一般政策,是指因市场机制的不完善而给中小企业造成不利所制定的支援政策。具体包括:劳动政策,帮助中小企业进行职业培训和能力开发;金融政策,包括政府有关支持中小企业的专门金融机构贷款和信用保证制度;交易公平化政策(正当交易条件政策),即对大企业滥用市场支配能力予以限制,帮助中小企业组织起来,提高其竞争力;诊断、指导政策,为中小企业提供技术、市场、经营等信息,以及企业诊断和咨询服务。

所谓特定政策,是指以特定产业为对象和以特定中小企业群为对象的政策。以特定产业为对象的政策,包括不同产业的现代化政策、结构萧条产业的产业调整政策等。以中小企业群为对象的政策,包括中小企业政策、转包企业政策等。由于特定政策是为了适应各个不同时期的个别政策目标而制定的,因此往往被置于一般政策之上。

(二)金融、税收、财政补助金、规定限制、信息提供、产品优先采购等手段

在金融方面,由政府投资贷款提供资金,并通过政府指定为中小企业服务的金融机构,以及中小企业事业团体向中小企业发放低息贷款。在税收方面,通过减轻中小企业的法人纳税负担和采取现代化设备的特别折旧制度,以及为实现特定政策目的的特别减税措施来支持中小企业。财政补助金是支付给从事对中小企业贷款事业和诊断、指导事业等工作的

地方公共团体(即地方政府)和中小企业团体的。规定限制方面是限制大企业滥用市场支配力、防止大企业插手中小企业事业领域等政策手段。信息提供方面是指对中小企业提供技术、市场、经营方面的信息和不同产业的现代化计划,以及长远发展规划方面的信息咨询。产品优先采购是指政府提出了优先从中小企业采购的政策,以保证中小企业有平等地接受政府采购的机会。

(三)组织措施、经济措施、法律措施

组织措施是指设立专门的中小企业组织管理机构,如设立国家的中小企业管理局,以协调组织中小企业的生产经营活动。经济措施是指在财政、金融、税制以及其他经济方面对中小企业给予支持。法律措施是指将某些政策措施以法令的形式加以实施,如通过制定反垄断法来维护平等的竞争条件,制定中小企业临时振兴措施法等。

(四)资金资助政策、管理帮助政策、订购计划保证、减轻企业负担等

资金资助政策是指由政府对中小企业予以财政上的支持、金融机构对中小企业予以金融上的支持,以及通过政府担保使中小企业能够从金融机构获得必要的资金的政策。管理帮助政策是指通过管理咨询和培训,提高中小企业的管理水平。订购计划保证是指通过让中小企业直接承包或与大企业分包的办法使中小企业能得到国家计划订货的机会。减轻企业负担是指减轻中小企业的经济和日常文书负担,取消向中小企业索取重复和无关紧要的经济信息的规定。

中小企业政策还包括对中小企业创办的限制。其目的一是利用规模经济,二是保护资源和生态环境。有些产业具有明显的规模效益,如钢铁、化工、汽车制造等产业,在这样的产业领域中,须限制中小企业,特别是小企业的创办。某些生产领域限制中小企业的创办还出于保护资源和生态环境的需要,例如由于市场需求的变化,往往会出现某种商品需求量超过供给量的状况,中小企业易于创办的特点往往会导致它们一拥而上。而这种情况下开办的中小企业与大企业相比在技术水平方面存在相当大的差距,对资源的浪费是极其严重的。为了保护资源,必须限制中小企业的创办。另外,由于技术和资金上的限制,中小企业对工业废物的处理能力较差,因此在工业污染较严重的产业也要限制中小企业的开办,否则造成的损失和危害将是长远的。限制的主要办法是对需要限制的产业规定出创办企业应达到的最小生产规模,在最小生产规模以下的不准创办。

(五)转包制政策

转包制政策是中小企业政策中的一项特殊政策,包括促进转包制发展和对转包制中大、中、小企业进行交易时,不利于中小企业行为的限制规定。转包制是指由中小企业承包大企业的中间产品,即由零件、部件所形成的大企业与中小企业间相互联系、相互促进的一种制度。这是现代经济中大、中、小企业之间一种最广泛的联系形式。这种制度是社会化大生产的必然要求,也是小企业得以生存发展的一个重要条件。在现代化大生产中,生产较复杂产品的企业,特别是生产大型、复杂和多样化产品的企业,其产品中所需要的零部件,多数来自其他企业,其中相当一部分来自专业化的中小企业。也就是说,大量中小企业的广泛存在是

大企业得以发展的前提。反之，中小企业规模的有限性，决定了其很难承担大型复杂设备的生产，而只能生产对大型设备来说是中间产品的专用零部件，也就是说中小企业要依赖于大企业。就总体而言，在大、中、小企业的相互关系中，它们是彼此依赖、互不可缺的关系。但是，在具体进行协作联系时，大企业则居于支配地位，中小企业的产品，除对特定买主外没有其他的销路，并且设备、技术也都是适应特定买主的生产体系。

（六）高新技术中小企业政策

美国政府一向重视对中小技术型企业的扶植，重视保持中小企业的创新积极性。美国支持中小企业开发高新技术的政策手段主要有两个方面：第一，建设适宜技术型中小企业成长、发展的高科技园区，为中小企业提供技术创新及高新技术开发所需的环境条件，包括信息、人才、资金、合作关系和市场等一系列重要条件，使中小企业在科技园区中获得仅凭自身规模难以企及的要素，并将这些要素转化为新技术和新技术成果。第二，美国政府在直接补贴中小企业研究开发费用的同时，通过降税等措施激励风险资本扩张，间接支持中小企业的研究与开发。美国的大企业具有较强的资信能力，可以从银行贷到所需的资金，而中小企业在进行高风险的新技术开发时，主要依赖社会风险投资。美国技术型中小企业大量存在，并且在技术创新和技术应用方面发挥着重要作用，与美国政府的扶植政策密切相关。

在我国国民经济中，大企业在全部企业总数中只占1%～2%，中小企业的数量比重高达98%左右，如果忽略了对中小企业科技开发积极性的激励，轻视中小企业创新在国家创新体系中的作用，就会延缓整个国家的技术经济发展，影响国家产业技术化的进程。

提高我国中小企业的技术创新能力，要推动我国中小企业的专业化生产水平。专业化生产作为一种具有较高效率的生产组织方式，是企业在市场竞争压力下为适应生产技术发展而形成的。我国国有企业的经营机制还有待完善，创新和效率提升还有待提高，企业尚缺乏主动选择高效率生产组织方式的积极性，加上普遍存在的管理非效率，掩盖了全能生产的低效率，生产组织方式的优化并没有得到足够的重视。只有建立起有活力的、追求效率的竞争机制，企业才能敏感地选择具有成本优势和创新优势的生产组织方式，深化企业的专业分工，建立专业化生产协作网络。促进中小企业的专业化水平，还必须建立健全生产要素市场。在向专业化调整的过程中，企业需要购置专业设备来取代全能设备，这就要求有可以为企业提供金融支持的资金市场；在生产调整过程中，企业还要把一部分通用设备通过市场转让出去，尽量减少转型中的资本沉没损失；进行专业化生产，要分离出去或吸收进来部分生产环节，从而需要对技术人员队伍和工人进行调整。因此，建立健全有利于生产资料和劳动力流动的生产要素市场和环境才能推动生产专业化的发展。

为了使中小企业能够获得充足的创新资金，需要在政府的组织下，建立中小企业银行等面向中小企业的金融机构，向承担国家研究与开发项目的中小企业、向自主开发高新技术项目的中小企业提供贷款。政府还应建立起相应的信用担保机构，为从事高风险技术开发的中小企业向银行借贷提供担保。

为中小企业设立专门的技术成果及知识产权交易市场，是推动中小企业的技术成果转化及激励中小企业创新行为的重要环节。应在专利管理机构设立面向中小企业的部门，免费提供专利成果检索,降低管理费用,保护中小企业技术专有权的利益。

建立健全社会生产中介机构,能够有效地降低中小企业技术协作的交易成本。这些中介机构包括技术指导和管理咨询中心,向从事技术创新的中小企业提供有偿援助,对生产工艺和管理方面出现的问题给予直接指导;设立设备共用中心,购置现代化的大型设备,有偿为中小企业提供试生产服务,降低中小企业生产新产品的固定成本水平;设立信息中心,提供协作企业的技术资料,组织同类生产企业间的技术交流,培训管理人员和技术人员。

三、政策实施

实施产业组织政策主要通过推行一系列政策措施完成,包括法律措施、经济措施、政府管制等。

(一)法律措施

法律措施是指以法律手段影响市场行为和市场结构,从而引起产业组织的变化。如美国政府1890年通过的全国性的反托拉斯法——谢尔曼法,以及后来的各种修改法和豁免法。这些法令在一定程度上,在各个不同时期影响着美国产业的市场结构。如1981年里根政府的"经济复兴计划"中包括放宽对反托拉斯法限制的法律措施,从而导致20世纪80年代美国兴起了新的企业兼并高潮。

许多国家都有明确的反垄断法。为了避免受到反垄断法限制而影响对规模经济的利用,可以通过一些例外的原则,通过其他法令来推行必要的政策措施。比较有代表性的是日本政府实施的各种产业振兴法和促进法,如20世纪五六十年代制定的《机械工业振兴法》和《电子工业振兴法》,20世纪70年代制定的《机械信息产业振兴临时措施法》《特定萧条产业安定临时措施法》等,都为较好地实现日本政府制定的政策目标起到了一定的促进作用。

(二)经济措施

经济措施是指通过具体的经济手段引导和推动产业组织的调整,包括投资补贴、加速折旧、减免税收或增加税收等。运用这些措施可以改变前一段经济收益,从而促进企业实现产业组织合理化的目标。具体措施如下:

(1)采用税收刺激的办法。即根据所规划的组织发展目标,对不同的企业实行不同的税率。

(2)采用财政补贴的办法。主要是帮助处于困境中的中小企业摆脱暂时困难,或者使过剩资源有秩序地转移。

(3)提高折旧率,缩短折旧周期,以促进重点行业的改造和发展。

(4)金融措施,主要是对政策上需要支持的企业规定较优惠的贷款利率,或以相当长的期限提供政府贷款。金融机构在实施政策性金融措施中起主要作用。为了实现向有利于规划的产业组织发展方向倾斜,要根据行业发展序列的要求,制定相应的信贷政策,并对企业进行分类排队,区别对待,扶优限劣。除通过贷款进行调节外,还要进一步完善实行差别利率的有关规定。

（三）政府管制

1. 政府管制的含义

政府管制是指政府介入产业市场的经济活动，对市场行为进行规范或干预。政府管制可以分为直接管制和间接管制。直接管制是指政府直接控制产业的运行，管制相关的市场行为，如管制完全垄断产业的进入、价格和经营内容；间接管制是指政府依法规范企业的行为，维护市场秩序。

2. 放松政府管制、促进竞争的政策取向

在现代经济中，凡是由政府允许进行完全垄断的产业，都具有规模经济和范围经济显著、需要大规模资本投入及关系到国计民生的特征。这些产业包括电信、网络等技术密集型产业。世界上大部分国家都曾经对供电、供水、煤气、电信、邮政、航空航天等产业实行完全垄断，只允许一家企业经营，国家管制这些产业的企业进入行为、价格行为、投资行为和退出行为，有助于稳定价格，有利于避免重复投资和盲目建设，也有利于形成统一的技术标准。但是，对这些产业的行政垄断排斥了竞争者的存在，因而削弱了推动技术进步的原动力。在完全垄断的产业，普遍存在着技术低效和服务低效，成本虚增和品种单一的现象。

本章小结

产业组织政策是产业政策的重要组成部分，是指政府为优化产业内资源的合理配置，处理产业内企业间的关系，实现资源的有效利用，从而推进产业发展所采取的政策的总和。产业组织政策的目的主要是：在产业内形成有效的竞争环境，用竞争促进、提高企业的经济效益，从而提高产业整体的效益。产业组织政策主要由反垄断政策、合并与兼并政策、中小企业政策、公正竞争政策组成。产业组织政策的手段包括法律措施、经济措施、政府管制。

▷ 复习思考题 ◁

1. 为什么要制定产业组织政策？
2. 产业组织政策的目标是什么？
3. 产业组织政策与市场机制有什么关系？
4. 产业组织政策应当包括哪些内容？
5. 产业组织政策的手段有哪些？

延伸阅读

互联网企业反垄断[①]

2021年4月10日，国家市场监管总局依法对阿里巴巴集团作出行政处罚，责令其停止违法行为，并处以其2019年销售额4%计182.28亿元人民币的罚款。此事一出，立马在网

---

① 节选自：姚坤. 反垄断亮剑！阿里美团被查，腾讯还睡得着吗[J]. 中国经济周刊, 2021(9). 有改动。

络上掀起了轩然大波。

此事件可以追溯到 2020 年年底,在 2020 年 12 月 24 日,国家市场监管总局发布公告称,根据举报,已依法对阿里巴巴集团控股有限公司实施"二选一"等涉嫌垄断行为立案调查。直至 2021 年 4 月份历时 107 天,终于对阿里巴巴开出 182 亿元人民币的天价罚单。

天猫平台强制品牌"二选一"的垄断行为对市场的公平竞争带来了极大的破坏,不仅阻碍了其他中小平台的正常发展,而且遏制了一部分中小品牌的健康成长。大平台和大品牌无限制壮大,小平台和小品牌的前路则被越缩越窄,新生力量得不到良好的市场环境去生根发芽,中国各行业整体的经济发展都将受到制约!

而在 2021 年 4 月 12 日,阿里巴巴董事局主席兼 CEO 张勇回应被罚事件时称:"预计监管部门的反垄断处罚不会对阿里巴巴造成重大负面影响,公司将会作出更多行动减少商户经营成本。此外,公司会把更多已成熟的业务转为免费,同时公司也已准备了数十亿元资金支持新项目,还将加大投资以提高商户培训。"

无论如何,阿里巴巴此次被行政处罚 182 亿元人民币已然成为中国在互联网领域反垄断的里程碑,展现出了国家政府反垄断的决心!

在此案件之后,中国电商平台的整体格局或将迎来一次重大变革。阿里巴巴等头部平台的垄断行为被制约后,许多其他电商平台便将纷纷崛起,中国市场在未来将有极大的可能诞生出越来越多的新型电商平台,形成新格局。

当然,国家政府的反垄断也绝非仅仅针对阿里巴巴,更不是只针对电商平台。随后,腾讯、美团、滴滴、字节跳动等互联网企业都有可能成为下一个处理对象。阿里巴巴被罚,体现出整个中国互联网野蛮生长时代的结束。

总而言之,中国的反垄断监管已经日趋严格,互联网的竞争环境也将越来越健康公平,真正百花齐放的新时代即将到来。

第十四章
产业结构政策

本章导读

　　本章主要讨论产业结构政策的概念、实质、特征、目标,以及主导产业的选择政策、支柱产业发展政策、战略产业的扶持政策、幼稚产业的保护政策、衰退产业的转型与转移政策等。

第一节　产业结构政策概述

　　产业结构政策是产业政策的核心部分,具体可分为产业发展重点的优先顺序选择和保证实行这些优先顺序的政策措施。产业发展重点的优先顺序选择,即根据产业结构理论、一国产业结构的现状、产业结构演进的一般规律,选择一定时期产业发展重点的优先顺序。为了实现产业发展重点的时序性转移,产业结构政策还包括一系列保证措施。产业结构政策是决定经济建设总体布局成败的关键所在。

一、产业结构政策的概念、实质与特征

(一)产业结构政策的概念

　　所谓产业结构政策,是指一国政府依据本国在一定时期内产业结构的现状,遵循产业结构演变的一般规律和一定时期内的变化趋势,规划产业结构逐渐演变的目标,制定的有关产业部门之间资源配置方式、产业间及产业部门间比例关系协调手段,并分阶段地确定重点发展的战略产业,以促进产业结构向协调化和高度化方向发展的政策措施。它包括对特定的产业、行业和产品所采取的扶植、鼓励、调整、保护或限制等政策,旨在促进本国产业结构优化,进而推动经济增长。

　　产业结构政策首先在第二次世界大战后的日本提出并发展起来。战后的日本经济处于崩溃的边缘,为了加快经济的重建和振兴,日本政府通过规划产业结构合理化和高度化的发

展目标,科学地制定实现途径,确定不同时期带动经济起飞的"主导产业",并通过一系列的政策措施来保证"主导产业"的崛起,调整经济向既定的目标发展。

产业结构政策要符合一定时期经济发展战略的要求。在某种意义上讲,产业结构政策是实现战略目标和战略重点的具体政策,而满足发展战略的要求中包括满足"经济性目的"和"非经济性目的"两种情况。可以说,现实的产业结构政策要达到的目的,也无非是这两种目的。例如,发展国防工业,抑制酒类和奢侈品的消费等,都可以看成是根据"非经济性目的"实行的产业结构政策。而根据"经济性目的"实行的产业结构政策,是指针对在资源分配方面出现的"市场失败"采取的对策。具体地讲,是在市场供求与价格机制下,由于市场的自发性和盲目性所引发的资源分配方面出现的"市场失败"而进行的政策性干预。

现代经济增长本质上是一个结构性问题,从生产上看,现代社会生产比以往任何时候都更具有专业化的特点,这使得结构效益成为现代经济增长的基本支撑点;从技术上看,现代经济增长总是伴随着科学技术的大量运用,而技术创新总是首先在某些特定部门出现,然后通过结构关联效应实现对经济增长的推动;从产业结构上看,现代经济增长加快了产业结构变动的频率,产业结构政策能自觉调整这种迅速变动的产业结构,加快资源配置的优化过程,在弥补市场缺陷、纠正市场失灵的同时,实现产业之间的相互协调和配合,促进产业结构朝现代化方向发展。

产业结构政策在产业政策体系中处于核心地位。这不仅因为产业结构政策的对象是"产业"这一确定目标,而且更主要的是,产业结构目标是规划制约产业发展的前提。

(二)产业结构政策的实质

产业结构政策的实质是政府按照产业结构的发展规律,在推动产业结构的合理演变中,促进经济增长和资源配置效率的改善。产业结构政策的含义有以下四个基本点:

(1)产业结构政策的目的是促进产业结构优化。

(2)产业结构政策制定的主要理论依据是产业结构演变规律。

(3)产业结构政策的制定主体是政府。

(4)产业结构政策的实施主力是企业。

(三)产业结构政策的特征

一般说来,产业结构政策具有以下几方面的特征。

1. 指导性

产业结构政策作为旨在促进和加快发展的政策体系,一方面为企业指明了宏观经济环境的变化方向,向企业表明哪些产业具有发展前途,哪些产业面临衰退撤让,让企业自己作出选择,防止决策的盲目性,造成资源投入的浪费;另一方面,财政部门、银行部门、外贸部门、法律部门等也可以根据这种产业政策的指导,来确定如何采取经济杠杆和法律手段,对各类不同的产业和企业的投融资实行差别化的政策措施。

2. 时序性和动态性

由于收入水平随着经济增长呈现出由低到高的时序性,需求结构、生产结构和就业结构的变化也都呈现出一定的时序性,相应的产业政策因而也具有时序性。这种时序性从产业政策本身来说,其内容和形式会随着经济的发展和世界经济环境的变化而变化,不同国家或者同一国家不同发展阶段的产业政策可能存在根本性的区别。

3.体系的协调性

由于产业和产业之间存在着各种投入产出关系,每一项生产活动又总是和流通、消费、分配、技术进步等其他经济活动形成一定的相关关系,因此,各项产业政策之间都是相互关联的,一个有效的产业政策体系本身应该是相互协调的。除此之外,国家的经济政策不仅有产业政策,还包括财政政策、金融政策等,产业政策和其他经济政策之间也应协调一致、互相促进、相辅相成。

4.全局性和中长期性

产业结构政策要在发展战略指导下,体现战略全局性的要求。另外,产业结构政策必须是中长期性的政策。从一定意义上讲,产业结构政策是中长期产业结构走向的展望和结构对策,它要根据国内外市场需求结构的变化和面临的机遇与挑战,科学地、准确地谋划国家主要产业的走向和布局,分析在未来新的经济形势下产业结构可能出现的矛盾和新的运行特征,提出中长期产业政策的框架。

二、产业结构政策的目标与设置原则

(一)产业结构政策的目标

产业结构政策的目标是在一定时期内,根据本国的地理环境、自然资源条件、经济发展阶段、科技水平、人口规模以及国际经济政治条件,通过对产业结构进行动态调整,以保持各产业向协调化和高度化发展,其核心是在尊重市场功能的基础上,对市场不能调节和无力调节的领域进行政策性引导。也就是说,产业结构政策的目标是在市场机制调节的基础上,通过政府采用各种必要手段和措施,对过剩生产能力实行有序退让、对战略产业实行保护、对主导产业进行正确选择、对新兴产业实行扶植政策。这样才能实现产业结构调整和推进产业结构升级的目标。

具体表现为:通过制定和实施产业结构政策,促使自然资源和人力资源得到充分高效的利用;通过制定和实施产业结构政策,实现各产业间和产业部门间相互促进、协调发展的良性循环;通过产业结构政策的调节,促使各地区的资源合理配置,并充分发挥其优势;通过产业结构政策的调节,促使现代科学技术在产业发展中不断得到推广和应用,以有效地实现产业升级。因此,产业结构政策的制定和实施是调整和优化产业结构,提高经济增长质量的一个重要手段。

(二)产业结构政策的设置原则

产业结构政策的设置要遵循"协调、优化、创新、发展"的原则,即产业结构政策的制定和实施应有利于推动产业结构按其演变的一般规律发展,有利于经济资源在三次产业间的优化配置,有利于实现三次产业结构的动态平衡,有利于提升产业高度和促进产业结构协调发展。

1. 体现经济发展战略意图的原则

产业结构政策是根据一定时期内经济发展的战略制定的,是经济发展战略的具体化政策措施,其本身就具有中长期发展战略的意义。一个国家的经济发展战略是对其经济所作的全局性和方向性的长期规划和行动纲领,是某一时期产业结构政策的指导思想、基本内容、政策重点和政策实施手段。宏观经济政策的取向和力度,对产业结构的调整会产生深远的影响,因此,产业结构的制定过程就必然要在充分考虑本国经济发展条件和目前已达到水平的基础上,确保充分发挥自身优势,寻求国际、社会、人口、生态、能源等与经济发展的均衡条件,以实现经济高速、稳定、协调发展的目的。产业结构政策可以说是经济发展战略的实施细则,它的制定要充分体现经济发展战略,这就要求产业结构政策目标的制定过程要充分考虑各个方面的产业结构政策的相互配套和相互协调,以保证经济发展战略的有效实施。

一国经济发展战略会对产业结构变动产生明显影响。1998年我国采取相对宽松的宏观经济政策,其中积极的财政政策是重要内容,如发行长期建设国债,主要用于国家确定的重点投资领域,特别是基础设施建设。财政投资加上配套资金向基础设施领域的大量投入,对相应投资品生产行业产生了明显影响。

2. 产业结构高度化原则

产业结构政策的制定必须保证技术的发展和不断更新。产业结构政策主要是解决产业间资源合理流动和优化配置的问题。经济全球化的趋势使一个国家产业技术含量和创新能力成为在国际竞争中取得优势的关键因素,各国为取得更有利的国际分工地位,竞相调整产业结构中的技术结构,对高新技术领域加大开发投入、扩大应用领域,并加快科技成果转化为现实生产力的步伐,以提升产业技术水平,增强国际竞争力。通过制定科学的产业结构政策,重点扶植和培育对经济社会发展具有全局性、先导性作用以及产业关联度大的产业以及适应经济现代化趋势的产业。因此,产业结构政策目标要遵循提升产业高度、实现产业结构优化升级的原则。

实现产业结构高度化的政策措施,首先要对落后、薄弱的幼小产业采取资助和保护等政策措施进行扶植,并通过技术、管理、组织、体制等方面的创新,提高产业的资源转换效率,促进产业向高度化方向发展。其次,注重对未来的新兴主导产业,即战略产业的培育,重点扶植与培育新的经济增长点,促使其采用先进的技术和工艺,并在政府产业政策的指导下,迅速形成自身的创新能力,并使这种创新能力形成产业集聚效应,通过产业间的技术关联"链",向与之有产业关联效应的其他产业传递和扩散,以提高其他产业的技术创新能力,带动其他产业的发展。再次,注重主导产业的选择和扶植,促进传统产业的技术改造,再通过这些产业推动相关产业的技术结构、产品结构、设备结构和劳动力结构的全面调整与优化。同时,主导产业的发展,不仅能向其他产业或部门提供高质量的生产资料,而且还提供改善经营管理、提高经济效益的手段,因此,主导产业的发展对提高产业的国际竞争力具有决定性的作用。最后,注重调整好长线产品产业与短线产品产业的关系,产业结构政策不仅对短线产品产业的技术创新有促进作用,而且还可以推动其他产业提高其对短线产业产品的高效利用,促使产业结构趋于合理化和协调化。

3. 产业结构合理化调整原则

产业结构合理化调整是指根据本国国情、资源条件、科技水平、人员素质、劳动力数量、国内经济与国际经济的关系等因素,通过政府的产业政策干预和对市场的引导,使各产业协调、健康发展。

一个国家的产业结构是否合理,可以从以下几个方面去判断:① 各产业产出水平是否平衡,是否存在"瓶颈"产业,社会资源是否得到了合理开发与利用;② 国内外的成熟技术是否得到了充分的推广与应用;③ 是否具有较高的产业结构转换能力和产业素质不断提高的能力;④ 资源的配置是否合理,是否获得了较高的结构效益;⑤ 劳动力是否充分就业;⑥ 生态环境是否得到有效保护;⑦ 外贸收支是否平衡;⑧ 产业是否具有可持续发展能力。

就我国而言,产业结构合理化调整原则要与我国社会主义制度相联系,遵循"三个相适应""三个有利于"和"高质量发展"的原则。其中,"三个相适应"是指产业结构调整要与我国仍处于社会主义初级阶段和社会主义市场经济体制相适应,与新技术革命相适应,与改革开放相适应。"三个有利于"是指产业结构政策性调整要有利于发展社会主义社会生产力,有利于提高社会主义国家的综合国力,有利于人民的富裕幸福。"高质量发展"是指产业结构政策性调整,要有利于促进国民经济的高质量发展。

4. 产业结构合理转换原则

产业结构合理转换是产业结构按合乎规律的发展方向,从较低级的产业结构类型向较高级的产业结构类型转换。产业结构的转换是市场和政府干预两种力量共同作用的结果。在产业结构合理化转换的过程中,依靠市场调节进行自我转换是较为缓慢的,在这种情况下,政府具有不可替代的作用,并且市场机制在经济外部性、垄断、扶植新产业、鼓励技术进步等情况下,存在失效的现象。为弥补市场机制在资源配置和结构调整方面的固有缺陷,政府以降低社会成本或增加社会效益为准则,依靠强有力的产业政策进行主动干预,推动产业结构高效转换。如果没有政府的干预和调控,实现产业结构的优化升级必然会严重受阻,从而减弱经济发展动力。

遵循产业结构合理转换原则,首先要通过制定科学的产业结构政策,重点扶植和培育对经济社会发展具有全局性、先导性影响的产业,产业关联度大的产业,以及适应经济现代化趋势的产业。其次,加快产业结构合理转换,要通过制定各种产业结构政策,对具有高关联度和潜在高增长率的"幼小产业"进行扶植和保护,促使其崛起和发展壮大,并通过其"强关联"效应,有序地将其他产业融汇成强大的产业结构转换力,从而大大加速产业结构的转换。最后,加强产业结构政策的诱导和影响,促使主导产业部门在发展中不断提高技术集约化程度,推进产业结构向高度化演变。

5. 符合可持续发展战略的原则

产业结构政策的设置要有利于资源节约以及生态和环境保护。经济的发展不应以资源耗竭、污染环境、损害后代为代价;一个国家的发展也不应以损害其他国家的发展为代价。为了避免在发展中付出惨痛的代价,可持续发展模式是产业结构政策目标的必然选择。而要处理好环境与发展的关系,还不能单纯依靠市场的力量,必须制定并实施正确的产业结构政策,提高产业的整体环境适应能力和协调能力,实现经济与社会、资源、环境的协调发展,走可持续发展之路。为此,要立足于促进和维护经济、社会和环境的协调发展,科学地预见经济发展和产业结构变动的趋势,正确设置并调整产业结构政策,寻求发展与协调的结合点,以期对经济发展产生深远的战略影响。

6. 立足现状,坚持创新和特色的原则

产业结构政策目标的制定必须立足现状,与现有的优势紧密结合,才能达到指导结构协调化和高度化调整的目的。坚持这一原则,产业结构政策目标的制定要考虑的主要因素有:① 历史上已经形成的产业水平和结构状况;② 现有的资源禀赋状况、各种要素的成本和质量、要素配置的效率和效益;③ 市场整体需求水平和由需求特征决定的对特定产业及市场的需求水平及层次;④ 社会性质和经济体制以及国家对经济及社会功能的定位;⑤ 特定环境所形成的对特定产业发展的约束和促进条件及强度;⑥ 国家和地区的开放性程度、产品的竞争优势和竞争范围等。就我国而言,产业结构政策目标的制定要在充分考虑现有产业结构状况的基础上,利用现有优势,坚持产业技术创新,坚持体现中国特色社会主义市场经济的原则,明确在一定时期内国家产业发展的战略目标和重点,制定和实施适应新形势的产业结构政策,并采取各种有效措施提高产业技术创新能力与产业技术水平,以推进产业结构优化升级、培育新的经济增长点,这对于提高我国经济整体素质,奠定可持续发展的基础,具有重要的战略意义。

7. 坚持"有所为、有所不为"的原则

"有所为、有所不为"的原则要求产业结构政策目标的制定要从整体出发,安排好各个级次产业间以及产业部门间的关系,安排好每一级次产业内部的结构关系。坚持"有所为、有所不为"的原则,既要在反映产业结构自身演变规律的基础上,通过制定正确的产业结构政策,有效地提升产业高度;也要在尊重市场机制对产业结构有效合理演变的推动作用下,正确反映现有各产业间及产业内部门间各种要素相互关联的态势,通过合理的政策引导,加强产业间的关联效应,通过产业关联,有效地带动其他产业的成长和进一步发展。从基本要求上看,"有所为"和"有所不为"是指在具备了"有所为"能力的前提下,综合考虑"有所为"的质量和效益;同时,要选择好"有所不为"的对象,政府只有"有所不为",才能更好地"有所为"。产业结构优化的重心在于提高产业结构的质量,而不是增加产业的规模。因此,在制定产业政策对产业结构实施优化的过程中,着眼点首先是正确选择"有所不为"的对象,然后才是提高"有所为"的能力。

三、产业结构政策的功能

(一)实施产业结构政策有利于实现产业结构合理化和高度化,保证社会再生产过程的顺利进行

在有限资源和不同起点的条件下,如何争取快速发展和取得较好的经济效益是摆在各国经济发展面前的一项根本任务。从发达国家实现工业化的经验来看,产业结构的演变表

现为一种由低层次向高层次有序转换的过程,产业结构的合理化、高度化使发达国家获得较高的国民收入。后起国家要实施赶超战略,缩短与发达国家的差距,最重要的是制定出有效的产业结构政策,使资源按照合理化和高度化的要求,向特定产业倾斜配置,加强基础产业,发展高新技术产业,调整、改造传统产业,推动产业结构向高层次迅速转换。同时应当指出,为了取得经济的快速发展与良好的经济效益,必须使各国获得均衡、协调发展。而正确的产业结构政策,通过促进或限制某些产业的发展,改变产业结构的不合理状况,既影响产业的短期均衡,又影响其长期发展,使各产业之间的比例关系保持协调,保证社会再生产过程的顺利进行。

(二)实施产业结构政策能够指导产业发展及其结构改造,正确引导市场调节机制

市场调节机制在实现资源分配上的基础作用是就总体而言的。属于非竞争的自然垄断行业和某些特殊行业,靠市场机制却无能为力。即使是竞争性行业的资源分配,也会存在资源流动不充分甚至市场失败的情况。资源流动不充分的原因:一是生产要素,尤其是资本,短期内难以在产业部门之间流动;二是由于生产要素价格,尤其是工资存在着刚性,难以实现理想的资源流动。当然,解决资源流动不充分的问题,取决于企业的竞争潜能和素质,而出现市场失败,即资源流动的交易成本不经济,不仅会造成社会贴现率与私人贴现率相背离,而且还会造成社会性损失,如通货膨胀、失业增加、经济畸形发展等。实施产业结构政策,使之与市场机制相结合,能够弥补市场机制的不足,提高市场调节产业结构的效应,使产业结构更好地适应需求结构的要求。发达国家的实践证明,仅靠市场机制调节产业结构,是一个十分缓慢的过程,而且要付出极大的代价。而通过产业结构政策的实施干预经济,能保证经济快速、健康地发展。

(三)产业结构政策有利于正确引导投资方向,调整投资结构,控制投资规模

固定资产投资规模失控、投资结构不合理,固然与实行什么样的经济体制关系极大,但是在市场经济体制下,实施正确的产业结构政策又是十分重要的。产业结构政策能够正确引导不同层次的投资主体的行为。通过配套的信贷政策、价格政策和税收政策,引导其投资方向,在投资主体多元化的条件下,使分散决策的地方投资和企业投资,尽可能符合宏观经济目标要求的产业发展方向。

(四)产业结构政策有利于综合运用经济杠杆,实现宏观调控的目的

前面已经提到,在国家产业政策已经确定的情况下,在特定的产业领域内,各项经济杠杆政策就要围绕产业政策的目标联合行动。比如税种、税率的差别会引起社会需求结构的变化,从而影响产业结构。而由不同税种、税目、税率组成的税率结构,是根据产业结构政策指引的方向制定的。例如,属于支农工业产品的饲料、化肥、农药、农机、农膜,其增值税是按低税率(13%)收缴。又例如消费税的征收范围,主要是对奢侈品和高级消费品征税,这里就直接体现了国家的产业结构政策和消费政策。再比如汇率调节,一般情况下,出口形成外汇的供给,进口形成外汇的需求。汇率上升,意味着外币升值或本币贬值,引起外汇需求的下降;汇率下跌,意味着外币贬值或本币升值,引起外汇供给的增长。所以,汇率是国际市场调

节进出口的信号。当国家贯彻进口替代或出口导向的产业结构政策时,汇率的高低和变动对进出口结构以至产业结构,都有正向或负向的调节效应。

第二节　主导产业的选择政策

主导产业的选择政策是指政府为了引导、促进主导产业的合理发展,从整个经济发展的目标出发,运用经济政策、经济法规、经济杠杆以及必要的行政手段、法律手段来影响主导产业发展的所有政策的总和。

一、主导产业的含义和特征

美国经济学家罗斯托最先提出了主导产业范畴,他在《经济成长的阶段》一书中指出,在任何特定时期,国民经济不同部门的增长率存在着广泛的差异,整个经济的增长在一定意义上是某些关键部门的迅速增长所产生的直接或间接效果,这些关键部门即主导部门。因此主导产业是指对一个产业结构系统的未来发展具有决定性引导作用的产业。作为引领产业结构系统发展方向的主导产业,具有以下明显特征。

第一,具有良好的发展潜力和显著的产业规模。产业结构的升级与发展总是伴随着经济总量的扩张,而一个产业结构系统的发展又直接受制于社会的需求,若不能不断地开发潜在的需求,经济总量的扩张就无法实现。因而一个主导产业必须具有较强的创新能力和良好的发展潜力,实现产业突破和规模扩张,促进经济总量的扩张,是区域经济发展的支柱和主导。

第二,具有较高的生产效率和高附加值。产业结构升级是有序的,表现为对需求的更多满足和对资源的更有效利用。而要达成这一目标,产业技术必须不断得到提高,主导产业作为产业结构升级的"领头羊",必然要求其能迅速吸收先进的科学技术成果,提升自己的产业技术水平,具有持续的部门增长率,并高于整个经济增长率。

第三,具有较强的关联效应。主导产业能够对其他产业和经济发展产生广泛的直接和间接影响,具有明显的引导功能。主导产业对产业结构系统的引导功能是通过其带动作用实现的,而带动作用的实现则依赖于关联效应,因此,主导产业对一个产业结构系统的引导功能的发挥最终取决于其有无较强的关联效应。主导产业对经济发展和产业结构的引导带动作用,主要通过前向关联效应、后向关联效应和旁侧关联效应表现出来。

第四,具有阶段性,随经济发展的不同阶段而不断转换。

二、主导产业的选择原则

从主导产业对经济增长的意义来看,其选择合理与否不仅关系到主导产业本身的发展,而且关系到整个经济的增长和产业结构的协调化与高度化。因此,确定合理的主导产业的选择基准,是正确选择主导产业从而实现产业结构合理化的前提和基础。主导产业的合理

选择,必须遵循以下原则:

(一)增长潜力原则

增长潜力就是指一个产业的发展能够为产业体系整体发展提供深刻和长远影响的力度。以增长潜力作为基准,就是要重点扶植那些对产业体系整体的持续发展有重大意义的产业。也许这些产业的生产率上升率并不高,但它们所创造的供给具有支撑整个经济持续增长的功效。这一基准的含义是,政府应选择那些关联效应高的产业作为主导产业,通过政府重点支持和优先发展,以带动整个经济的发展。

(二)市场需求原则

巨大的市场需求是主导产业迅速发展的出发点和前提条件,只有存在广阔的市场,才有必要也才有可能进行大批量生产,而大批量生产有利于生产技术的进步和生产成本的下降,从而进一步有利于开拓市场,扩大社会需求,刺激产业部门的发展。主导产业的选择,不仅要注意巨大的现实的市场需求的产业部门,还应注意有着巨大的潜在的市场需求的产业部门。

(三)技术进步原则

生产率上升率基准是由日本经济学家筱原三代平在 20 世纪 50 年代中期提出的,后由日本政府在制定产业政策时参照了这一基准。它是指某一产业的要素生产率与其他产业的要素生产率之比,一般用全要素生产率进行比较。全要素生产率的上升主要取决于技术进步,按生产率上升率基准选择主导产业,就是选择技术进步快、技术要素密集的产业,因此,生产率上升率基准也被称为比较技术进步率基准。这一基准反映了主导产业迅速有效地吸收技术进步成果的特征,优先发展全生产要素生产率上升快的产业,有利于促进技术进步、提高创汇能力、改善贸易条件和贸易结构、提高整个经济资源的使用效率。

(四)瓶颈效应原则

从产业之间投入产出的关系来说,不能只考虑前向或后向效应,而更应该考虑产业关联中瓶颈制约的摩擦效应。瓶颈制约越严重,摩擦的强度就越大,从而摩擦的传递和扩散就越广。以瓶颈效应作为基准,就是要重点扶植那些瓶颈效应大的产业,以减少瓶颈制约造成的其他产业生产能力的非正常滞存。

(五)可持续发展原则

可持续发展原则主要表现在资源消耗(物耗和能耗)低和环境污染小两个方面。这两个方面基本可以通过产业的经济效益水平来考察,因为物耗和能耗本身就是经济效益的部分内容,而环境污染的大小一般可以通过治理污染的成本反映出来。主要通过总资产贡献率和工业成本费用利润率两项指标来考察制造业中各个产业的经济效益水平。

三、主导产业政策的内容

由于主导产业对经济发展和产业结构升级的巨大拉动作用,因此各国都采取各种相关的主导产业政策。主导产业政策主要包括以下几个方面。

（一）产业环境协调政策

政府在规划主导产业、培育和扶植主导产业发展时，要通过采用各种有效手段，尽可能地协调主导产业与产业环境之间的矛盾，解除主导产业发展的约束条件，减少这些约束条件带来的消极影响，创造一种比较完善的、有利于主导产业成长的市场条件和有利于主导产业发展的产业环境，减少阻滞市场机制发挥作用的各种行政壁垒。如日本实施的"家电环保积分制度""节能汽车补贴及税率优惠制度"等经济危机应对政策，提高了日本国内市场对环保型家电产品及节能汽车的需求，弥补了生产能力旺盛与由欧美市场疲软所引起的购买力减弱等造成的需求降低之间的缺口。

（二）产业扶植和保护政策

政府要注重对主导产业的选择和扶植，促进传统产业的技术改造，再通过这些产业推动相关产业的技术结构、产品结构、设备结构和劳动力结构的全面调整与优化；促使主导产业部门在发展中不断提高技术集约化程度，推进产业结构向高度化演变。对某些国内市场潜力巨大、技术先进、产业关联度高的产业，在它成长到具有国际竞争力之前，需要政府在国际贸易协定许可的范围内，通过适当的财政金融扶植政策和贸易保护政策对其进行适度的扶植与保护。

（三）优先发展基础产业政策

由于基础产业对主导产业具有巨大的支持作用，因此，政府对主导产业的扶植可以通过加大对基础产业的扶植力度，提高基础产业对主导产业的支持能力，以避免主导产业在发展过程中因基础产业和基础设施的制约而得不到高速发展的情况。

例如，美国政府一直对能源、交通行业给予大力支持。又如，20世纪90年代，由于加工工业的市场化程度高于基础产业且市场需求旺盛，出现了基础工业的"瓶颈"，因此，我国上海市加大了对能源、交通、通信等部门的投资；同时，将工业的一些低附加值部门（如纺织业、传统钢铁工业）关停或转移到长三角和国内其他省市。再如，日本政府采取直接扶植发展的政策来发展基础产业，如日本政府曾先后多次制订道路、港湾、机场等基础设施建设的"五年计划"，成立了日本道路公团、水资源开发公团等机构来辅助基础产业的发展。

（四）技术引导政策

由于主导产业的技术要求高，投资需求大，因此，在实施主导产业政策时，要充分考虑通过产业技术政策优化主导产业的产品结构，制定有利于主导产业成长的技术进步政策，完善科技信息流通体制，加强产业界的科技队伍建设，并建立有利于促进主导产业发展的投融资体系，增加研究开发投入，促进高新技术产业化。早在21世纪初，日本就确定了经济发展的主要源泉是技术创新，尤其是信息技术和生化技术，因此，日本通商产业省制定了《产业技术战略》。

推进产业技术的进步，创造有利于技术进步的环境、完善促进产业技术进步的法律法规体系、鼓励创新、建设以企业为主体的国家技术创新体系是中国主导产业技术引导政策的主要内容。

第三节　支柱产业的发展政策

支柱产业是指在国民经济体系中占有重要的战略地位,其产业规模在国民经济中占有较大份额,并起到支撑作用的产业或产业群。这类产业往往在国民经济中起支撑作用,但不一定能起到引导作用;同时,这类产业往往由先导产业发展壮大,达到较大产业规模以后就成为支柱产业。

一、支柱产业的概念和特征

(一)支柱产业的概念

支柱产业是一个国家在一定时期内产业体系的主要构成部分,它在国民经济中占据了重要地位,是相对于其他产业对经济增长的贡献份额较大,并起到支撑作用的产业或产业群。支柱产业是支撑一个国家或地区经济规模和经济增长的主要经济部门,对于国家或地区的经济增长有着重要的贡献。从静态方面看,支柱产业在国民经济中占有较大比重,与其他产业的关联度较高;从动态方面看,支柱产业具有较大的需求收入弹性、生产率上升快,对相关产业具有较强的带动作用。

(二)支柱产业的特征

支柱产业与主导产业的不同点在于,它首先侧重的是产值和利润水平,是国家和地方财政最重要的收入来源。支柱产业主要具有以下特征:

1. 较大的产出规模

支柱产业着重强调产业的净产出占国民经济或地区经济的比重,在国民经济中占比大的产业就是支柱产业。

2. 较强的发展能力

支柱产业要求市场扩张能力强、需求弹性高,发展快于其他行业;要求生产率持续、迅速增长,生产成本不断下降。

3. 较强的带动作用

支柱产业具有较强的连锁效应,可以诱导新产业崛起,对为其提供生产资料的各部门、所处地区的经济结构和发展变化有着深刻而广泛的影响。

二、支柱产业培育的选择原则

(一)收入弹性和生产率上升率准则

收入弹性和生产率上升率基准又称"筱原基准",强调市场需求对支柱产业发展的作用力。日本经济学家筱原三代平早在 20 世纪 50 年代中期就提出,产业的收入弹性和产业的生产率上升率是影响产业发展的两个主要因素。在市场经济条件下,社会需求是推动产业发展最直接,也是最大的原动力,其结构变化也是产业结构变化和发展的原动力。收入弹性大的产业,因产品增加而带来更多收入,进而创造了更大需求,从社会获得更大的发展动力;生产率上升较快的产业有着较快的技术进步速度,生产成本低,投入产出率高,自然吸引资源向该产业移动,从而在产业结构中占有更高的比重。"筱原基准"的实质在于从供求两方面反映产业结构演变的内在根源,其意向在于把收入弹性大和生产率上升率高的产业作为支柱产业重点培育。

(二)产业关联准则

产业关联准则又称"赫希曼标准",强调产业结构的协同效应。支柱产业必须关联度高,有较强的前向、后向和旁侧关联效应,能够向各方向渗透,带动相关产业和地区经济的发展。产业结构的协同效应如何产生并起作用关键在于市场扩张。市场扩张能促进生产的发展,而生产的发展又能带动其他产业发展。所以,应当以一个产业的产品需求价格弹性与收入弹性两个标准作为选择支柱产业的具体标准,因为需求价格弹性与收入弹性大表明该产品市场前景广阔,这样的产业有可能比较顺利地成长为支柱产业。

(三)动态比较优势准则

根据德国历史学派先驱李斯特扶持幼小产业、保护民族工业的学说,在国际市场背景下,扶持本国暂时相对幼小的新兴产业,尽管短期内比较成本较高,但在政府的保护下,经过努力就可以扭转生产成本劣势,赢得比较优势。

据此,应当用发展的眼光关注产业的潜在优势,尤其是在后发国家和地区,参照发达国家经历过的支柱产业部门更替,把在先进国家或地区曾经带动或正在带动产业结构演变,但在本国尚处于比较成本劣势的新兴幼小产业作为培育支柱产业的重点对象,通过国家扶持,使其比较成本逐步由劣势转向优势,进而成为带动产业结构升级的支柱产业。

(四)区域优势与特色原则

地理环境、自然资源分布、社会经济发展水平、文化意识形态、传统习俗,以及民族宗教信仰等客观因素和既成现实,形成不同区域经济发展的优势与劣势。根据比较优势准则,各地应首选有利于充分利用本地特有的自然资源、区位优势,并能适应本地生产力发展水平的特色产业作为支柱产业。但是,区位优势和特色形成应当建立于较大的比较范围,才能具有较高的优势水准和竞争力;此外,还须进一步区分绝对优势和相对优势。绝对优势是基于一个较大范围内以独有资源所形成的不可比、不可替代的优势,相对优势是在一定范围内、在同类产业和产品中占据主导地位的优势。具有绝对优势和相对优势的产业都能形成特色,都具有较强的市场竞争力和发展空间,关键在于如何把握特色、发挥优势。

(五)突出重点原则

市场竞争最根本的是资源市场和产品市场的竞争,由于一个地区不可能所有产业都同样具有竞争优势,因此在支柱产业的选择中必须坚持有所不为,突出重点的原则,选择一两个具有确定优势的产业作为突破口,形成"支柱";再围绕"支柱"培养一批重点产业,形成支柱产业群,支撑整个区域经济协调健康发展。

三、支柱产业政策的具体内容

支柱产业政策是指根据产业结构演变的规律和产业结构优化的目标,结合国家或地区经济的实际情况,采取一系列经济或者非经济政策,对经济贡献比较大、符合该国或该地区经济发展规划的支柱产业给予一定的支持。具体政策主要有以下几个方面。

(一)支柱产业结构高度化政策

(1)优化有关支柱产业的产品结构,提供更多的优质优价产品,使供给结构与需求结构相适应。启动消费需求,拉动支柱产业的飞跃发展,优化供给是一个非常关键的因素。从企业的角度看,应该努力进行产品创新,提高产品质量,增加品种与产品系列,提供更多、更好的适合消费需求的产品。只有价廉物美的产品和符合消费者需求的产品,才能有市场需求,才能根治支柱产业发展的结构性矛盾。

(2)压缩和淘汰支柱产业过剩、过时的生产能力,加大支柱产业内部结构的调整力度,实现支柱产业内部结构的优化升级。

(3)提高支柱产业的信息化水平,用信息化拉动支柱产业升级。应该按照"量力而行,循序渐进,不断发展"的方针,引导支柱产业发展,提高网络资源的应用水平及生产、经营、管理和决策的效率。

(4)发展高新技术产业,改造支柱产业,促进支柱产业的结构优化和产业升级。政府应当从两方面入手:一是加快高新技术产业的发展;二是用先进技术改造支柱产业。

(二)支柱产业结构协调化政策

1. 协调三次产业结构

正确处理第一、第二、第三产业之间的关系,使其保持协调发展,是转变经济增长方式、提高经济运行质量和效益的内在要求,也是保持国民经济持续、快速、健康发展,壮大支柱产业的客观需要。

2. 协调产业级次关系

以第二产业为例,要求其产业结构具有明显的层次性。产业间的相对地位协调,在产业的纵向层次上要求优先发展基础产业,支持高新技术产业,使基础产业为支柱产业的发展提供良好的基础条件,高新技术产业为支柱产业提供最新技术和动力支持,最终促进整个产业的协调发展。

3. 加强产业关联效应

建立有关支柱产业与其他产业间在投入产出关系基础上相互服务、相互促进的良性互动机制,通过产业间的产品和服务关联、技术和劳务关联、价格关联、投资关联等方式,促进支柱产业的发展。

4. 均衡产业增长速度

为了协调产业增长速度分布,要求支柱产业的增长速度与其他产业差距不能太大,使高速增长产业、低速增长产业和潜在增长产业的增长速度差距较为合理,防止出现产业发展过程中的结构性滞差。

第四节 战略产业的扶植政策

一、战略产业的概念和特征

(一)战略产业的概念

战略产业是指对国民经济具有全局和长远影响的,有可能在未来成为主导产业或支柱产业的新兴产业。因此,战略产业的成长必须具有战略意义,即受国家政策保护和扶植的某些产业必须具有能够成为未来经济发展中主导产业和支柱产业的可能性。这种可能性的决定因素,首先是产业本身的技术特点、市场前景、成长潜力,其次才是国家资源特定条件、现有产业结构状况、产业本身获取资源的能力等。

战略产业是关系国家长远利益的产业,是对提高综合国力至关重要的、国家必须保持控制和支持的、不以短期利益决定取舍的产业。该产业是关系国家全局的产业,不是从个人、企业、地方或部门的局部利益出发,而是从国家的整体利益出发,也就是说战略产业的发展不仅关系到一般意义上的利润,还与国家安全紧密相连,关系到国家在世界经济、政治、军事事务中的战略行动能力。

(二)战略产业的特征

1. 技术先进性

战略产业在成长过程中要能够始终代表新技术发展方向,在产业内能够形成紧密技术关联的部门群体,并在相当长的一段时期内保持较强劲的技术竞争力;该产业还应具有巨大的市场潜力和市场拓展能力,并能够有效地吸收创新成果,能满足大幅度增长的市场需求,从而在其成长过程中能够获得较高的产业增长速度。

2. 全局长期性

战略产业在成长过程中要具有长期的经济效益,这种经济效益是指规模经济性的不断增加,也就是说,战略产业在成长过程中要具有产品单位成本递减效应,即随着时间的推移,经济效果和动态规模经济性的作用使该产业的长期平均费用曲线向下倾斜;而且,在大量生产体制的建立和本国生产要素的资源优势两方面的作用下,该产业经过一段时间的保护和扶植后,产业竞争力不断增强,最终成长为具有国际产业竞争优势的产业。战略产业的长期经济性还要求在其成长过程中,在不断向具有比较优势的产业转换的基础上,使在保护和扶植期内所产生的社会福利损失能由未来的社会福利增加来补偿。

3. 关联带动性

战略产业在国家经济发展中具有较高的产业地位,即战略产业的成长对国家经济增长的贡献率要达到较高的水平。这就要求战略产业具有和其他产业较强的产业关联效应,能有效地带动其他相关产业的发展,使战略产业本身产出高效增加的同时,还能带动其他产业共同创造就业机会、提高社会消费水平、改善国家贸易条件、提升产业高度,从而使国家总体经济实力得以增强。

可见,战略产业对于新的经济增长点的形成、传统产业的技术改造、产业升级等,都具有不容置疑的作用。战略产业政策是着眼于提升和发展未来的产业优势,着眼于直接提升产业结构高度的政策,正确制定和积极实施战略产业政策,才能实现产业结构向高度化方向发展。

二、战略产业扶植政策设置的原则

战略产业扶植政策是对战略产业的发展起鼓励、刺激和保护作用的产业政策,其制定和实施必须遵循以下原则:

(一)战略产业扶植政策的目标必须与产业结构优化升级的要求一致

产业扶植政策的根本目的是促进产业结构的优化升级。因此,政府应该根据产业结构优化升级的要求,分析哪些产业具有在未来经济发展中成为主导产业和支柱产业的可能性,从而将其作为扶植的对象。

(二)战略产业扶植政策必须与发挥比较优势相结合

政府扶植的战略产业,首先应该选择更能充分利用本国资源、发挥比较优势的产业,这样才能利用国际分工,改善国家贸易条件,扩大出口,带来更高的效率、更快的发展。

(三)战略产业扶植政策必须与发挥市场的调节作用相结合

产业结构的优化升级,主要应该依靠市场机制的调节作用。战略产业扶植政策只是用来弥补市场的不足,决不能取代市场的基础性作用。因此,在采取各种扶植措施的同时,更要完善市场体系,健全市场规则,规范市场竞争,扫除战略产业发展的障碍。

(四)资金扶植必须与政策优惠相结合

政府扶植战略产业的措施多种多样,其中包括政府财政拨款、直接投资、政策性贷款、贴息、允许发行股票和债券等。资金扶植虽然是不可缺少的重要手段,但也不能忽视其他措施的作用,比如取消市场准入限制、税收政策、经营环境改善、政府采购等,都能发挥有效作用。

(五)战略产业扶植政策必须与增强产业竞争力相结合

政府应该扶植战略产业,但不能无条件地支持、无限期地保护,必须采取有效措施促使战略产业面向国内外市场参与竞争,努力提高产业竞争力。只有形成竞争优势,战略产业才能真正发展壮大。

三、战略产业扶植政策的内容

政府对战略产业的扶植和保护政策要达到在一定时期内,被扶植和保护的战略产业能够成长为主导产业和支柱产业的目的。

(一)贸易保护政策

贸易保护政策要为国内战略产业的成长创造一个相对有利的外部环境,这种外部环境的创立可以通过各种金融、公共财政等措施对国内需求进行适当的刺激,并由战略产业本身具有的高回报率以及政府的各种鼓励措施,使生产要素有效地向战略产业转移,从而促进战略产业的成长。

(二)经济、法律、行政措施

经济、法律、行政措施使战略产业不仅在大量生产要素投入的基础上获得较高的增长速度,而且,更重要的是,在技术进步的基础上因效率的提高和有效供给的增加而获得高速增长和规模扩张。当然,战略产业的扩张规模和增长速度要在国家主导产业和支柱产业的目标范围内进行。

(三)战略产业调整政策

战略产业调整政策是指产业政策不仅要依据战略产业的成长程度和国际竞争力的强弱而不断加以调整,而且要依据与国际经济关系有关的各种要求开放市场、取消产品和价格歧视以及有关贸易报复性行为的规定,不断调整对战略产业的扶植和保护手段与措施。这种调整旨在确保产业政策能够适应战略产业的发展需求,推动其成长并提升国际竞争力。

(四)实行产业结构高度化的政策

实行产业结构高度化的政策,注重对未来的新兴主导产业,即战略产业的培育,重点扶植与培育新的经济增长点,促使其采用先进的技术和工艺,并在政府产业政策的指导下,迅速形成自身的创新能力,并使这种创新能力形成产业集聚效应,通过其"强关联"效应,有序地带动其他产业升级,从而大大加速产业结构的转换,以提高其他产业的技术创新能力,带动其他产业的发展。

第五节 幼稚产业的保护政策

一、幼稚产业的含义及特征

(一)幼稚产业的含义

幼稚产业保护理论是由美国政治家亚历山大·汉密尔顿(Alexander Hamilton)于 1791 年最早提出的。但是真正引起人们注意的是德国经济学家李斯特(Friedrich List)的论述,一种对某些产业采取过渡性的保护、扶植措施的理论,是国际贸易中贸易保护主义的基本理论。

所谓幼稚产业,是指某一产业处于发展初期,基础和竞争力薄弱,但经过适度保护能够发展成具有潜在优势的产业。处于"有效稚嫩"阶段的产业,经不起外国的竞争。如果通过对该产业采取适当的保护政策,提高其竞争力,将来可以具有比较优势,能够出口,并对国民经济发展作出贡献的,就应采取过渡性的保护、扶植政策,主要运用关税保护之类的手段来实现。如果一种产业缺乏发展潜力,要靠永久保护才能生存下去,那么这种产业便不能称作幼稚产业。

(二)幼稚产业的判断标准

一般来讲,判定幼稚产业的三个标准如下:

1. 穆勒标准

英国经济学家穆勒对幼稚产业确定的判定标准是,当某一产业规模较小、其生产成本高于国际市场价格的时候,如果任由其自由竞争,该产业必然会亏损。如果政府给予一段时间的保护,使该产业能够发展壮大,以充分实现规模经济,降低成本,最终能够完全面对自由竞争,并且获得利润,那么该产业就可以作为幼稚产业来加以扶植。

2. 巴斯塔布尔标准

经济学家巴斯塔布尔(C. F. Bastable)认为,判断一种产业是否属于幼稚产业,不仅要看其将来是否具有竞争优势,还要在将保护成本与该产业未来所能获得的预期利润的贴现值加以比较之后才能确定。如果未来预期利润的贴现值小于当前的保护成本,那么对该产业进行保护是得不偿失的,因此该产业就不能作为幼稚产业加以保护;如果未来预期利润的贴现值大于保护成本,那么对该产业加以保护才是值得的。

3. 肯普标准

肯普标准也称外部经济学说,是经济学家肯普在综合成本差距标准、利益补偿标准的基础上提出的。与强调内部规模经济的前两个标准不同的是,肯普标准更加强调外部规模经济与幼稚产业保护之间的关系。

肯普认为,在内部规模经济的情形下,即使某一产业符合穆勒标准和巴斯塔布尔标准,政府的保护也不一定是必要的。只有被保护的先行企业在学习过程中取得的成果具有对国内其他企业也有好的外部经济效果时,对先行企业的保护才是正当的。

在此还需要特别说明,对幼稚产业的保护是指通过一系列政策的制定使其免于国外同类产业的激烈竞争,同时为其发展提供各种优惠条件,为其营造良好的国际国内环境。

(三)幼稚产业的特征

1. 新生性

幼稚产业在工业后发国家往往处于起步阶段,而在工业先行国家则已经具有一定的发展基础和较强的产业竞争力。因此,在自由竞争的环境中,这些产业难以生存,更谈不上发展壮大。

2．成本递减的趋势

被保护的幼稚产业在本国往往具有良好的市场前景。随着时间的推移,生产规模将不断扩大,其生产成本将会越来越低,一定时期后其平均成本、销售成本会低于进口价格。而且其成熟后给社会带来的收益能够弥补社会为保护幼稚产业而付出的成本。

3．一定的外部经济性

一定的外部经济性特征一般具有两种形式:一是技术性外部经济,即幼稚产业在某些发展过程中能够形成全国范围内的知识基础;二是需求性外部经济,即幼稚产业的发展能为本国的专业化劳动和供应商提供更广阔的市场。

4．潜在的动态比较优势

被保护的幼稚产业是有发展前途的产业,从国际贸易角度看,具有潜在的动态比较优势。

5．支持民族经济发展的潜在支柱性

一方面,幼稚产业的发展关系到相关产业的发展及本国潜在资源的利用;另一方面,幼稚产业是未来一个时期内潜在的主导产业,在国内具有较高的需求收入弹性和技术进步率。

6．存续时间上的暂时性

对幼稚产业的保护只是暂时性的,一旦该产业的产品具有足以同外国同类产品竞争的能力,该产业就不再需要保护。

二、幼稚产业扶植政策的具体内容

(一)贸易保护政策

贸易保护政策的主要目的是限制国外有关产品的进口,以削弱进口产品在国内市场上的竞争力,为本国幼稚产业的生存和发展提供一个适宜的环境。主要的贸易保护政策包括以下几类:

1．进口关税壁垒

进口关税的征收主要是为增加国家的财政收入,在征收对象和税率方面无原则上的歧视,但为保护幼稚产业则要按产业的发展程度设置不同的关税,其税率往往要高于一般意义上的关税,而且征收对象仅限于政府要保护的产业部门,因而又称作保护性关税。征收保护性关税的结果,是提高了有关进口产品的价格,从而削弱其在国内市场上的竞争力,为国内有关的生产厂家保持其市场竞争地位创造有利的市场条件。通过关税对幼稚产业进行保护,其效果是相当显著的。但关税壁垒通常会违反 WTO(世界贸易组织)规则,所以使用时应非常慎重。

2．非关税壁垒

非关税壁垒是指除关税以外的各种直接或间接限制商品进口的法律和行政措施的总称。这种措施是通过限制有关保护产品的进口量,使国内有关产品的市场不受进口产品的冲击。非关税壁垒有直接和间接两种:直接的非关税壁垒是由海关直接对进口产品的数量、

品种等制定限制措施,如进口配额制、进口许可证制、关税配额制等;间接的非关税壁垒措施有外汇管制,强制购买国货的规定,设置复杂的海关手续,烦琐的卫生、安全、质量标准,包装装潢规定,以及对某些进口产品征收国内税等。

(二)扶植政策

具体的扶植政策一般有以下几个方面:

1.财政扶植政策

如通过税种的设立、税率的确定和税收的减免,为幼稚产业的长期发展创造自我积累的能力和良好的发展环境;通过财政补贴,弥补幼稚产业在成长时期因技术开发或市场开拓等方面出现的暂时性亏损;通过制定特殊折旧方法,促进幼稚产业的技术水平迅速提高;通过政府在基础设施方面的直接投资,为幼稚产业的发展提供必要的基础保证,使其能获得较多的外部经济效应,等等。

2.金融扶植政策

实行外汇管制政策,主要包括管制外汇和管制外汇交易,管制外汇是政府强制规定的本国货币与外币之间的兑换比例,以及采取固定汇率来稳定管制间的国际收支平衡。管制外汇交易是政府强制规定的、由国家银行强行收购民间外币,并对民间进口所需外币采用配额供给的制度。在后起国经济起飞时,其国际收支状况往往相当紧张,出口产品的低附加值使其外汇供给不足,并且,强烈的进口饥渴症又对外汇的需求居高不下,为了适当平衡本国国际收支状况,同时保护本国幼稚产业的成长,政府必须对外汇的交易和使用进行管制,以使有限的外汇得到合理使用。这种措施直到本国国际收支状况好转,出口产品和幼稚产业已初具规模后,才陆续放松、逐步取消对外汇的管制。金融扶植政策还包括组建专门的开发银行,为幼稚产业的发展提供融资渠道;对幼稚产业实行优惠的贷款利率政策。

3.技术扶植政策

技术扶植政策包括组建政府与企业合作的技术开发体系,分担企业的技术开发风险;政府直接投资技术开发领域,将开发成果在同行业企业中推广,促进产业的技术进步;结合财政、金融手段,支持企业的技术引进;等等。

4.直接管制扶植政策

最为常见的直接管制扶植政策是通过行政或立法的手段,干预企业的组织结构,以增强幼稚产业的竞争力。

(三)优化市场环境

良好的市场环境有利于产业的发展和竞争。国内市场竞争越充分,越有利于产业在国际市场的生存。但如果国内市场环境直接影响到公平竞争环境的建立,如政府的职能"越位"、地区市场的壁垒等,就要优化市场环境,努力消除因市场失灵引起的对幼稚产业发展的障碍,完善市场体制,理顺市场体系,为幼稚产业提供良好的发展环境。

我国对幼稚产业的保护和扶植政策,经历了由行政手段保护转向关税保护、由高关税保护到逐渐降低关税保护程度的过程。这些保护和扶植政策对我国民族工业的发展起到很大的推动作用,但保护和扶植也有其弊端:首先,国家长期的保护和扶植,使产业缺乏自我发展、自我提升,努力提高产业竞争力的动力;其次,国家的过度保护,使国内产品人为地形成供不应求的局面,造成产品在质次价高的情况下也能获利,使产业缺乏提升产业高度的动力。因此,国家对幼稚产业的保护和扶植应有一定的限度。

第六节　衰退产业的转型与转移政策

有关衰退产业的政策是产业结构高度化过程中具有重大现实意义的基本政策,其立足点是帮助衰退产业实现有秩序的转型,并引导其资本存量向高增长率产业部门有序转移。

一、衰退产业的概念及其产生的原因

(一)衰退产业的概念及特征

衰退产业是产业演变过程中的产物,产业的演变过程就是新兴产业的成长与传统产业的衰退过程。衰退产业是指在正常情况下,在一定时期内,一个国家或地区的某一产业处于产业自身生命周期的衰退期,由于技术进步或需求变化等因素致使市场需求减少,生产能力过剩且无增长潜力,产业失去了市场竞争力,在产业结构中陷入停滞甚至萎缩,进入产业生命周期衰退期的产业。在国民经济中的地位趋于下降,需求增长减缓甚至停滞。

衰退产业的主要特征是产品的需求量和销售量大幅度减少,生产能力严重过剩,技术进步缓慢、创新乏力,从业人员流失和失业现象严重,在国民经济中的地位下降。

(二)衰退产业产生的原因

从一般的产业演变原理来讲,造成一个行业衰退并陷入困境的主要因素有消费结构的变化、技术停滞、竞争不力(特别是在对外开放程度不断扩大的条件下)、自然资源枯竭等。但不论什么原因,衰退产业都会表现出一些共性,如全行业生产能力明显过剩,开工严重不足;全行业收益率很低甚至出现严重亏损;由于退出障碍较高,企业长期处于过度竞争状态等。

1. 技术衰退的原因

新技术、新产品的产生使新的具有替代性的产品具有很强的市场竞争力,而原有产业失去竞争力,市场被挤占,因此成为衰退产业。

2. 需求变化的原因

随着经济的发展和人民收入水平的提高,原有产业会因产品需求弹性趋于下降而使市场产生萎缩,或因人们生活方式发生变化,由这些变化导致的消费需求变化也会造成产业萎缩。

3. 资源供给的原因

产业在发展过程中所需资源趋于枯竭,资源成本价格上涨,使许多资源密集型产业因资源枯竭而趋于衰退。

4. 效率方面的原因

原有产业由于资本设备内在结构不合理,原材料的使用效率低,或环境污染严重,使某产业投入要素的成本上升,造成收益下降,引起产业衰退。

5. 国际竞争的原因

由于国际分工格局的变化,某些具有国际竞争优势的产业会因竞争优势丧失、比较优势发生转移而产生萎缩。

6. 体制方面的原因

由于市场体系不完善,市场机制不健全,造成竞争过度,导致某些产业出现衰退现象。

二、衰退产业的调整政策

通过采取法律或法规的形式,规定衰退产业设备的报废时间和报废数量,加速固定资产折旧;通过立法形式规定某些产业内的企业缩短工时或停止生产;通过提供转产贷款、减免税和发放转产补贴等办法,促进衰退产业的资本转移。

从消除就业者退出障碍方面看,主要措施有:建立健全劳动力市场;建立健全社会保障制度;提供就业信息;进行转产培训和技能指导;对录用衰退企业事业人员的企业发放补贴;等等。

从减轻对资本要素转移的矛盾方面看,主要措施有:通过政府订货、价格补贴等方式缓和衰退产业生产量和利润的急剧下降;采取关税或非关税壁垒限制进口,为衰退产业的调整提供相应的保护措施;通过发放生产补贴来保护和援助衰退产业中尚存竞争力的生产项目和生产能力,并鼓励其余生产项目和生产能力向其他产业转移。

从减轻对劳动力要素转移的矛盾方面看,主要措施有:维持衰退产业工人的工资补贴和有关的补助;延长对衰退产业员工的失业救济以及就业保险金的发放。

应当注意的是,对衰退产业的援助不是维持衰退产业的生存,而是帮助衰退产业有序地收缩和转移,以减轻产业结构调整的摩擦。

本章小结

产业结构政策是由政府制定的、能够有效促进产业结构协调化和高度化的政策措施。本章在界定产业结构政策内涵的基础上,明确了产业结构政策目标的含义和设置原则,探讨了产业结构目标的制定方法;对产业结构政策内容的阐述可以明确幼稚产业的扶植和保护政策、主导产业的选择和扶植政策、衰退产业的调整政策,从而为产业结构的高速转换和合理化调整提供理论依据和实践指导。本章还详细阐述了产业结构政策在实施过程中采用的手段和措施,以便对不同产业实施不同类型的扶植、保护和调整方法,从而确保产业结构政策在实施过程中能与目标一致,并在提高产业结构政策实施效率的基础上,达到政策效益的最大化。

➤ 复习思考题 ◄

1. 什么是产业结构政策?
2. 简述产业结构政策目标的设置原则。
3. 简述主导产业的选择基准。
4. 论述如何针对不同产业实施不同的产业政策。

延伸阅读

....

对话郑新立:中国需要什么样的新支柱产业? [①]

记者 文钊 王雅洁

2023 年 7 月 24 日召开的中共中央政治局会议提出,要大力推动现代化产业体系建设,加快培育壮大战略性新兴产业、打造更多支柱产业,此后工业和信息化部又在相关文件和会议中提及支柱产业的稳定和培育。

早在 1996 年开始实施的国家"九五"计划,就提出了要大力振兴电子机械、石油化工、汽车制造和建筑业四大支柱产业。在四大支柱产业提出之前,时任国家计划委员会政策研究室主任的郑新立组织课题研究,提出建议。中央作出振兴支柱产业的决策之后,他又在《人民日报》上组织多期讨论专栏,探讨实现支柱产业振兴的目标和政策措施。

在中国经济快速发展的几十年中,郑新立有过多种身份,他还担任过中共中央政策研究室副主任,主要研究领域为宏观经济理论与政策,多次参加中共中央全会文件、《政府工作报告》和"八五""九五""十五""十一五"规(计)划的起草工作。

2023 年 8 月 25 日,郑新立接受经济观察报记者专访,提出他所认为的中国四大新支柱产业,为中国经济和企业的下一步发展,以及如何培育新的支柱产业,提供新的路径。

经济观察报:能否复盘一下当年支柱产业诞生的过程?

郑新立:振兴支柱产业,是 20 世纪 90 年代制定第九个五年计划时提出来的。当时,经过 20 世纪 80 年代以农村改革带动乡镇企业的崛起,解决了消费品供给不足的问题,结束了长期存在的商品匮乏局面,基本解决了温饱。

在这种情况下,我们的部分工业品大量依赖进口,满足不了市场需要。为了适应产业结构转型升级需要,在制定第九个五年计划时,讨论振兴支柱产业,当时提出电子机械、石油化工、汽车制造和建筑业这四大产业,作为 20 世纪 90 年代振兴的支柱产业。

[①] 资料来源:经济观察报,2023-09-02,有改动。

经济观察报：当年给四大支柱产业定下的目标，实现了吗？

郑新立：现在看来，经过十年左右的努力，振兴支柱产业的目标基本实现了。电子机械、石油化工、汽车制造和建筑业增加值占 GDP 的比例，由提出时的不到 10%，10 年后超过 20%。

以电子机械为例，当时我们电子产品大量依靠进口，机械产品中的一些技术装备也依赖进口。当时的机床工业比较落后，后来引进数控机床五轴联动的加工中心，对于提高国内制造业的技术水平发挥了重要作用，冶金机械、化工机械、轻工机械、发电设备的制造能力得到迅速提高。开始国内不能制造大型火电发电设备，后来通过引进、消化、再创新，从 30 万千瓦、60 万千瓦到 100 万千瓦机组，形成了具有自主知识产权的技术，通过自己制造，降低了成本，每度电用煤大幅下降，达到世界最先进水平。燃煤发电排放的二氧化硫等废气废物，通过脱硫脱硝，减少了对环境的污染。自己能够制造发电设备，对能源工业的发展发挥了重要作用。

我记得，连续 10 来年时间，每年新增发电装机都在 3 000 万千瓦以上，3 000 万千瓦可不是一个小数目，法国全国的装机容量也不过 8 000 万千瓦。电子工业迅速发展，特别是消费类电子产品发展很快，各类家电产品包括电视机、洗衣机、电冰箱、空调等产量迅速增长，国内出现了一批具有国际竞争力的家电企业。当时原国家计委希望扶持一些重点家电设备制造企业。结果是，我们想扶持的这些企业，大多没有发展起来，而政府没有扶持的企业，却凭着自己的努力，在市场竞争中取胜，发展得很好。比如青岛的海尔、珠海的格力，在国际市场的占有率都居于前列。

经济观察报：石油化工达成目标了吗？

郑新立：石油化工产业在这 10 年中，对民营企业没有开放。我认为，石油化工产业是四个产业里，距离当初设想的目标差距较大的产业，仅靠三大国有企业，竞争不充分，国有企业当时需要剥离企业办社会的负担、剥离冗员和债务。后来债务剥离解决了，但是冗员的剥离和企业办社会的问题没有很好地解决，摊薄了利润，企业没钱搞技术研发。直到现在，每年进口石油化工产品 2 000 多亿美元。一个传统产业，经过改革开放 40 多年，到现在还大量依赖进口，存在大量贸易逆差，是缺乏竞争的结果。

最近这 10 年，石油化工行业允许民营经济进入，出现了四大民营化工企业，包括浙江荣盛控股集团、恒逸集团，还有江苏的盛虹控股集团和恒力集团，这些民营石油化工企业出现得比较晚，发展得却很好，与国有石化企业形成了竞争的格局。我相信，要不了多久，石油化工产品大量依赖进口和大量贸易逆差的局面就会结束，特别是精细化工产品，随着研发投入的增加，会逐渐满足国内市场的需要。

第三个支柱产业，是汽车制造。这个产业发展得非常好。一开始，针对要不要发展轿车，存在着激烈的争论。一种观点认为，随着人民生活水平的提高，轿车作为一个现代文明的标志和重要消费品，肯定要进入居民消费领域。实践证明，这种观点是对的。到现在为止，轿车工业从引进合资，到发展内资的汽车工业，特别是民营汽车工业，出现了像比亚迪、吉利这样全球知名的企业，2023 年中国汽车出口量跃居世界第一，标志着汽车工业已成为国民经济的支柱产业。

浙江吉利曾在艰难生态下顽强生长,创造了中国民营汽车工业通过国际并购实现跨越式发展的路径。它一共进行了六次较大的国际并购,特别是并购瑞典沃尔沃非常成功,并购以后,管理人员依靠当地原公司人才,不但没有精简员工,反而增加了就业。沃尔沃嫁接到中国市场上,通过中国的超大规模市场,使沃尔沃获得新的生机,发展得很好,瑞典也很满意。后来它又并购了奔驰汽车公司,成为奔驰的最大股东。通过国际并购,学习到国外的技术和管理经验,还利用中国规模最大的市场来降低成本,提高技术水平。

所以四大支柱产业里,我认为汽车工业是最成功的。

第四个是建筑业,也是一个非常成功的支柱产业。改革之初,中国城镇人均住房面积只有7平方米。后来住房制度改革,实行住宅商品化,形成建筑业市场,允许民营企业和国有企业充分竞争,建筑业在20世纪90年代以后迅速发展,成长出一大批房地产业的大型企业。现在,我们城镇人均住房面积接近40平方米,满足了人民的住房需求。

目前,房地产业还有一定的发展空间,改善性住房需求仍然很大。随着城市更新和城市化的发展,必然出现城市郊区化趋势。刚开始时,人口在市中心区域集聚,带来了交通拥堵,城市逐渐向郊区扩散。比如上海曾借助世博会,从市中心向郊区迁出去300多万人口,市中心人口密度过高的状况得到改善,在郊区建立了休闲区、居住区、工业区、商贸区,形成了很好的城市布局。城市布局的调整,也会带来住房的需求。最近国务院提出要对国内20多个超大城市进行城中村改造,能够拉动不小的房地产建设需求。城市更新,包括城市停车场建设、海绵城市、老房加装电梯改造、口袋公园、城市管廊建设等,会带来一定的投资需求。现在我们有近3亿农民工,随着部分农民工在城市落户、买房、租房,为农民工提供保障房、廉租房、共有产权房等,也会带来城市住房的需求。

所以建筑业是一个持久不衰的支柱产业,即使在发达国家,住宅业虽然很成熟,但现在仍然是一个支柱产业。我到荷兰考察,发现荷兰每年的固定资产投资,50%仍用于住宅建设,基础设施中的道路建设可能会饱和,但是住房需求会不断升级。

经济观察报: 如何看待当前国内一些房地产企业的困境?

郑新立: 当前国内房地产业出现了一些不正常的情况,一些大型房地产企业面临资金困难,甚至有可能倒闭。这是一种调整,不会像日本那样,由于房地产泡沫破裂带来金融危机和经济停滞。目前一些大的建筑房地产企业出现资金链断裂,是房地产业快速发展30年后出现的一种调整,通过这种调整,房地产业会更健康。那些经营比较稳健、能够满足市场需要的企业,会更健康地生长下去。

如果说20世纪80年代我们通过农村改革、乡镇企业崛起实现了经济起飞,那么20世纪90年代通过四大支柱产业的振兴,实现了经济的腾飞。

经济观察报: 如何定义新时代的支柱产业?

郑新立: 现在改革开放已经进入第五个10年,老的支柱产业还有一定的发展和提升空间,但是随着工业化的基本完成,产业升级面临着新的任务,所以我们需要建立新的支柱产业。

我认为,第一是数字产业。围绕发展数字经济,首先要发展数字基础设施,这又包括三方面内容,一是信息基础设施,包括泛在移动和有线互联网、物联网;二是融合基础设施,对传统产业进行数字化改造,提升效率和服务水平;三是科研基础设施。数字经济的标志性产业,应当包括数字生成、数字传输、数字储存、数字模型、数字孪生、数字计算、人工智能和芯片、计算机等产业。

数字经济是第四次工业革命的标志。人类社会已经经历了三次工业革命,每一次工业革命都有一些标志性产业和能源,第一次工业革命是蒸汽机的发明,主要能源是煤炭,出现了火车、轮船。第二次工业革命是内燃机的发明,出现了飞机、汽车,主要能源是石油。第三次工业革命以电的应用为标志,催生了当代整个工业文明。现在,进入第四次工业革命,能源是绿色可再生能源,标志性产业是数字经济。我们正全力推动传统产业向数字经济升级,用当代人工智能、信息网络技术对传统产业进行智能化、数字化改造。

比如苏州市,《苏州市制造业智能化改造数字化转型2023年实施方案》提出,以实现全市规上工业企业全覆盖为目标,今年规模以上企业就可完成数字化改造。哪一个企业觉悟早,率先进行数字化改造,这个企业就能够率先获得增长的动能,提高市场占有率。华为、腾讯、阿里、中兴等公司都在帮助企业进行数字化改造,为企业提供这方面服务。

数字经济或数字产业将会成为新时代中国第一大支柱产业。现在看来,这个趋势越来越明显。数字化改造之后,劳动效率大大提高,企业用工减少,产品质量提高,最终表现为劳动生产率和国际竞争力的提高,实现经济高质量发展。

新时代的第二个支柱产业,我认为是绿色能源,或者叫新能源,包括零碳或者低碳能源、风电、光伏等可再生能源。

现在中国是世界上二氧化碳排放量最多的国家,一年排放超100亿吨,其中工业排放超过70%,火电超过40%,所以减碳的重点是逐步用绿色能源替代化石能源。在制造业中,冶金、化工、陶瓷、水泥等产业是二氧化碳排放大户,减排任务艰巨,但也有减排成功的典型。比如冶金行业里,宝钢现在正在试验用氢气炼钢,实现排放废物资源化利用。我国钢产量已超过10亿吨,全世界占比超50%,钢铁产业要重点进行绿色化转型。到2030年实现碳达峰,还剩7年时间。这个目标是可以实现的,关键就是能源结构要进行调整。

第三大支柱产业是先进制造业,包括大型精密设备和交通运输工具制造,比如大型客机。我国通用航空刚起步,跟国外比起步晚,差距比较大。下一步,应加快通用航空业发展,这就需要加快飞机制造业发展。目前我国在大型数控机床、加工中心的制造上,与世界先进水平还有一定差距,要加快发展。

新时代第四大支柱产业,我认为是生物工程,包括生物医药、医疗装备、中医现代化,以及动植物育种等。这些产业我们跟发达国家比,差距比较大,大型精密医疗设备基本依赖进口,比如对癌症的治疗,我国的手术率是某些发达国家的10倍,原因在于治疗设备落后,国外已经常见的用质子加速器进行癌症治疗,在国内刚刚开始。

不同时代有不同的支柱产业。20世纪90年代的四大支柱产业带动了中国20年到30年经济快速增长,带动基本实现工业化。新的四大支柱产业的培育和成长,将会支撑中国的持续发展,为2035年基本实现现代化,到21世纪中叶建成社会主义现代化强国提供强有力的新动能。

我认为，新的四大支柱产业市场需求量大、带动能力强，有利于实现高质量发展和产业转型升级，所以要加快培育，通过科学技术自主创新，实现科技自立自强，拉动新四大支柱产业振兴。当然，老的四大支柱产业还有一定的成长空间，通过绿色化、数字化改造，让它们焕发青春，不断提高在全球市场的占有率。

经济观察报：新的四大支柱产业，主要是从地位、作用去判定它是否为支柱产业。20世纪90年代，您牵头研究振兴我国支柱产业的对策时，曾提出一些定量的标准，比如工业增加值在GDP中的比重达到5%左右，产值占工业总产值的8%左右，等等，那这新的四大支柱产业，有过哪些定量研究，或者讨论？

郑新立：现在还没有。中央还没有一个明确的说法。这是我自己判断的新四大支柱产业，它们占GDP的比例，不会低于老的四大支柱产业比例，将来在发展中提高到整个GDP的20%以上是完全可能的。

经济观察报：从老的四大支柱产业，到新的四大支柱产业之间，有没有出现过其他潜在的支柱产业，这么多年有过什么变化？

郑新立：根据这些年的情况，老的四大支柱产业按照发展规律，根据市场需求，正在向新的四大支柱产业转变。这就是我们产业结构的一个转型过程。当然新的四大支柱产业也不能包括全部产业，比如高端服务业，特别是生产性服务业，像技术市场、金融、风险投资、各种基金、股票市场等，都很重要，但他们毕竟是为实体经济服务的。

整体来讲，我国服务业占GDP的比例还明显偏低，今后服务业还会保持较快增长，我们制定第十一个五年计划时，提出改革对服务业的税制，过去限制服务业发展，后来认识到服务业的重要性，把对服务业的营业税改成了增值税，营业税比增值税税负重1/3左右，通过对服务业实行跟第二产业相同的增值税以后，它的税负下降了，所以服务业出现快速增长的局面。现在看来，服务业无论是增加值占GDP的比重，还是就业比重，跟发达国家在我们这个发展水平的时候相比，比例也明显偏低，特别是公共服务业、生产性服务业比重明显偏低，主要是医疗、教育、社会保障比例偏低。通过发展服务业会为新支柱产业的振兴提供良好的条件。所以要说变化，主要是指服务业在保持一个较快的发展。

经济观察报：从政策角度讲，发展新的四大支柱产业，什么路径比较合适？

郑新立：现在新的四大支柱产业振兴的市场环境、政策环境跟20世纪90年代已有很大不同，主要是经济市场化程度明显提高，市场竞争越来越充分，特别是全国统一大市场越来越完善，国际交换规模也明显扩大。所以，新的四大支柱产业的形成，比起老的四大支柱产业的条件要好得多。特别是新的四大支柱产业里，出现了科技研发上走在前列的民营企业。现在已经消除了对民营企业准入的限制，石化产业过去严格限制民营经济进入，汽车行业过去对民营经济虽然开了门，但开得不够大，进来的几个民营企业，有一些发展起来了，如比亚迪、吉利、长城等，走在了行业的前列。

在数字经济中，华为已经在全球确立了不可撼动的领先地位，2022年一年的研发投入达到1 615亿元。所以，再制定一些选择性的产业政策来扶持某些企业的发展，已经没有必要。

如果制定产业政策，就制定一个普惠的功能性的鼓励政策。比如对芯片，对减碳等，不管国有、民营还是外资企业，只要到中国来发展，在提供优惠贷款、贴息补助等方面都应当一视同仁。

经济观察报：最近几年不怎么提支柱产业，现在突然又说。培育新支柱产业之类的表述，这么多年也很少见了。

郑新立：的确，现在中央文件里还没明确提出新的四大支柱产业是什么。从现在发展趋势看，我觉得这四个产业发展最快、影响也最大，符合技术进步方向，应当成为四大支柱产业，应该对新的四大支柱产业采取鼓励政策，给予支持。

还有很少讲的原因在于，这些年我们对产业政策有一些争论，但是现在美国反倒向我们学习产业政策，想复制中国的经验。比如芯片产业、人工智能，对这些产业限制出口，政府拿出 500 亿美元鼓励外国企业到美国投资设厂。美国最近又推出限制美国企业到海外投资某些高科技产业的法令，完全违背市场规律。

经济观察报：其实前几年出现一些关于产业政策的争论。

郑新立：这种争论，国际上已经有了很好的答案。我们曾提出，产业政策应当由选择型向功能型转变。选择型产业政策就是政府选定一些重点扶持发展的产业或企业，给予优惠政策支持。功能性产业政策就是根据国家发展战略，确定有利于技术进步、改善环境、降低消耗等发展方向，凡是符合这个发展方向的，不管哪一类产业或企业，国家都给予一视同仁的优惠政策支持。

经济观察报：民营企业在新的四大支柱产业中，扮演什么样的角色？如何激发民营企业参与其中的活力？

郑新立：民营经济发展到今天，在整个国民经济里面已经举足轻重，出现了一大批在各个领域领先的企业，包括华为、腾讯、阿里等已经具有全球影响力的民营企业，民营企业尤其要向华为学习，华为不抱怨也不期待政府给优惠政策。华为在成长过程中，有政府部门主动提出，有困难吗？要补助吗？华为都拒绝了，自己咬紧牙关，宁可在别的地方少花点钱，但在研发投入上毫不吝啬，每年研发投入不低于销售收入 10%，如果年底时研发经费没花完，就要查找原因。对比来看，华为的研发投入比科创板所有上市公司研发投入总和还多，对整个国家技术进步带动作用非常大。我觉得民营企业家都要向任正非学习，不要抱怨和观望，政府现在提供的这些鼓励政策，足以为民营企业的发展提供一个良好的环境。

在美国打压和中国经济下行压力加大的背景下，民营企业一要加大研发投入，二要发展成外向型经济，练好自己的内功，从而为经济尽快走向良性发展局面作出贡献。

经济观察报：这确实是一方面，但另一方面民营企业也面临着一些问题和现实的困难，出现了一些不确定的状态，应该怎么看待？

郑新立：十八届三中全会以及后来的好多决定已经明确提出"两个毫不动摇"，毫不动摇地支持非公经济发展，对公有制经济和非公有制经济实行同等保护，应该说，这给我们民营经济吃了定心丸。当然，在获得银行贷款和项目审批等方面，还有一些不公正的地方。作为民营企业家，应当看到党中央的这些政策，看到各级政府对民营经济的关心和支持，把企业自己的事情做好，特别从技术进步、改善管理、开拓国际市场方面下功夫把自己做大做强。

　　我相信一个合法经营的企业,在中国有充分的生长空间,有肥厚的土壤,特别是中国距离 2050 年现代化目标还有很长距离,人均 GDP 水平还比较低。未来一个时期,全世界最好的投资机会、最好的发展环境在中国,所以还是要向国内办得好的民企学习。荣盛、恒逸、盛虹、恒力这四大石化企业,为什么诞生在浙江和江苏? 为什么深圳出了华为、中兴、腾讯等电子信息企业? 应当认真比较、分析、研究、借鉴。

参 考 文 献

[1] 王俊豪. 产业经济学[M]. 3 版. 北京：高等教育出版社，2016.

[2] 赵玉林，汪芳. 产业经济学原理与案例[M]. 6 版. 北京：中国人民大学出版社，2023.

[3] 苏东水，孙宏伟. 产业经济学[M]. 5 版. 北京：高等教育出版社，2021.

[4] 于立宏，孔令丞. 产业经济学[M]. 北京：北京大学出版社，2017.

[5] 高志刚. 产业经济学[M]. 3 版. 北京：中国人民大学出版社，2022.

[6] 臧旭恒，杨蕙馨，徐向艺. 产业经济学[M]. 5 版. 北京：经济科学出版社，2015.

[7] 龚仰军. 产业经济学教程[M]. 5 版. 上海：上海财经大学出版社，2020.

[8] 肖兴志. 产业经济学[M]. 2 版. 北京：中国人民大学出版社，2016.

[9] 石奇. 产业经济学[M]. 4 版. 北京：中国人民大学出版社，2020.

[10] 王俊，魏作磊. 产业经济学[M]. 北京：高等教育出版社，2022.

[11] 卢福财，吴昌南. 产业经济学[M]. 上海：复旦大学出版社，2013.

[12] 刘志彪. 产业经济学[M]. 2 版. 北京：机械工业出版社，2019.

[13] 芮明杰. 产业经济学[M]. 4 版. 上海：上海财经大学出版社，2024.

[14] 唐晓华. 产业经济学导论[M]. 北京：经济管理出版社，2018.

[15] 马歇尔 A，马歇尔 M P. 产业经济学[M]. 肖卫东，译. 北京：商务印书馆，2015.

[16] 李孟刚. 产业经济学[M]. 3 版. 北京：高等教育出版社，2023.

[17] 梯若尔. 产业组织理论[M]. 北京：中国人民大学出版社，2018.

[18] 瓦尔德曼，詹森. 产业组织理论与实践[M]. 李宝伟，张云，武立东，译. 北京：中国人民大学出版社，2014.

[19] 吴汉洪. 产业组织理论[M]. 2 版. 北京：中国人民大学出版社，2018.

[20] 施蒂格勒. 产业组织[M]. 王永钦，薛锋，译. 上海：格致出版社，2018.